Bob Woodward
Bush at War
Amerika im Krieg

BOB WOODWARD

Bush at War
Amerika im Krieg

Aus dem Englischen von
Friedrich Griese, Klaus Kochmann
und Peter Torberg

Deutsche Verlags-Anstalt
Stuttgart München

Die Originalausgabe erschien 2002 unter dem Titel „Bush at War"
im Verlag Simon & Schuster, New York

Bibliografische Information Der Deutschen Bibliothek
Die Deutsche Bibliothek verzeichnet diese Publikation
in der Deutschen Nationalbibliografie; detaillierte
bibliografische Daten sind im Internet über
<http://dnb.ddb.de> abrufbar.

© 2002 Bob Woodward
© 2003 für die deutsche Ausgabe
Deutsche Verlags-Anstalt, Stuttgart/München
Alle Rechte vorbehalten
Gestaltung und Satz: Brigitte Müller, Stuttgart
Druck und Bindearbeiten: Friedrich Pustet, Regensburg
Printed in Germany
ISBN 3-421-05698-6

Bildnachweis
Associated Press 24; Larry Downing (Reuters) 18; Eric Draper (The White House) 1, 2, 8, 9, 10, 12, 14, 25, 26; Tina Hager (The White House) 7; Rich Lipski (*The Washington Post*) 19; Ray Lustig (*The Washington Post*) 11, 22, 23; Pablo Martinez Monsivais (Associated Press) 5; James A. Parcell (*The Washington Post*) 6; Robert A. Reeder (*The Washington Post*) 16, 17; Joe Skipper (Reuters) 20; Dayna Smith (*The Washington Post*) 15; *The Washington Post* 13; The White House 3, 4; Heesoon Yim (Associated Press) 21

Für *Donald E. Graham,* der das Vermächtnis
seiner Mutter Katharine Graham auf so
glänzende Weise weiterführt:

*Finger weg, Augen auf – im Geiste unbehinderter,
unabhängiger Nachforschung und mit der Bereitschaft
zum Zuhören*

Vorbemerkung des Verfassers

MARK MALSEED, der sein Architekturstudium an der Lehigh-Universität 1997 mit Auszeichnung abschloß, war mir bei diesem Buch in allen Phasen als Vollzeit-Assistent behilflich, ob es um das Schreiben, das Redigieren, das Recherchieren oder das Nachdenken ging. Er ist einer der intelligentesten, ruhigsten und bemerkenswertesten jungen Männer, die mir je begegnet sind oder mit denen ich zusammengearbeitet habe. Im Mai 2002 fing er bei mir an, und es dauerte keine sechs Monate, bis er sich mit allem bestens auskannte: mit Bush, seinem Kriegskabinett, ihren Debatten und Strategien. Mark ist ungemein belesen und genau, und er hat mit seinen glänzenden Ideen ständig dazu beigetragen, den Aufbau, den Inhalt und die Sprache dieser Geschichte zu verbessern. Er hat einen angeborenen Ordnungssinn, und er war imstande, mit einem halben Dutzend Aufgaben gleichzeitig zu jonglieren und einen 12-Stunden-Tag mit Anstand durchzustehen. Er ist bei allem Realismus von einem unbestechlichen Gerechtigkeitssinn. Ich fand, daß ich ihm fraglos vertrauen konnte. Jeder Tag, an dem ich mit Mark arbeitete, war mir eine Freude, und ich schätze unsere Freundschaft sehr. Dieses Buch ist ein Gemeinschaftswerk, an dem er gleichen Anteil hat wie ich.

Ein Hinweis an die Leser

DIES IST EINE DARSTELLUNG von Präsident George W. Bush im Krieg während der ersten einhundert Tage nach den Terror-Angriffen vom 11. September 2001.

Zu den Informationen, die ich für dieses Buch erhielt, gehören Aufzeichnungen, die in über fünfzig Sitzungen des Nationalen Sicherheitsrates und anderen Besprechungen gemacht wurden, bei denen die wichtigsten Entscheidungen diskutiert und getroffen wurden. Viele direkte Zitate des Präsidenten und der Mitglieder des Kriegskabinetts stammen aus diesen Aufzeichnungen. Weitere direkte Zitate und sonstige Teile dieser Geschichte beruhen auf anderen persönlichen Aufzeichnungen, Memos, Terminkalendern, schriftlichen internen Chronologien, Transkripten und sonstigen Dokumenten.

Zusätzlich führte ich Interviews mit über einhundert Personen, die an der Entscheidungsfindung und Durchführung des Krieges beteiligt waren, darunter Präsident Bush, wichtige Mitglieder des Kriegskabinetts, Mitarbeiter des Weißen Hauses und Beamte, die derzeit auf verschiedenen Ebenen des Verteidigungs- und des Außenministeriums sowie der CIA Dienst tun. Die meisten Quellen wurden mehrmals interviewt, mehrere sogar ein halbes Dutzend Mal oder öfter. Die meisten Interviews dienten der Hintergrundinformation; ich durfte die Informationen verwenden, ohne aber die Quelle namentlich zu nennen. Fast alle Gesprächsteilnehmer erlaubten mir, das Interview auf Band aufzunehmen, und so konnte ich das Mitgeteilte vollständiger und im genauen Wortlaut nutzen.

Ich habe den Beteiligten Gedanken, Schlußfolgerungen und Gefühle zugeschrieben. Diese stammen entweder von dem Betreffenden selbst, einem Kollegen, der ihn persönlich kennt, oder aus den schriftlichen – geheimen wie nicht geheimen – Unterlagen.

Präsident Bush wurde zweimal offiziell interviewt – das erste Mal 90 Minuten lang von mir und Dan Balz, einem Kollegen bei der *Washington Post*, für eine längere achtteilige Serie „Ten Days in September", die Anfang 2002 in der *Post* veröffentlicht wurde. Ich stütze mich in diesem Buch teilweise auf das Interview und die Serie. Ich habe Präsident Bush ein zweites Mal interviewt, am 20. August 2002 auf seiner Ranch in Crawford, Texas, zwei Stunden und fünfundzwanzig Minuten lang. Die Abschrift zeigt, daß ich dreihundertmal Fragen stellte oder kurze Bemerkungen machte. Der Präsident gab präzise, oft sehr ausführliche Antworten über seine Reaktionen und die Überlegungen, die hinter den wichtigsten Entscheidungen und Wendepunkten in diesem Krieg standen.

Bei der Kriegsplanung und Kriegführung geht es um geheime Informationen. Ich habe von diesen Informationen weitgehend Gebrauch gemacht, um bisher unbekannte, genaue Details mitzuteilen, dabei aber vermieden, heiklen Operationen oder den Beziehungen zu auswärtigen Regierungen zu schaden. Dies ist keine amtlich bereinigte Darstellung, und wenn wir in den Vereinigten Staaten Zensoren hätten – Gott sei Dank haben wir keine –, würden sie bestimmt einiges von dem, was ich hier mitteile, gestrichen haben.

Dieses Buch enthält eine Menge bisher unbekannter, dokumentierter Informationen, die mir zugänglich gemacht wurden, als die Erinnerungen ganz frisch waren und handschriftliche Notizen noch entziffert werden konnten. Es stellt die Dinge von innen dar, weitgehend so, wie sie von den Insidern gesehen, gehört und erlebt wurden. Es berichtet von Vorgängen und geheimen Beratungen, die vor etwas mehr als einem Jahr begannen, und deshalb handelt es sich um eine frühe Version. Ich konnte jedoch die mir vorliegenden Informationen mit Hilfe vertrauenswürdiger Quellen, die ich seit Jahren und zum Teil seit Jahrzehnten kenne, auf Richtigkeit und Kontext hin überprüfen. Die historische Bewertung dieser Zeit mag sich in den kommenden Monaten und Jahren durch kritische Einwände, das Urteil von Historikern und zusätzliche Erkenntnisse ändern. Ich versuche mit diesem Buch, die beste Version der Wahrheit zu liefern, die im Moment zu erhalten war.

In meinem 1991 erschienenen Buch mit dem Titel *The Commanders* (*Die Befehlshaber*) ging es um den Einmarsch in Panama im Jahr 1989 und die Vorbereitungen zum Golfkrieg während der Präsidentschaft von Bushs Vater, Präsident George H. W. Bush. „Mit der Entscheidung, in den Krieg zu ziehen, wird eine Nation für die Welt und, was wohl wichtiger ist, für sie selbst definiert", schrieb ich am Anfang jenes Buches. „Für die Regierung eines Landes gibt es keine ernstere Angelegenheit und keinen genaueren Maßstab ihrer nationalen Führungsfähigkeit."

Das trifft heute noch mehr zu als wohl jemals zuvor.

Bob Woodward
11. Oktober 2002
Washington, D. C.

Die Beteiligten

DER PRÄSIDENT DER VEREINIGTEN STAATEN

GEORGE W. BUSH

DIE CHEFS

Vizepräsident der Vereinigten Staaten
DICK CHENEY

Außenminister
COLIN L. POWELL

Verteidigungsminister
DONALD H. RUMSFELD

Sicherheitsberaterin des Präsidenten
CONDOLEEZZA RICE

Direktor der Central Intelligence Agency (CIA)
GEORGE J. TENET

Vorsitzender der Vereinigten Stabschefs
General RICHARD B. MYERS, US-Luftwaffe

Stabschef des Weißen Hauses
ANDREW H. CARD JR.

DIE STELLVERTRETER

Stabschef des Vizepräsidenten
I. LEWIS „SCOOTER" LIBBY

Stellvertretender Außenminister
RICHARD L. ARMITAGE

Stellvertretender Verteidigungsminister
  PAUL D. WOLFOWITZ

Stellvertretender Sicherheitsberater des Präsidenten
  STEPHEN J. HADLEY

Stellvertretender Direktor der CIA
  JOHN E. MCLAUGHLIN

Stellvertretender Vorsitzender der Vereinigten Stabschefs
  General PETER PACE, US-Marine Corps

ANDERE WICHTIGE BERATER

Oberbefehlshaber Central Command
  General TOMMY FRANKS, US-Armee

Justizminister der Vereinigten Staaten
  JOHN D. ASHCROFT

Direktor des Federal Bureau of Investigation (FBI)
  ROBERT S. MUELLER III

Beraterin des Präsidenten
  KAREN P. HUGHES

Chefberater des Präsidenten
  KARL ROVE

Pressesprecher des Weißen Hauses
  ARI FLEISCHER

DIE CIA

Deputy Director for Operations (DDO)
  JAMES L. PAVITT

Direktor des Counterterrorism Center
  COFER BLACK

Leiter der Sondereinsätze zur Terrorismus-Bekämpfung
  HANK

Führer des Jawbreaker-Teams
  GARY

DIE NORDALLIANZ

Führender Befehlshaber
  MOHAMMED FAHIM

Befehlshaber von Truppen im Norden Afghanistans
  ABDUL RASHID DOSTUM

Befehlshaber von Truppen im Norden Afghanistans
  ATTAH MOHAMMED

Befehlshaber von Truppen im Inneren Afghanistans
  KARIM KHALILI

Befehlshaber von Truppen im Westen Afghanistans
  ISMAIL KHAN

Außenminister
  ABDULLAH ABDULLAH

Sicherheitschef
  Ingenieur MOHAMMED ARIF SAWARI

INTERIMSFÜHRER VON AFGHANISTAN

  HAMID KARZAI

1 DIENSTAG, der 11. September 2001, begann als einer jener spektakulären vorherbstlichen Tage an der Ostküste, sonnig, mit Temperaturen um die 22 Grad, leisem Windhauch und einem strahlend blauen Himmel. Da Präsident George W. Bush an diesem Morgen in Florida war, um für sein Bildungsprogramm zu werben, brauchte sein Geheimdienstchef, CIA-Direktor George J. Tenet, sich nicht an das 8-Uhr-Ritual zu halten, den Präsidenten im Weißen Haus persönlich über die neuesten und wichtigsten streng geheimen Informationen zu unterrichten, die in dem riesigen Spionageimperium Amerikas eingegangen waren.

Tenet, 48, ein stämmiger, lebhafter Sohn griechischer Einwanderer, hielt statt dessen gemächlich Frühstück im St. Regis Hotel, drei Häuserblocks nördlich vom Weißen Haus, zusammen mit dem Mann, der zu seinem Aufstieg in die Welt der geheimen Nachrichtenbeschaffung am meisten beigetragen hatte: David L. Boren, ehemaliger demokratischer Senator von Oklahoma. Vor dreizehn Jahren, als Tenet noch auf der mittleren Ebene im Stab des von Boren geleiteten Geheimdienstausschusses des Senats tätig war, hatten die beiden eine ungewöhnlich enge Freundschaft geschlossen. Boren war aufgefallen, daß Tenet hervorragende Lageberichte gab, und er hatte ihn vorbei an dienstälteren Kollegen zum Direktor des Stabes gemacht, womit er praktisch zu allen geheimen Nachrichten Zugang erhielt.

1992 hatte Boren dann dem gewählten Präsidenten Bill Clinton Tenet als Leiter des Übergangs-Geheimdienstteams empfohlen. Im darauffolgenden Jahr wurde Tenet zum Direktor des Geheimdienststabes des Nationalen Sicherheitsrats ernannt, der für die Koordination aller Geheimdienstangelegenheiten für das Weiße Haus zuständig war, einschließlich verdeckter Operationen. 1995 ernannte Clinton ihn zum stellvertretenden CIA-Direktor, und zwei Jahre später berief er ihn zum Director of Central Intelligence (DCI), verantwortlich für die Leitung der CIA und die Koordination des riesigen Netzes aller amerikanischen Nachrichtendienste.

Tenet, ein Nervenbündel und Workaholic, erlitt als Direktor des Geheimdienststabes des Nationalen Sicherheitsrats einen Herzinfarkt. Er konnte launisch sein. In Präsident Clintons zweiter Amtszeit, als er CIA-Direktor war, stürmte er einmal aus einer Besprechung auf Chefebene, an der nicht der Präsident, aber der Außen- und der Verteidigungsminister teilnahmen. Wegen der Besprechung konnte er nicht die Weihnachtsaufführung in der Schule seines Sohnes besuchen, und sie war für sein Gefühl reine Zeitverschwendung. „Scheiße, ich hau ab", hatte er im Hinausgehen bemerkt. Seitdem hatte Tenet allerdings gelernt, sein Temperament zu zügeln.

Anfang 2001 rief Boren den gewählten Präsidenten Bush an und drang darauf, Tenet, den er als einen überparteilichen Mann rühmte, als CIA-Direktor im Amt zu belassen. Er empfahl Bush junior, sich bei seinem Vater zu erkundigen. Der ehemalige Präsident erklärte ihm: „Nach allem, was ich gehört habe, ist er ein guter Kerl." Das galt in der Familie Bush als eine der höchsten Auszeichnungen. Tenet, der ein ausgesprochenes Gespür dafür hat, politische Bündnisse zu pflegen, hatte Bush senior 1991 geholfen, die umstrittene Nominierung von Robert Gates als CIA-Direktor durchzudrücken, und später hatte er sich maßgeblich dafür eingesetzt, die CIA-Zentrale nach Bush zu benennen, der selbst einmal DCI gewesen war.

Der ehemalige Präsident sagte seinem Sohn außerdem: Das Wichtigste, was du als Präsident tun wirst, ist, dir jeden Tag die nachrichtendienstliche Lage vortragen zu lassen.

SEIT JENEN TAGEN, als er den Stab des Geheimdienstausschusses des Senats leitete, hatte Tenet begriffen, wie wichtig die menschliche Nachrichtenbeschaffung im Spionagegewerbe war, die „human intelligence", kurz HUMINT genannt. In einer Zeit, in der die fernmeldetechnische Nachrichtenbeschaffung („signals intelligence", kurz SIGINT) – dazu gehören die Telefon-, Fernschreiber- und Funküberwachung und die Codeentschlüsselung –, die Satellitenfotografie und die Radarbildgebung glänzende Durchbrüche erzielten, hatte die CIA die Bedeutung von HUMINT heruntergestuft. Tenet hatte jedoch mehr Geld für die menschliche Nachrichtenbeschaffung und die Ausbildung von Gruppenleitern vorgesehen, jenen Geheimdienstmitarbeitern, die in anderen Ländern undercover Spitzel und Agenten, intern als „Quellen" oder „Mitarbeiter" bezeichnet, anwerben und bezahlen.

Ohne Gruppenleiter – das stand für Tenet fest – würde es keine menschlichen Quellen geben, die Nachrichten beschafften, keinen Zugang zu den Interna von Regierungen, Oppositionsgruppen oder sonstigen Organisationen in anderen Ländern, kaum Insider-Informationen und kaum Gelegenheiten für verdeckte Operationen. Und verdeckte Operationen, mit denen Veränderungen in anderen Ländern herbeigeführt wurden, gehörten nach wie vor zum Grundsatzprogramm der Agency, auch wenn sie durch falsche Entscheidungen und verpfuschte Aktionen im Laufe der Jahre in Mißkredit geraten waren.

Der entscheidende Ansatzpunkt waren die Gruppenleiter. Zu einer Zeit in den 1990er Jahren wurden in dem ein Jahr dauernden Intensivprogramm auf der „Farm", einer CIA-Einrichtung auf dem Land in Virginia, nur zwölf Gruppenleiter für die Zukunft ausgebildet. Tenet sorgte dafür, daß im Jahr 2001 zehnmal so viele ausgebildet wurden, ein unglaublicher Anstieg. Er sollte der Stärkung von HUMINT dienen und verdeckte Operationen, falls die Genehmigung des Präsidenten vorlag, möglich machen. Das alles war während der Clinton-Jahre geschehen.

„WORÜBER MACHEN SIE sich in diesen Tagen Sorgen?" wollte Boren an jenem Morgen von Tenet wissen.

„Bin Laden", erwiderte Tenet und bezog sich damit auf Osama Bin Laden, einen exilierten Saudiaraber, der in Afghanistan lebte und das weltweite Terrornetz al-Qaida (arabisch für „die Basis") aufgebaut hatte. Er sagte, er sei überzeugt, daß Bin Laden etwas Großes vorhabe.

„Ach, George!" sagte Boren. Seit zwei Jahren hatte er sich die Sorgen seines Freundes wegen Bin Laden anhören müssen. Wie kann von einem Privatmann, der nicht über die Mittel eines Staates verfügt, eine solche Gefahr ausgehen? wollte er wissen.

„Sie haben keine Ahnung von den Fähigkeiten und der Tragweite dessen, was die anzetteln", sagte Tenet.

Boren war beunruhigt, denn seiner Meinung nach hatte sein Freund eine krankhafte Zwangsvorstellung von diesem Bin Laden entwickelt.

Vor beinahe zwei Jahren, unmittelbar vor den Millenniumsfeiern des Jahres 2000, hatte Tenet einen ganz ungewöhnlichen, riskanten Schritt getan: Er hatte Boren davor gewarnt, an Silvester und Neujahr zu reisen oder bei größeren öffentlichen Ereignissen aufzutreten, weil er große Anschläge befürchtete.

Noch vor kurzem hatte Tenet sich Sorgen gemacht, daß es während der Unabhängigkeitsfeiern am 4. Juli 2001 zu Anschlägen kommen würde. Er hatte Boren zwar nichts davon gesagt, aber während des Sommers waren 34 eigentümliche Mitteilungen zwischen verschiedenen Komplizen Bin Ladens aufgefangen worden, in denen es hieß: „Morgen ist die Stunde Null" oder „Es wird etwas Spektakuläres geschehen". Wegen der großen Zahl dieser im Abhörsystem eingegangenen Mitteilungen – viele wurden als Geschwätz abgetan – und der vielen Gefahrenmeldungen war Tenet zur höchsten Alarmstufe übergegangen. Es sah ganz danach aus, als stünde ein Anschlag auf US-Botschaften im Ausland oder auf Ansammlungen amerikanischer Touristen unmittelbar bevor, aber über den Zeitpunkt, den Ort oder die Methode bekamen die Geheimdienste nichts Genaueres heraus.

Es war nichts passiert, aber das sei das Problem, das ihm den Schlaf raube, sagte Tenet.

Auf einmal näherten sich mehrere von Tenets Sicherheitsbeamten. Sie kamen nicht schlendernd herbei, sondern stürzten sich geradezu auf den Tisch.

Auweia, dachte Boren.

„Mr. Director", sagte einer von ihnen, „es gibt ein ernstes Problem."

„Was ist es denn?" fragte Tenet, der dem Beamten zu verstehen gab, daß er offen reden könne.

„Der Turm des World Trade Center ist angegriffen worden."

Einer reichte Tenet ein Handy, und der rief in der Zentrale an.

„Sie haben die Maschine direkt in das Gebäude gelenkt?" fragte er ungläubig.

Er wies seine führenden Beamten an, sich im Konferenzraum der CIA-Zentrale zu versammeln. Er werde in 15–20 Minuten da sein, sagte er.

„Das sieht ganz nach Bin Laden aus", sagte Tenet zu Boren. „Ich muß weg." Er sagte noch etwas, dem man entnehmen konnte, daß die CIA und das FBI möglicherweise nicht alles getan hatten, was man hätte tun können, um den Terroranschlag zu verhindern. „Ich frage mich", sagte Tenet, „ob es was mit dem Kerl zu tun hat, der eine Pilotenausbildung machte." Er bezog sich auf Zacarias Moussaoui, einen französischen Staatsbürger marokkanischer Herkunft, den das FBI einen Monat zuvor in Minnesota festgenommen hatte, nachdem er sich an einer dortigen Flugschule verdächtig benommen hatte.

Der Fall Moussaoui beschäftigte ihn sehr. Das FBI hatte im August die CIA und die National Security Agency ersucht, etwaige Auslandsgespräche von Moussaoui zurückzuverfolgen. Beim Bureau existierte bereits eine 12 Zentimeter dicke Akte über ihn. Während Tenet in seinen Wagen stieg, um zur 96 Hektar bedeckenden CIA-Zentrale in Langley, Virginia, zu fahren, schwirrten ihm Vergangenheit, Gegenwart und Zukunft seiner Bemühungen um die Terrorismus-Bekämpfung durch den Kopf.

Die CIA war seit über fünf Jahren hinter Bin Laden her, und verstärkt seit den verheerenden, von Bin Laden angestifteten terroristischen Bombenanschlägen auf die amerikanischen Botschaften in Kenia und Tansania, die 1998 über zweihundert Menschenleben gefordert hatten. Präsident Clinton hatte damals die US-Streitkräfte angewiesen, 66 Marschflugkörper in Terroristen-Ausbildungslager in Afghanistan zu schicken, wo man Bin Laden bei einer Führungsbesprechung auf höchster Ebene vermutete. Offenbar hatte er den Ort aber wenige Stunden vor dem Einschlag der Marschflugkörper verlassen.

1999 begann die CIA sechzig Männer des pakistanischen Geheimdienstes in einer verdeckten Operation für ein Kommando auszubilden, das nach Afghanistan eindringen und Bin Laden festnehmen sollte. Die Operation wurde aber wegen eines Militärputsches in Pakistan abgebrochen. In scheinbar endlosen Besprechungen mit führenden Clinton-Beauftragten für nationale Sicherheit hatte man daraufhin ehrgeizigere und gewagtere Optionen erwogen.

Eine der erörterten Optionen bestand darin, eine kleine Eliteeinheit der amerikanischen Special Forces von rund vierzig Mann nachts per Hubschrauber Bin Laden angreifen zu lassen. Wegen der Flugstrecke von etwa 1400 Kilometern würde man die Hubschrauber in der Luft auftanken müssen. Abschreckend wirkten jedoch das Scheitern der Operation „Desert One", die Präsident Carter 1980 angeordnet hatte, um die im Iran festgehaltenen amerikanischen Geiseln zu befreien – mehrere Hubschrauber waren in der Wüste abgestürzt –, und der Abschuß von zwei Blackhawk-Hubschraubern bei einem Einsatz in Somalia im Jahr 1993, der achtzehn Amerikaner das Leben gekostet hatte. Ein Angriff auf Bin Laden konnte nach Auskunft der Militärs durchaus scheitern und erhebliche amerikanische Verluste mit sich bringen. Außerdem ging aus Geheimdienstmeldungen hervor, daß sich auf Anweisung Bin Ladens Familienangehörige seiner Führungsriege in seinem Gefolge aufhielten, und Clinton war gegen jede Operation, bei der Frauen und Kinder getötet werden konnten.

Eine Special-Forces-Einheit und amerikanische U-Boote, die Marschflugkörper losschicken konnten, wurden in Alarmzustand versetzt, mußten aber sechs bis zehn Stunden vorher den Aufenthaltsort kennen, an dem Bin Laden sich dann befinden würde.

Eines der bestgehüteten Geheimnisse der CIA war die Existenz von dreißig afghanischen Agenten, die unter dem Codewort GE/SENIORS operierten und dafür angeworben worden waren, herauszufinden, wo Bin Laden sich während der letzten drei Jahre in Afghanistan aufgehalten hatte. Die Gruppe, die monatlich 10 000 Dollar erhielt, konnte gemeinsam agieren oder sich in kleinere Spürteams von fünf Mann aufspalten.

Die CIA stand mit den „Seniors", wie man sie nannte, täglich in abhörsicherer Verbindung, und sie hatte ihnen Autos und Motorräder zur Verfügung gestellt. Es wurde jedoch zunehmend schwieriger, Bin Laden aufzuspüren. Er wechselte in unregelmäßigen Abständen seinen Standort, und oft verschwand er unerwartet bei Nacht.

So unglaublich es klingt, waren die Seniors ihm meistens dicht auf den Fersen, aber sie schafften es nicht, eine „umsetzbare" Nachricht zu liefern, also zuverlässig anzugeben, daß er so lange an dem Standort bleiben würde, daß man ihn dort mit einem Marschflugkörper würde treffen können. Und der CIA gelang es nicht, einen zuverlässigen Spitzel in Bin Ladens Umfeld anzuwerben, der ihr seine Pläne hätte verraten können.

Manche im Weißen Haus und in Clintons nationalem Sicherheitsapparat mißtrauten den Seniors, weil die Meldungen über Bin Ladens Aufenthalt sich bisweilen widersprachen. Und in Afghanistan wurden Leute und speziell Geheimdienstmitarbeiter regelmäßig bestochen.

Weder Clinton noch Bush hatten bis zu diesem Augenblick der CIA die Genehmigung erteilt, die Seniors oder andere bezahlte CIA-Mitarbeiter auszuschicken, um Bin Laden zu töten oder zu ermorden. Das erstmals von Präsident Gerald Ford unterzeichnete präsidentielle Mordverbot hatte Gesetzeskraft.

Der Führer der afghanischen Seniors hatte sich eine Zeitlang mit dem CIA-Residenten aus Islamabad, Pakistan, getroffen, der sie steuerte und bezahlte. Der Senior-Führer behauptete, die Gruppe habe zweimal Bin Ladens Wagenkolonne beschossen, in Notwehr, was erlaubt war; er wollte die Kolonne jedoch planmäßig angreifen, aus einem Hinterhalt, und alles zusammenschießen, jeden einzelnen töten und dann türmen.

Der CIA-Resident erklärte mehrfach: „Nein, das geht nicht, das dürft ihr nicht." Es verstieße gegen amerikanisches Recht.

Angesichts der verfügbaren Gelder, der Möglichkeiten der verdeckten Operation und der herrschenden Atmosphäre glaubte Tenet, daß die CIA alles getan hatte, was sie tun konnte. Er hatte jedoch keine Änderung der Regeln verlangt, hatte Clinton nicht um eine Geheimdienst-Verordnung ersucht, der es den Seniors erlaubt hätte, Bin Laden aus dem Hinterhalt zu überfallen.

Er war überzeugt, daß die Juristen im Justizministerium und im Weißen Haus das abgelehnt hätten, mit der Begründung, es verstoße gegen das Mordverbot. Er sah sich durch die unmilitante Haltung Clintons und seiner Berater gebunden. Alles, sagte er des öfteren, werde „durch juristische Bedenken totgeredet". Dazu hatte er freilich in den fünfeinhalb Jahren als Clintons DCI und stellvertretender DCI selber beigetragen.

Die geltenden Regeln erlaubten der CIA lediglich, Bin Laden zu ergreifen und ihn der Strafverfolgung zu überstellen, eine Aktion, die bei den Juristen „Übergabe" hieß. Also plante man ein entsprechendes größeres Unternehmen, das als verdeckte Operation laufen sollte. Weil Tenet aber überzeugt war, daß Bin Laden sich nicht gefangennehmen lassen würde, konnte diese Operation im Erfolgsfall nur mit seinem Tod enden.

Sämtliche CIA-Experten im Directorate of Operations waren jedoch der Meinung, daß das Unternehmen nicht gelingen würde, daß dabei eine Menge Leute getötet werden würde, aber nicht notwendigerweise auch Bin Laden selbst. Tenet teilte ihre Auffassung, und so wurde der Plan nicht weiterverfolgt. Der Vorschlag der Saudis, im Gepäck der Mutter von Bin Laden, die von Saudi-Arabien nach Afghanistan reiste, um ihren Sohn zu besuchen, einen Peilsender zu verstecken, wurde ebenfalls verworfen, weil er riskant war und wahrscheinlich nicht funktionieren würde.

UM 9.50 UHR war Tenet in seinem Amtszimmer im sechsten Stock. Zwei Passagierflugzeuge waren inzwischen in beide Türme des World Trade Center gerast, und ein drittes hatte das Pentagon getroffen. Eine vierte entführte Maschine befand sich im Luftraum über Pennsylvania, offenbar im Anflug auf den Raum Washington.

Das System wurde überschwemmt von Meldungen, weitere Ziele seien unter anderem das Weiße Haus, das Kapitol und das State Department. Ein mögliches Ziel war die CIA-Zentrale, die als deutlich erkennbare Landmarke am Potomac lag. Den Ermittlern war bekannt, daß Ramsi Jussef, ein al-Qaida-Terrorist, der für den ersten Anschlag auf das World Trade Center im Jahr 1993 verantwortlich war, ein mit Sprengstoff vollgeladenes Flugzeug in die CIA-Gebäude hatte lenken wollen.

„Wir müssen unsere Leute in Sicherheit bringen", erklärte Tenet seinen führenden Mitarbeitern. „Wir müssen das Gebäude räumen." Alle sollten raus, sogar die Kernmannschaft von einigen hundert Leuten des Counterterrorism Center (CTC), der Zentrale für Terrorismusbekämpfung, tief im fensterlosen Inneren des Gebäudes.

Cofer Black, der Chef des CTC, nahm diese Anweisung mit Skepsis, fast mit Kopfschütteln auf. Er war mit 52 Jahren ein alter Hase auf dem Gebiet der verdeckten Operationen und eine der legendären Gestalten der Agency. Er hatte dazu beigetragen, daß 1994 „Carlos" geschnappt wurde, der wohl berühmteste, internationale Terrorist vor Bin Laden. Er hatte schütter werdendes Haar, trug eine auffällige Brille und sah Karl Rove, dem politischen Chefstrategen von Präsident Bush, verblüffend ähnlich. Black erinnerte an die Zeit, als es in der Agency noch von schillernden und exzentrischen Figuren wimmelte. Während fast alle in der CIA Tenet mit Vornamen anredeten, hielt er sich an das altmodische Protokoll und sagte „Mr. Director" oder einfach „Sir".

„Sir", sagte Black, „das Counterterrorism Center werden wir davon ausnehmen müssen, weil unsere Leute an den Computern arbeiten müssen."

„Hm", sagte Tenet, „das Global Response Center…" Er meinte die acht Leute, die im fünften Stock, also in exponierter Lage, die neuesten Meldungen über den weltweiten Terrorismus verfolgten. „Sie sind gefährdet."

„Sie sind von größter Bedeutung – wir müssen sie weitermachen lassen."

„Wir müssen diese Leute evakuieren", beharrte Tenet.

„Nein, Sir, wir müssen sie an ihrem Arbeitsplatz lassen, denn in einer Krise wie dieser haben sie eine entscheidende Aufgabe zu erfüllen. Genau für diese Lage wurde das Global Response Center geschaffen."

„Sie könnten umkommen."

„Dann kommen sie eben um, Sir."

Tenet überlegte.

Der CIA-Direktor war so etwas wie ein väterlicher Beschützer für die Tausenden von Menschen, die unter ihm arbeiteten. In der allgemeinen Wahrnehmung und für viele in Washington war die CIA eine heruntergekommene, ja eine überflüssig gewordene Institution; bestenfalls war sie so etwas wie eine gefährdete Art. Ein Direktor hatte seine Leute zu schützen.

„Sie haben völlig recht", sagte Tenet am Ende zu Black. An diesem Vormittag hatten sich die Regeln – möglicherweise sämtliche Regeln – geändert. In New York City und beim Pentagon waren bereits Tausende umgekommen.

Black spürte, daß sich eine bedeutende Veränderung vollzog. Vor seinen Augen reiften die Leute, den Direktor eingeschlossen, innerhalb kürzester Zeit, wechselten von der bürokratischen Einstellung zur Hinnahme des Risikos, ja sogar des Todes. Der Anschlag war für Black durchaus keine Überraschung, doch das Ausmaß des Blutbades schockierte selbst ihn.

In den drei Jahren an der Spitze der Terrorismus-Bekämpfung war er zu dem Schluß gekommen, daß der CTC-Chef nicht der richtige Mann für diesen Posten war, wenn er nicht aggressiver war als seine

Vorgesetzten. Als Resident in Khartum, Sudan, hatte er al-Qaida bekämpft, und er war 1994 Ziel eines gescheiterten Überfalls aus dem Hinterhalt und eines Mordanschlags gewesen. Er hatte mehrere aggressive Vorschläge gemacht, wie man Bin Laden durch eine verdeckte Operation mit tödlichem Ausgang erwischen könnte, aber sie waren abgelehnt worden. Er hatte sich das schon gedacht, in Anbetracht des politischen Klimas, das in Washington herrschte.

Das alles hatte sich jetzt geändert.

Tenet ordnete die Räumung des Gebäudes an, ausgenommen die Leute im Global Response Center.

IN LIMA, PERU, hatte Außenminister Colin L. Powell sich gerade mit dem neuen Präsidenten Alejandro Toledo zum Frühstück niedergelassen. Powell nahm an einer Konferenz der Organisation Amerikanischer Staaten teil. Er freute sich auf eine Reihe angenehmer Begegnungen mit den Außenministern beziehungsweise Staatschefs von 34 der insgesamt 35 Staaten des Kontinents. Kuba war nicht eingeladen worden.

Toledo ritt ständig auf den amerikanischen Einfuhrquoten für Textilien herum. Er wünschte eine Ausnahme für Baumwolle bester Qualität, die nach seiner Darstellung nicht mit der Baumwolle geringerer Qualität aus bestimmten Südstaaten der USA konkurrierte, welche verständlicherweise auf der Einfuhrbeschränkung bestanden.

Plötzlich ging die Tür auf, und Craig Kelly, ein führender Mitarbeiter Powells, kam mit einer Notiz herein, die er auf ein Blatt aus einem Spiralblock geschrieben hatte: Zwei Flugzeuge waren in das World Trade Center gerast.

Zwei, erkannte Powell, das ist kein Zufall mehr. In der folgenden Notiz war von zwei Düsenflugzeugen die Rede. Ich muß nach Hause, dachte Powell. Was auch immer vorliegen mochte, es war zu wichtig, als daß er hier auf einer Außenministerkonferenz in Peru herumsaß. Die Maschine, besorgen Sie die Maschine, wies er Kelly an. Sagen Sie den Leuten, daß wir abfliegen.

Da es eine Stunde dauern würde, bis die Maschine startklar war, zeigte sich Powell noch einmal in der Konferenz. Andere Außenminister sprachen ihr Beileid aus. In einer kurzen Rede dankte Powell den Mitgliedern der Versammlung für ihre Beileidsbekundungen und versicherte, daß die Vereinigten Staaten reagieren und am Ende gewinnen würden. „Eine ganz schreckliche Tragödie ist meinem Land widerfahren", sagte er, „aber ... Sie können sicher sein, daß Amerika sich mit dieser Tragödie in einer Weise auseinandersetzen wird, die die Verantwortlichen vor Gericht bringen wird. Sie können sicher sein, daß wir diesen Tag, so schrecklich er auch für uns ist, durchstehen werden, weil wir ein starkes Land sind, ein Land, das an sich glaubt."

Die anderen erhoben sich und klatschten Beifall. Dann raste Powell zum Flughafen, um den siebenstündigen Flug anzutreten. Als die Maschine in der Luft war, merkte Powell, daß er zu niemandem eine Verbindung bekam, weil seine Kommunikationsanlage an das völlig überlastete System in den Vereinigten Staaten angeschlossen war. Ohne Telefon oder seinen E-Mail-Anschluß war er wie ein Mann ohne Land.

Nach einigen Minuten ging er nach vorn, um eine Funkverbindung zu bekommen. Die war natürlich nicht abhörsicher. Er erreichte Richard L. Armitage, den stellvertretenden Außenminister, der sein bester Freund war. Sie sprachen mehrmals miteinander, aber an ein ernstes Gespräch war unter diesen Umständen nicht zu denken. Armitage, 1967 Absolvent der Marine-Akademie, war viermal in Vietnam eingesetzt gewesen und hatte in der Reagan-Administration als Ministerialdirektor im Verteidigungsministerium gedient. Von vierschrötigem, kräftigem Körperbau, nahm er kein Blatt vor den Mund, und „vornehmes" Diplomatengerede war ihm zuwider. Schon vor der Übernahme des Außenministeriums hatten Powell und Armitage täglich in Sprechkontakt gestanden. „Ihm würde ich mein Leben anvertrauen, meine Kinder, meinen Ruf, kurz, alles, was ich habe", sagte Powell über Armitage.

Vom Geschehen abgeschnitten zu sein stand für Powell von all den Dingen, die er nicht ausstehen konnte, ganz oben auf der Liste. Ein zentraler Bestandteil der nationalen Sicherheitspolitik war das Krisenmanagement. Mochte der Präsident, das Weiße Haus oder der Nationale Sicherheitsrat den Prozeß der politischen Entscheidungsfindung auch zu strukturieren versuchen, so kam in den wichtigen Momenten doch ein Zufallselement ins Spiel. Die Krise war der Moment der größten Gefahr und der größten Chance.

Mittlerweile 64, hatte Powell schon auf dreien der Sitze im Lageraum des Weißen Hauses gesessen: ein Jahr lang als nationaler Sicherheitsberater von Präsident Reagan, dann als Vorsitzender der Vereinigten Stabschefs beim ersten Präsidenten Bush während des Golfkriegs und nun seit neun Monaten als Außenminister für den jungen Bush.

Es wurde gemeldet, daß ein weiteres Verkehrsflugzeug das Pentagon getroffen habe, und es schwirrten unklare Meldungen und Gerüchte umher, daß überall irgendwelche Flugzeuge unterwegs seien.

Powell begann sich Notizen zu machen. Als Soldat, der er immer noch war, schrieb er: Wofür werden meine Leute verantwortlich sein? Wie wird die Welt, wie werden die Vereinigten Staaten darauf reagieren? Was ist mit den Vereinten Nationen? Was ist mit der Nato? Wie fange ich es an, Leute zusammenzurufen?

Die siebenstündige Isolation kam dem Mann, der selbst Oberbefehlshaber hätte sein können, wie eine Ewigkeit vor.

1995 hatte Powell, seit zwei Jahren General außer Dienst, mit dem Gedanken gespielt, sich um die Präsidentschaft zu bewerben. Er hatte eine Autobiographie geschrieben, *My American Journey* (deutsch unter dem Titel *Mein Weg*), die ein absoluter Bestseller wurde. Er befand sich im Epizentrum der amerikanischen Politik, mit phantastischen Umfragewerten, der nahezu sicheren Nominierung durch die Republikaner und der Präsidentschaft in Reichweite.

Armitage hatte sich leidenschaftlich dagegen gewandt. „Das ist es nicht wert. Mach es nicht", riet er, und schließlich sagte er seinem Freund: „Ich glaube nicht, daß du dazu bereit bist." Mit der Kandidatur kämen all die Dinge auf Powell zu, die er nicht ausstehen konnte, „alles Schlechte, das du dir nur vorstellen kannst". Powell schätzte klare Pläne, Ordnung, Berechenbarkeit und ein gewisses Maß an Sicherheit, und all das war mit den Turbulenzen des amerikanischen Politikbetriebes nicht zu haben.

Es war allgemein bekannt, daß seine Frau Alma gegen seine Kandidatur war. Nicht bekannt war, daß Alma ihm klipp und klar gesagt hatte, daß sie ihn verlassen werde, falls er kandidieren sollte. „Wenn du kandidierst, bin ich weg", sagte sie. Sie befürchtete einen Mordanschlag auf ihn. Daß er sich um die Präsidentschaft bewarb, daß er Präsident wurde und sie zur First Lady machte – das war nicht das, was sie sich für ihr Leben wünschte. „Das wirst du ohne mich machen müssen", sagte sie.

Nachdem Bush im Jahr 2000 von den Republikanern als Präsidentschaftskandidat nominiert worden war, hatte Powell sich bereit erklärt, ihm zu helfen. Die Wahlkampfleitung mußte jedoch, wie Karl Rove feststellte, Himmel und Erde in Bewegung setzen, um ihn dazu zu bringen, zusammen mit Bush in einer Veranstaltung aufzutreten. Fast alle anderen wichtigen Republikaner reihten sich als Wahlkampfhelfer ein, aber Powell nicht. Seine Leute fragten jedesmal, wer bei einer Veranstaltung sonst noch auftreten würde, was dort gesagt werden würde, wer die Zuhörer waren und welche politische Absicht verfolgt wurde. Offenbar wollten sie herausbekommen, wie sich das Ganze negativ politisch auswirken würde – auf Powell, nicht auf Bush. Rove bemerkte eine leichte subversive Neigung, so als wolle Powell sich auf Kosten von Bush seine Glaubwürdigkeit bei der politischen Mitte und seine eigene politische Zukunft bewahren.

Dennoch ließ er sich gern dazu benutzen, Bush vom rechten Rand in die Mitte zu rücken, und für den Fall, daß Bush gewählt werden sollte, wurde er zum nahezu sicheren Anwärter auf das Außenministerium. Powell ließ durchblicken, daß er diesen Posten akzeptieren würde. In seinem engeren Umfeld war man überzeugt, daß die Wähler wußten, daß sie ein Team wählten – nicht bloß Bush und seinen Kandidaten für die Vizepräsidentschaft, den ehemaligen Verteidigungsminister Dick Cheney, sondern auch Powell.

Als der Oberste Gerichtshof Bush in der Florida-Geschichte mit einem Vorsprung von 537 Stimmen zum Wahlsieger erklärte, waren Powells Berater sich sicher, daß ihr Boß eindeutig ein Vielfaches dieser knappen Marge zum Sieg beigesteuert hatte.

IN SEINEN ERSTEN Monaten als Außenminister hatte Powell es nicht geschafft, den Abstand zwischen ihm und Bush zu verringern und ein entspanntes Verhältnis herzustellen, jene natürliche, ungezwungene Nähe, die beide im Verhältnis zu anderen kannten. Zwischen diesen beiden umgänglichen Männern blieb eine Distanz, eine gewisse Vorsicht im Umgang miteinander, so als umschlichen sie einander aus der Ferne, statt sich zusammenzusetzen und die Sache zu bereinigen, egal, was „die Sache" sein mochte. Gegenüber anderen gönnten sowohl Bush als auch Powell sich gern einen derben Spaß, aber kaum im Verhältnis untereinander.

Rove empfand es als irritierend, daß Powell sich seiner Meinung nach nicht an die politische Leine legen ließ und eine gewisse Eigenmächtigkeit an den Tag legte. „Er gibt einem ständig zu verstehen: ‚Dafür bin ich zuständig, und das alles ist Politik, und ich werde das interne Machtspiel gewinnen'", sagte Rove im Gespräch unter vier Augen.

Sobald Powell in einer Frage allzu sehr in den Vordergrund trat und quasi zum öffentlichen Sprecher der Administration wurde, wurden die politischen und die Kommunikationsstäbe des Weißen Hauses aktiv, um ihn zu zügeln und aus dem Rampenlicht zu holen. Rove und Karin P. Hughes, Bushs langjährige Kommunikationsdirektorin und nun seine Beraterin, entschieden, wer aus der Administration in den Sonntags-Talkshows, den Abendnachrichten und den Morgensendungen der großen Fernsehsender auftrat. Powell kannte die Regeln, und wenn das Weiße Haus nicht anrief und ihm nahelegte, auf diese oder jene der zahlreichen Einladungen einzugehen, bekamen die Sender von ihm eine Absage.

Als im April 2001 ein amerikanisches Spionageflugzeug vom Typ EP-3E vor der chinesischen Küste abgefangen, zur Landung gezwungen und mitsamt den 24 Mann Besatzung von der chinesischen Regierung als Geisel genommen wurde, entschied das Weiße Haus, Bush aus der Sache herauszuhalten, um den Eindruck zu vermeiden, der Präsident sei emotional betroffen oder ein Unterhändler. Es kam darauf an, so zu tun, als gebe es keine Geiselkrise, denn man erinnerte sich nur zu gut, wie die iranische Geiselkrise Präsident Carter gelähmt hatte und die Geiselsituation im Libanon Mitte der achtziger Jahre für Präsident Reagan zu einer verzehrenden Obsession geworden war.

Das Problem wurde an Powell weitergereicht, der nach elf Tagen die Freilassung der Geiseln erwirkte. Es war ein großer Erfolg, aber nicht einmal jetzt wünschte das Weiße Haus, daß er im Fernsehen auftrat und die Anerkennung dafür einstrich.

Powell und Armitage witzelten, Powell sei in den „Eisschrank" getan worden und werde nur bei Bedarf hervorgeholt.

Gerade in der Woche vor dem 11. September hatte das *Time*-Magazin eine Titelgeschichte über Powell gebracht, mit der Schlagzeile: „Where Have You Gone, Colin Powell?" Er hinterlasse „kaum Fußabdrücke" in der Politik, hieß es im Artikel, und er unterliege den Hardlinern in der Administration. Die Sache war ein gezielter und sehr wirksamer Hieb des Weißen Hauses, wo gewisse Leute sich hinter die Autoren gesteckt hatten, um den Beweis zu führen, daß Powell manchmal hoffnungslos und oft isoliert am Rande der neuen Administration agiere.

Rove zum Beispiel äußerte privat, Powell habe seiner Meinung nach den Anschluß verloren, und es sei ein befremdlicher Anblick, wie unwohl er sich in Gegenwart des Präsidenten fühle.

Powell und andere aus seinem Umfeld hatten stundenlang mit den *Time*-Reportern gesprochen, es aber nicht geschafft, sie von der Tendenz des Artikels abzubringen. Dabei wußten Powell und Armitage nur zu gut, welch erdrückendes Gewicht die Wahrnehmung in Washington besitzt, wo es mehr als nur ein Gesellschaftsspiel ist, den Aufstieg und Abstieg der einzelnen Akteure zu verfolgen. Die klare Tendenz des Artikels – und das war das Problematische an der Sache – würde als Wahrheit aufgenommen werden, auch wenn sie nicht der Wahrheit entsprach. Noch problematischer war, daß der Artikel teilweise zutraf. Davon, daß Powell eine Außenpolitik formulierte, konnte keine Rede sein. Er erhielt Aufträge und reagierte bloß auf eine kleine Krise nach der anderen. Aber wie er einmal im privaten Gespräch sagte: „Wer an der Spitze überleben will, braucht vor allem Gelassenheit."

Als er Vorsitzender der Vereinigten Stabschefs war, hatte er sich einige Lieblingssprüche aufgeschrieben und unter die Glasplatte auf seinem Schreibtisch im Pentagon geschoben. Einer davon lautete: „Laß niemals zu, daß sie dich schwitzen sehen."

2 PRÄSIDENT BUSH las an der Emma E. Booker Elementary School in Sarasota, Florida, Zweitkläßlern vor, als Rove ihm die Nachricht brachte, daß ein Flugzeug den Nordturm des World Trade Center gerammt habe. Zunächst hatte es den Anschein, als könne es ein Unfall sein, ein Fehler des Piloten; vielleicht hatte der Pilot einen Herzanfall erlitten, dachte Bush.

Er saß im dunklen Anzug mit blauem Hemd und knallroter Krawatte auf einem Stuhl in dem Klassenzimmer. Auf einer kleinen Tafel hinter ihm stand: „Lesen macht ein Land groß!"

Andrew H. Card Jr., 55, Bushs Stabschef und zuvor Mitarbeiter des Weißen Hauses unter Reagan und Bush senior, unterbrach den Präsidenten kurz darauf und flüsterte ihm ins rechte Ohr: „Ein zweites Flugzeug hat den anderen Turm getroffen. Das ist ein Angriff auf Amerika."

Ein Foto hält diesen Moment für die Geschichte fest. Die Hände des Präsidenten ruhen gefaltet in seinem Schoß, und er wendet den Kopf zur Seite, um Cards Worte zu hören. Sein Gesichtsausdruck ist distanziert und sachlich, fast starr, mit einer Spur von Verwirrung. Bush erinnert sich genau, was er dachte: „Sie hatten uns den Krieg erklärt, und in dem Moment beschloß ich, daß wir in den Krieg ziehen würden."

Bush kam zu der Überzeugung, daß er sich vor der Öffentlichkeit äußern müsse. Um 9.30 Uhr trat er im Medienzentrum der Booker School vor die Fernsehkameras, um eine Vier-Punkte-Erklärung abzugeben. Es handele sich, umschrieb er das Geschehene vorsichtig, „anscheinend um einen Terroranschlag". Sichtlich mitgenommen, versprach er in merkwürdig informell klingenden Worten, daß die Bundesregierung alles tun werde, um „diese Leute, die diese Tat begangen haben", zu ermitteln und aufzuspüren.

„Der Terrorismus gegen unser Land wird keinen Bestand haben", sagte er, die berühmte Formel „Das wird keinen Bestand haben" aufgreifend, die sein Vater elf Jahre zuvor benutzt hatte, als er nach dem irakischen Einmarsch in Kuwait im August 1990 vor seiner größten Herausforderung stand.

Bush empfand die Erklärung der Entschlossenheit, die sein Vater wenige Tage nach der Invasion auf dem Rasen des Weißen Hauses abgegeben hatte, als einen der Höhepunkte seiner Präsidentschaft. „Warum ich gerade diese Worte gewählt habe – vielleicht war es ein Echo der Vergangenheit", sagte Bush junior später. „Ich weiß nicht warum ... Ich will Ihnen was sagen: Wir haben nicht rumgesessen und an den Wörtern gefeilt. Ich habe mich einfach hingestellt und gesprochen.

Was Sie gesehen haben, war meine direkte Reaktion aus dem Bauch heraus."

DIE WAGENKOLONNE des Präsidenten raste zum Sarasota Bradenton International Airport. Er stürmte die Treppe zur Air Force One hinauf und eilte in seine abgeteilte Kabine, die zugleich sein Arbeitszimmer war.

„Bringt die First Lady und meine Töchter in Sicherheit", war sein erster Befehl an die Secret-Service-Beamten.

„Mr. President", sagte einer der Agenten nervös, „Sie müssen sich so schnell wie möglich hinsetzen."

Bush schnallte sich an, die Maschine beschleunigte und zog sehr steil in die Höhe.

FIRST LADY LAURA BUSH trug ein leuchtend rotes Kostüm und eine doppelte Perlenkette um den Hals, und sie befand sich im Caucus Room des Russell Senate Office Building, um vor dem Ausschuß von Senator Edward M. Kennedy über das frühe Lernen von Kindern auszusagen. Da kam die Nachricht von einem „Zwischenfall", und Mrs. Bush, Senator Kennedy und einige andere verließen den Raum durch eine Nebentür. Als man ihr nähere Einzelheiten berichtete, mußte Mrs. Bush mühsam um ihre Fassung ringen. Ihr Gesicht wurde aschfahl, Tränen standen ihr in den Augen, und die Lippen zitterten.

Als dann das Pentagon getroffen wurde, scharten sich Secret-Service- und Polizeibeamte um sie und erklärten ihr, sie müsse an einen sicheren Ort verbracht werden. Voller Unruhe setzte sich die Gruppe kurz darauf in Bewegung. Es war 9.50 Uhr, als die Eskorte für Mrs. Bush eintraf. Bei dem Verkehrsgewühl um das Kapitol brauchte sie 45 Minuten bis zur Secret-Service-Zentrale, wo Mrs. Bush in den Wood Conference Room im Untergeschoß geleitet wurde. Erst um 10.51 Uhr hatte es der Secret Service geschafft, „Turquoise" – das war der Deckname für Barbara Bush, die mit 19 gerade ihr Studium in Yale begonnen hatte – in seinem Amtsgebäude in New Haven in Sicherheit zu bringen. Sechs Minuten später wurde „Twinkle" – Deckname für den anderen Bush-Zwilling Jenna, die an der University of Texas in Austin im ersten Jahr studierte – im Driskill Hotel untergebracht.

ES WAR 9.39 UHR, als der American-Airlines-Flug 77, eine Boeing 757, ins Pentagon raste.

Fünf Minuten später erreichte Bush seinen Vizepräsidenten Dick Cheney, den der Secret Service von seinem Amtszimmer im Westflügel schleunigst in das Presidential Emergency Operations Center (PEOC), den unterirdischen Krisenbunker des Weißen Hauses, gebracht hatte.

„Wir sind im Krieg", sagte Bush und wies Cheney an, die Führung des Kongresses zu unterrichten. Nachdem er aufgelegt hatte, wandte der Präsident sich an einen seiner Mitarbeiter an Bord der Air Force One, der seine Äußerung gegenüber Cheney mitgehört hatte. „Dafür werden wir bezahlt, Jungs. Wir werden die Sache in die Hand nehmen. Und wenn wir rauskriegen, wer das war, werden sie mich als Präsidenten mal richtig kennenlernen. Dafür wird jemand büßen."

Bald war Cheney wieder am Apparat und drängte den Präsidenten, die US-Luftwaffe zum Abschuß von Verkehrsflugzeugen zu ermächtigen, die sich noch in der Hand von Entführern befinden sollten. Ein entführtes Flugzeug sei eine Waffe. Es sei eine Entscheidung von großer Tragweite, sagte Cheney, und er, der sonst zur Vorsicht neigte, betonte jetzt, daß die einzige angemessene Antwort darin bestehe, amerikanischen Jagdfliegern zu erlauben, auf Verkehrsflugzeuge zu feuern, selbst wenn sie voller Zivilisten waren.

„Ganz klar", sagte Bush. Er gab die Erlaubnis.

Um etwa 10.30 Uhr rief Cheney erneut an Bord der Air Force One an, die sich noch immer auf dem Weg nach Washington befand. Das Weiße Haus habe eine Drohung erhalten, und sie laute: „Angel ist als nächstes dran." „Angel" war der Deckname für die Air Force One, und so konnte man aus der Drohung folgern, daß Terroristen Insider-Informationen besaßen.

„Wir kriegen raus, wer das war", sagte Bush zu Cheney, „und werden ihnen in den Arsch treten."

Card meldete, daß First Lady Laura Bush beim Secret Service in sicheren Händen sei und seine Töchter an Orte gebracht worden seien, wo sie sicherer waren.

Ein paar Minuten später war Cheney wieder am Telefon und drängte den Präsidenten, nicht nach Washington zurückzukehren. „Es ist immer noch gefährlich", sagte er.

Abgehörte Telefongespräche und alle möglichen Meldungen strömten herein, sagte Cheney. Angesichts dessen, was geschehen war – vier Entführungen –, sei es unvorsichtig, zurückzukommen. Cheney war sofort auf die Idee gekommen, daß die Terroristen es möglicherweise darauf abgesehen hatten, die Regierung zu enthaupten, ihre führenden Mitglieder zu töten. Sie beide, Bush und er, seien in der Pflicht, die Regierung zu erhalten und die Kontinuität der Führung sicherzustellen. Bush erinnerte sich: „Er war der Mann am Telefon, der sagte: Komm nicht nach Washington."

Der Präsident war einverstanden, auf die Barksdale Air Force Base in Louisiana auszuweichen. Kurz darauf merkten die Leute an Bord, daß die Maschine plötzlich eine scharfe Linkskurve flog, Richtung Westen.

Um 10.52 Uhr sprach Bush mit seiner Frau.

DAS CHAOS und die Verwirrung dieses Tages spiegeln sich in den amtlichen Dokumenten, den öffentlich zugänglichen wie den geheimen. Bushs Ankunft in Louisiana wird in verschiedenen Dokumenten mit 11.48, 11.54, 12.05 und 12.16 Uhr verzeichnet – eine Spannweite von 28 Minuten. Irgendwann um 12 Uhr herum landete die Air Force One unter starken Sicherheitsvorkehrungen in Barksdale. Um 12.36 Uhr – diese Zeitangabe ist exakt – gab Bush eine weitere Erklärung vor den Fernsehkameras ab.

Es waren mehr als drei Stunden vergangen, seit sich der Präsident oder ein anderes führendes Regierungsmitglied öffentlich geäußert hatten. Beim Eintreten hatte der Präsident gerötete Augen. Sein Auftreten war nicht beruhigend. Er sprach stockend, las vom Blatt ab und sprach mehrere Wörter falsch aus. Am Schluß der 219-Worte-Erklärung, als er Entschlossenheit versprach, schien er an Stärke zu gewinnen. „Aber täuschen Sie sich nicht", sagte er. „Wir werden der Welt beweisen, daß wir diese Prüfung bestehen."

Zu Card sagte er: „Ich möchte so schnell wie möglich wieder heim. Ich möchte nicht, egal, wer es getan hat, von Washington ferngehalten werden."

Doch der Secret Service erklärte, in Washington sei es zu heikel, und Cheney sagte, es sei noch nicht sicher.

„Wir sollten abwarten, bis der Staub sich gelegt hat", sagte Card.

Bush fand sich widerstrebend damit ab und ging wieder an Bord der Air Force One, die kurz nach 13.30 Uhr steil in westlicher Richtung hochzog, jetzt mit dem Ziel Offutt Air Force Base in Nebraska. Offutt ist der Sitz des Strategic Command, das über die Atomwaffen der Vereinigten Staaten gebietet, und der Stützpunkt bietet die Möglichkeit sicheren Schutzes für den Präsidenten. Von dort aus konnte er auch über eine abhörsichere Videoschaltung mit seinem Nationalen Sicherheitsrat konferieren.

Vom Flugzeug aus sprach Bush mit seinem Verteidigungsminister Donald H. Rumsfeld.

„Mann, es war ein amerikanisches Verkehrsflugzeug, das das Pentagon getroffen hat", sagte der Präsident einigermaßen erstaunt. „Es ist ein Tag der nationalen Tragödie, und wir werden das Durcheinander beenden, und dann bist du am Zug und Dick Myers."

Der hochgewachsene, vornehm wirkende Luftwaffengeneral Richard B. Myers, stellvertretender Vorsitzender der Vereinigten Stabschefs, sollte in drei Wochen zum Vorsitzenden befördert werden und damit den höchsten militärischen Rang der Vereinigten Staaten bekleiden.

Rumsfeld, ein zierlicher, fast knabenhafter ehemaliger Marine-Jagdflieger, dem man seine 69 Jahre nicht ansah, hatte erwartet, ja sogar sicher damit gerechnet, daß der Präsident ihn direkt zum Handeln auffordern würde.

Anfang des Jahres, als Rumsfeld für den Posten des Verteidigungsministers in der Diskussion war, hatte er mit dem gewählten Präsidenten ein Gespräch gehabt, eine Art Test. In den acht Clinton-Jahren, erklärte er Bush, habe man, wenn man herausgefordert oder angegriffen worden war, spontan mit einem „reflexartigen Rückzieher" reagiert – nur ja kein Risiko eingehen, bloß keine Berührung mit dem Feind. Die bevorzugte Waffe Clintons sei der Luft-Boden-Marschflugkörper gewesen. Rumsfeld machte Bush unmißverständlich klar, daß er als Verteidigungsminister – falls die Vereinigten Staaten einmal bedroht sein sollten, und der Moment würde bestimmt eintreten – zum Präsidenten kommen und ihn bitten würde, die Streitkräfte einzusetzen. Der Präsident könne von ihm einen offensiven Schlachtplan erwarten.

Bush hatte – nach Rumsfelds Einschätzung unzweideutig – erwidert, das sei genau das, was er wünsche. Rumsfeld war überzeugt, daß sie zu einem klaren Einvernehmen gekommen waren.

RUMSFELD WAR in den sechziger und siebziger Jahren einer der strahlendsten Sterne der Republikaner gewesen, ein JFK der Grand Old Party – gutaussehend, leidenschaftlich, gebildet mit einem Hang zum Intellektuellen, witzig mit einem ansteckenden Lächeln. Viele in der Partei, auch Rumsfeld selbst, dachten, er käme durchaus für das Präsidentenamt in Frage. Aber er kam nicht so bei den Leuten an, wie man es von einem populären oder landesweit bekannten Politiker erwartet, was auch daran lag, daß er andere, vor allem Untergebene, oft schroff behandelte. Außerdem machte er sich einen der aufsteigenden Sterne der Partei, George H. W. Bush, der es dann ins Präsidentenamt schaffte, zum politischen Feind.

Rumsfelds Aufstieg in den inneren Zirkel der Macht ist von Intrigen, Elan und Zufall geprägt. 1962, mit 30 Jahren, wurde Rumsfeld für die erste von insgesamt vier Wahlperioden in den Kongreß gewählt, als Abgeordneter für den Bezirk der Chicagoer North-Shore-Vorstädte, in dem er aufgewachsen war. 1969 schied er aus dem Kongreß aus, um Direktor des für die Armutsbekämpfung geschaffenen Office of Economic Opportunity zu werden, ein Posten mit Kabinettsrang in der Nixon-Administration, aber keine auffällige, herausragende Position.

In den Jahren 1973/74 war er als US-Botschafter bei der Nato in Brüssel, weit weg vom Schuß, so daß er nicht in den Watergate-Skandal hineingeriet. Nixon schreibt in seinen Memoiren, bezogen auf den Juli 1974: „Don Rumsfeld rief aus Brüssel an und bot mir an, als Botschafter bei der Nato zurückzutreten und nach Hause zu kommen, um sich bei seinen ehemaligen Kollegen gegen das Impeachmentverfahren einzusetzen." Nixon trat einen Monat später zurück, und Rumsfeld wurde gebeten, das präsidiale Übergangsteam seines ehemaligen Abgeordneten-Kollegen Gerald Ford zu leiten.

Ford bat Rumsfeld, Stabschef des Weißen Hauses zu werden, doch Rumsfeld wollte lieber bei der Nato bleiben. Erst als Ford versprach, den Stab zu straffen und Rumsfeld volle Weisungsbefugnis zu geben, sagte er zu.

Nach einem Jahr im Weißen Haus teilte Ford ihm seine Absicht mit, Verteidigungsminister James Schlesinger zu entlassen. Rumsfeld sollte das Verteidigungsministerium übernehmen. CIA-Direktor William Colby sollte abgelöst werden von George Bush senior, der damals US-Botschafter in China war. Rumsfeld bezeichnete den China-Posten im Privatgespräch als „einen beschissenen, unbedeutenden Job". Er war gegen beide Umbesetzungen, sowohl was Bush als auch was ihn betraf. Dadurch würden sie beide für den bevorstehenden Präsidentschaftswahlkampf von Ford kaltgestellt, erklärte er dem Präsidenten. Sie seien, sagte er, die einzigen, die im heranrückenden Wahljahr 1976 wirkungsvolle politische Reden halten könnten. Aber Rumsfeld salutierte und übernahm das Verteidigungsministerium.

Bush senior war überzeugt, daß Rumsfeld insgeheim darauf hinarbeitete, ihm die CIA zu übertragen, um seiner politischen Karriere ein Ende zu machen. Damals war es unvorstellbar, daß einer, der für Spitzelei und schmutzige Tricks im Ausland zuständig war, jemals Präsident werden könnte.

Präsident Ford beförderte dann Rumsfelds Stellvertreter Dick Cheney zum Stabschef des Weißen Hauses. Weil man damals besorgt war, daß die CIA politisiert werden würde, wollte der Senat Bush senior nicht als Direktor bestätigen, oder nur unter der Bedingung, daß Ford versprach, Bush im bevorstehenden Wahlkampf nicht zu seinem Kandidaten für die Vizepräsidentschaft zu machen. Rumsfeld beschwor Ford und Cheney, der Präsident solle sich nicht der Bedingung des Senats unterwerfen. Als Ford und Bush dann trotzdem das vom Senat verlangte Versprechen abgaben, machte Rumsfeld Cheney dafür mitverantwortlich; unmißverständlich sagte er ihm: Das erste, was du gemacht hast, hast du vermasselt.

1976 machte sich dann eine heimliche Rivalität zwischen Verteidigungsminister Rumsfeld und CIA-Direktor Bush bemerkbar.

In der Zeit, in der sie beide Kongreßabgeordnete waren, war Rumsfeld zu dem Urteil gelangt, Bush sei ein Leichtgewicht, das mehr an Freundschaften, Public Relations und Meinungsumfragen interessiert war als an realer Politik. Nach seiner Ansicht vermied Bush senior Auseinandersetzungen und Schweiß, außer in der Sporthalle des Kongresses. Rumsfeld fand sogar, Bush habe etwas von einem „Rockefeller-Syndrom": verfügbar, politisch ehrgeizig, aber ohne klare Ziele. Keine höheren Ziele zu haben war in Rumsfelds Weltsicht beinahe ein Kapitalverbrechen.

In Rumsfelds Augen war Bush ein schwacher CIA-Direktor, der die militärischen Fortschritte der Sowjetunion bedenklich unterschätzte und von Außenminister Henry Kissinger manipuliert wurde.

Rumsfeld diente dann in der Reagan-Administration als Sondergesandter für den Nahen Osten und in der Clinton-Administration als Leiter einer Kommission, die die Bedrohung der Vereinigten Staaten durch ballistische Raketen einschätzen sollte, doch in der Regierung von Bush senior erhielt er kein öffentliches Amt.

Statt selbst auf die Präsidentschaft zuzusteuern, war Rumsfeld jetzt zum zweiten Mal Verteidigungsminister und diente dem Sohn seines langjährigen Rivalen. In gewisser Hinsicht war Rumsfeld ein wandelndes Beispiel für das, was der Romanautor Wallace Stegner „Unverwüstlichkeit unter Enttäuschung" nennt: einen unbeugsamen Elan, Fleiß und Hartnäckigkeit auch dann, wenn die ehrgeizigen Ziele nicht ganz erreicht wurden.

In den ersten acht Monaten nach der erneuten Übernahme des Pentagons widmete Rumsfeld sich zwei Hauptthemen. Das erste war die einseitige und überholte Ausrichtung der Streitkräfte, deren Ausrüstung, Ausbildung und Aufbau noch immer an der Bekämpfung alter Feinde orientiert war, vor allem der Sowjetunion. Er nahm sich vor, die Streitkräfte zu reformieren, sie „umzubauen", um „die Fähigkeit zu entwickeln, uns vor Raketen, Terrorismus und neuen Bedrohungen für unsere Satelliten- und Informationssysteme zu schützen", wie er in der Anhörung vor dem Senat, der seine Ernennung zum Minister bestätigen mußte, ahnungsvoll erklärte.

Rumsfelds zweites Thema war die Überraschung. Jedem, der ihm über den Weg lief, überreichte oder empfahl er Roberta Wohlstetters Buch *Pearl Harbor: Warning and Decision*. Er empfahl besonders, das Vorwort zu lesen, in dem Thomas Schelling die These vertrat, Pearl Harbor sei ein ganz gewöhnlicher, für Regierungen typischer Schnitzer gewesen. „Wir neigen in unseren Planungen dazu, das Unbekannte mit dem Unwahrscheinlichen gleichzusetzen ... Es ist gefährlich, von beschränkten Erwartungen auszugehen, sich routinemäßig auf einige wenige Gefährdungen einzustellen, die man vielleicht zu kennen glaubt, die aber kaum eintreten werden."

Rumsfelds Umbaupläne stießen bei erheblichen Teilen des höheren Offizierskorps auf fast so etwas wie organisierten Widerstand, der an Insubordination grenzte. Ein Vier-Sterne-General, der mit ihm zusammenarbeitete, sagte, Rumsfeld sei „ein geschickt maskierter Egomane ... einer der aus der Hüfte schießt, aber den Eindruck macht, als täte er das nicht". Ein anderer sagte, man dürfe Rumsfeld nicht widersprechen, denn damit riskiere man, von ihm abgekanzelt zu werden. Der Offizier sagte: „Ich ging rauf [in Rumsfelds Amtszimmer im zweiten Stock], und wenn ich nicht seiner Meinung war, sagte ich ihm das auch. Manchmal nahm er es freundlich auf, manchmal aber auch nicht."

Es kam vor, daß Rumsfeld hochrangige Generäle aus seinem Amtszimmer rausschmiß. Einen fuhr er an: „Kommen Sie wieder zum Vortrag, wenn Sie wissen, wovon Sie reden." Wehe dem Vortragenden, der lediglich die von ihm befürwortete Lösung präsentierte. „Na, da fehlt aber die Begründung", bekam man des öfteren von Rumsfeld zu hören. Das Ergebnis sehe ich selbst. Ich möchte aber wissen, wie Sie dazu gekommen sind – ich möchte die Voraussetzung kennen, den Ausgangspunkt, die vollständige Überlegung.

Dieses Verhalten machte die führenden Offiziere ratlos. Es war demütigend und gelegentlich auch abstoßend. Rumsfeld konfrontierte sie mit schwierigen Fragen, die einfach zu weit gingen. Was wissen Sie über dieses Thema? Was wissen Sie nicht? Was halten Sie davon? Wonach sollte ich Sie Ihrer Meinung nach zu diesem Thema fragen?

Nur auf diese Weise werde ich etwas daraus lernen, erklärte er, und er fügte hinzu: Und bestimmt werden Sie nur auf diese Weise etwas daraus lernen!

Er schien allzu sehr von sich überzeugt zu sein und allzu mißtrauisch gegenüber seinen militärischen Untergebenen. In seiner Arbeit auf eine eng zusammengewachsene Gruppe gestützt, die überwiegend aus Zivilbeamten bestand, war er vielen im Haus ein Rätsel, vor allem den Vereinigten Stabschefs, den militärischen Spitzen von Armee, Marine, Luftwaffe und Marine Corps.

Rumsfeld verabscheute Herumwurstelei. Er verabscheute Ungenauigkeit. Die meisten Memos schrieb er um oder fügte ihnen etwas hinzu. Er haßte sprachliche Inkorrektheit. Bei einem Memo mit einem offenkundigen Tippfehler – statt „not" stand dort „ton" – fragte er: Was bedeutet dieses „ton"? Warum steht „ton" in diesem Satz? Was bedeutet das?

„Cambone!" rief Rumsfeld oft, wenn er etwas wissen oder veranlassen wollte. Steve Cambone, ein Mann von 1,90 Meter, der als Sachverständiger für Verteidigungsfragen in der von Rumsfeld geleiteten Kommission für Satelliten- und Raketenabwehr gearbeitet hatte, war die düstere, nicht-sonnige, nicht-optimistische Seite von Rumsfeld, erfüllt von Vorahnungen, daß etwas Schreckliches passieren würde. Als ziviler Sonderberater des Ministers bestimmte er weitgehend die Beziehungen zwischen Rumsfeld und dem Rest des Pentagons. Cambone war derjenige, mit dessen Hilfe Rumsfeld sich zumindest anfangs die ranghohen Militärs gefügig gemacht hatte.

Armeegeneral Henry B. „Hugh" Shelton, der Vorsitzende der Vereinigten Stabschefs seit Oktober 1997, packte unter der neuen zivilen Führung manchmal die Verzweiflung; gegenüber den Kollegen sprach er von einem regelrechten Bruch zwischen ihm und Rumsfeld. Einmal schlug Rumsfeld vor, Shelton solle seine militärischen Ratschläge für den Präsidenten durch ihn, Rumsfeld, vortragen lassen. Shelton mußte ihn daran erinnern, daß er von Gesetzes wegen der „militärische Hauptberater" des Präsidenten war, und nach seiner Überzeugung hatte er seine Ratschläge diesem direkt vorzutragen.

Wenn Rumsfeld gelegentlich auch die Stabschefs und die höheren Offiziere verstimmte, so hatten viele doch Respekt vor seiner Intelligenz. Ein ranghoher General sagte: „Ich bewundere den Mann sehr, auch wenn ihn nicht sonderlich ausstehen kann ... Er hat eine Schwäche, und das ist, daß er überall seine Hände reinstecken muß. Okay?"

IN KENNTNIS der Anschläge auf das World Trade Center hatte Rumsfeld den täglichen nachrichtendienstlichen Lagevortrag in seinem Amtszimmer fortsetzen lassen, als das dritte entführte Flugzeug in die Westseite des Pentagons einschlug. Er spürte, wie das Gebäude erbebte, und stürzte ans Fenster, aber es war von dort aus nicht zu erkennen, was geschehen war. Er ging aus dem Zimmer und begab sich, orientiert an der aufsteigenden Rauchwolke, an die Einschlagstelle, wo er sich an den Rettungsmaßnahmen beteiligte, bis ein Sicherheitsbeamter ihn aufforderte, den Bereich zu verlassen.

„Ich gehe rein", sagte Rumsfeld und eilte ins National Military Command Center, die weiträumige, mit vielen Leuten besetzte Befehlszentrale des Pentagons. Weil der Raum voller Rauch war, ging er mit seinem Team hinauf in den abgesonderten Raum, wo das Kommunikationsnetz zusammenlief, „Cables" genannt, denn dort war bessere Luft.

General Myers drängte Rumsfeld zum Verlassen des Raums. „Die Rauchentwicklung verschlimmert sich", sagte er. „Wir haben hier eine Menge Leute. Für sie sieht die Lage schlimmer aus als für uns hier oben." Die anderen wollten nicht ihren Platz räumen, solange Rumsfeld blieb. „Wir sollten wirklich gehen."

Okay, sagte Rumsfeld, aber er setzte seine Arbeit fort.

Die Militärs, die Eventualplanungen für die unwahrscheinlichsten Szenarien in der Schublade hatten, hatten keine Pläne für Afghanistan, wo Bin Laden und sein Netzwerk untergeschlüpft waren. Sie hatten buchstäblich nichts, woran man sich wenigstens in Umrissen hätte orientieren können. Für den Verteidigungsminister war das keine Überraschung. Jetzt wandte er sich an Myers und erklärte ihm: Als ich bat, mir verschiedene Pläne zu zeigen, war ich mit denen, die man mir vorlegte, nicht zufrieden. Sie sind weder einfallsreich noch kreativ. Die Pläne sind offenkundig alt, und sie wurden allzu lange nicht überarbeitet. Ich war einfach nicht zufrieden. Wir haben viel Arbeit vor uns. Das muß Ihnen klar sein.

„Ich habe verstanden, Sir", antwortete Myers.

SCHLIESSLICH VERLIESS RUMSFELD die Befehlszentrale, ging in seine Amtssuite und machte sich daran, das Problem selbst zu bearbeiten.

„Dies ist der entscheidende Moment", sagte er, umgeben von seinen führenden Mitarbeitern – Cambone, seinem militärischen Berater, seinem allgemeinen Berater und seinem Pressesprecher. Der Präsident wird zurückkommen, sagte er, und ich muß für das Gespräch mit ihm vorbereitet sein, wenn er da ist. Welches sind die Dinge, an die der Präsident denken muß? fragte Rumsfeld. Worauf muß der Präsident eingehen?

Er begann, sich Ideen zu notieren. Alle sollten sich etwas überlegen, kurze Konzepte, Beschreibungen der Probleme. Besorgt euch den und den alten Artikel, den Bericht, das Memo, sagte er. Raus mit der Sprache! Was stand da drin?

Für Cambone hieß das, viele Papiere durcharbeiten, das Wesentliche herausholen und in ein klares Konzept bringen.

Victoria A. „Torie" Clarke, Ministerialdirektorin für Öffentlichkeitsarbeit im Verteidigungsministerium, dachte an einen Geber beim Kartenspiel in Las Vegas, als sie Rumsfeld in seinem wuchtigen Arbeitszimmer sitzen sah, wie er fast instinktiv die Papiere durchging und auf drei Haufen sortierte: 1. Das ist, was wir wissen. 2. Das ist, womit wir uns im Augenblick befassen. 3. Das ist, womit wir uns noch befassen müssen – morgen und noch auf lange Zeit hinaus.

Wie formulieren wir das Problem für den Präsidenten in knapper Form? fragte Rumsfeld. Er betrachtete es als Teil seiner Aufgabe, sich den Kopf für den Präsidenten zu zerbrechen. Wir müssen die richtigen Gedanken haben, ausformulierte Gedanken, sagte er. Denn die erste Plenarsitzung des Nationalen Sicherheitsrats würde von größter Bedeutung sein, dort würde entschieden, wie sie künftig vorgingen. Papier flog weiter von einem Stapel auf den anderen, und die Haufen wurden immer kleiner. Manches warf er in den Sack für zu vernichtende Geheimakten – Clarke fischte einen Teil wieder heraus und setzte die Papiere erneut in Umlauf.

Nach mehreren Stunden war Rumsfeld durch und hatte alles auf ein einziges Blatt gebracht – sauber, ordentlich, ohne Rechtschreibfehler oder verschwommene Ausdrücke –, das er zu einer Besprechung mit dem Präsidenten am Abend ins Weiße Haus mitnehmen würde.

AUF DER OFFUTT AIR FORCE BASE in Nebraska berief Präsident Bush um 15.30 Uhr die erste Sitzung des Nationalen Sicherheitsrats wegen der Terrorismus-Krise ein.

Tenet berichtete, mit nahezu vollständiger Gewißheit stecke Bin Laden hinter den Anschlägen. Nach den Passagierlisten befanden sich beim American-Airlines-Flug 77 drei bekannte al-Qaida-Aktivisten an Bord der Maschine, die sich ins Pentagon gebohrt hatte. Einer von ihnen, Chalid al-Midhar, war der CIA ein Jahr zuvor in Malaysia aufgefallen. Ein bezahlter CIA-Spitzel hatte ihn bei einer al-Qaida-Besprechung erkannt. Sie hatten das FBI informiert, das ihn auf eine Watchlist setzte, aber er war im Sommer unbemerkt in die Vereinigten Staaten gelangt und dem FBI durch die Maschen geschlüpft.

Al-Qaida sei die einzige terroristische Organisation, die zu so spektakulären, genau koordinierten Anschlägen in der Lage sei, sagte Tenet. Die Telefonüberwachung hatte die Gespräche von mehreren bekannten Mitarbeitern Bin Ladens mitgeschnitten, die sich nach den Anschlägen gegenseitig gratulierten. Tage zuvor waren Informationen aufgefangen worden, die aber erst jetzt übersetzt worden waren, wonach mehrere bekannte Aktivisten in verschiedenen Ländern ein Großereignis erwarteten. Über den Tag, die Uhrzeit, den Ort oder die Angriffsmethode war nichts Genaues gesagt worden.

Es war ziemlich offenkundig, daß da etwas vermasselt worden war, und es kam dem Präsidenten so vor, als ob FBI und CIA nicht miteinander kommunizierten. „George, spitz die Ohren", sagte der Präsident zu Tenet, womit er ihm bedeutete, er solle alles mithören.

Tenet sagte, alle Anschläge hätten vor 10.00 Uhr stattgefunden, und deshalb würde es an diesem Tag wahrscheinlich keine mehr geben, aber mit Sicherheit könne er das nicht sagen.

FBI-Direktor Robert S. Mueller III, der sein Amt erst vor einer Woche angetreten hatte, sagte, sie wüßten nicht, auf welche Weise die Entführer die Flugzeuge in ihre Hand bekommen hatten. Vorsichtshalber sei der gesamte Flugverkehr über den Vereinigten Staaten bis auf weiteres eingestellt worden.

Der Präsident sagte, er wünsche, daß der Flugverkehr wieder aufgenommen werde.

„Bevor die Flugzeuge wieder starten, müssen wir wissen, wie sie die Sicherheitsvorkehrungen auf den Flughäfen durchbrochen haben", wandte Tenet ein. Das war eine vernünftige Idee, aber sie schien das Problem auf die Flughafensicherung zu verlagern und von den Versäumnissen der Geheimdienste abzulenken, die möglicherweise dafür verantwortlich waren, daß die Entführer in die Vereinigten Staaten einreisen und sich bis zu den geplanten Anschlägen monatelang dort aufhalten konnten.

„Ich werde mehr Sicherheitsmaßnahmen ankündigen", sagte der Präsident, „aber wir lassen uns nicht zu Geiseln machen", und spontan fügte er hinzu: „Morgen ab zwölf wird wieder geflogen."

Es sollte drei Tage dauern, bis der zivile Flugverkehr mit einem verkürzten Flugplan wieder aufgenommen wurde.

„Die Terroristen können jederzeit angreifen", sagte Rumsfeld trotzig. „Das Pentagon geht morgen wieder an die Arbeit."

Secret-Service-Direktor Brian L. Stafford wandte sich an den Präsidenten. „Unsere Auffassung ist: Bleiben Sie, wo Sie sind", sagte der Direktor. „Es ist nicht sicher." Stafford dachte, er habe damit etwas ganz Offensichtliches ausgesprochen. Es war Bush klar, daß der Secret Service keine vollkommene Sicherheit garantieren konnte – hundertprozentige Sicherheit gab es nicht –, aber wenn der Präsident ihren Empfehlungen folgte, konnten sie ihm die größtmögliche Sicherheit gewähren. Wenn er sich über ihre Empfehlungen hinwegsetzte, war alles denkbar.

„Ich komme zurück", sagte Bush.

Stafford war überrascht.

Um 16.30 Uhr erreichte der Präsident seine Frau am Telefon.

„Ich komme nach Hause", sagte er. „Wir sehen uns im Weißen Haus. Ich liebe dich, geh heim."

3 | IN DER CIA-ZENTRALE wollte James L. Pavitt,

der Deputy Director for Operations (DDO), der die geheime Nachrichtenbeschaffung und die verdeckten Operationen unter sich hatte, seinen Truppen eine persönliche Mitteilung zukommen lassen. Pavitt, 55, ein rundlicher, geselliger Berufsspion, wirkte nicht gerade wie der Chef des verschwiegensten unterirdischen Netzes von verdeckt arbeitenden Gruppenleitern, bezahlten Agenten und Geheimnisjägern der Welt.

Pavitts Botschaft wurde klassifiziert als DOSB: eine geheime Nachricht an alle Directorate of Operations Stations and Bases.

„Die Vereinigten Staaten sind von entschlossenen und engagierten Feinden angegriffen worden, die bereitwillig ihre Selbstvernichtung hinnehmen, um ihren Terrorauftrag zu erfüllen.

Ich erwarte von jedem Posten und jedem Beamten verdoppelte Anstrengungen beim Beschaffen von Nachrichten über diese Tragödie. Das Counterterrorism Center ist der Sammelpunkt für alle Informationen zu diesem Thema, und wir rechnen damit, daß ein Großteil der wertvollsten Erkenntnisse über die Anschläge und ihre Täter innerhalb der nächsten 48 Stunden eingehen wird." Sie sollten Informationen beschaffen, bevor die Spur kalt wurde. Er sagte, sie sollten vorsichtig sein und ihre Familien in Sicherheit bringen. „Außerdem ersuche ich Sie alle, mit mir ein stummes Gebet zu sprechen für die Tausenden, die heute umgekommen sind, und für ihre Lieben, die jetzt so schrecklich allein sind."

BUSH WOLLTE an diesem Abend im Fernsehen eine Rede an die Nation halten, und sein Chef-Redenschreiber, Michael Gerson, hatte ihm einen Entwurf vorgelegt. Er enthielt die Sätze: „Dies ist nicht nur ein Akt des Terrorismus. Dies ist ein Akt des Krieges." Das war ein anderer Ausdruck dessen, was Bush schon den ganzen Tag über zum Nationalen Sicherheitsrat und seinen Mitarbeitern gesagt hatte.

Nehmen Sie das raus, wies Bush Karen Hughes an. „Unser Auftrag ist Beruhigung." Er wollte die Menschen, deren Nerven ohnehin schon gereizt waren, beruhigen.

„Ich wollte die Amerikaner nicht noch zusätzlich ängstigen", sagte Bush später. Er wollte vor die Kamera treten und Stärke zeigen, Entschlossenheit demonstrieren, aber auch eine gewisse Gemütsruhe finden – den Menschen Mut machen, demonstrieren, daß die Regierung funktionierte, und der Nation zeigen, daß ihr Präsident die Sache überstanden hatte. Es waren Zweifel aufgekommen, denn den größten Teil des Tages war er von einem Luftwaffenstützpunkt zum anderen gewechselt.

Um 18.30 Uhr war der Präsident endlich wieder im Weißen Haus und beschäftigte sich in dem kleinen Arbeitszimmer, das an das Oval Office grenzte, mit dem Entwurf der Rede. Auf die Ansprache zurückgreifend, die Bush 1999 im Präsidentschafts-Wahlkampf in der Militärakademie The Citadel gehalten hatte, hatte Gerson geschrieben, daß die Vereinigten Staaten keinen Unterschied machen würden zwischen denen, die die Taten planten, und denen, die die Terroristen duldeten oder ermutigten.

„Das ist viel zu vage", bemängelte Bush und schlug das Wort „beherbergen" vor. In der endgültigen Fassung lautete das, was man später als Bush-Doktrin bezeichnen sollte, folgendermaßen: „Wir werden keinen Unterschied machen zwischen denen, die diese Taten geplant haben, und denen, die sie beherbergen." Es war eine unglaublich weit gefaßte Selbstverpflichtung zur Verfolgung der Terroristen und derer, die Terroristen finanzieren und decken, und nicht bloß ein Vorschlag für einen gezielten Vergeltungsschlag. Die Entscheidung fiel, ohne daß Cheney, Powell oder Rumsfeld konsultiert wurden.

Wen der Präsident dagegen konsultierte, war seine nationale Sicherheitsberaterin Condoleezza Rice. Sie fragte sich, ob eine so weitreichende Erklärung und Entscheidung über den künftigen politischen Kurs in eine Rede gehörte, deren Ziel es war, die erschütterte Nation zu trösten. „Sie können es jetzt sagen, es gibt aber auch noch andere Gelegenheiten, es zu sagen", riet sie ihm. Es war ihr Stil, sich nicht festzulegen, solange der Präsident sie nicht dazu drängte. Aber am Ende sprach sie sich dafür aus, es an diesem Abend in die Rede aufzunehmen, denn was mehr zählt als fast alles andere, sind die ersten Worte, meinte sie.

„Wir müssen es jetzt aussprechen", sagte Bush. Er hatte sich diesem Kurs ganz allmählich genähert. Dann konnte er es auch sagen.

Im Westflügel wurde darüber diskutiert, ob es nötig sei, daß der Präsident das Offensichtliche – daß dies Krieg war – ausdrücklich sagt. Der Kommunikationsdirektor Dan Bartlett, 30, wurde abgeordnet, dies dem Präsidenten vorzutragen.

„Was?" schnauzte Bush ihn an. „Keine Änderungen mehr."

Bartlett zeigte ihm einen Änderungsvorschlag zu der Bemerkung über den Krieg.

„Das habe ich bereits abgelehnt", erwiderte der Präsident.

Bartlett ging zurück zu seinen Kollegen im Westflügel. „Danke, das nächste Mal könnt ihr ihm die Botschaft bringen."

BUSH WANDTE SICH in einer siebenminütigen Rede aus dem Oval Office an die Nation. Er legte seinen Kurs dar, die Terroristen und diejenigen, die ihnen Unterschlupf geben, zu verfolgen.

„Keiner von uns wird diesen Tag vergessen", sagte er. „Doch wir werden nicht ruhen, um die Freiheit und alles, was gut und gerecht ist in der Welt, zu verteidigen."

Nach der Rede leitete Bush eine erweiterte Sitzung des Nationalen Sicherheitsrats, bei der aber nichts herauskam. Deshalb rief er seine wichtigsten Sicherheitsberater um 21.30 Uhr im Bunker des Weißen Hauses zusammen. Es war das Ende eines der längsten und chaotischsten Tage, den jeder von ihnen erlebt hatte.

„Dies ist die Stunde der Selbstverteidigung", sagte der Präsident und sprach damit aus, was eigentlich allen klar war. Man hatte das Gefühl, daß es nicht vorüber war, und sie kamen nicht im Bunker zusammen, weil es dort gemütlich war – das war es nicht –, sondern weil es noch immer gefährlich war. Sie hatten keinen Ansatzpunkt, weder, was die zurückliegenden Ereignisse betraf, noch, was als nächstes geschehen könnte und wie sie darauf reagieren sollten. „Wir haben beschlossen, jeden zu bestrafen, der Terroristen Unterschlupf gewährt, nicht nur die Täter", sagte er ihnen.

Der Präsident, Rice, Hughes und die Redenschreiber hatten eine der bedeutendsten außenpolitischen Entscheidungen seit Jahren getroffen, und der Außenminister war nicht daran beteiligt gewesen. Powell war gerade aus Peru zurückgekehrt. Und jetzt sagte er: „Wir müssen Pakistan und Afghanistan klarmachen, daß es jetzt *showtime* ist."

Das in Afghanistan herrschende Taliban-Regime, eine extreme, islamisch-fundamentalistische Milizbewegung, die 1996 an die Macht gekommen war, gewährte al-Qaida-Terroristen Unterschlupf und erhielt dafür beträchtliche finanzielle Unterstützung von Bin Laden. Der mächtige Geheimdienst des benachbarten Pakistan, die ISI, hatte bei der Schaffung der Taliban eine enorme Rolle gespielt und sie an der Macht gehalten. Das kompromißlose Regime, dessen strenge Auslegung des islamischen Rechts und drakonische Herrschaft zur Unterdrückung der Frauen, massenhaftem Hunger und der Flucht von fast einer Million Menschen führte, wurde weltweit verurteilt, als es die gewaltigen, jahrhundertealten Buddha-Statuen von Bamiyan zerstörte.

„Dies ist eine großartige Chance", sagte Bush, der damit dem Ganzen etwas Positives abzugewinnen suchte. Es bestünde die Gelegenheit, die Beziehungen besonders zu Großmächten wie Rußland und China zu verbessern. „Wir müssen dies als eine Chance auffassen."

Die Mitglieder des Kriegskabinetts hatten viele Fragen, und keiner hatte mehr Fragen als Rumsfeld. Auf seinem einen Blatt Papier hatte er die Fragen, die der Präsident und die anderen seiner Meinung nach besprechen und beantworten mußten: Wer sind die Ziele? Wie viele Beweise brauchen wir, bevor wir gegen al-Qaida losschlagen? Wie rasch handeln wir?

Je rascher sie handelten, sagte Rumsfeld, desto mehr öffentliche Unterstützung würden sie haben, falls es Kollateralschäden gab. Er war vorsichtig. Da die Militärs keine Pläne und keine Truppen in der unmittelbaren Nachbarschaft hatten, wollte er keine hohen Erwartungen wecken. Es schlug wie eine Bombe ein, als er ihnen mitteilte, daß die Vorbereitung größerer Schläge bis zu sechzig Tagen in Anspruch nehmen könnten.

Die Vorstellung, auf etwas Größeres sechzig Tage lang – möglicherweise bis zum 11. November – zu warten, hing über allem.

Rumsfeld hatte weitere Fragen. Powell empfand sie als eine geschickte Verstellung, einen rhetorischen Kunstgriff, um sich einer

Festlegung zu entziehen. Rumsfeld wollte, daß andere seine Fragen beantworteten. Ein bemerkenswertes Verfahren, dachte Powell.

Es waren allerdings auch gute Fragen, und Rumsfeld fuhr fort. Gibt es Ziele, die wir nicht angreifen dürfen? Beziehen wir die Verbündeten Amerikas in militärische Aktionen ein? Schließlich, sagte der Verteidigungsminister, müssen wir klären, wie wir die Sache darstellen, müssen wir der Welt bekanntgeben, was wir machen.

Cheney wies darauf hin, daß Afghanistan eine echte Herausforderung darstellen würde. Ein primitives Land, rund 7 000 Meilen entfernt, mit einer Bevölkerung von 26 Millionen, hatte es die Fläche von Bushs Heimatstaat Texas, aber wenige Straßen und kaum eine Infrastruktur. Es würde schwerfallen, etwas zu finden, was man angreifen konnte.

Der Präsident kam auf das Problem der al-Qaida-Terroristen und ihren Unterschlupf in Afghanistan zurück. Seit Bin Laden im Mai 1996 seine Basis aus dem Sudan nach dort verlegt hatte, hatten die Taliban al-Qaida erlaubt, ihr Hauptquartier und ihre Ausbildungslager im Land aufzuschlagen.

Wir müssen al-Qaida den Unterschlupf nehmen, sagte Tenet. Den Taliban sagen, daß wir mit ihnen fertig sind. Die Taliban und al-Qaida seien im Grunde ein und dasselbe.

Rumsfeld sagte, sie sollten jedes Machtmittel benutzen, nicht nur die militärischen, sondern auch rechtliche, finanzielle, diplomatische Mittel und die CIA.

Tenet bemerkte, al-Qaida habe zwar ihr Hauptquartier in Afghanistan, operiere aber weltweit, auf allen Kontinenten. Wir haben ein 60-Länder-Problem, sagte er.

„Schießen wir sie der Reihe nach ab", sagte der Präsident.

Rumsfeld, der bei der Identifikation von Schwierigkeiten nicht zu übertreffen war, sagte, das Problem seien nicht nur Bin Laden und al-Qaida, sondern andere Länder, die den Terrorismus unterstützten.

„Wir müssen die Länder zwingen, sich zu entscheiden", sagte Bush.

Die Sitzung wurde vertagt. Der Präsident, nicht erprobt und ungeübt in Fragen der nationalen Sicherheit, war im Begriff, sich auf den langen und verwickelten Weg zum Krieg zu machen, aber eine Karte hatte er eigentlich nicht.

CONDOLEEZZA RICE ging nach der Sitzung in das Amtszimmer der nationalen Sicherheitsberaterin am Ende des Westflügels. Nachdem sie zuvor Professorin für Politikwissenschaft und dann Provost in Stanford gewesen war, hatte sie unter Präsident Bush senior als Rußlandexpertin im Stab des Nationalen Sicherheitsrats gearbeitet. Von allen in den oberen Rängen von Bushs nationalem Sicherheits-Team war Rice, 46, vielleicht die einsamste. Ihre Mutter war tot, und ihr Vater war vor einem Jahr gestorben. Nach den Anschlägen am Morgen hatte sie die einzigen Verwandten angerufen, die sie noch hatte, Onkel und Tante in Birmingham, Alabama, und ihnen gesagt, bei ihr sei alles in Ordnung. Dann hatte sie sich wieder ihrer Arbeit zugewandt.

Seit dem Präsidentschafts-Wahlkampf, in dem sie Bushs außenpolitische Chefberaterin war, hatte Rice ein sehr enges Verhältnis zu Bush entwickelt. Hochgewachsen, von nahezu perfekter Haltung, einem graziösen Gang und strahlendem Lächeln, war sie inzwischen ein fester Bestandteil des engeren Kreises um den Präsidenten geworden. Der Präsident und die First Lady waren gewissermaßen zu ihrer Familie geworden.

An diesem Abend gestand sie sich ein, daß sie völlig ratlos war. Sie versuchte sich auf das zu konzentrieren, was am nächsten Tag zu tun war.

Wenn es wirklich Bin Laden und al-Qaida waren – und das war nahezu sicher –, gab es eine weitere Komplikation. Früher oder später würden die Fragen auftauchen, was die Bush-Administration über die Gefährlichkeit von Bin Laden wußte, seit wann sie es wußte und was sie dagegen getan hatte.

UNGEFÄHR EINE WOCHE vor Bushs Amtseinführung im Januar 2001 nahm Rice in Blair House, gegenüber dem Weißen Haus, zusammen mit dem gewählten Präsidenten Bush und dem gewählten Vizepräsidenten Cheney an einer Besprechung teil. Es handelte sich um den nachrichtendienstlichen Lagevortrag, gehalten von Tenet und Pavitt.

Zweieinhalb Stunden lang hatten Tenet und Pavitt einem faszinierten künftigen Präsidenten geschildert, wer „the good, the bad and the ugly" der CIA waren. Sie erklärten ihm, Bin Laden und sein Netzwerk stellten eine „ungeheure Gefahr" dar, und zwar in „unmittelbarer Zukunft". Es bestehe kein Zweifel, sagten sie, daß Bin Laden sich erneut gegen die Vereinigten Staaten wenden werde, unklar sei nur, wo, wann und wie. Bin Laden und sein Netzwerk seien ein schwieriges, kaum zu fassendes Ziel. Präsident Clinton hatte fünf gesonderte Geheimdienst-Verordnungen gebilligt, sogenannte Memoranda of Notification (MON), durch die verdeckte Operationen mit dem Ziel genehmigt wurden, Bin Laden und sein Netzwerk zu vernichten sowie deren terroristische Operationen zu unterbinden und ihnen zuvorzukommen. Keine Genehmigung war dafür erteilt worden, Bin Laden direkt zu töten oder zu ermorden.

Tenet und Pavitt stellten Bin Laden als eine der drei größten Gefahren für die Vereinigten Staaten dar. Die beiden anderen waren die zunehmende Verfügbarkeit von chemischen, biologischen und atomaren Massenvernichtungswaffen einschließlich der drohenden Weiterverbreitung sowie die wachsende militärische und sonstige Macht Chinas.

Im April empfahl der Stellvertreter-Ausschuß des Nationalen Sicherheitsrats (ihm gehören die Leute an, die in den wichtigen Ministerien und Geheimdiensten unmittelbar nach dem Chef kommen), daß Präsident Bush einen Kurs einschlägt, der ernsthafte Bemühungen umfaßt, die Nordallianz zu bewaffnen, jenes lockere Bündnis aus verschiedenen Warlords und Stämmen in Afghanistan, die das Taliban-Regime bekämpften, das Bin Laden Unterschlupf gewährt hatte.

Nach Schätzung der CIA waren die Taliban, die über rund 45 000 Soldaten und Freiwillige verfügten, den Kräften der Nordallianz, etwa 20 000 Kämpfer, im Verhältnis 2 zu 1 überlegen.

Ein verdecktes CIA-Programm zur Unterstützung der aufständischen Kräfte mit mehreren Millionen Dollar jährlich war bereits im Gange. Doch die Nordallianz machte eine Menge Sorgen. Erstens war es keine wirkliche Allianz, denn die verschiedenen Warlords konnten wahrscheinlich leicht von den Taliban bestochen werden. Jeder der Warlords mußte um sein Überleben kämpfen, und das hieß, daß sie notfalls zu allem bereit waren. Mehrere von ihnen waren schlichtweg Verbrecher, serienmäßige Menschenrechtsverletzer und Drogendealer. Außerdem hatten die Russen und die Iraner, die beide die

Allianz mit beträchtlichen Summen unterstützten, starken Einfluß bei einigen der Warlords.

Unter Clinton hatte sich das State Department wegen dieser berechtigten Sorgen kategorisch gegen eine Bewaffnung der Allianz gewehrt. Es war Richard Armitage, Powells Stellvertreter, der sich im Frühling bereit erklärt hatte, die Einwände des State Department zurückzuziehen. Armitage hatte sich mit Powell besprochen, der ebenfalls der Meinung war, daß Bin Laden eine hinreichend große Gefahr war, um eine Aufrüstung der Nordallianz im großen Stil zu rechtfertigen.

Im Juli hatte der Stellvertreter-Ausschuß einen umfassenden Plan empfohlen, um al-Qaida nicht nur einzudämmen, sondern völlig auszuschalten. Der Plan sah vor, zum Angriff überzugehen und die Taliban zu destabilisieren. Im August waren viele der Chefs nicht da. Erst am 4. September billigten und empfahlen sie einen Plan, der CIA 125 bis 200 Millionen Dollar jährlich für die Bewaffnung der Nordallianz zur Verfügung zu stellen.

Rice hatte eine National Security Presidential Directive (NSPD) fertig, die dem Präsidenten am 10. September vorgelegt werden sollte. Die Tür war offen, und sie waren bereit, hindurchzugehen. Die NSPD hatte die Nummer 9, bevor al-Qaida an die Reihe kam, waren also acht andere Angelegenheiten vom Präsidenten beurteilt, überprüft, angenommen und abgesegnet worden.

Die Frage, die für immer im Raum stehen würde, war, ob sie rasch genug gehandelt hatten angesichts einer Gefahr, die von der CIA als eine der drei größten Gefahren für das Land identifiziert worden war, ob der 11. September ebensosehr ein Versagen der Politik wie der Geheimdienste war.

AM 11. SEPTEMBER um 23.08 Uhr weckte der Secret Service die Bushs und begleitete sie hastig in den Bunker. Ein nicht identifiziertes Flugzeug schien auf das Weiße Haus zuzufliegen. Der Präsident trug Laufhose und T-Shirt. Mrs. Bush hatte einen Morgenrock an und war ohne ihre Kontaktlinsen. Ihre Hunde Spot und Barney tollten herum. In dem langen Tunnel, der zu dem Bunker führt, trafen sie Card, Rice und Stephen J. Hadley, den stellvertretenden nationalen Sicherheitsberater, die in dieselbe Richtung rannten.

Das verirrte Flugzeug wurde rasch identifiziert, aber der Secret Service wünschte dennoch, daß der Präsident die Nacht im Bunker verbrachte. Bush betrachtete das schmale Bett und erklärte, er gehe zurück in die Amtswohnung.

Rice, der ein Secret-Service-Kommando zugewiesen war, wurde von einem Beamten erklärt, sie wünschten nicht, daß sie in dieser Nacht in ihr Watergate-Apartment heimging. Sie sollten vielleicht besser hierbleiben, sagte der Beamte, und so erklärte sie sich bereit, im Bunker zu schlafen.

„Nein", sagte der Präsident, „Sie kommen mit und sind unser Gast."

Wie es sein Vater während seiner Zeit im Weißen Haus gehalten hatte, bemühte sich der Präsident, Gedanken und Beobachtungen in einem Tagebuch festzuhalten. In dieser Nacht diktierte er:

„Heute fand das Pearl Harbor des 21. Jahrhunderts statt."

Bush erinnerte sich später, daß er an zwei Dinge gedacht hatte: „Dies war ein Krieg, in dem Menschen würden sterben müssen. Zweitens: Ich war kein militärischer Taktiker. Das sehe ich ein. Ich mußte mich auf den Rat von Rumsfeld, Shelton, Myers und Tenet verlassen."

Er war jetzt ein Kriegspräsident. Soldaten und Bürger, die ganze Welt würde sofort mitbekommen, wieviel Engagement, Energie und Überzeugung er investierte. Die von vielen vertretene Ansicht, er sei ein Leichtgewicht, unbekümmert um Details, distanziert, abgehoben und vielleicht sogar ahnungslos, mußte zerstreut werden. Er hatte viel Arbeit vor sich.

VIZEPRÄSIDENT DICK CHENEY, der in den ersten neun Regierungsmonaten als effizienter, zuverlässiger Partner hinter oder neben dem Präsidenten gestanden hatte, sah vorher, daß er in der Krise eine wichtige Rolle spielen würde. Der 61jährige Cheney, ein wuchtiger, kahl werdender Mann mit gewohnheitsmäßig zur Seite geneigtem Kopf und einem durchtriebenen, wissenden Lächeln, hatte sich als kompromißloser Konservativer sein Leben lang auf einen solchen Krieg vorbereitet. Seine Zeugnisse waren untadelig: mit 34 Stabschef des Weißen Hauses unter Präsident Ford; zehn Jahre lang Abgeordneter aus Wyoming und zuletzt stellvertretender Sprecher der

Republikaner im Repräsentantenhaus; Verteidigungsminister unter dem ersten Präsidenten Bush während des Golfkrieges.

Cheney hatte mit dem Gedanken gespielt, sich 1996 um die Präsidentschaft zu bewerben, dann aber nach reiflicher Überlegung davon Abstand genommen – zuviel Aufwand für die Beschaffung von Wahlkampfspenden und zuviel kritische Aufmerksamkeit der Medien. Im Sommer 2000 hatte Bush ihn mit den folgenden Worten gebeten, neben ihm als Kandidat für die Vizepräsidentschaft in den Wahlkampf zu ziehen: „In guten Zeiten werde ich Ihren Rat brauchen, aber erst recht in schlechten Zeiten. Krisenmanagement ist ein wichtiger Teil des Jobs."

Am Mittwoch, dem 12. September, war Cheney vormittags für einen Moment mit Bush allein. Sollte vielleicht einer der Chefs für Sie einer Art Kriegskabinett vorsitzen? Wir würden Optionen entwickeln und Ihnen vortragen. Es könnte die Entscheidungsfindung beschleunigen.

Nein, sagte Bush, das mache ich, die Sitzungen leiten. Das war eine Aufgabe des Oberbefehlshabers, die ließ sich nicht delegieren. Außerdem wollte er unmißverständlich klarmachen, daß er das Sagen hatte, daß er das Team im Griff hatte. Er würde die Plenarsitzungen des Nationalen Sicherheitsrats leiten, und die gesonderten Besprechungen der Chefs, an denen er nicht teilnahm, würde Rice leiten. Cheney würde der wichtigste seiner Berater sein. Mit seiner Erfahrung würde er, der die Berichte der Nachrichtendienste geradezu verschlingt, wie in der Vergangenheit in der Lage sein, die wirklich wichtigen Fragen zu stellen und sie alle auf dem laufenden zu halten.

Ohne ein Ministerium oder eine Behörde wie das State Department, das Pentagon oder die CIA war Cheney ein Minister ohne Portefeuille. Seine Rolle war weniger gewichtig, als er möglicherweise erwartet hatte. Aber er kannte genau wie die anderen die Bedingungen des Dienstes unter einem Präsidenten: salutieren und Befehle befolgen.

PRÄSIDENT BUSH WAR wie viele Mitglieder seines nationalen Sicherheits-Teams überzeugt, daß die Reaktion der Clinton-Administration auf Osama Bin Laden und den internationalen Terrorismus – insbesondere seit den Bombenanschlägen auf die Botschaften im Jahr 1998 – so schwach gewesen war, daß sie geradezu provozierend wirkte und praktisch eine Herausforderung darstellte, die Vereinigten Staaten erneut anzugreifen.

„Die antiseptische Vorstellung, einen Marschflugkörper in das, hm, Zelt von so einem Kerl zu schicken, ist wirklich ein Witz", sagte Bush später in einem Interview. „Ich meine, die Leute faßten das als das impotente Amerika auf... ein schlappes, wissen Sie, technologisch tüchtiges, aber nicht besonders starkes Land, das bereit war, von einem U-Boot aus einen Marschflugkörper zu starten, und damit hatte sich's.

Ich bin überzeugt, da draußen herrscht die Vorstellung von Amerika, daß wir so materialistisch sind, daß wir geradezu hedonistisch sind, daß wir keine Werte haben und daß wir uns, wenn wir angegriffen werden, nicht wehren. Es war klar, daß Bin Laden sich ermutigt fühlte und daß er sich von den Vereinigten Staaten nicht bedroht fühlte."

Doch bis zum 11. September hatte Bush dieses Denken nicht in die Praxis umgesetzt, und er hatte auch das Problem Bin Laden nicht mit Nachdruck verfolgt.

„Ich weiß, daß ein Plan in Arbeit war... Ich weiß nicht, wie weit der Plan ausgereift war", erinnerte sich Bush. Er sagte, die Idee, daß ein Plan am 10. September auf seinem Schreibtisch liegen sollte, sei vielleicht „ein passend gewähltes Datum. Es wäre merkwürdig gewesen, ihn am 10. September vorzulegen, denn am 10. September war ich in Florida, und ich glaube nicht, daß sie mich in Florida darüber informiert hätten."

Er räumte ein, daß Bin Laden für ihn oder sein nationales Sicherheits-Team nicht im Vordergrund gestanden hatte. „Nach dem 11. September hat sich meine Haltung erheblich geändert. Ich war nicht auf dem laufenden, aber ich wußte, daß er eine Bedrohung war, und ich wußte, daß er ein Problem war. Ich wußte, daß er verantwortlich oder jedenfalls in unseren Augen verantwortlich war für die [zurückliegenden] Bombenanschläge, bei denen Amerikaner getötet wurden. Ich war bereit, mir einen Plan anzusehen, einen gut durchdachten Plan, ihn vor den Richter zu bringen, und ich hätte den Befehl dazu gegeben. Ich zögere nicht, gegen ihn vorzugehen. Aber ich hatte nicht das Gefühl, daß es so dringend war, und mein Blut kochte nicht annähernd so wie heute."

AM 12. SEPTEMBER trat Tenet um 8.00 Uhr ins Oval Office, zum täglichen Lagevortrag beim Präsidenten, der streng geheimen Zusammenfassung der wichtigsten und heikelsten Nachrichten. Der Vortrag umfaßte einen Überblick über die vorliegenden Erkenntnisse, inwieweit die Anschläge Bin Laden und seinem Führungskader in al-Qaida zuzuschreiben waren. Eine Meldung aus Kandahar, Afghanistan, der ideologischen Hochburg der Taliban, ließ erkennen, daß die Anschläge „das Ergebnis zweijähriger Planung" waren. Eine andere Meldung besagte, daß die Anschläge „der Beginn des Zorns" waren – eine unheildrohende Bemerkung. In mehreren Meldungen wurden ausdrücklich das Kapitol und das Weiße Haus als Ziele genannt. In einer hieß es, ein Komplize Bin Ladens habe „für die Explosion im Kongreßgebäude gedankt" – die es natürlich nicht gegeben hatte.

Ein wichtiger Mann aus Bin Ladens Finanzierungsorganisation, Wafa genannt, behauptete anfangs, daß „das Weiße Haus zerstört wurde", mußte sich dann aber korrigieren. Nach einer anderen Meldung hatten Mitglieder von al-Qaida am 11. September um 9.53 Uhr, kurz nachdem das Pentagon getroffen worden war, gesagt, daß die Angreifer „das Programm des Doktors" durchziehen. Der zweite Mann in Bin Ladens Organisation, Aiman al-Sawahiri, ein ägyptischer Arzt, wurde oft als „der Doktor" bezeichnet.

Ein zentrales Beweisstück betraf Abu Subaida, den man schon bald als Anführer des Anschlags auf den Zerstörer *Cole* der US-Marine identifiziert hatte, bei dem im Oktober 2000 im jemenitischen Hafen Aden siebzehn Matrosen getötet worden waren. Einer verläßlichen Meldung zufolge, die nach dem 11. September eingegangen war, hatte Subaida, einer der skrupellosesten Männer aus dem engeren Kreis um Bin Laden, den Tag der Anschläge als „Stunde Null" bezeichnet.

Die CIA und das FBI hatten außerdem Beweise für Verbindungen zwischen mindestens dreien der 19 Entführer und Bin Laden und seinen Ausbildungslagern in Afghanistan. Sie deckten sich mit Geheimdienstmeldungen aus dem Sommer, wonach Bin Laden „spektakuläre Angriffe" auf Ziele in den Vereinigten Staaten geplant hatte.

Für Tenet waren die Hinweise auf Bin Laden schlüssig – Spiel, Satz und Sieg. Er wandte sich den Möglichkeiten zu, über welche die Agency in Afghanistan selbst verfügte.

Wie dem Präsidenten bekannt war, hatte die CIA in Afghanistan verdeckte Beziehungen unterhalten, die 1998 von Clinton genehmigt und später von ihm bestätigt wurden. Die CIA gewährte der Nordallianz jährlich mehrere Millionen Dollar an Hilfe. Die CIA hatte außerdem Kontakt mit Stammesführern im Süden Afghanistans. Und die Agency besaß geheime paramilitärische Gruppen, die seit Jahren unbemerkt in Afghanistan ein- und ausgegangen waren, um sich mit Persönlichkeiten der Opposition zu treffen.

Ein erweiterter Plan für verdeckte Operationen sei seit Monaten in Arbeit, erklärte Tenet dem Präsidenten, doch in Kürze würde ihm ein noch umfassenderer Plan zur Genehmigung vorgelegt, und es würde teuer, sehr teuer werden. Tenet nannte keine Zahl, aber es belief sich auf annähernd eine Milliarde Dollar.

„Egal, was es kostet", sagte der Präsident.

NACH DEM nachrichtendienstlichen Lagevortrag traf Bush sich mit Hughes. Er erklärte ihr, er wünsche eine tägliche Besprechung, um die Botschaft der Regierung an die Amerikaner über den Kampf gegen den Terrorismus zu formulieren. Hughes, die die Aufgaben des Tages immer gleich konkret faßte, schlug vor, daß der Präsident frühzeitig mit einer Erklärung an die Öffentlichkeit treten sollte, und sie erinnerte ihn daran, daß er für den am Nachmittag geplanten Besuch im Pentagon noch einige Stichworte benötigte.

„Wir müssen das große Ganze sehen", warf Bush ein. „Ein gesichtsloser Feind hat den Vereinigten Staaten von Amerika den Krieg erklärt. Wir befinden uns also im Krieg."

Sie bräuchten einen Plan, eine Strategie, ja sogar eine Vision, sagte er, damit das amerikanische Volk begreift, daß es sich auf weitere Angriffe gefaßt machen muß. Die Amerikaner müßten wissen, daß die Bekämpfung des Terrorismus von nun an das Hauptziel der Administration und des Staates sei.

Hughes kehrte in ihr Büro im ersten Stock des Westflügels zurück, um eine Erklärung zu entwerfen. Bevor sie eine neue Datei in ihrem Computer öffnen konnte, rief Bush sie zu sich.

„Ich gebe Ihnen einen Tip für Ihre heutige Arbeit", sagte er, als sie in das Oval Office trat. Er überreichte ihr zwei Blatt Briefpapier des Weißen Hauses, auf denen er handschriftlich drei Gedanken festgehalten hatte:

„Dies ist ein Feind, der wegläuft und sich versteckt, aber er wird sich nicht ewig verstecken können.

Ein Feind, der glaubt, seine Zuflucht sei sicher, aber sie wird nicht auf ewig sicher sein.

Kein Feind von der Art, die wir kennen – aber Amerika wird sich darauf einstellen."

Hughes begab sich wieder an ihre Arbeit.

4 BUSH BERIEF seinen Nationalen Sicherheitsrat in den Cabinet Room ein und erklärte, die Zeit, da es galt, die Nation zu beruhigen, sei vorüber. Er sagte, er sei zuversichtlich, daß, wenn die Administration einen überzeugenden und stimmigen Plan vorlegen würde, die übrige Welt „sich um uns scharen wird". Zugleich war er entschlossen, nicht zuzulassen, daß die Drohung des Terrorismus Einfluß auf das Leben der Amerikaner gewinnt. „Wir müssen die Öffentlichkeit vorbereiten, ohne sie zu beunruhigen."

FBI-Direktor Mueller schilderte zunächst die Untersuchung, die eingeleitet worden sei, um die Entführer zu identifizieren. Bei der Beweissicherung sei größte Sorgfalt vonnöten, damit festgenommene Mittäter auch verurteilt werden könnten.

Justizminister John D. Ashcroft fiel ihm ins Wort. Diese Diskussion führt uns nicht weiter, sagte er. Die wichtigste Aufgabe der amerikanischen Polizeiorgane sei jetzt, einen weiteren Anschlag zu verhindern und eventuelle Mittäter und Terroristen zu fassen, bevor sie wieder zuschlagen. Ob wir sie vor Gericht bringen können oder nicht, ist unwesentlich, fügte er hinzu.

Zuvor hatte der Präsident Ashcroft in einem Gespräch klargemacht, er wünsche sichergestellt zu sehen, daß Anschläge wie die auf das Pentagon und das World Trade Center sich auf keinen Fall wiederholen. Man müsse sich von seinen gewohnten Vorstellungen verabschieden. Jetzt, sagte Ashcroft, müßten FBI und Justizministerium von der Strafverfolgung auf Vorbeugung umschalten, ein radikaler Wechsel der Prioritäten.

Nachdem er mit dem Nationalen Sicherheitsrat fertig war, beriet Bush weiter mit den sechs Chefs, aus denen sich das Kriegskabinett zusammensetzte, ohne die Mehrheit ihrer Stellvertreter und Mitarbeiter.

Powell sagte, das Außenministerium sei bereit, die Botschaft des Präsidenten – ihr seid entweder für uns oder gegen uns – an Pakistan und die Taliban weiterzugeben.

Bush erwiderte, er wünsche eine Liste mit Forderungen an die Taliban. „Es reicht nicht, Bin Laden auszuliefern", sagte er zu Powell. Er verlange, daß die ganze al-Qaida-Organisation ausgeliefert oder rausgeworfen werde.

Rumsfeld warf ein: „Entscheidend ist, wie wir die Ziele von Anfang an definieren, denn das ist es, worauf die Koalition sich verpflichten wird." Andere Länder würden genaue Definitionen verlangen. „Konzentrieren wir uns auf Bin Laden und al-Qaida oder auf den Terrorismus im weiteren Sinne?" fragte er.

„Das Ziel ist der Terrorismus im weitesten Sinne", sagte Powell, „wobei wir uns zunächst auf die Organisation konzentrieren, die gestern gehandelt hat."

„Wenn wir unsere Aufgabe allgemein definieren", sagte Cheney, „einschließlich derer, die den Terrorismus unterstützen, haben wir es mit Staaten zu tun. Und die sind leichter zu finden als Bin Laden."

„Fangen wir mit Bin Laden an", sagte Bush, „das erwarten die Amerikaner. Und wenn uns das gelingt, haben wir ihnen einen gewaltigen Schlag versetzt und können dann weitersehen." Er nannte die Bedrohung „ein Krebsgeschwür" und fügte hinzu: „Wir dürfen [es] nicht zu allgemein definieren, damit der Durchschnittsbürger es versteht."

Bush drängte Rumsfeld, was die Militärs unmittelbar tun könnten. „Wirklich sehr wenig", erwiderte der Minister.

Rumsfeld ging nicht auf Einzelheiten ein, als er schilderte, daß es nicht einfach sei, konkrete militärische Planungen auf den Tisch zu bekommen. General Tommy Franks, der Oberkommandierende des für Südasien und den Nahen Osten zuständigen US-Central Command (CENTCOM), hatte ihm gesagt, es würde Monate dauern, Streitkräfte in die Region zu bringen und Pläne für einen größeren militärischen Angriff in Afghanistan zu erstellen.

„Monate darf das nicht dauern", hatte Rumsfeld gesagt. Er verlangte von Franks, in Tagen oder Wochen zu denken. Franks verlangte Stützpunkte und sonst noch allerlei. Afghanistan sei auf der anderen Seite des Globus. Al-Qaida sei eine Guerilla-Organisation, deren Mitglieder in Höhlen leben, Maultiere reiten und große Geländewagen fahren. Ihre Ausbildungslager seien praktisch verlassen, aus Angst vor einem amerikanischen Militärschlag. Rumsfeld sagte, er verlange kreative Einfälle, irgendwas zwischen dem Abschuß von Marschflugkörpern und einem Krieg mit allen Mitteln. „Setzen Sie sich noch mal dran", hämmerte Rumsfeld ihm ein.

Bush teilte seinen Beratern mit, was er am Morgen in einem abhörsicheren Telefongespräch zum britischen Premierminister Tony Blair gesagt hatte: daß er vor allem eine militärische Aktion wolle, die den Terroristen weh tue, und nicht nur, damit die Amerikaner sich besser fühlen. Er verstehe, daß Planung und Vorbereitung nötig seien, aber seine Geduld habe Grenzen. „Ich will, daß etwas passiert", sagte er.

Bush war überzeugt, daß das Pentagon einen Schubs brauchte. „Sie mußten extra aufgefordert werden, sich Gedanken darüber zu machen, wie man mit konventionellen Mitteln einen Guerillakrieg führt", sagte er später. „Sie hatten bisher Schläge aus der Ferne geführt, Sie wissen schon, Marschflugkörper in das Ding rein."

Er sah ein, daß er die amerikanischen Verbündeten in Europa mit seinen ersten Entscheidungen zum globalen Klimawandel und zur nationalen Raketenabwehr irritiert hatte. Die Freunde Amerikas befürchteten, daß die Administration von einer neuen Spielart von Unilateralismus angesteckt sei, einer Das-machen-wir-allein-Haltung, daß sie sich an der Stimmung im Land orientierte, statt sich auf die Welt einzustellen, wie man es von der einzigen Supermacht erwarten konnte.

In einem Interview schilderte Bush später, wie die übrige Welt ihn in den Monaten vor den Anschlägen vom 11. September seiner Meinung nach wahrnahm. „Hören Sie", sagte er, „ich bin für die doch der giftige Texaner. Ich bin in den Augen dieser Leute der neue Typ. Sie wissen nicht, wer ich bin. Es muß unglaublich sein, was die sich vorstellen."

VOR 11 UHR WURDEN REPORTER in den Cabinet Room eingelassen. Im dunkelblauen Anzug, mit einem hellblauen Hemd und einer blauen gestreiften Krawatte saß Bush leicht vorgebeugt in seinem Sessel. Er hatte vor, über die Formulierungen seiner gestrigen Ansprache noch hinauszugehen.

„Die vorsätzlichen und tödlichen Angriffe, die gestern gegen unser

Land geführt wurden, waren nicht bloß Terrorakte", sagte er. „Es waren Kriegshandlungen."

Mit einem Feind wie diesem habe Amerika es noch nie zu tun gehabt, einem Feind, der im Schatten operiert, der über unschuldige Menschen herfällt, der angreift und dann wegläuft, um sich zu verstecken. „Dies ist ein Feind, der sich zu verstecken sucht, aber er wird sich nicht ewig verstecken können." Das Land werde alle Mittel einsetzen, um die Verantwortlichen zu finden. „Wir werden die Welt aufrütteln. Wir werden geduldig sein, wir werden konzentriert sein, und wir werden unerschütterlich in unserer Entschlossenheit sein.

Dies wird ein monumentaler Kampf zwischen Gut und Böse sein. Aber das Gute wird obsiegen."

DIE AUFGABE, eine internationale Koalition zusammenzubringen, wurde weitgehend Powell überlassen, doch Bush rief den russischen Präsidenten Wladimir Putin an, und er sprach auch mit den führenden Politikern von Frankreich, Deutschland, Kanada und China.

„Meine Einstellung war immer, wenn wir es allein machen müssen, werden wir es allein machen; aber lieber würde ich es nicht allein machen", erinnerte sich Bush.

Um 11.30 Uhr empfing der Präsident die führenden Kongreßpolitiker, denen er erklärte: „Der Traum des Feindes war, daß wir nicht in diesem Gebäude zusammentreffen. Sie wollten das Weiße Haus in Schutt und Asche legen." Er warnte vor weiteren Angriffen. „Dies ist kein isolierter Zwischenfall", sagte er. Die Öffentlichkeit könnte die Gefahr aus den Augen verlieren. Heute in einem Monat werden die Amerikaner sich Football und die World Series ansehen. Die Regierung müsse den Krieg jedoch unbegrenzt fortführen.

Der Feind sei nicht nur eine bestimmte Gruppe, sagte er, sondern auch „eine Mentalität", die den Haß fördert. „Sie hassen das Christentum. Sie hassen das Judentum. Sie hassen alles, was nicht wie sie ist." Andere Länder, fügte er hinzu, würden sich entscheiden müssen.

Der Mehrheitsführer im Senat Thomas A. Daschle, Demokrat aus South-Dakota, warnte den Präsidenten, seine Worte mit Bedacht zu wählen. „Krieg ist ein starkes Wort", sagte er. Daschle gelobte parteiübergreifende Unterstützung, verlangte aber, daß die Administration den Kongreß als vollwertigen Partner in laufende Konsultationen einbezog. Bei ihrem ersten privaten Treffen, nachdem Bush zum Sieger erklärt worden war, hatte der gewählte Präsident Daschle mit den Worten überrascht: „Ich hoffe, daß Sie mich nie anlügen werden." Daschle hatte erwidert: „Und ich hoffe, daß Sie mich nie anlügen werden."

Gegen Ende des Gesprächs ergriff Senator Robert C. Byrd das Wort. Der 83jährige Demokrat aus West Virginia, der als vorläufiger Präsident des Senats fungierte, schilderte, wie es ihm im Umgang mit zehn Präsidenten ergangen war. Er wies darauf hin, daß Bush gesagt hatte, er verlange vom Kongreß keine Kriegserklärung, sondern sei vielmehr an einer Entschließung interessiert, die den Einsatz von Gewalt billigt. Byrd sagte, Bush könne nicht einen Blankoscheck erwarten, wie der Kongreß ihn 1964 im Vietnamkrieg mit der Entschließung zum Zwischenfall im Golf von Tonking Lyndon Johnson erteilt habe. Noch haben wir eine Verfassung, sagte er und zog ein Exemplar aus der Tasche.

Byrd erinnerte an den Abend, als er und seine Frau mit Bush im Weißen Haus diniert hatten. Bush hatte ohne zu fragen vor dem Essen das Tischgebet gesprochen. „Das hat mich beeindruckt", sagte Byrd. Der Senator sprach über den negativen Einfluß Hollywoods auf die Kultur, das Abgleiten Amerikas in Permissivität und Materialismus. „Ich bete für Sie", sagte Byrd. „Trotz Hollywood und TV gibt es eine Menge Leute, die an die göttliche Führung und an den Schöpfer glauben." Sein letzter Satz ließ Schweigen in den Raum einkehren: „Hier stehen Sie", sagte er. „Mächtige Kräfte werden Ihnen zu Hilfe kommen."

Am Nachmittag traf Bush sich privat mit Bernardine Healy, der Chefin des Amerikanischen Roten Kreuzes, die ihm erklärte, im Falle eines weiteren Terroranschlags gebe es nicht genügend Blutkonserven.

„Fahren Sie fort, Blutspenden zu sammeln", sagte der Präsident. „Verstehen Sie mich richtig!" Er werde nicht weglaufen, sagte er. „Ich bin in des Herrn Hand." Man hatte ihm erklärt, daß eine Verkehrsmaschine, die vom National Airport den Potomac entlangfliegt, vom Kurs abweichen und innerhalb von 40 Sekunden am und im Weißen Haus sein könne. Damit habe er sich abgefunden, sagte er.

IM AUSSENMINISTERIUM wanderte Richard Armitage in seiner weitläufigen Suite von Amtsräumen im sechsten Stock umher wie ein Stürmer, der nach einer Lücke in der Verteidigung sucht. Präsident Bush hatte Armitage, der für sein obsessives Gewichtheben bekannt war, kürzlich gefragt, was er denn jetzt beim Bankdrücken schaffe. Armitage antwortete: „330/6" – das bedeutete 330 Pfund sechsmal hintereinander. Auf seinem Höhepunkt, der Jahre zurücklag, hatte er 440 Pfund gedrückt.

Das ist gut, hatte der Präsident erwidert, ich schaffe 205 Pfund. Ist das nicht das Beste, was je ein Präsident geschafft hat?

Ja, hatte Armitage geantwortet, das glaube er auch.

Jetzt war Kontaktdiplomatie angesagt. Der Präsident hatte die weitreichende Bush-Doktrin verkündet, ohne das State Department offiziell zu beteiligen. Das Pentagon brannte immer noch; für eine Abstimmung mit den anderen Ministerien war keine Zeit.

General Mahmud Ahmad, der würdevoll wirkende Chef des pakistanischen Geheimdienstes ISI, war zufällig in Washington und auf Besuch bei der CIA, wo er Tenet und seinen Stellvertretern erklärte, der Taliban-Führer Mullah Omar sei ein religiöser Mann mit humanitären Regungen, kein Mann der Gewalt, sondern einer, der sehr unter den afghanischen Warlords gelitten hatte.

„Stop!" sagte DDO Pavitt. „Verschonen Sie mich damit. Wünscht Mullah Omar, daß das Militär der Vereinigten Staaten seine Macht gegen die Taliban einsetzt? Wünschen Sie das? Warum sollte Mullah Omar das wünschen? Würden Sie ihn das bitte fragen?"

Armitage lud Mahmud ins State Department ein.

Zunächst erklärte er dem General, es sei noch nicht geklärt, was die Vereinigten Staaten von Pakistan verlangen würden, aber die Forderungen würden das Land zwingen, „gründlich in sich zu gehen. Pakistan steht vor der Wahl, ob es für uns oder gegen uns ist. Es ist eine Entscheidung zwischen Schwarz und Weiß, ohne Zwischentöne."

Mahmud sagte, sein Land habe schon in der Vergangenheit vor schweren Entscheidungen gestanden, aber Pakistan sei keine große oder starke Macht.

Pakistan ist ein wichtiges Land, warf Armitage ein.

Mahmud kam auf die Vergangenheit zurück.

„Die Zukunft beginnt heute", sagte Armitage. Sagen Sie das General Musharraf, dem pakistanischen Präsidenten – für uns oder gegen uns.

UM 16 UHR trat der Nationale Sicherheitsrat erneut zusammen. Die Frage war noch immer, wie die Mission genau definiert werden sollte. Rumsfeld kam erneut auf einen Punkt zu sprechen, den er schon angesprochen hatte. „Wenden wir uns gegen den Terrorismus im weiteren Sinne oder nur gegen al-Qaida? Wollen wir uns um eine breitere Basis von Unterstützern bemühen?"

Bush sagte erneut, es sei sein instinktives Gefühl, mit Bin Laden anzufangen. Wenn es ihnen gelänge, al-Qaida einen Schlag zu versetzen, würde alles weitere einfacher. Rumsfeld war jedoch besorgt, daß eine Koalition mit dem Ziel, al-Qaida auszuschalten, zerfallen würde, sobald dieses Ziel erreicht sei, und dadurch würde es erschwert, den Krieg gegen den Terrorismus an anderer Stelle fortzusetzen.

Powell stimmte Bush zu und führte aus, daß es sehr viel einfacher sei, die Welt hinter dem spezifischen Ziel al-Qaida zu einen. Durch die Beschränkung auf al-Qaida könnten sie Zustimmung für eine breite UNO-Resolution gewinnen.

Cheney kam noch einmal auf die Frage der Staaten zurück, die den Terrorismus fördern. Einen Schlag gegen den Terrorismus zu führen bedeute unvermeidlich, daß man die Länder ins Visier nimmt, die ihn fördern und exportieren, sagte er. Die Staaten seien in vielerlei Hinsicht leichtere Ziele als die kaum faßbaren Terroristen.

Bush war besorgt, daß ihr anfängliches Ziel allzu verschwommen werden könnte. Das Ziel darf nicht so allgemein sein, daß man nicht mehr versteht, um was es geht, und der amerikanische Durchschnittsbürger es nicht unterstützt, sagte er. Die Amerikaner, fügte er hinzu, hätten das Empfinden, daß dem Land durch al-Qaida Schaden zugefügt wurde.

Cheney entgegnete, daß die Koalition ein Mittel zur Ausmerzung des Terrorismus sein solle und kein Selbstzweck, und andere stimmten ihm zu. Sie wünschten Unterstützung von der übrigen Welt, wollten sich aber von der Koalition nicht die Hände binden lassen. Das Ziel solle die Koalition definieren und nicht umgekehrt.

In diesem Fall, erklärte Rumsfeld, bräuchten sie Koalitionspartner, die wirklich hinter der Sache stehen, und keine widerstrebenden Teilnehmer.

Powell trug vor, was ein Kollege später als die „variable Geometrie" der Koalitionsbildung beschrieb. Die Koalition sollte so breit wie möglich sein, aber die Teilnahmebedingungen sollten von Land zu Land variieren. Das liefe dann, wie Rumsfeld es ausdrückte, auf eine Koalition von Koalitionen hinaus.

Rumsfeld schnitt die Frage des Irak an. Warum sollten wir nicht auch Irak angreifen, statt nur al-Qaida? fragte er. Rumsfeld sprach nicht nur für sich selbst, als er die Frage aufwarf. Sein Stellvertreter Paul D. Wolfowitz hatte sich einer Politik verschrieben, die den Irak zu einem Hauptziel der ersten Runde im Krieg gegen den Terrorismus machen würde.

Vor den Anschlägen hatte das Pentagon seit Monaten an der Entwicklung einer militärischen Option für den Irak gearbeitet. Alle am Tisch sahen im irakischen Präsidenten Saddam Hussein eine Bedrohung, einen Führer, der darauf aus war, Massenvernichtungswaffen zu erlangen und möglicherweise einzusetzen. Ein ernstgemeinter, umfassender Krieg gegen den Terrorismus würde den Irak irgendwann ins Visier nehmen müssen. Rumsfeld sprach davon, daß sie die Gelegenheit, die die Terroranschläge geliefert hatten, nutzen könnten, um Saddam direkt anzugreifen.

Powell, der dagegen war, den Irak zu diesem Zeitpunkt anzugreifen, entgegnete, daß sie sich auf al-Qaida konzentrierten, weil das amerikanische Volk auf al-Qaida konzentriert sei. „Jede Aktion ist auf öffentliche Unterstützung angewiesen. Es geht nicht nur darum, was die internationale Koalition unterstützt; es geht darum, was das amerikanische Volk zu unterstützen bereit ist. Das amerikanische Volk will, daß wir gegen al-Qaida vorgehen."

Bush erklärte, das Problem könne jetzt nicht gelöst werden. Er betonte noch einmal, sein Hauptziel sei die Erstellung eines militärischen Plans, der die Terroristen hart treffen und vernichten würde.

„Ich will keinen Bilderbuch-Krieg", erklärte er ihnen. Er wolle „eine realistische Aufgabenliste" und „eine Liste von Verbrechern", die man ins Visier nehmen werde. Jeder denke an den Golfkrieg, sagte er, aber das sei der falsche Vergleich. „Die Amerikaner wollen einen großen Knall", sagte er. „Ich muß sie überzeugen, daß dieser Krieg aus vielen kleinen Schritten bestehen wird."

Sein Bezugspunkt war Vietnam, wo die amerikanischen Streitkräfte einen konventionellen Krieg gegen eine feindliche Guerilla geführt hatten. Er sagte später, ihm sei „instinktiv klar gewesen, daß wir neue Vorstellungen entwickeln mußten", um die Terroristen wirksam zu bekämpfen. „Die Entwicklung der militärischen Strategie würde einige Zeit dauern", sagte er. „Ich war frustriert."

IM WEITEREN VERLAUF des Nachmittags schickte Pavitt eine zweite Geheimnachricht mit dem Betreff „Es muß etwas passieren: Ihre Ideen" vom CIA-Hauptquartier an alle Außenposten und Stützpunkte. Die Agency setze ihre massiven weltweiten Anstrengungen fort, die Täter vom 11. September zu finden, schrieb Pavitt: „Die CIA ist außerdem dabei, ein beispielloses neues Programm verdeckter Operationen zu entwickeln, mit dem klaren Ziel, die Förderer und Unterstützer des radikalen islamischen Terrorismus zu zerstören und auszuschalten."

Pavitt forderte die dem Directorate of Operations unterstehenden Agenten vor Ort auf, ihre kühnsten, radikalsten Gedanken darüber vorzutragen, wie sie sich Terroristenjagd unter Einsatz aller Mittel vorstellten. Keinerlei Einschränkungen. Überlegen Sie sich „neue, unerprobte Methoden" zur Erfüllung der Aufgabe, schrieb er.

„Dieses Programm verdeckter Operationen wird neben klassischer Spionage auch Elemente paramilitärischer, logistischer und psychologischer Kriegführung umfassen", lautete die Botschaft. Es waren, anders gesagt, alle Tricks erlaubt.

Das Directorate of Operations trat wieder in Aktion.

AM DONNERSTAG, 13. September, um 9.30 Uhr kam der Präsident im Lageraum des Weißen Hauses, ein Stockwerk unter dem in der Südwestecke des Westflügels gelegenen Amtszimmer des Stabschefs, mit dem Nationalen Sicherheitsrat zusammen. Tenet brachte Cofer Black mit, den Chef der Terrorismus-Bekämpfung, der die Vorschläge der CIA im Detail vortragen sollte.

Nach Tenets Konzept sollten verstärkte Mittel der Nachrichtenbeschaffung, modernste Technologie, paramilitärische Trupps der Agency und Oppositionskräfte in Afghanistan zu einer klassischen verdeckten Operation zusammengefaßt werden. Mit dem Einsatz von US-Truppen und Special Forces zusammengeschnürt, ergab das ein tödliches Paket, das die schwer faßbaren Netzwerke der Terroristen zerstören würde.

Entscheidend, sagte Tenet, sei die Finanzierung und Stärkung der Nordallianz. Die rund 20 000 Kämpfer der Allianz waren eindeutig ein zusammengewürfelter Haufen, in dem fünf Splittergruppen, in Wahrheit aber wohl eher fünfundzwanzig Splittergrüppchen dominierten. Es war eine unnatürliche Koalition, deren Interessen sich gelegentlich deckten. Daß Ahmed Schah Massud, ihr charismatischster Führer, zwei Tage vor dem 11. September ermordet wurde, war ein mächtiger Rückschlag, und die Allianz war danach stärker zersplittert als je zuvor. Doch mit den CIA-Trupps und Unmengen von Geld sollte es gelingen, die Allianz zu einer fest zusammenhaltenden Streitmacht zusammenzuschweißen, sagte Tenet.

Die paramilitärischen Trupps der Agency waren in den letzten vier Jahren in regelmäßigen Abständen heimlich mit einzelnen Führern der Allianz zusammengekommen. Tenet sagte, er könne bei jedem Warlord in Afghanistan paramilitärische Trupps unterbringen. Zusammen mit Truppen der Special Forces würden sie für die Bombenflieger der US-Luftwaffe „Augen am Boden" sein. Die technische Überlegenheit der Amerikaner könne der Nordallianz einen entscheidenden Vorteil verschaffen.

Dann war Cofer Black an der Reihe. Er hatte bei diesen Besprechungen auf höchster Ebene eine leidige Tendenz beobachtet, sich in allgemeinen Redensarten zu ergehen. Sie waren es sozusagen nicht gewohnt, zielgenau zu schießen, hart und direkt zuzuschlagen. Er glaubte aber zu wissen, was sie brauchten.

Er hatte eine PowerPoint-Präsentation und eine Geschichte.

„Mr. President", sagte er, „wir können das meiner Meinung nach ganz ohne Zweifel schaffen. Wir machen das so, wie wir es geplant haben, wir richten das so ein, daß es für die US-Streitkräfte ein Kinderspiel ist."

Black sah Bush an, der am Kopfende des Tisches saß. „Es muß

Ihnen aber klar sein, daß Leute sterben werden. Und das Schlimmste daran ist, Mr. President, daß Amerikaner sterben werden, meine Kollegen und Freunde.

Um also nicht mißverstanden zu werden: Dies wird keine unblutige Angelegenheit sein."

„So ist das nun mal im Krieg", sagte Bush.

„Wir müssen akzeptieren, daß wir bei dieser Sache Leute verlieren werden. Wie viele, kann ich nicht sagen. Möglicherweise eine Menge."

„In Ordnung", sagte der Präsident. „Einverstanden. So ist das nun mal im Krieg. Aber wir werden ihn gewinnen."

Black legte sich mächtig ins Zeug, als er die Effektivität von verdeckten Operationen beschrieb. Er sprang bei den einzelnen Punkten immer wieder von seinem Stuhl auf, und er warf Papier auf den Boden, als er schilderte, wie sie in Afghanistan Truppen am Boden absetzen würden.

Black wünschte, daß die Mission so bald wie möglich begann. An ihrem Erfolg hatte er keinen Zweifel. „Geben Sie uns den Auftrag", sagte er, „wir kriegen sie." Und in Anknüpfung an die Worte des Präsidenten, der davon gesprochen hatte, die Terroristen in ihren Höhlen auszuräuchern, sagte er: „Wir jagen sie heraus."

Das Wunschziel, bemerkte er, sei es, die al-Qaida-Leute zu fassen und den Behörden zu übergeben, um sie vor Gericht zu stellen. Er habe jedoch zu seinem Bedauern erfahren, daß sie sich nicht ergeben und nicht zu Verhandlungen bereit sind. Massud, der große, zum Märtyrer gewordene Führer der Nordallianz, habe ihm einmal gesagt: „Wir kämpfen seit vier Jahren gegen diese Burschen, und ich habe nicht einen von diesen Schweinehunden gefangengenommen." Das liege daran, daß jede ihrer Einheiten, sobald sie überrannt wird, einen Haufen bildet und eine Handgranate zündet. Die Aufgabe sei also, die al-Qaida-Leute zu töten, sagte Black.

„Wenn wir mit ihnen fertig sind, werden Fliegen auf ihren Augäpfeln spazieren gehen", sagte er. Diese Vorstellung vom Tod hinterließ bei einigen Mitgliedern des Kriegskabinetts einen bleibenden Eindruck. In Bushs engerem Kreis nannte man Black den „Fliegen-auf-den-Augäpfeln-Kerl".

Außerdem sagte Black, sie müßten sich nicht nur al-Qaida vornehmen, sondern auch die Taliban, denn beide seien ein Herz und eine

Seele. Die CIA habe keinen verdeckten Operationsplan entwickeln können, die beiden zu trennen; die Taliban ließen sich nicht mit Geld und guten Worten dazu bewegen, stillzuhalten, so daß man sich ungestört die al-Qaida-Leute vorknöpfen könnte.

Was wissen wir über die einzelnen Führer der Nordallianz? fragte Bush.

Black gab ein paar kurze Charakterisierungen, wies aber auch auf eklatante Schwächen hin, um deutlich zu machen, daß die Agency kein rosarotes Bild malte. Ein wichtiger General der Allianz, Abdul Raschid Dostum, hatte sich zum Beispiel von allen Seiten bezahlen lassen, von Rußland, Iran und Pakistan.

Bush wollte wissen, wie schnell die paramilitärischen Trupps in Afghanistan sein könnten.

Ziemlich schnell, sagte Black. Und das Tempo würde sich steigern: Wenn erst einmal ein Trupp drinnen sei, würde es beim nächsten leichter gehen, und so weiter.

„Wie lange wird es dauern?" fragte der Präsident, wobei er unter „es" den Sieg verstand.

Wenn wir erst einmal vor Ort sind, sollte es eine Sache von Wochen sein, sagte Black.

Niemand im Raum hielt das für möglich, auch Tenet nicht.

Es war gleichwohl ein denkwürdiger Auftritt, und er machte auf den Präsidenten einen gewaltigen Eindruck. Seit zwei Tagen hatte Bush mit nicht zu überbietender Deutlichkeit seine Entschlossenheit bekundet, die Terroristen aufzuspüren und zu vernichten. Jetzt wurde ihm zum ersten Mal vorbehaltlos erklärt, daß dies durchführbar sei, daß er nicht endlos warten müsse und daß die Agency einen Plan habe.

Blacks Enthusiasmus war, wenngleich er von optimistischen Annahmen ausging, ansteckend. Es sollte nicht ganz so rasch und so einfach gehen, wie er es dargestellt hatte, aber in dem Moment war es genau das, was der Präsident hören wollte. Und es klang logisch – die CIA, die Nordallianz und die amerikanischen Streitkräfte als eine Art Triade einzusetzen.

Powell zum Beispiel erkannte, daß Bush der Worte überdrüssig war. Der Präsident wollte endlich Tote sehen.

„Mir wurde klar, daß es uns möglich war, einen anderen Krieg zu führen, als ihn die Russen geführt hatten", sagte Bush später. Mit einer herkömmlichen Armee Afghanistan zu besetzen, wie es die Russen in den achtziger Jahren vergeblich versucht hatten, würde nicht die einzige Option der Vereinigten Staaten sein. „Ihre [der CIA] Kenntnis der Region hat mich beeindruckt. Wir hatten seit langem Agenten im Land. Sie hatten gearbeitet, hatten sich Sachen überlegt."

KURZ VOR ELF UHR ließen Mitarbeiter des Weißen Hauses das Pressecorps in das Oval Office, zu einer geplanten Konferenzschaltung des Präsidenten mit New Yorks Oberbürgermeister Rudolph Giuliani und dem Gouverneur des Staates New York, George E. Pataki.

Das Kommunikationsteam des Weißen Hauses, Hughes und ihre Leute, hatte am Vortag beschlossen, das Gespräch im Fernsehen zu zeigen. Die Öffentlichkeit sollte sehen, wie der Präsident den Angehörigen der Tausenden von Opfern, die beim Einsturz der Türme umgekommen waren, aber auch den Rettungstrupps, die bei der verzweifelten Suche nach Überlebenden rund um die Uhr im Einsatz waren, die Hand reichte. Weil Bush nicht vorhatte, in dieser Woche nach New York zu gehen, empfanden sie die im Fernsehen übertragene Telefonkonferenz als die zweitbeste Lösung.

Am Telefon sagte Bush dann jedoch zum Oberbürgermeister und zum Gouverneur, daß er am nächsten Nachmittag nach New York fliegen werde, direkt im Anschluß an einen Gebetsgottesdienst in der Washingtoner National Cathedral.

Bush machte während der im Fernsehen übertragenen Telefonkonferenz einen unruhigen, fast zerstreuten Eindruck. „Ich wünschte, ich käme unter besseren Umständen zu einem Besuch", sagte er zum Abschluß. „Aber es wird für uns alle drei eine Gelegenheit sein, den Bürgern Ihrer tüchtigen Region zu danken und sie zu umarmen und mit ihnen zu weinen." Nach Ende des Gespräches beschloß Bush, von den Reportern, die nur ein paar Meter entfernt standen, Fragen entgegenzunehmen.

„Mr. President", fragte einer, „könnten Sie uns sagen, an was für Gebete sie denken und wem Ihr persönliches Mitgefühl gilt, wenn Sie..."

„An mich persönlich denke ich in diesem Moment nicht", sagte Bush, und es war ganz offenkundig, daß er mit seiner Erregung kämpfte. „Ich denke an die Angehörigen, die Kinder." Er wandte seinen Kopf zur Seite, und Tränen traten ihm in die Augen.

„Ich bin ein liebevoller Mensch", sagte er, als er sich wieder halbwegs gefaßt hatte, „und ich bin allerdings auch jemand, der eine Pflicht zu erfüllen hat, und ich habe vor, sie zu erfüllen. Und dies ist ein schrecklicher Moment. Aber dieses Land wird nicht eher ruhen, als bis wir uns und andere von der furchtbaren Tragödie, die über Amerika gekommen ist, erlöst haben."

Noch immer Tränen in den Augen, beendete Bush die Veranstaltung mit einem leichten Kopfnicken, und die Reporter des Pressecorps wurden hinausgeschickt.

„Präsidenten haben es nicht besonders gern, vor der amerikanischen Öffentlichkeit zu weinen, besonders nicht im Oval Office, aber ich habe es trotzdem getan", sagte Bush später. Er war jedoch überzeugt, daß seine „Stimmung das Land in mancher Beziehung widerspiegelte. Die Menschen in unserem Land empfanden genauso wie ich."

Die öffentlichen Tränen waren möglicherweise sehr wichtig. Zwei Tage lang hatte Bush als Präsident reagiert, ehrlich, aber immer noch im Rahmen dessen, was man als Verhalten von einem Präsidenten erwartet. Es war möglicherweise zu distanziert und zu unpersönlich. In seinen Äußerungen schien er nicht ganz er selbst zu sein. Er hatte die Aura des Präsidenten angenommen, hatte sie sich selbst auferlegt. Als er dort im Oval Office stand und weinte, wurde klar, daß menschliche Empfindungen auch über das Amt des Präsidenten siegen können.

VOR DER MITTAGSZEIT verließen Bush und seine Frau das Weiße Haus, um im Washington Hospital Center die Spezialabteilung für Brandverletzungen zu besuchen, wo einige der Überlebenden des Anschlags auf das Pentagon behandelt wurden. Die Patienten wurden in Öl gebadet und fast bis zur Unkenntlichkeit in Verbände gewickelt. Etliche, die Verbrennungen an einem großen Teil ihrer Körperoberfläche erlitten hatten, sprachen davon, daß sie durchs Feuer gekrochen waren.

Es war ein erneuter emotionaler Tiefschlag, und als seine Limousine um 12.30 Uhr beim Weißen Haus vorfuhr, war der Präsident nicht zu Wortklaubereien aufgelegt. Bevor er aussteigen konnte, hob Andy Card die Hände und bedeutete dem Präsidenten, sich wieder zu setzen.

„Mr. President", sagte Card, „bleiben Sie eine Minute sitzen. Ich muß Ihnen etwas sagen." Er ließ sich auf dem Rücksitz neben dem Präsidenten nieder und schloß die Tür.

„Es liegt eine neue Drohung gegen das Weiße Haus vor", sagte der Stabschef. „Wir nehmen sie ernst." Die CIA hatte gerade eine Warnung des indischen Geheimdienstes übermittelt, der zufolge die pakistanischen Dschihadisten – muslimische Extremisten – einen unmittelbar bevorstehenden Angriff auf das Weiße Haus planten.

„Warum sagen Sie mir das hier drinnen?" fuhr Bush ihn an, verärgert darüber, daß Card unnötigerweise eine Szene riskiert hatte, die von der Pressemeute am Ende der Auffahrt beobachtet werden konnte. „Sie hätten damit warten können, bis ich im Oval Office bin."

Bush stieg aus und ging mit Card direkt ins Oval Office, wo Secret-Service-Direktor Stafford und der Chef von Bushs persönlichem Secret-Service-Kommando sie erwarteten.

„Wir müssen Sie evakuieren", sagte Stafford. Die Drohung sei glaubwürdig und decke sich mit anderen Erkenntnissen, wonach eine unmittelbare Gefahr bestand. Der indische Geheimdienst hatte gute Beziehungen nach Pakistan hinein. Stafford wünschte Bush ins Presidential Emergency Operations Center zu bringen, den Bunker unter dem Weißen Haus.

„Ich gehe nicht", sagte Bush. Er verlangte nähere Informationen, sobald sie einträfen. Im Moment werde er nirgends hingehen. „Und übrigens", fügte er an niemand besonderen gerichtet hinzu, „ich habe Hunger." Er machte Ferdinand Garcia ausfindig, den im Westflügel diensthabenden Steward von der Navy. „Ferdie", sagte er, „ich möchte einen Hamburger."

Card wußte, daß Bush ein bißchen Fatalist war. Wenn etwas geschehen sollte, konnte man es nicht ändern. Und es kam einfach nicht in Frage, sich im Bunker zu verstecken. Vor den Anschlägen hatte Bush leichter gegessen – Obst und andere gesunde Sachen –, um abzunehmen.

„Hm", sagte Hughes, als sie die Hamburger-Bestellung hörte, „Sie können auch noch Käse haben."

RICE WAR zu der Gruppe gestoßen, und sie waren sich alle einig, daß sie für die übrigen Angestellten im Weißen Haus Verantwortung trugen, auch wenn der Präsident nicht zur Evakuierung bereit war. Viele, besonders unter den jüngeren Angestellten der unteren Ebenen, litten nach dem Trauma des 11. September, als das Weiße Haus evakuiert worden war, noch immer unter Angst.

Der Präsident und seine Berater beschlossen, allen Angestellten, die nicht unmittelbar gebraucht wurden, zu gestatten, an diesem Nachmittag nach Hause zu gehen. Card gab die Information in einer Abteilungsleiter-Besprechung weiter und kündigte an, daß der Secret Service zusätzliche Maßnahmen zum Schutz des Gebäudes ergreifen werde; so werde der Sicherheitsbereich um den ganzen Komplex des Weißen Hauses ausgedehnt.

Card sagte, der Vizepräsident werde an einen geheimgehaltenen Ort gebracht, damit der Präsident und der Vizepräsident sich im Falle eines erneuten Anschlags nicht am selben Ort aufhielten. Die Kontinuität der Regierung – die Sicherstellung des Überlebens einer Person, die verfassungsgemäß die Nachfolge des Präsidenten antreten könne – habe hohe Priorität.

Die Entscheidung, Cheney anderswo hinzubringen, war das klarste Indiz dafür, wie ernst sie die Drohungen weiterer Anschläge nahmen. Es würde dann zwar Fragen geben nach dem Verbleib des Vizepräsidenten und seiner Gesundheit – er hatte vier Herzinfarkte hinter sich –, aber er beharrte darauf, sich vom Weißen Haus fernzuhalten, wenn große Gefahr drohte.

„Wir haben die Verantwortung, dafür zu sorgen, daß die Regierung weitermachen kann", erklärte Cheney dem Präsidenten.

5 IM AUSSENMINISTERIUM konzentrierten Powell und Armitage sich auf Pakistan, das Land, das den Angelpunkt einer jeden Strategie darstellte, die darauf zielte, al-Qaida und die Taliban in Afghanistan zu isolieren und schließlich anzugreifen. Außer Pakistan hatte nur ein bedeutenderes Land die Taliban förmlich als Regierung Afghanistans anerkannt. In Pakistan hatte die radikalislamische Bewegung viele Anhänger.

Die Vereinigten Staaten hatten keine guten Beziehungen zu General Pervez Musharraf, der 1999, ein Jahr, nachdem die Vereinigten Staaten wegen der Durchführung eines Atomwaffentests Sanktionen gegen Pakistan verhängt hatten, in einem unblutigen Militärputsch an die Macht gekommen war.

Powell hatte Bush bereits gesagt, daß er für alle Schritte, die er unternehmen mochte, auf die Unterstützung Pakistans angewiesen sein würde. Deshalb müßten die Pakistanis gewarnt werden. Musharraf allzu sehr unter Druck zu setzen war riskant, aber ihn überhaupt nicht unter Druck zu setzen war riskanter. Powell stellte sich so etwas vor wie einen *brushback pitch* auf einen besonders gefährlichen *batter* – einen harten, schnellen Baseball-Wurf, der den Batter in Kopfhöhe beinahe trifft.

„Tun Sie, was Sie tun müssen", hatte der Präsident gesagt.

Stellen wir mal zusammen, was wir von diesen Burschen wollen, sagte Powell zu Armitage.

Sie begannen, ihre Forderungen aufzulisten:

Erstens: „Al-Qaida-Aktivisten an Ihrer Grenze festhalten, Waffenlieferungen durch Pakistan abfangen und die logistische Unterstützung für Bin Laden GÄNZLICH einstellen."

Zweitens: „Uneingeschränkte Überflug- und Landerechte."

Drittens: Zugang zu Pakistan, seinen Marine- und Luftstützpunkten und Grenzen.

Viertens: Umgehende Information über Erkenntnisse des Geheimdienstes und der Grenzbehörden.

Fünftens: Verurteilung der Anschläge vom 11. September und „Unterbindung aller Äußerungen der Unterstützung für den Terrorismus gegen die [Vereinigten Staaten], ihre Freunde und Verbündeten". Es war Powell und Armitage bewußt, daß sie dies nicht einmal in den Vereinigten Staaten durchsetzen konnten.

Sechstens: Sämtliche Treibstofflieferungen an die Taliban stoppen und pakistanische Freiwillige daran hindern, nach Afghanistan zu gehen, um sich den Taliban anzuschließen.

Von der siebten Forderung glaubte Powell, daß sie die Pakistanis zu Fall bringen oder doch Musharraf veranlassen würde, sich querzustellen: „Falls sich starke Verdachtsmomente gegen Osama Bin Laden und das al-Qaida-Netzwerk in Afghanistan ergeben UND Afghanistan und die Taliban ihm und seinem Netzwerk weiterhin Unterschlupf gewähren, wird Pakistan die diplomatischen Beziehungen zur Taliban-Regierung abbrechen, die Unterstützung für die Taliban beenden und uns auf die oben erwähnte Weise dabei helfen, Osama Bin Laden und sein al-Qaida-Netzwerk zu vernichten."

Powell und Armitage wollten Pakistan ausdrücklich auffordern, mitzuhelfen bei der Vernichtung desselben Taliban-Regimes, an dessen Schaffung und Aufrechterhaltung sein Geheimdienst aktiv mitgewirkt hatte.

Armitage rief den pakistanischen Geheimdienstchef General Mahmud Ahmad, mit dem er sich am Vortag getroffen hatte, an und lud ihn ins State Department ein.

Dies ist nicht verhandelbar, erklärte Armitage dem General, als er ihm das Blatt mit den sieben Forderungen überreichte. Sie müssen alle sieben Punkte akzeptieren.

Um 13.30 Uhr rief Powell Musharraf an. „Von General zu General", sagte er, „wir brauchen jemanden auf unserer Flanke, der unseren Kampf unterstützt. Ehrlich gesagt, würde das amerikanische Volk nicht verstehen, wenn Pakistan in diesem Kampf nicht auf seiten der Vereinigten Staaten sein würde."

Zu Powells Überraschung sagte Musharraf, daß Pakistan die Vereinigten Staaten mit allen sieben Maßnahmen unterstützen werde.

DIE PRESSEKONFERENZ des Pentagons leitete an diesem Tag der stellvertretende Verteidigungsminister Paul Wolfowitz, der während der ersten Bush-Administration unter Cheney im Verteidigungsministerium einen führenden Posten ausgefüllt hatte. Wolfowitz sprach oft die Ansichten einer Gruppe von Leuten aus, die in Fragen der nationalen Sicherheit entschieden konservativ dachten und zum großen Teil schon unter Reagan und Bush senior gedient hatten. Nach Ansicht dieser Männer gab es in der Welt keine größere Bedrohung als den irakischen Präsidenten Saddam Hussein, und sie behaupteten, wenn der Präsident es ernst damit meine, gegen diejenigen vorzugehen, die Terroristen Unterschlupf gewähren, müsse er Hussein ganz oben auf die Liste setzen.

Der Irak stellte ihrer Meinung nach für den Präsidenten und sein Team ein fast ebenso ernstes Problem dar wie Afghanistan. Sollte Saddam, eine gerissener und unberechenbarer Überlebenskämpfer, nach dem 11. September beschließen, einen Terroranschlag oder gar einen begrenzten Militärschlag gegen amerikanische Einrichtungen zu unternehmen, und der Präsident hatte es versäumt, gegen ihn vorzugehen, würde es endlose Vorwürfe hageln.

Rumsfeld hatte am Vortag in Besprechungen mit dem Präsidenten, die der nationalen Sicherheit galten, die Irak-Frage angesprochen. Jetzt wollte Wolfowitz terroristischen Staaten eine öffentliche Warnung zukommen lassen. Es war ein weiterer Versuch, den Präsidenten anzustacheln, den Irak in die erste Runde seiner Ziele einzubeziehen.

„Es geht nicht nur darum", sagte er, „Leute gefangenzunehmen und zur Verantwortung zu ziehen; es geht darum, die Zufluchtsorte zu beseitigen, die Unterstützungssysteme zu beseitigen, Staaten, die den Terrorismus fördern, ein Ende zu machen.

Es wird keine Einzelaktion sein, sondern ein Feldzug. Und wir werden hinter diesen Leuten und den Leuten, die sie unterstützen, so lange her sein, bis es aufhört."

In einer wohlwollenden Auslegung war dies lediglich eine etwas provokantere Formulierung der Bush-Doktrin vom Abend des 11. September. Wolfowitz sagte im Grunde nichts Neues, aber die von ihm gewählte Formulierung hatte es in sich. Sie würde Schlagzeilen machen und viele Verbündete der Vereinigten Staaten beunruhigen.

„Staaten, die den Terrorismus fördern, ein Ende machen", also ein Regimewechsel war durchaus in dem enthalten, was Bush gesagt, aber nicht ausdrücklich formuliert hatte. Powell ging öffentlich auf Distanz. „Dem Terrorismus ein Ende machen, dabei würde ich es belassen; Mr. Wolfowitz spricht seine persönliche Meinung aus", sagte er.

Armeegeneral Hugh Shelton, der noch für zwei Wochen Vorsitzender der Vereinigten Stabschefs war, bevor Myers den Posten übernahm, war entschieden dagegen, den Irak in diesem frühen Stadium in die militärische Gleichung einzubeziehen. Ein Angriff auf den Irak war nach seiner Meinung nur dann gerechtfertigt, wenn klare Beweise vorlagen, daß die Irakis in die Anschläge vom 11. September verwickelt waren. Solange das nicht der Fall war, würde man mit der Aufnahme des Irak in die Liste der Ziele nur riskieren, gemäßigte arabische Staaten gegen sich aufzubringen, deren Unterstützung nicht nur für einen Feldzug in Afghanistan wichtig sein würde, sondern auch für die Wiederbelebung des Friedensprozesses im Nahen Osten.

Powell hatte Shelton zuvor angesprochen und die Augen verdreht, nachdem Rumsfeld den Irak als potentielles Ziel genannt hatte.

„Was zum Teufel haben diese Burschen vor?" fragte Powell, der schon Sheltons Posten als Vorsitzender der Vereinigten Stabschefs innegehabt hatte. „Könnt ihr diese Burschen nicht zurückpfeifen?"

Shelton war völlig seiner Meinung. Er hatte es schon versucht, indem er auf Probleme der Durchführbarkeit und auf die Prioritäten verwies, aber Wolfowitz war wild entschlossen und festgelegt.

IN DER SITZUNG des Nationalen Sicherheitsrats im Lageraum sagte der Präsident an diesem Nachmittag, er werde dem Vorschlag der CIA, die Nordallianz durch erweiterte verdeckte Operationen paramilitärisch und finanziell zu unterstützen, seine Zustimmung erteilen.

„Ich möchte Sie davon informieren, was wir den Pakistanis heute gesagt haben", sagte Powell und holte eine Kopie der sieben Forderungen hervor, die er ihnen präsentiert hatte. Er wußte, daß der Präsident sich nicht gerne lange Vorträge anhörte, aber er war stolz auf das, was sie ohne langwierige Debatten zwischen verschiedenen Regierungsstellen zuwege gebracht hatten. Also las er die sieben Forderungen vor. Am Ende teilte er mit, daß Musharraf sie bereits akzeptiert hatte.

„Das ist ja wohl ein Erfolg auf der ganzen Linie", sagte der Präsident. So mußte das Außenministerium seiner Meinung nach agieren, ohne diplomatische Umständlichkeit.

„Kann ich eine Kopie davon haben?" fragten einige der Teilnehmer.

Finanzminister Paul H. O'Neill berichtete von der Arbeit am Entwurf einer Durchführungsverordnung, die dem Finanzministerium erlauben würde, die Finanzquellen der Terroristen zu ermitteln. In den Beratungen über das Vorgehen gegen Bin Laden, die im Frühling und Sommer – noch vor dem 11. September – stattgefunden hatten, hatten Vertreter des Finanzministeriums sich gegen Bestrebungen gewandt, Guthaben der Terroristen zu beschlagnahmen, und es gab nach wie vor institutionelle Widerstände gegen die Verhängung von Sanktionen. Das Hauptproblem war, daß viele Terroristengruppen sich hinter privaten wohltätigen Organisationen versteckten, und wenn man ihre Guthaben einfror, konnte das den Eindruck erwecken, die Vereinigten Staaten wollten diese bestrafen; das würde lautstarke Proteste hervorrufen und konnte Prozesse nach sich ziehen.

Bush bemerkte, daß einigen Beamten bei dieser neuen Ermächtigung nicht wohl war, aber er wischte Besorgnisse, daß die Maßnahmen die internationale Finanzwelt beunruhigen könnten, vom Tisch. „Dies ist Krieg, nicht Frieden. Macht das. [Bin Laden] braucht Geld, und wir müssen herauskriegen, wer ihm Geld gibt, und uns diese Leute vornehmen."

Shelton trug eine pessimistische Einschätzung der unmittelbaren militärischen Optionen vor. An fertigen Eventualplanungen hatte man nur Marschflugkörper auf die Ausbildungslager parat. „Damit graben wir nur Löcher", sagte er.

Rumsfeld sagte, sie müßten die Aufgaben der Streitkräfte neu definieren, wenn sie Staaten, die Bin Laden Unterschlupf gewähren, angreifen wollten. „So etwas haben wir noch nicht gemacht."

Bush war beunruhigt darüber, daß das Kriegskabinett nicht genügend Zeit hatte, seine Handlungsweise wirklich zu diskutieren und zu prüfen, die Optionen und Pläne zu erörtern. Die Sitzungen des Sicherheitsrats, die manchmal 60 bis 90 Minuten dauerten, manchmal aber auch sehr viel kürzer ausfielen, waren zu gehetzt und knapp. Er selbst mußte seine Zeit in kleine Portionen aufteilen, um den Anforderungen seines Privatlebens seiner öffentlichen Rolle in der Krise gerecht zu werden. Weil sie nicht die Zeit hatten, das Problem so gründlich zu durchdenken, wie er es wünschte, lud er seine Berater ein, am kommenden Wochenende mit ihren Ehegatten nach Camp David zu kommen.

„Die Welt hat sich verändert", sagte Bush nachdrücklich. „General Shelton soll zusammen mit den Generälen über neue Ziele nachdenken. Von jetzt an läuft die Uhr. Dies ist eine Chance. Ich wünsche einen Plan – Kosten, Zeit. Ich brauche Optionen auf dem Tisch. In Camp David will ich afghanische Optionen sehen. Ich will rasche Entscheidungen."

Rumsfeld, der das Pentagon ohnehin schon zur Eile antrieb, begrüßte die Entschiedenheit und das Drängen des Präsidenten, rief ihm aber die peinlichen Fehler bei zurückliegenden Angriffen in Erinnerung: die Bombardierung der chinesischen Botschaft in Belgrad während des Kosovo-Konflikts im Jahr 1999, den Raketenangriff auf die sudanesische Chemiefabrik im Jahr 1998 im Rahmen einer gescheiterten Operation gegen Bin Laden.

„Wir müssen Sie darauf hinweisen, was schiefgehen kann", sagte Rumsfeld, „auf Dinge, die uns den Wind aus den Segeln nehmen können. Wenn zum Beispiel Lager angegriffen werden, in denen sich kein Mensch aufhält."

„Sagt den Afghanen, daß sie al-Qaida ausheben", sagte Bush. „Sie sollen sie ausliefern, oder wir werden ihnen einen harten Schlag versetzen. Wir werden ihnen so weh tun, daß jeder in der Welt begreift: Laßt euch nicht mit Bin Laden ein. Ich will nicht eine Eine-Million-Dollar-Rakete in ein Fünf-Dollar-Zelt schicken."

Einer, der sich in der Sitzung Notizen machte, hielt Dialogfetzen fest, an denen die Hast und Zerfahrenheit deutlich wird, eine rasche Folge sich überschlagender Ideen.

„Wir brauchen neue Optionen", sagte Rumsfeld an einer Stelle. „Dies ist ein neuer Auftrag."

Der Präsident schien seine Meinung zu teilen. „Alles ist auf dem

Tisch", sagte Bush. „Seht euch die Optionen an." Er sagte auch, die Briten wollten sich wirklich beteiligen. „Gebt ihnen eine Rolle. Die Zeit ist von entscheidender Bedeutung. Wenn wir in Camp David sind, brauchen wir einen klaren Fahrplan für unser Vorgehen – aber ich will etwas Erfolgreiches machen."

ES WAR FAST MITTERNACHT an jenem dritten Abend der Krise, als Rice endlich in ihre Wohnung im Watergate zurückkehrte. Die erste Krisennacht hatte sie im Weißen Haus verbracht und sehr unruhig geschlafen. In der Mittwochnacht hatte sie kaum besser geschlafen. Sie stand, wie alle anderen, unter Adrenalin. Jetzt hatte sie etwas Zeit für sich und konnte sich entspannen. Zum ersten Mal seit Beginn der Krise schaltete sie den Fernseher ein, der eine vertraute Szene zeigte, den Wachwechsel vor dem Londoner Buckingham-Palast. Was jedoch ihre Aufmerksamkeit fesselte, war die Musik. In einer Geste der Solidarität und des Mitgefühls mit den Vereinigten Staaten spielte die Kapelle der Coldstream Guards „The Star-Spangled Banner". Rice lauschte einige Sekunden, und dann begann sie zu weinen.

FRÜHMORGENS AM FREITAG, dem 14. September, rief ein Offizier der mittleren Ebene im National Military Command Center (NMCC), der Befehlszentrale des Pentagons, im Weißen Haus an, um sich zu bestätigen zu lassen, daß der Präsident für den am Nachmittag geplanten Flug nach New York keinen Jagdschutz für die Air Force One wünschte.

Rice, ihr Stellvertreter Steve Hadley und Card, der Stabschef des Weißen Hauses, berieten sich. Sie waren sich einig, daß darüber Rumsfeld zu entscheiden hatte. Die Gefahr war noch immer nicht eingegrenzt, und niemand wußte, was da draußen sein mochte. Falls etwas passieren würde, weil keine Eskorte da war, würde Rumsfeld sich vor dem Land und der Welt rechtfertigen müssen.

Einer der Stellvertreter von Rice rief das Pentagon an, und Rumsfeld wurde davon informiert, daß das NMCC beim Weißen Haus wegen des Jagdschutzes angefragt hatte.

Rumsfeld ging hoch. Jemand aus meinem Haus ruft ohne meine Kenntnis oder Erlaubnis im Weißen Haus an, schnaubte er. „Das dulde ich nicht!" Rumsfeld stand unter ungeheurem Druck. Der Präsident war zum Krieg entschlossen, und er hatte keine militärischen Planungen. Unverzüglich begann man nach dem Offizier zu fahnden, der im Weißen Haus angerufen hatte. Derweil verweigerte Rumsfeld jede Äußerung zu der Frage, ob er der Air Force One Jagdschutz geben würde.

DAS VOLLZÄHLIGE KABINETT, das an diesem Morgen erstmals seit den Terroranschlägen im Weißen Haus zusammentrat, erhob sich und applaudierte, als der Präsident in den Raum trat. Völlig überrascht, schnürte es Bush für einen Moment die Kehle zu – das zweite Mal in zwei Tagen, daß er vor anderen die Fassung verloren hatte.

Bush schätzte es, jede Kabinettssitzung mit einem Gebet zu eröffnen, und er hatte Rumsfeld gebeten, für diese Zusammenkunft eines vorzubereiten. Zu den Dingen, um die Rumsfeld betete, gehörte die „Geduld, unseren Tatendrang zu mäßigen".

Powell war besorgt darüber, daß Bush Emotionen zeigte. In wenigen Stunden würde der Präsident in der Washingtoner National Cathedral sprechen, und Powell hielt es für notwendig, daß das Land und die Welt einen starken Präsidenten sahen. Er saß als ältestes Kabinettsmitglied traditionsgemäß neben dem Präsidenten, und er warf eine kurze Notiz aufs Papier: *Dear Mr. President*, wenn ich eine Rede wie diese zu halten habe, vermeide ich Wörter wie Mom und Pop, weil ich weiß, daß sie mir Tränen in die Augen treiben. Dann schob er den Zettel ein wenig beklommen dem Präsidenten zu.

Bush nahm den Zettel zur Hand, las ihn und lächelte. „Ich möchte Sie wissen lassen, was mir der Außenminister mitgeteilt hat", sagte Bush, den Zettel hochhaltend. „*Dear Mr. President*, brechen Sie nicht zusammen!" Das Kabinett brach in Gelächter aus, in das Powell und der Präsident einstimmten.

„Keine Bange, jetzt bin ich's los", sagte Bush. Er versicherte ihnen, daß er und das Kriegskabinett dabei seien, Pläne für eine wirkungsvolle militärische Reaktion zu entwickeln, und bat dann alle, der Reihe nach über den neuesten Sachstand zu berichten.

Powell beschrieb die diplomatische Offensive. Er begriff wie der Präsident die Anschläge als eine Chance, die internationalen Beziehungen neu zu gestalten. In der entstehenden Koalition, erklärte er dem Kabinett, sei jedoch klar festgelegt, was von den Partnern erwartet werde, zum Beispiel der Austausch geheimdienstlicher Erkenntnisse, das Einfrieren von Guthaben der Terroristen und Mitwirkung bei dem militärischen Feldzug.

„Dies ist nicht nur ein Angriff auf Amerika, dies ist ein Angriff auf die Zivilisation und ein Angriff auf die Demokratie", sagte Powell in präsidialem Tonfall. „Dies ist ein langer Krieg, ein Krieg, den wir gewinnen müssen. Wir müssen die ganze Welt auf unsere Seite ziehen. Wir müssen erreichen, daß diese Koalition von langer Dauer ist."

Bis zu diesem Morgen hatte Powell 35 Gespräche mit ausländischen Regierungschefs geführt, und zwölf weitere Gespräche standen ihm an diesem Tag noch vor. „Ich war in den letzten Tagen so multilateral, daß ich seekrank werde", scherzte er.

Man lachte darüber.

Rumsfeld gab dem Kabinett die neuesten Zahlen über die Schäden am Pentagon bekannt und teilte mit, daß der militärische Alarmzustand um eine Stufe herabgesetzt worden sei, auf Def[ense readiness]Con[dition] 4. Am 11. September war das Pentagon zum ersten Mal seit dem arabisch-israelischen Krieg von 1973 zu DefCon 3 übergegangen. Der höchste Alarmzustand, DefCon 1, wird bei einem umfassenden Krieg angewandt.

Verkehrsminister Norman Y. Mineta sagte, der Flugverkehr werde an diesem Tag wieder aufgenommen, aber nur mit 16 Prozent des üblichen Umfangs, woran man die Auswirkungen der Anschläge ermessen könne.

Bush erinnerte zum Schluß daran, daß der Krieg gegen den Terrorismus jetzt zwar für die Administration im Vordergrund stehe, daß wichtige innenpolitische Vorhaben aber nicht vernachlässigt werden dürften, darunter ein Schulgesetz, ein Gesetz über die Rechte von Patienten und ein Gesetz, das ihm größere Vollmachten für das Aushandeln von Handelsabkommen geben würde.

UM DIE MITTAGSZEIT verließ die Wagenkolonne des Präsidenten bei strömendem Regen das Weiße Haus in Richtung Norden und erreichte nach rund zwölf Minuten die National Cathedral.

In der Kathedrale hatte sich eine ungewöhnliche Gruppe zum Gottesdienst versammelt. Zu den vorgesehenen Rednern gehörten ein protestantischer Geistlicher, ein Rabbiner, ein katholischer Kardinal, ein muslimischer Geistlicher und Reverend Billy Graham. Die ehemaligen Präsidenten Bill Clinton und Jimmy Carter waren ebenso zugegen wie der ehemalige Vizepräsident Al Gore. Unter den Anwesenden waren das Kabinett, ein Großteil des Senats, viele Mitglieder des Repräsentantenhauses, der Vorsitzende der Notenbank Alan Greenspan und viele weitere Spitzenpersönlichkeiten. Neben dem Präsidenten und seiner Frau saßen seine Eltern.

Condi Rice empfand die Fahrt zur Kathedrale wie einen Leichenzug. Als die Opernsängerin Denyce Grace für die Gemeinde das Vaterunser anstimmte, fragte sie sich: Wie wird er es danach schaffen, die Fassung zu bewahren?

„Wir sind hier in unserem Kummer vereint", begann Bush. So viele hätten durch die Anschläge einen so großen Verlust erlitten, sagte er, und die Nation werde bei ihnen verweilen und sich ihr Leid anhören und weinen. „Aber unsere Verantwortung vor der Geschichte ist bereits klar: auf diese Anschläge reagieren und die Welt vom Übel zu befreien." Der Präsident faßte seine Aufgabe und die des Landes in die große Vision von Gottes Gesamtplan.

„Man sagt, daß wir einander in der Stunde der Not wahrhaft kennenlernen." Er sprach von den Beweisen von Tapferkeit und Opferbereitschaft, an denen deutlich werde, daß die Amerikaner füreinander einstehen und ihr Land lieben. „Heute empfinden wir, was Franklin Roosevelt den beherzten Mut der nationalen Einheit genannt hat", und diese Einheit sei eine „Verwandte des Kummers und einer unerschütterlichen Entschlossenheit, uns gegen unsere Feinde zu behaupten".

Ein Großteil der Rede zielte darauf ab, Trost zu spenden, doch der denkwürdigste Satz – der im Team seiner Redenschreiber entstanden war und den Bush sich rasch zu eigen gemacht hatte – kam, als der Präsident zuversichtlich über das Kommende sprach. „Begonnen wurde dieser Konflikt zu einem Zeitpunkt und unter Bedingungen, die von anderen bestimmt wurden", sagte er. „Enden wird er auf eine Weise und zu einer Stunde, die wir bestimmen."

Eine Kriegsrede war in einer Kathedrale unangebracht, ja, gewagt, aber sie überbrachte die von Bush gewünschte Botschaft. Als er zu seinem Platz in der ersten Reihe zurückkehrte, drückte sein Vater an Laura Bush vorbei dem Sohn die Hand.

Am Ende des Gottesdienstes erhob sich die Gemeinde und sang „The Battle Hymn of the Republic". Rice hatte das Gefühl, daß die ganze Kirche von Entschlossenheit erfüllt war.

Als das Gefolge des Präsidenten aus der Kathedrale trat, waren die Dunkelheit und der Regen des Vormittags gewichen, und die Sonne schien strahlend vom blauen Himmel herab.

Bush empfand die Rede im Rückblick weniger als einen entscheidenden Punkt auf dem Weg in den Krieg, sondern eher als eine religiöse Äußerung. „Ich empfand sie als einen Moment, um sicherzustellen, daß ich dazu beitrug, Trost zu spenden und durch den Trauerprozeß zu kommen", sagte er. „Ich sah sie auch aus einer spirituellen Perspektive, daß es für die Nation wichtig war, zu beten." Er gab zu, daß die Sprache zum Teil „sehr massiv" war, und sagte, daß sich darin „meine Stimmung ausdrückte". Er fügte jedoch hinzu: „Für mich bedeutete der Moment mehr, es war wirklich ein Gebet. Ich faßte das nicht als eine Gelegenheit auf, die Voraussetzungen für eine künftige Rede zu schaffen. Ich war überzeugt, daß das Land das Gebet nötig hatte."

DAS PENTAGON WARTETE immer noch auf Rumsfelds Entscheidung, ob es für den kurz bevorstehenden Flug des Präsidenten nach New York Jagdschutz geben sollte. Der Minister war aufgeregt. Bei dieser Frage ging es direkt um die Führungsstruktur und um seine gesetzliche Amtsbefugnis. Wohl werden zwischen dem Pentagon und dem Weißen Haus regelmäßig Informationen ausgetauscht, doch die Entscheidung über den Einsatz von Streitkräften, und sei es nur ein Jagdschutz, liegt von Gesetzes wegen allein bei ihm. „Die nationale Führungsinstanz ist für mich der Präsident", sagte Rumsfeld später. „Wenn aber Untergebene von mir Instruktionen an das Haus schicken, die von den dortigen Leuten dann befolgt werden, kann der Präsident nicht mehr darauf vertrauen, daß die entsprechenden Schritte mit dem übereinstimmen, was er mir aufgetragen hat.

Und wenn dann die Untergebenen sich untereinander verständigen, und einer sagt: ‚Ach, schicken wir mal einen Jagdschutz oder eine Luftkampfpatrouille hin, oder auch nicht', dann ist das unter Umständen genau das Gegenteil dessen, was der Präsident will oder was ich will ... So ein Gemurkse ist unannehmbar."

Ungefähr fünfzehn Minuten vor dem Start der Air Force One erteilte der Minister seinen Befehl. Die Maschine sollte Geleitschutz erhalten.

Dann wandte er sich dem Entwurf der streng geheimen Geheimdienst-Verordnung zu, die die CIA dem Präsidenten zur Genehmigung vorlegen wollte. Er war seiner Meinung nach schlampig und achtlos formuliert. Die Begriffe waren verschwommen und dehnbar, die Ermächtigung allzu weitgehend. Er versah die ihm vorliegende Ausfertigung mit Änderungsvorschlägen, Streichungen und Begriffsklärungen. Hier waren Untergebenen Befugnisse zugedacht, die allein dem Präsidenten oder dem CIA-Direktor zustanden.

„RIECHT IHR WAS?" fragte Hughes auf der letzten Etappe des Hubschrauberfluges, der Mitarbeiter des Weißen Hauses nach New York brachte. Bis Lower Manhattan waren es noch zwanzig bis fünfundzwanzig Meilen.

Die anderen nickten. Pressesprecher Ari Fleischer meinte, der Geruch komme vom Hubschrauber. Aber dann schauten sie auf der einen Seite aus dem Fenster und entdeckten eine gewaltige Rauchfahne. Was sie rochen, waren die brennenden Trümmer des World Trade Center.

Die Hubschrauber landeten auf dem Wall Street Heliport, und es wurde eine riesige Wagenkolonne aus fünfundfünfzig Fahrzeugen gebildet – an eine so große Kolonne konnte sich keiner aus dem Vorauskommando des Präsidenten erinnern. An jubelnden, fahnenschwenkenden Zuschauern vorbei fuhr der Präsident nach Ground Zero.

Bei Bush hinterließ der Anblick des riesigen finsteren Trümmerhaufens einen unauslöschlichen Eindruck, den er als „ganz, ganz gespenstisch" in Erinnerung behielt. Er hatte zwar schon mit vielen über die Verwüstungen gesprochen, doch auf das, was er schließlich sah, war er nicht gefaßt. Es war „ein Alptraum, ein realer Alptraum". Neben den Zerstörungen, die alles, was er im Fernsehen gesehen oder von seinen Beratern gehört hatte, weit übertrafen, stieß er auf Bergungsmannschaften, die nach Rache dürsteten. Die Leute waren, erinnerte er sich, in ihrer Forderung nach Vergeltung „unglaublich emotional".

Er erlebte bei seinem Gang durch die Trümmerfläche einen erregten Auftritt. „Ich kann Ihnen nicht beschreiben, wie emotional" [die Mannschaften] waren. „Egal, was es kostet", riefen sie.

Einer deutete, als er vorbeiging, auf ihn und rief: „Lassen Sie *mich* nicht im Stich!" Bush war ganz überwältigt. Die Worte und der Ausdruck auf dem Gesicht des Mannes würden ihm unvergeßlich bleiben, dachte er – „Lassen Sie mich nicht im Stich!" Es war so persönlich, dachte er. Es war, als stünde er in einer antiken Arena. Die Bergungsmannschaften begannen zu skandieren: „U-S-A, U-S-A, U-S-A."

„Sie wollen ihn hören", rief Nina Bishop, ein Mitglied des Vorauskommandos, Karl Rove zu, während der Präsident sich einen Weg durch die Menge zu bahnen versuchte. „Sie wollen ihren Präsidenten hören!"

Das Kommunikationsteam des Weißen Hauses, das sonst immer aktionsbereit war, war ausnahmsweise einmal völlig unvorbereitet. Weil nicht vorgesehen war, daß Bush zu den Leuten sprach, war keine Lautsprecheranlage da. Treiben Sie ein Megaphon auf, sagte Rove zu Bishop.

Bob Beckwith, ein 69jähriger, etwas gebrechlich wirkender pensonierter New Yorker Feuerwehrmann, stand in der Nähe auf einem ausgebrannten Feuerwehrauto, das man aus den Trümmern gezogen hatte. Ein Bush-Mitarbeiter fragte ihn, ob der Präsident den Wagen als Plattform benutzen könne und ob Beckwith, dem eine Gasmaske um den Hals baumelte, ein paarmal auf und ab hüpfen könne, um festzustellen, ob der Wagen eine stabile Unterlage bilde. Vor dem Wagen lag eine große Pflaster- oder Betonplatte. Einige vom Vorauskommando glaubten, sie wegräumen zu sollen, aber Bergungsarbeiter machten sie darauf aufmerksam, daß ein Toter darunter liegen könnte.

Um 16.40 Uhr drückte jemand dem Präsidenten ein Megaphon in die Hand und half ihm auf den zerstörten Wagen. Beckwith wollte heruntersteigen, aber Bush bat ihn, an seiner Seite zu bleiben. Wieder fingen die Leute an zu skandieren: „U-S-A, U-S-A."

„Ich danke Ihnen allen", begann Bush. „Ich möchte, daß Sie alle wissen..." und das gewaltige Gebirge aus Trümmern und Menschen schien die Worte aus seinem blechern klingenden Megaphon zu verschlucken.

„Wir können Sie nicht hören", rief ein Bergungsarbeiter.

„Lauter geht es nicht", sagte Bush lachend. „Amerika beugt heute seine Knie im Gebet für die Menschen, die hier ihr Leben verloren haben..." Wieder kam eine Stimme aus der Menge: „Ich kann Sie nicht hören." Bush hielt einen Moment inne und rief dann, den Arm um Beckwiths Schulter gelegt, zurück: „Ich kann Sie hören. Der Rest der Welt hört Sie. Und die Leute, die diese Gebäude zum Einsturz gebracht haben, werden bald von uns allen hören!"

Hughes, die abseits stand, strahlte übers ganze Gesicht. Sie empfand dies als einen ganz wunderbaren Moment – ausdrucksvoll, schlicht, der Hintergrund stimmte –, ein Moment für die Titelseiten der Nachrichtenmagazine, für die Ruhmeshalle der Kommunikation und für die Geschichte. Und sie hatte für das alles nichts zu tun brauchen.

NACH EINEM KURZEN HALT, um dem Präsidenten die Möglichkeit zu geben, den Mannschaften zu danken, fuhr die Wagenkolonne über den West Side Highway zum Jacob K. Javits Convention Center, das als Bereitstellungsraum für die Rettungsbemühungen diente. Auf dem Terminplan des Präsidenten waren 30 bis 45 Minuten für Gespräche mit Angehörigen der Opfer vorgesehen. Es sollte privat sein, ohne Presse, ohne Fotografen, auch ohne Mitglieder der Kongreßdelegation, die Bush begleitete.

Die Organisatoren hatten von dem höhlenartigen Raum durch Vorhänge einen intimeren Bereich abgeteilt, und Mitarbeiter Bushs bildeten zusätzlich eine menschliche Mauer, um die Gespräche gegen Lauscher abzuschirmen. Rund zweihundertfünfzig Menschen warteten auf den Präsidenten, und viele hatten Fotos von ihren vermißten

Angehörigen dabei. Verwaiste Kinder umklammerten Teddybären und andere Erinnerungsstücke.

Nachdem die Angehörigen das Eintreffen des Präsidenten beklatscht hatten, wurde es plötzlich so still, daß nur das Surren des Belüftungssystems zu hören war. Die Situation konnte Bush in Verlegenheit bringen, wußte er doch nicht recht, wie er die Wartenden ansprechen sollte. Schließlich begab er sich unter die Leute. „Erzählen Sie mir etwas von sich", sagte er zu jemandem, und dies wiederholte er ein ums andere Mal. Überall bekam er dasselbe zu hören. Es war eine niederschmetternde Erfahrung. Alle, erinnerte er sich, „waren überzeugt, daß ihr Angehöriger noch am Leben war".

Sie wünschten sich ein Autogramm, und Bush setzte seinen Namenszug auf Fotos und Zettel und liebgewonnene Gegenstände. Dabei sagte er, wie er später berichtete, zu den Angehörigen: „‚Ich will Ihnen etwas sagen. Ich setze hier meinen Namen drauf, und wenn Sie Bill oder Jim wiedersehen, sagen Sie ihm, daß dies ein echtes Autogramm von mir ist und daß Sie sich das nicht ausgedacht haben.' Ich wußte nicht, wie ich sonst helfen konnte, außer daß ich den Moment nutzte, um zu sagen: ‚Ich teile Ihre Hoffnung, und wir beten darum, daß Jim rauskommt.'"

Viele in dem Raum weinten. Der Präsident hatte, während er von einer Familie zur nächsten ging, Tränen in den Augen. Ein Mann, der ein Kind auf den Armen wiegte, hatte ein Bild von seinem Bruder bei sich, einem Feuerwehrmann, der umgekommen war. Das Kind zeigte auf das Foto und sagte nur: „Mein Onkel." Als etwa eine Stunde herum war, schien etwas von der gewohnten Heiterkeit in Bush zurückzukehren. Manche der Angehörigen, mit denen er sprach, lachten auf. Zwei Stunden lang ging er von einer Familie zur anderen, und er sprach mit allen. Gegen Ende seines Besuchs traf Bush auf Arlene Howard, die Mutter eines Polizisten der Port Authority, der außerhalb seiner Dienstzeit bei dem Versuch, andere zu retten, ums Leben gekommen war. Sie hatte das Polizeiabzeichen ihres Sohnes bei sich, und sie bot es dem Präsidenten an und bat ihn, es ihrem Sohn zu Ehren zu behalten. Der Präsident nahm es an.

Auf dem Weg zum Heliport kam Bushs Wagenkolonne über den Times Square, der gefüllt war mit Menschen, die Kerzen und amerikanische Flaggen trugen und die vorbeifahrenden Wagen mit Applaus begrüßten. Auf der McGuire Air Force Base in New Jersey angekommen, verabschiedete ein erschöpfter Bush von seinen Mitarbeitern, die nach Washington zurückkehrten.

Wenn es möglich ist, ein ganzes Leben an einem einzigen Tag zu leben, dann war es dieser Tag.

STATT AN BORD der Air Force One zu gehen, stieg Bush in ein C-20-Flugzeug, das klein genug war, um in Hagerstown, Maryland, landen zu können. Von dort aus ging es nach Camp David weiter. Auf dem Video, das den Präsidenten beim Aussteigen aus dem Hubschrauber zeigt, sieht man, daß er todmüde und ausgelaugt ist, fast taumelt.

Der Präsident hatte seine wichtigsten Sicherheitsberater – Cheney, Powell, Rumsfeld und Rice – gebeten, sich vor ihm nach Camp David zu begeben, um die Beratungen des nächsten Tages vorzubereiten. Sie kamen im Haus des Vizepräsidenten zum Abendessen zusammen, bei dem es Büffelfleisch gab.

Beim Essen konnten sie in entspannterer Atmosphäre beraten, sich gegenseitig über die neuesten Entwicklungen informieren und sich über die Fragen verständigen, die am nächsten Tag anstehen würden. Sie sprachen über den nicht nachlassenden Zwang zu raschen Taten, über die Länge des vor ihnen liegenden Kampfes und die Unterschiede zwischen dem kommenden Konflikt und dem Golfkrieg, bei dem auf einen langwierigen Aufmarsch ein relativ kurzer Feldzug gefolgt war – 38 Tage massiver Bombardements und ein viertägiger Bodenkrieg. Jetzt, dachten sie, würde es genau umgekehrt sein, und im Laufe des Gesprächs wurde ihnen immer klarer, daß dieser Krieg sehr viel schwieriger sein würde und daß es schwerwiegende Folgen haben würde, wenn sie sich getäuscht hatten.

Powell kam es vor wie ein Probe-Essen am Abend vor der Hochzeit, bei dem aber einige ernste Meinungsverschiedenheiten innerhalb der Familie unter der Decke gehalten wurden.

Als Bush bei seinem Haus ankam, meldete er sich bei Rice, die ihm berichtete, daß es keine nennenswerten neuen Entwicklungen gebe. Nach einem Tag, an dem er als oberster Trauernder im Blickpunkt der Öffentlichkeit gestanden hatte, standen ihm nun die entscheidenden Diskussionen bevor, die er mit seinem Kriegskabinett führen würde. Für sich war er schon zu bestimmten Entschlüssen gelangt.

„Entschieden wurde, daß dies die zentrale Aufgabe dieser Administration war", erinnerte er sich später. „Entschieden wurde, daß wir, egal, wie lange es dauert, den Terror, wo immer er existiert, ausrotten werden. Entschieden wurde, daß die Doktrin lautet: Wenn du ihnen Unterschlupf gewährst, sie ernährst, ihnen Obdach gibst, bist du genauso schuldig, und du wirst dafür zur Verantwortung gezogen. Entschieden wurde, daß ... dieser Krieg an vielen Fronten geführt wird, mit geheimdienstlichen, finanziellen, diplomatischen und militärischen Mitteln. Entschieden wurde, daß wir ihnen mit allem, was wir haben, einen empfindlichen Schlag versetzen werden."

Bush war sich darüber im klaren, daß noch vieles zu klären blieb. „Nicht entschieden wurde, ob das Team sich über die Strategie einig ist, ob das Team sie abgesegnet hatte. Denn das eine weiß ich: Wenn nicht alle auf einer Linie sind, kommt es vor, daß Leute ausscheren und nachträglich mit Kritik kommen, und der Prozeß läuft eigentlich nicht so, wie er sollte, es kommt nicht zu einer ehrlichen Diskussion."

Das waren die Probleme der Mannschaftsführung, aber weit größere kamen auf den Präsidenten zu. Er hatte sich bisher in einem Meer allgemeiner Konzepte und Formeln bewegt, angetrieben von der Roheit, dem Überraschungsmoment und dem Blutopfer der Terroranschläge und von seinen eigenen Instinkten. Die eigentlichen Herausforderungen für einen Präsidenten beginnen mit der Entscheidung, wann und wo man Gewalt anwendet, wann und wo man den Feind mit verdeckten Operationen und Militärschlägen unter Beschuß nimmt. Am nächsten Tag fragten sich Bushs Berater des öfteren, ob sie es jemals schaffen würden, das Gerede zu beenden, aus dem Meer der Worte aufzutauchen und abzudrücken.

6 DER PRÄSIDENT war auf Krieg gestimmt, als er am frühen Samstagmorgen, dem 15. September, in die Laurel Lodge von Camp David trat, doch zunächst würde er zuhören müssen, um sicherzustellen, daß er keine unbesonnene Entscheidung traf.

„Wenn man keine impulsiven Entscheidungen treffen will", erklärte er später, „muß man auf erfahrene Sicherheitsberater hören." Seine Berater waren für ihn eine nützliche Hilfe, seine Neigungen unter Kontrolle zu halten. „Wenn ich überhaupt eine Gabe habe, dann ist es die Fähigkeit, Talente zu erkennen, sie zur Mitarbeit einzuladen und mit ihnen als Team zusammenzuarbeiten." Vorsichtig gerechnet, verfügte das Team über fast einhundert Jahre professioneller Erfahrung im Umgang mit Fragen der nationalen Sicherheit. Auf den Präsidenten kam noch nicht einmal ein Jahr.

„Wenn sie etwas empfehlen", sagte er, „vertraue ich ihrem Urteil. Nun kommt es manchmal vor, daß ihre Empfehlungen nicht übereinstimmen, und dann ist es meine Aufgabe – die Aufgabe ist, diese Probleme gründlich zu durchdenken und Szenarien zu durchdenken und hoffentlich einen Konsens von sechs oder sieben klugen Leuten zu erreichen, was meine Aufgabe einfach macht."

Er sollte herausfinden, daß die Empfehlungen nicht nur voneinander abweichen konnten, sondern manchmal auch in sehr verklausulierter Form daherkamen. Er sollte außerdem erkennen, daß das Durchdenken nicht immer einfach war.

Er war seit ungefähr vier Stunden auf, als er um 9.19 Uhr Reporter in den Konferenzraum bat, um ihnen zu sagen, wie wenig er der Öffentlichkeit mitzuteilen haben würde. „Diese Regierung wird nicht darüber reden, wie wir an unsere Informationen kommen, woher wir wissen, was wir tun werden oder was wir für Absichten haben."

Die Mitglieder des Kriegskabinetts traten nacheinander in den Konferenzraum und setzten sich an den großen Tisch, der Platz für rund zwei Dutzend Personen bietet. Tenet hatte seinen Stellvertreter John E. McLaughlin und den Chef der Terrorismus-Bekämpfung,

Cofer Black, mitgebracht. Rumsfeld hatte seinen Stellvertreter Paul Wolfowitz dabei. Powell hatte es so verstanden, als solle nur auf Chefebene gesprochen werden, und deshalb hatte er Armitage nicht dabei. Alle waren zwanglos gekleidet, und viele hatten wegen der eisigen Temperatur Jacken an. Bush saß im blauen Hemd und grüner Bomberjacke in der Mitte des Kopfendes, rechts von Cheney und links von Powell flankiert. Rumsfeld saß neben Powell.

Sie begannen mit einem Gebet und dem routinemäßigen aktuellen Bericht von Powell und Finanzminister O'Neill.

Als nächster sprach Tenet. Der CIA-Direktor war mit einer Aktentasche voller streng geheimer Dokumente und Pläne nach Camp David gekommen; darin steckten über vier Jahre Arbeit über Bin Laden, al-Qaida und den weltweiten Terrorismus. Er verteilte ein Informationspaket mit dem Aufmerksamkeit heischenden Titel „Going to War". Oben links war ein Bild von Bin Laden mit einem roten Kreis umgeben, und über sein Gesicht zog sich ein schräger Strich – die CIA hatte sich das weltweite Verbotszeichen zunutze gemacht.

Tenet schlug die erste Seite auf: „Der Anfang: al-Qaida zerstören, den sicheren Zufluchtsort schließen" – Afghanistan, Bin Ladens Operationsbasis und Aufenthaltsort. Bei der Nordallianz sollten paramilitärische Trupps der CIA eingesetzt werden. Sie konnten irgendwann mit Special-Forces-Einheiten der US-Armee Verbindung aufnehmen, die den Kämpfern der afghanischen Opposition Feuerkraft und Technologie bringen würden, um eine Nordfront aufzubauen.

Der Plan sah einen verdeckten Großangriff auf die Finanzgrundlagen des Terroristennetzwerks vor, unter Einbeziehung der Computerüberwachung und elektronischer Lauschangriffe, um die Geldmittel der al-Qaida und anderer Terroristengruppen aufzuspüren, die hinter der Fassade von diversen Wohltätigkeitsverbänden und sogenannten regierungsunabhängigen Organisationen (NGOs) versteckt und gewaschen wurden.

Ein anderer Abschnitt war dem Thema „CIA, FBI konzentrieren ihren Blick auf die große afghanische Gemeinde in den Vereinigten Staaten" gewidmet. CIA und FBI sollten sich koordinieren, um Unterstützer von Bin Laden aufzuspüren und auszuräuchern – ein offenkundiger, krasser Schwachpunkt vor den Anschlägen vom 11. September.

Tenet sprach über Propagandaaktivitäten und erwähnte, daß sie einige Mullahs auf ihrer Lohnliste hätten.

Sein Vortrag lief auf die Empfehlung hinaus, der Präsident möge der CIA „Sondervollmachten" erteilen, um al-Qaida in Afghanistan und allen anderen Ländern der Welt zu vernichten. Er verlangte eine umfassende Geheimdienst-Verordnung, die es der CIA gestatte, verdeckte Operationen durchzuführen, ohne für jede einzelne Operation eine ausdrückliche Genehmigung einzuholen. Die aktuelle Handhabung sei zu zeitraubend, weil sie umständliche rechtliche Gutachten, Überprüfungen und Diskussionen erfordere. Die CIA benötige eine neue, belastbare Vollmacht, um ungehindert arbeiten zu können. Tenet wünschte sich vom Präsidenten außerdem ein ermutigendes Wort, daß sie Risiken nicht scheuen sollten.

Ein weiteres wichtiges Element, sagte er, sei die „Nutzung von Sondervollmachten für die Inhaftierung von al-Qaida-Aktivisten weltweit". Die CIA sollte sich ausländischer Geheimdienste und sonstiger bezahlter Agenten bedienen dürfen. Tenet und seine führenden Mitarbeiter sollten ermächtigt werden, die Erlaubnis dafür zu erteilen, Zielpersonen im Ausland zu „schnappen" – eine wahrhaft außergewöhnliche Vollmacht.

Tenet präsentierte einen Entwurf für eine Geheimdienst-Verordnung des Präsidenten, eine sogenannte Feststellung, die die CIA ermächtigen würde, alle Mittel verdeckter Operationen einzusetzen, darunter auch tödliche Gewalt. Um die amtliche Genehmigung für Maßnahmen der Terrorismus-Bekämpfung zu erlangen, habe die CIA sich seit über zwei Jahrzehnten damit beholfen, die Verordnungen früherer Präsidenten zu modifizieren. Was er jetzt vorschlug, im Bürokratenjargon ein Memorandum of Notification, sei eine Modifikation der 1986 von Präsident Reagan unterzeichneten Verordnung zur weltweiten geheimdienstlichen Terrorismus-Bekämpfung. So als solle die jüngste Vergangenheit symbolisch ausgelöscht werden, ersetzte sie fünf entsprechende Memoranden, die Präsident Clinton unterzeichnet hatte.

Der CIA-Chef wandte sich dem Abschnitt „Massive Unterstützung für verbündete arabische Dienste" zu, der massiven finanziellen Unterstützung verbündeter arabischer Geheimdienste. Mit einigen hundert Millionen Dollar zusätzlich für neue verdeckte Operationen, erklärte er, werde die CIA wichtige Geheimdienste „kaufen", ihnen Ausbildung, modernes Gerät und Geld für ihre Agentennetze oder was immer sie bräuchten zur Verfügung stellen. Er nannte einige Geheimdienste: Ägypten, Jordanien, Algerien. Als Stellvertreter für die Vereinigten Staaten operierend, könnten diese Dienste die Kräfte der CIA verdrei- und vervierfachen, ein erweitertes Söldnerheer von Spionagemitarbeitern.

Solche Absprachen waren, wie so vieles in der Welt der verdeckten Operationen, nicht unbedenklich. Die Vereinigten Staaten machten auf diese Weise gemeinsame Sache mit fragwürdigen Geheimdiensten, von denen manche in Sachen Menschenrechte ein grausiges Sündenregister hatten. Einige waren dafür berüchtigt, daß sie skrupellos vorgingen und Geständnisse durch Folter erpreßten. Tenet gab zu, daß es sich um Leute handelte, neben denen man am Sonntag nicht in der Kirche sitzen möchte. Sie müssen verstehen, daß ich diese Burschen nicht ständig kontrollieren kann, sagte er.

Bush sagte, daß ihm die Risiken bewußt seien.

Tenet fügte hinzu, daß die Vereinigten Staaten dank der Tätigkeit der CIA in Afghanistan benachbarten Ländern bereits „ein breites Netz von Agenten" in der Region hätten. Seit über einem Jahr setze die Agency von Usbekistan aus Drohnen vom Typ „Predator" zur Luftüberwachung ein, die Echtzeit-Videos von Afghanistan lieferten. Die Predator könne auch mit ferngesteuerten Hellfire-Raketen bestückt und für tödliche Aufgaben eingesetzt werden, zum Beispiel dafür, Bin Laden und seine Führungskader zu beseitigen.

Die Vereinigten Staaten sollten sich um eine enge Zusammenarbeit mit Tadschikistan, Turkmenistan und Pakistan bemühen, sagte Tenet, um die Bewegungsmöglichkeiten von al-Qaida-Führern einzuschränken und ihnen „alle Grenzübergänge zu verschließen". Er forderte eine geheimdienstliche Kontaktaufnahme mit Schurkenstaaten wie Libyen und Syrien, die seiner Meinung nach helfen konnten, al-Qaida zu vernichten. Um an nützliche Informationen über die Terroristen heranzukommen, müsse sich die CIA nötigenfalls die Hände schmutzig machen.

Tenet kam auf Operationen innerhalb Afghanistans zu sprechen.

Er beschrieb, welche Rolle die oppositionellen Stämme im Süden Afghanistans spielen könnten, die zwar gegen die Nordallianz waren, auf die es aber in einem Feldzug gegen al-Qaida und die Taliban ankommen würde. Die CIA habe im Vorjahr Verbindung mit etwa einem Dutzend Stammesführer im Süden aufgenommen. Einige würden versuchen, sich mit beiden Seiten gut zu stellen, sagte er, aber wenn der Krieg erst einmal im Gang sei, könne man sie mit Geld, Nahrungsmitteln, Munition und sonstigen Lieferungen dazu bringen, sich dem Feldzug unter Führung der Vereinigten Staaten anzuschließen.

Anschließend ging Tenet ausführlich auf das ein, was er schon dem Präsidenten über die Möglichkeit eines wirksamen Einsatzes der Nordallianz vorgetragen hatte, die nach Meinung der CIA zu einer schlagkräftigen Truppe ausgebaut werden konnte, aber dringend auf Geld, Waffen und Feindinformationen angewiesen war.

Daraufhin kam der CIA-Direktor auf ein anderes, streng geheimes Dokument mit dem Titel „Weltweiter Operationsplan" zu sprechen, in der verdeckte Operationen in achtzig Ländern beschrieben wurden, die entweder schon im Gange waren oder die er jetzt empfahl. Die Maßnahmen reichten von gewöhnlicher Propaganda bis zu gezielten Tötungsaktionen zur Vorbereitung von Militärschlägen. Eines der Ziele war, Verschwörungen oder Anschläge von Terroristen in verschiedenen Ländern Asiens, des Nahen Ostens und Afrikas zu unterbinden. In gewissen Ländern würden CIA-Gruppen sich Informationen durch Einbrüche verschaffen. Mit dem, was er vorschlug, würde die amerikanische Politik ganz neue Wege beschreiten. Die CIA würde die umfassendste und tödlichste Vollmacht ihrer Geschichte erhalten. Er bezeichnete dies als den „äußeren Teil", außerhalb Afghanistans. In einem Kurzüberblick über die 80 Länder schilderte er Punkt für Punkt: Dies ist der augenblickliche Stand, dies könnten wir tun, dies müssen wir tun. Es war ein wirklich umfassender Entwurf für einen geheimen weltweiten Krieg gegen den Terror.

Da die CIA den Terrorismus seit Jahren offensiv bekämpfe, sagte Tenet, besitze sie ausgiebige Erkenntnisse über Zielpersonen und ihre Netzwerke. Was sie brauche, sei Geld, Flexibilität und umfassende Vollmachten, um rasch, umgehend handeln zu können, wenn sie Ziele aufspürte.

Rumsfeld war von dem weitgefaßten Ansatz begeistert, wünschte jedoch eine sorgfältigere und restriktivere Formulierung des Befehls. Der Präsident gab sich keine Mühe, seine Meinung über Tenets Vorschläge zu verhehlen: „Tolle Arbeit!" schrie er fast.

„OKAY, MUELLER", sagte Bush zum FBI-Direktor gewandt, „jetzt sind Sie an der Reihe. Was können Sie uns über die aktuellen Ereignisse sagen?"

Robert Mueller hatte als ehemaliger Bundesanwalt jahrelang wegen des terroristischen Bombenanschlags auf den Pan-Am-Flug 103 im Jahr 1988 ermittelt. Ihm war bewußt, daß das Schlimmste, was einem FBI-Direktor in seinem Dienst passieren konnte, ein größerer terroristischer Zwischenfall im Inland war. Das Zweitschlimmste war wohl, unvorbereitet zum Präsidenten gerufen zu werden. Es hatte den frischgebackenen Direktor überrascht, daß man ihn einlud, an den Beratungen zur Kriegsplanung teilzunehmen. Er hatte damit gerechnet, daß man sich, wenn überhaupt, erst sehr viel später an ihn wenden würde.

Nicht an solche Gesellschaft gewöhnt und durch die Anwesenheit der Führungsspitze eingeschüchtert, gab Mueller einen schematischen Überblick über die Ermittlungen in Sachen der Flugzeugentführungen. Er merkte, daß er fast stammelte, und überließ das Wort rasch dem nächsten.

Justizminister Ashcroft berichtete über den jüngsten Stand seiner Bemühungen um ein Gesetzespaket, das die Befugnisse der Polizeibehörden zwecks Bekämpfung des Terrorismus erweitern sollte. Die Terroristen müßten unverzüglich gestoppt werden, sagte er, merkte jedoch an: „Wir dürfen nicht vergessen, daß diese Leute einen langen Atem haben." Zwischen den beiden Anschlägen auf das World Trade Center seien immerhin acht Jahre verstrichen. Die Administration brauche eine neue, langfristige Strategie, „denn sie besitzen schon eine solche Strategie".

Den letzten Vortrag an diesem Morgen gab General Shelton, der ebenfalls eine dicke Aktentasche nach Camp David mitgebracht hatte. Bush hatte vom Pentagon verlangt, mit einer Fülle von Optionen zur Besprechung zu kommen, und Shelton war darauf vorbereitet, über militärische Maßnahmen sowohl gegen Afghanistan als auch – wenn es unbedingt gewünscht wurde – gegen den Irak zu sprechen.

Bezüglich Afghanistans trug er drei allgemeine Optionen vor.

Option 1 war ein Angriff mit Marschflugkörpern, ein Plan, den die Streitkräfte rasch ausführen konnten, wenn es dem Präsidenten vor allem um eine schnelle Reaktion ging. Die Marschflugkörper konnten von Schiffen der Navy oder von Flugzeugen der Luftwaffe aus einer Entfernung von Hunderten von Meilen abgefeuert werden. Die Ziele umfaßten die Ausbildungslager von al-Qaida.

Das Problem sei, bemerkte er, daß die Lager, wie allgemein bekannt, verlassen seien. Von dieser Idee waren Shelton, Bush und Rumsfeld ebensowenig angetan wie die anderen. Man hätte ebenso gut von der Clinton-Option sprechen können. Die bloße Erwähnung einer auf Marschflugkörper beschränkten Aktion löste spürbaren Widerwillen aus.

Die zweite Option verband Marschflugkörper mit Angriffen von bemannten Bombern. Shelton sagte, Bush könne sich zunächst für einen Angriff von drei bis vier Tagen entscheiden, eventuell bis hin zu einer Dauer von zehn Tagen. Die Ziele umfaßten al-Qaida-Ausbildungslager und einige Taliban-Ziele. Auch dies hatte Grenzen.

Die dritte und robusteste Option beschrieb Shelton als eine Kombination von Marschflugkörpern, Bombern und dem, was die Planer sich angewöhnt hatten, „Stiefel am Boden" zu nennen. Außer allen Elementen der zweiten Option sah sie vor, Elite-Kommandoeinheiten der Special Forces, eventuell auch der Armee und der Marines, in Afghanistan einzusetzen. Es würde aber mindestens 10 bis 12 Tage dauern, bis man auch nur die allerersten Truppen am Boden absetzen könne, denn man bräuchte Stützpunkte und Überflugrechte in der Region, damit Such- und Rettungstrupps eventuell abgeschossene Piloten herausholen könnten.

Den Veteranen des Golfkriegs, zumindest Powell und Cheney, fiel auf, daß die militärische Lage in Afghanistan sich völlig anders darstellte als bei der Operation Wüstensturm. Am Samstag, dem 4. August 1990, hatte General Schwarzkopf, damals Oberbefehlshaber des Central Command, in demselben Gartenhaus von Camp David einen detaillierten Schlachtplan auf den Tisch gelegt, den er fix und fertig aus der Schublade zog. Er trug den Titel Operations Plan

90-1002, und dieser grundlegende militärische Plan zur Vertreibung der irakischen Armee aus Kuwait wurde innerhalb der nächsten sieben Monate ausgeführt.

Jetzt hatten die Militärs keinen Plan in der Schublade. Man mußte einen ganz neuen Plan entwickeln, sobald der Präsident über die Form des Krieges, das anfängliche Ziel des Feldzugs und das Verhältnis zwischen CIA und Pentagon entschieden hatte.

Irgendwann sagte jemand, hier werde es wahrscheinlich nicht so sein wie auf dem Balkan, wo Haß zwischen den Völkern die Clinton-Administration fast acht Jahre lang beschäftigt hatte. „Wir werden uns noch wünschen, daß dies der Balkan wäre", sagte Rice, so kompliziert seien die Probleme Afghanistans und der angrenzenden Region. Sie schaute auf eine Karte und dachte nur „Afghanistan". Es rief alle nur erdenklichen negativen Vorstellungen wach: weit weg, gebirgig, landumschlossen, schwierig.

Bush sagte, das ideale Ergebnis dieses Feldzuges wäre, die Terroristen aus einigen Ländern wie Afghanistan rauszuwerfen und dadurch andere Länder, die wie Iran in der Vergangenheit den Terrorismus unterstützt hatten, dazu zu bringen, ihr Verhalten zu ändern.

Powell erklärte, alle in der internationalen Koalition seien bereit, al-Qaida anzugreifen, aber wenn man den Krieg auf andere Terroristengruppen oder Länder ausweite, könnten manche abspringen.

Der Präsident sagte, er wolle sich die Bedingungen für den Krieg gegen den Terrorismus nicht von anderen Ländern diktieren lassen. „Es kann sein", sagte er, „daß wir irgendwann als einzige übrig bleiben. Ich habe nichts dagegen. Wir sind Amerika."

Powell sagte nichts. Ein Alleingang war genau das, was er möglichst vermeiden wollte. Die Formulierung des Präsidenten war seiner Meinung nach nicht realistisch. Ohne Partner würden die Vereinigten Staaten keinen erfolgreichen Krieg in Afghanistan starten können, jedenfalls nicht weltweit. Er glaubte, daß der Präsident solche Äußerungen in dem Wissen tat, daß sie einer genaueren Überprüfung nicht standhalten würden. Starke Worte mochten notwendig sein, aber man durfte sie nicht mit Politik verwechseln.

Cheney dagegen nahm Bush beim Wort. Er war überzeugt, daß der Präsident es ernst meinte, als er sagte, daß die Vereinigten Staaten es notfalls allein machen würden.

Rumsfeld warf ein anderes Problem auf. Zwar seien sich alle einig, daß die Vernichtung von al-Qaida oberste Priorität habe, doch würde Bin Laden, werde er herausgehoben, speziell vom Präsidenten, auf dieselbe Weise in seiner Bedeutung übersteigert, wie der irakische Präsident Saddam Hussein während des Golfkriegs übersteigert worden war. Das Schlimmste, sagte er, was sie in einer solchen Situation tun könnten, sei eine falsche Darstellung ihres Ziels. Es würde nichts nützen, wenn es ihnen gelänge, Bin Laden oder den Taliban-Führer Mohammed Omar auszuschalten oder zu töten, wenn sie nicht zugleich das grundlegende Problem des Terrorismus lösten. Die Schmähung Bin Ladens könnte den Vereinigten Staaten die Fähigkeit rauben, dies als einen umfassenderen Krieg darzustellen. Das „Kein Bin Laden"-Zeichen, das jede Seite des Infopakets der CIA schmückte, war daher nicht Teil der Botschaft und sollte nicht in die Öffentlichkeit gebracht werden.

Eine andere harte Nuß waren die Taliban. Die Vereinigten Staaten wollten sie eindeutig unter Druck setzen in der Hoffnung, daß sie mit al-Qaida brechen und Bin Laden ausliefern. Die Versammelten glaubten nicht, daß es dazu kommen werde, waren sich aber einig, daß man es dennoch versuchen sollte.

Was den Beratern des Präsidenten zu schaffen machte, war die Geschichte Afghanistans. Die Geographie des Landes war abschreckend, und sein Ruf, auswärtigen Mächten eine Abfuhr zu erteilen, war wohlbegründet. Trotz der zuvor vorgetragenen Optionen waren mehrere Berater sichtlich besorgt. Bush fragte sie: Was kann da draußen schlimmstenfalls passieren? Welches sind die wirklichen Risiken?

Ein Risiko bestand darin, daß sie in Afghanistan ein Chaos auslösten, das auf Pakistan übergreifen würde. Besonders Rice und Cheney sahen darin eine große Gefahr. Afghanistan sei ohnehin schon ein Chaos, sagte Cheney. Falls Pakistan zusammenbräche, hätten sie Dämonen von ganz anderem Kaliber entfesselt. Ihm machte Sorgen, daß die Entscheidung Pakistans, die Vereinigten Staaten zu unterstützen, die Extremisten des Landes veranlassen könnte, die Regierung Musharrafs zu stürzen. Dadurch könnten islamische Fundamentalisten Zugang zu Pakistans Atomwaffen erhalten.

Alle begriffen, daß Präsident Musharraf die entscheidende Barriere zwischen Stabilität und dem Allerschlimmsten war.

Haben die Pakistanis sich richtig überlegt, wie riskant es für sie ist, uns zu unterstützen? fragte Bush.

Powell sagte, er sei überzeugt, daß sie sich das überlegt hätten. Erstens habe Musharraf erkannt, wie Ernst es der Administration ist. Zweitens sei Musharraf sich darüber im klaren, daß er allmählich die Kontrolle über sein Land verliert, und er begreife dies vielleicht als eine Chance, das Abgleiten in den Extremismus zu verhindern. Musharraf wünsche nicht, daß Pakistan zu einem Schurkenstaat wird, glaubte Powell. Er strebe ein mehr säkulares, verwestlichtes Land an.

Präsident Musharraf geht ein ungeheures Risiko ein, sagte der Präsident. Wir müssen dafür sorgen, daß er es nicht umsonst tut. Wir sollten ihm mit verschiedenen Dingen helfen, einschließlich nuklearer Sicherheit. Stellt ein Hilfspaket für Pakistan zusammen, ordnete er an.

Ein anderes Risiko, vor dem sie standen, bestand darin, daß sie sich in Afghanistan festfuhren – so war es den Briten im 19. und den Sowjets im 20. Jahrhundert ergangen. Rice fragte sich, ob es den Vereinigten Staaten im 21. Jahrhundert genauso ergehen würde.

Einige teilten ihre Befürchtungen, und das zog eine andere Frage nach sich: Sollten sie für den Fall, daß es in Afghanistan schiefging, sicherheitshalber eine Militäraktion an anderer Stelle starten? In einem Krieg würden sie Anfangserfolge brauchen, um sich die innenpolitische und internationale Unterstützung zu erhalten. Durch den raschen Sieg der Vereinigten Staaten im Golfkrieg von 1991 und die Unmittelbarkeit der Live-Berichterstattung auf CNN gingen die Menschen mit anderen Erwartungen an die Kriegführung heran, und das hatte sich durch die von der Clinton-Administration gelegentlich befohlenen Marschflugkörper-Einsätze nicht geändert.

Rice fragte, ob sie sich einen erfolgreichen Feldzug außerhalb Afghanistans vorstellen könnten, womit erneut die Irak-Frage auf dem Tisch war.

Der stellvertretende Verteidigungsminister Paul Wolfowitz wurde munter. Sanft in der Form, aber knallhart in der Sache, war Wolfowitz, 57, überzeugt, daß es ein Fehler gewesen war, den Bodenkampf der Operation Wüstensturm 1991 abzubrechen und Saddam Hussein an der Macht zu lassen.

Seit der Amtsübernahme hatte Bush nach Wegen gesucht, Hussein zu schwächen, wobei Wolfowitz sich für eine Stärkung von Oppositionsgruppen einsetzte, während Powell sich bemühte, Unterstützung für neue Sanktionen zu gewinnen. Man befürchtete, daß Saddam nach wie vor versuchte, Massenvernichtungswaffen zu entwickeln zu erlangen und irgendwann einzusetzen, und da die Inspekteure der Vereinten Nationen nicht mehr im Land waren, war nicht zu erkennen, wie groß die Gefahr wirklich war. Die Terroranschläge vom 11. September verhalfen den Vereinigten Staaten zu einer neuen Gelegenheit, gegen Hussein vorzugehen.

Wolfowitz ergriff die Gelegenheit. Ein Angriff auf Afghanistan war eine unsichere Sache. Er malte die Gefahr an die Wand, daß in sechs Monaten, vom heutigen Tag an gerechnet, 100 000 amerikanische Soldaten sich in Gebirgsgefechten in Afghanistan verzettelt haben könnten. Der Irak sei dagegen ein brüchiges Unterdrückerregime, das leicht zu Fall zu bringen sei. Das sei machbar. Er schätzte die Wahrscheinlichkeit, daß Saddam in die Terroranschläge vom 11. September verwickelt war, auf zehn bis fünfzig Prozent. Wenn der Krieg gegen den Terrorismus ernstgenommen werden solle, müßten die Vereinigten Staaten irgendwann Saddam angreifen.

Andy Card war der Meinung, daß Wolfowitz nur auf die Pauke haute, ohne zusätzliche Informationen oder neue Argumente zu bringen.

Während einer Pause trat Bush zu Cheney, dessen Stabschef I. Lewis „Scooter" Libby und Wolfowitz, die unter sich diskutierten. Er sagte ihnen, er habe Sheltons militärische Optionen zum Teil phantasielos gefunden.

Wolfowitz ließ sich ausführlich darüber aus, daß ein Krieg gegen den Irak leichter zu führen sei als gegen Afghanistan.

Der Präsident fragte ihn, warum er in der Sitzung nicht stärker darauf eingegangen sei.

„Ohne Erlaubnis des Verteidigungsministers steht es mir nicht zu, dem Vorsitzenden der Vereinigten Stabschefs zu widersprechen", sagte Wolfowitz, der wußte, daß Shelton gegen einen Angriff auf den Irak war.

Als die Beratungen wieder aufgenommen wurden, fragte Rumsfeld: Ist dies die Gelegenheit, den Irak anzugreifen? Er wies darauf hin, daß es in der Region eine starke Massierung von Kräften gebe, und es mache ihm nach wie vor große Sorgen, daß es in Afghanistan keine geeigneten Ziele gab.

Powell erhob Einspruch. Da werden Ihre Koalitionspartner Ihnen aber etwas anderes erzählen, sagte er zum Präsidenten. Sie sind alle auf Ihrer Seite, jeder einzelne, aber sie werden nicht mehr mitmachen, wenn Sie den Irak angreifen. Wenn Sie etwas in die Hand kriegen, um den 11. September dem Irak anzuhängen – toll, dann bringen wir es heraus und geben ihnen bei passender Gelegenheit einen Tritt. Aber jetzt ist Afghanistan dran. Wenn wir das geschafft haben, werden wir eher in der Lage sein, uns den Irak vorzunehmen – sofern wir beweisen können, daß der Irak beteiligt war.

Bush hatte starke Vorbehalte gegen einen Angriff auf den Irak, aber er ließ die Diskussion weiterlaufen. Ihm machten zwei Dinge zu schaffen, sagte er später. „Meine Theorie ist, man muß etwas tun und muß es gut machen, und daß ... wenn wir beweisen könnten, daß wir auf dem [afghanischen] Kriegsschauplatz erfolgreich sein können, wäre der Rest der Aufgabe einfacher. Wenn wir allzu viele Dinge anpacken – zwei Dinge zum Beispiel oder drei – militärisch, dann ... wäre die Verzettelung ein großes Risiko."

Bushs andere Sorge trug er nicht seinem Kriegskabinett vor, aber sie begleitete ihn ständig, wie er später sagen sollte. Er wußte, daß Berater am Tisch saßen – Powell, Cheney, Wolfowitz –, die bei den Beratungen über den Golfkrieg mit seinem Vater dabeigewesen waren. „Und eines, was ich nicht geschehen lassen wollte, ist, daß wir nicht zulassen würden, daß ihre frühere Erfahrung auf diesem Kriegsschauplatz uns einen rationalen Kurs für den neuen Krieg diktiert." Mit anderen Worten: Er wünschte nicht, daß sie den Krieg gegen den Terror als Vorwand benutzen, um eine alte Rechnung zu begleichen.

Irgendwann während des Vormittags fiel Wolfowitz seinem Chef Rumsfeld ins Wort und ließ sich über eine Äußerung aus, die er zuvor bezüglich des Irak getan hatte. Möglicherweise fühlte er sich durch die Bemerkung ermutigt, die der Präsident während der Pause gemacht hatte.

Es trat ein betretenes Schweigen ein. Rumsfeld schien die Unterbrechung zu ignorieren, aber seine Augen verengten sich. Einige meinten, er sei verärgert, andere dachten, er höre einfach nur zu.

Bush warf Card einen kurzen, bedeutungsvollen Blick zu. Während einer weiteren Sitzungspause nahm der Stabschef Rumsfeld und Wolfowitz zur Seite.

„Der Präsident erwartet, daß nur eine Person für das Verteidigungsministerium spricht", erklärte Card den beiden.

Irgendwann vor dem Mittagessen ließ Bush die Versammelten wissen, daß er genügend Debatten über den Irak gehört habe. „In der zweiten Runde [am Nachmittag] wurde nicht viel über den Irak gesprochen", erinnerte er sich später. „Lassen Sie es mich so sagen: In der zweiten Diskussionsrunde ging es nur um Afghanistan."

DAS MITTAGESSEN wurde um 12.45 Uhr serviert, und Bush sagte seinen Beratern, sie sollten sich etwas Zeit nehmen, um sich Bewegung zu verschaffen oder auszuruhen. Anschließend möchte ich alle um vier Uhr hier wiedersehen, und ich möchte hören, was wir nach Ihrer Meinung tun sollten.

Rice war besorgt wegen der verfahrenen Diskussion im letzten Teil des Vormittags. Die Sitzungen des Nationalen Sicherheitsrats waren gewöhnlich stärker strukturiert; die Chefs berichteten über ihre Ministerien oder Ämter, und dann gingen sie zusammen die Probleme durch – einmal sprach sie davon, daß sie „herumspielten" – und präsentierten am Ende Optionen. Die Vormittagssitzung hatte gut angefangen, aber dann hatte sie sich im Kreis gedreht, ohne die gewohnte Konzentration. Sie konnte nicht sagen, was bei der morgendlichen Diskussion herausgekommen war. Wie soll daraus nur ein Plan entstehen? fragte sie sich. Sie wußte, daß der Präsident am Ende der Sitzung einen fertigen Schlachtplan sehen wollte.

Rice rief die Chefs zusammen – Powell, Rumsfeld, Tenet und Card –, ohne den Präsidenten. Sie brachte ihre Sorgen zum Ausdruck. Am Nachmittag brauchen wir mehr Disziplin in der Diskussion, sagte sie; alle sollten sich präzise ausdrücken.

Powell begab sich wieder in sein Gartenhaus. Alma, seine Frau, vertrieb sich die Zeit mit einem Buch. Die eigentlichen Fragen waren aus seiner Sicht noch unbeantwortet: Was machen wir, wann machen wir es, und verfolgen wir nur diese eine Sache, die es da draußen irgendwo gibt – al-Qaida und Afghanistan –, oder weiten wir den

Krieg gleich aus? Er setzte sich in einen Sessel und schlief ein halbes Stündchen.

Tenet und McLaughlin nahmen sich einen Golfcart und fuhren spazieren. McLaughlin fragte sich, wie der Präsident es anstellen würde, aus der völlig zerfaserten Diskussion etwas Vernünftiges zu machen.

Rice begab sich in ihr Gartenhaus, beantwortete einige eingegangene Anrufe und ging hinaus, um sich Bewegung zu machen. Um 15.45 Uhr traf sie zufällig den Präsidenten vor seinem Haus. Er war auf dem Elliptical-Trainer gewesen und hatte Gewichte gehoben. Er teilte seiner Sicherheitsberaterin mit, er habe einen Plan für den Nachmittag. „Ich frage die Leute reihum nach ihrer Meinung", sagte der Präsident. „Wie finden Sie das?"

„Das ist prima", antwortete sie. „Und ich, soll ich einfach zuhören?"

„Ja, Sie sollen zuhören", sagte Bush. Sie könne ihre Ansichten vortragen, nachdem alle anderen angehört worden waren.

ICH MÖCHTE EMPFEHLUNGEN von den Chefs hören – Powell, Rumsfeld, Tenet, Card – und vom Vizepräsidenten, sagte der Präsident, als die Gruppe um 16 Uhr wieder in der Laurel Lodge zusammentrat.

Okay, wer fängt an? Er schaute Powell an.

Powell hatte mit einer Fortsetzung der allgemeinen Diskussion gerechnet, aber er legte los. „Zunächst geht es um al-Qaida und UBL", sagte er; UBL war die gebräuchliche interne Abkürzung für Bin Laden, basierend auf der Schreibweise „Usama". Sie sollten das Angriffsziel sein, sie, ihre Lager und ihre Infrastruktur. „Daneben gibt es noch andere Netzwerke, aber nicht die FARC" – er meinte die linke Guerillabewegung in Kolumbien. Die bekannten Verstecke von Bin Laden sollten unter Dauerbombardement genommen werden, sagte er, und sie sollten den Taliban 48 Stunden vor Beginn der Militäraktion die Warnung zukommen lassen, daß der weitere Gang der Dinge von ihrer Entscheidung abhänge. Sollten sie Bin Laden nicht ausliefern, würden sie es schmerzlich zu spüren bekommen.

„Die Führung in der Hauptstadt sollten wir nicht angreifen", fuhr Powell fort, „sondern uns die Dinge vornehmen, die sie zu ihrem

Machterhalt brauchen, zum Beispiel ihre Luftwaffe. Wir sollten von unten her anfangen und nicht von oben her."

Er hatte noch einige andere Ideen. „CNN sollten wir raushalten", schlug er vor. Direkte Frontberichte könnten unnötigen Druck erzeugen. Und er sagte, es sei wünschenswert, daß von den Taliban einer übriggelassen wird, mit dem man verhandeln könnte, und vielleicht könnte man durch Vermittlung der Saudis an die Taliban herankommen, denn die Saudis waren außer Pakistan das einzige größere Land, das die Taliban offiziell als legitime Regierung Afghanistans anerkannt hatte.

„All die Staaten, die den Terror unterstützt haben, können wir uns zu einem Zeitpunkt vornehmen, den wir bestimmen", sagte Powell in Anknüpfung an das, was Bush am Vortag in der Kathedrale gesagt hatte. „Die gehen uns nicht verloren." Gleich mit der Irak-Option anzufangen sei verkehrt, dann zerbräche die Koalition, die wir verpflichtet haben. „Sie werden sich angeschmiert vorkommen – es ist nicht das, was sie unterschrieben haben."

Wenn wir den Irak nicht vor dem 11. September angegriffen haben, warum sollten wir ihn jetzt angreifen, wo sich die Woge der Empörung nicht gegen den Irak richtet, fragte Powell. Niemand könne vom Irak behaupten, daß er für den 11. September verantwortlich sei. Wichtig sei, nicht das eigentliche Problem aus dem Auge zu verlieren. „Halten Sie sich die Irak-Optionen offen für den Fall, daß Sie irgendwelche Beweise für Zusammenhänge kriegen", sagte er zum Präsidenten. „Vielleicht auch Syrien, Iran" – die Staaten, die in den achtziger Jahren den Terrorismus vor allem gefördert hatten – „aber glauben Sie nicht, daß Sie Beweise für Zusammenhänge kriegen."

Die Militärs behaupteten zwar, dafür gerüstet zu sein, an zwei Fronten zugleich größere Auseinandersetzungen führen zu können, doch Powell meinte, daß das Verteidigungsministerium seine Fähigkeit überschätzte, von einem Oberkommando aus mit ein und demselben Oberbefehlshaber und demselben Stab zwei Dinge gleichzeitig zu tun. Angriffe auf Afghanistan wie auf den Irak fielen unter die Zuständigkeit von CENTCOM.

Er sprach es zwar nicht aus, aber er glaubte, daß dies seine Trumpfkarte war. Für den Irak war kein Schlachtplan vorgelegt worden. Keiner, weder Rumsfeld noch Wolfowitz, hatte dem Präsidenten gesagt, was genau im Irak getan werden sollte und wie es getan werden könnte. Niemand hatte die Sache konkretisiert und gesagt: Dies ist es, worüber wir reden. Das Fehlen eines Plans war eine gähnende Lücke.

Man müsse öffentlich nachweisen, daß Bin Laden der Schuldige sei, sagte Powell. Was zähle, seien Beweise.

Als nächster sprach Rumsfeld. Wir dürfen unsere langfristige Handlungsfähigkeit nicht aushöhlen, sagte er; sie sollten sich also weiter Gedanken darüber machen, was gegen den Terrorismus insgesamt unternommen werden könne. Man müsse einen langen Atem haben. Um Bin Laden aufzustöbern, bräuchten sie ganz andere Erkenntnisse als die, die sie derzeit hätten. Die als „hit, talk, hit" umschriebene Doktrin, nach der die Vereinigten Staaten angreifen, die Reaktion abwarten und dann erneut zuschlagen würden, klinge ganz nach Vietnam. „Die militärischen Optionen sind von vor fünf bis zehn Jahren", sagte er, und es war eine schallende Ohrfeige für die Militärplaner in Uniform. Rumsfeld sagte, benötigt würden unkonventionelle Ansätze, besonders Einsätze der Special Forces, die Nachrichten im Lande selbst beschaffen. „Stellen Sie rasch eine funktionierende Gruppe auf. Lassen Sie die veralteten Schemata hinter sich."

Auf Powells Bemerkung eingehend, daß die Koalition bei einem Angriff auf den Irak zerfallen würde, sagte Rumsfeld, daß das „Argument, die Koalition würde Irak nicht aushalten, für eine andere Koalition spricht". Bezeichnenderweise gab er aber keine Empfehlung zum Irak ab.

„Wir müssen in der Festlegung der Ziele besser werden", sagte er. „Dies wird ein langwieriger Feldzug sein. Wir brauchen eine Einsatzführung, die wir gegenwärtig nicht haben."

Er trug einige Ideen zur Kontrolle der Informationen vor. „Wir müssen die Öffentlichkeitsarbeit straffer führen. Die Sache wie eine politische Kampagne aufziehen, jeden Tag Argumente unter die Leute bringen. Für einen langen Feldzug brauchen wir eine breite Basis der Unterstützung im Volk. Nicht eine schmale, sondern eine breite. Dies ist kein Spurt, sondern ein Marathon. Er wird nicht Monate dauern, sondern Jahre." Für einen Krieg in fernen Weltgegenden, der von langer Dauer sein und sich fast im geheimen abspielen würde, bräuchten sie Disziplin in der Nachrichtengebung.

„Die Leute, die das gemacht haben, haben nichts zu verlieren", sagte Rumsfeld, „sie haben keine höherwertigen Ziele. Sie haben Netzwerke und Fanatismus." Er sprach einen ziemlich offenkundigen, aber wichtigen Punkt an, der zum Kern der Probleme vorstieß, vor denen sie standen – Mangel an geeigneten Zielen, Mangel an Quellen, die Insider-Informationen liefern könnten, die Nutzlosigkeit einer Abschreckungsstrategie.

„Wir müssen die Heimatverteidigung stärken", sagte der Präsident. „Zunächst einmal brauchen wir rasch einen Plan für unsere Antwort." Diese Aufgabe übertrug er Cheney. „Wir müssen die Öffentlichkeitsarbeit koordinieren", erklärte er zustimmend. „Wir müssen unser Fernmeldewesen auf den neuesten Stand bringen." Seit Monaten hatte Bush sich über das beschissene Fernmeldewesen beschwert, das wegen unterlassener Investitionen in den letzten Jahren heruntergekommen war. Am Morgen des 11. September hatten die Telefone nicht richtig funktioniert.

Tenet faßte zusammen. „Scheint eine dreiteilige Strategie zu sein", sagte er. Zuerst kämen die Forderungen an die Taliban und andere. Zweitens käme „zuschlagen und abwürgen". Drittens käme „einkreisen und Ausdauer zeigen".

Er fügte von sich aus einen bedrückenden Gedanken hinzu. „Unsere Lage ähnelt eher der der Israelis", sagte er. Den Vereinigten Staaten stehe möglicherweise eine Zeit bevor, in der es regelmäßig zu Terroranschlägen im Inland kommt. Das Problem werde nicht von selbst verschwinden. „Wir brauchen für das Inland eine Strategie, die den Terror unterbindet."

„Am Anfang stehen die militärischen Optionen gegen die Taliban." Tenet teilte Powells Ansicht, daß man zunächst militärische Ziele und nicht ihre Führung angreifen sollte. „Zumindest muß das al-Qaida-Ziel getroffen werden. Der größte Teil der militärischen Struktur der Taliban muß ausgeschaltet werden."

Er erwähnte seine eigenen Pläne für einen globalen Ansatz, unterstützte aber die Auffassung, daß zunächst nur Afghanistan im Zentrum des militärischen Vorgehens stehen sollte.

Als nächster war Card dran. Da er keine sonderlichen außenpolitischen Erfahrungen hatte, begann er mit allgemeinen Betrachtungen. „Wie definieren wir den Erfolg?" fragte er. Der Erfolg, sagte er, bestünde zunächst darin, allen klarzumachen, daß wir nicht bloß auf die Pauke hauen, sondern daß es uns wirklich Ernst ist – wiederholt habe der Präsident darauf hingewiesen. „Entweder sind die Leute für uns, oder sie sind gegen uns. Wenn die Linie nicht klar ist und es keine klaren Konsequenzen gibt, schlagen sich die Leute auf die falsche Seite." An Powell und Rumsfeld anknüpfend sagte er: „Definieren wir sie nicht als UBL. Wir können sagen, al-Qaida ist der Feind."

„*Ein* Feind", sagte Bush, seinen Stabschef unterbrechend und sie alle daran erinnernd, daß es um einen Krieg ging, der nicht nur al-Qaida galt.

Card sagte, man solle gleichzeitige Aktionen in anderen Teilen der Welt wie Indonesien, den Philippinen, Malaysia, Jemen oder Somalia in Erwägung ziehen. „Wenn man 15 SEAL-Teams an einem Tag gleichzeitig 10 verschiedene Ziele in aller Welt angreifen ließe, würden alle kapieren, daß wir global zugreifen."

Card schlug außerdem einen „massiven Truppenaufmarsch" am Persischen Golf vor. Das wäre ein Signal, daß sie entschlossen seien, dort zu bleiben, und würde sie in die Lage versetzen, später jederzeit den Irak anzugreifen. Er sagte jedoch, seiner Meinung nach sei noch nicht geklärt, ob der Irak sofort ein Hauptziel sein solle.

Tenet warf ein, er mache sich Sorgen wegen des „Schwarze-Peter-Spiels", wie er es nannte; wenn etwas schiefginge, würde man mit den Fingern aufeinander zeigen, und es würde Untersuchungen geben wie beim Überfall auf Pearl Harbor, der endlos wiedergekäut wurde, um einen Schuldigen zu finden, einen, der nicht aufgepaßt hatte. „Die Leute schuften sich ab", sagte er. Seine Leute genau wie andere. „Sie haben Tausende von Menschenleben gerettet." Es sei wichtig, sie nicht alleinzulassen. Dann tat Tenet etwas Ungewöhnliches. Er sah den Präsidenten an und sagte: „Die Männer und Frauen, die die Arbeit machen, müssen wissen, daß Sie, Mr. President, an sie glauben."

Bush sagte klipp und klar, daß er an sie glaube.

Als letzter sprach der Vizepräsident. Wir müssen alles tun, was in unserer Macht steht, um den nächsten Anschlag zu verhindern. Wir müssen uns alle potentiellen Terroristen in den Vereinigten Staaten vornehmen. Sind wir aggressiv genug? Wir brauchen eine Gruppe, die sich darum kümmert, welche Lehren wir aus unseren Erfahrungen gezogen haben. Und wenn wir uns Bin Laden vornehmen, müssen wir den breiteren Kontext berücksichtigen. Vor einer Woche, vor dem 11. September, machten wir uns Sorgen um die Stärke unserer Position im Nahen Osten, um unser Verhältnis zu den Saudis, zu den Türken und anderen in der Region. Jetzt wollen sie alle mit dabeisein, und das ist eine Chance. Wir müssen diese Chance ergreifen.

Wenn wir, um die Chancen zu nutzen, eine Koalition bilden, könnte es, meinte er, im Moment das Falsche sein, gegen Saddam Hussein vorzugehen. Wir würden an Schwung verlieren. „Im Moment stehen wir als die Guten da, aber wenn wir Saddam Hussein angreifen, ist es damit vorbei."

Cheney war also ebenso wie Powell, Tenet und Card dagegen, den Irak anzugreifen. Rumsfeld hatte sich nicht festgelegt. Wenn einer eine Strichliste geführt hatte, stand es 4 zu 0, wobei Rumsfeld sich enthielt.

Allerdings gab der Vizepräsident dennoch seinen tiefen Sorgen wegen Saddam Ausdruck, und er sagte, er schließe nicht aus, daß man sich irgendwann den Irak vornehme.

Cheney sagte, die CIA müsse alle Hebel in Bewegung setzen. „Eine einzige Enttäuschung sind die NGOs, Bin Ladens einziger echter Aktivposten" – die Wohltätigkeitsverbände und regierungsunabhängigen Organisationen, die al-Qaida zu finanzieren halfen. Er empfahl, die Nordallianz zu stärken und die Taliban anzugreifen, zunächst aber nicht unbedingt auf massive Weise. Am Anfang müssen wir ihre Flugabwehr und ihre Luftmacht ausschalten, sagte er. Wir müssen bereit sein, Männer am Boden abzusetzen. Es gibt Stellen, da können nur Sondereinsatztruppen sie erwischen, fügte er hinzu. Und wir müssen fragen: Haben wir die richtige Mischung von Kräften?

Schließlich kam Cheney noch einmal auf die Heimatverteidigung zurück. Sie müßten alles Erdenkliche tun, um Amerika zu verteidigen und den nächsten Angriff zu verhüten oder zum Scheitern zu bringen. Die Lage sei sehr beunruhigend. Er habe sich angesehen, was fünf Regierungskommissionen über den Terrorismus herausgefunden hätten. Der Präsident hatte ihn im Mai beauftragt, einen Plan zur inneren Sicherheit vorzulegen. Sie müßten sich nicht nur über die Sicherheit der Grenzen und des Luftverkehrs Gedanken machen, sondern auch über biologische und andere Bedrohungen.

Am Ende der Sitzung sprach Bush jedem einzelnen reihum seinen Dank aus. Eine Entscheidung war nicht getroffen worden. „Ich werde darüber nachdenken und Sie wissen lassen, was ich beschlossen habe", sagte er.

POWELL UND RUMSFELD verließen Camp David, doch die übrigen blieben noch mit ihren Gattinnen zum Abendessen. Rice stimmte zum Mitsingen altbekannte amerikanische Lieder an, darunter „Old Man River", „Nobody Knows the Trouble I've Seen" und „America the Beautiful". Der Präsident setzte sich eine Zeitlang zu anderen an den Tisch, die ein kompliziertes hölzernes Puzzle zusammenzusetzen versuchten.

7 AM NÄCHSTEN MORGEN griff Tenet in seinem Haus in den Randbezirken Washingtons zur Feder und begann zu schreiben. Er war voller Energie, und er wollte seinem eigenen Beraterteam eine Botschaft zukommen lassen. Als Überschrift wählte er „Wir sind im Krieg".

Es sei ein Krieg an allen Fronten gegen al-Qaida, schrieb er. „Der Erfolg darf nicht an bürokratischen Hindernissen scheitern. Alle Regeln haben sich geändert. Alle Informationen, Ideen und Fähigkeiten müssen unbedingt und uneingeschränkt untereinander ausgetauscht werden. Wir haben keine Zeit, Sitzungen abzuhalten oder Probleme zu beheben – behebt sie selbst rasch und intelligent. Jeder muß in beispielloser Weise persönliche Verantwortung übernehmen."

Falls es Probleme mit anderen Stellen, dem Militär oder den Polizeibehörden gebe, müßten sie „jetzt gelöst" werden.

„Wir alle müssen mit Leidenschaft und Schwung an die Sache gehen, aber nicht atemlos. Wir müssen kühlen Kopf bewahren. Gemeinsam werden wir diesen Krieg gewinnen und den Präsidenten und das amerikanische Volk mit Stolz erfüllen. Wir werden diesen Krieg gewinnen im Namen unserer gefallenen und verwundeten Brüder und Schwestern in New York und Washington und ihrer Angehörigen."

Er schickte die Botschaft über das abhörsichere Fax, das er zu Hause stehen hatte, in die Zentrale, wo sie abgetippt und verteilt werden sollte. Das Memo war ein Aufruf zum Handeln, aber zugleich ein Eingeständnis, daß seine Agency gewisse Probleme hatte, eine Neigung, Problemen durch das Abhalten von Sitzungen zu begegnen.

DER PRÄSIDENT TRAF aus Camp David kommend um 15.20 Uhr im Weißen Haus ein, gab auf dem South Lawn eine kurze Erklärung vor der Presse ab und nahm fünf Fragen entgegen. Er sprach siebenmal von „Übel" oder „Übeltätern" und drückte dreimal seine Verwunderung über die Natur der Anschläge aus.

„Wir haben seit langem nicht eine solche Barbarei erlebt", sagte Bush. „Niemand hat sich vorstellen können, daß Selbstmordbomber sich in unserer Gesellschaft einnisten und dann alle an einem Tag hervorkriechen, um ihr Flugzeug, ein amerikanisches Flugzeug in Gebäude zu lenken, die voll sind mit unschuldigen Menschen, und kein Mitleid zeigen. Dieser Kreuzzug, dieser Krieg gegen den Terrorismus wird eine Weile dauern", fügte er hinzu. In der Bezeichnung des Krieges als „Kreuzzug" sollte man anschließend einen Fauxpas erkennen, wegen der schwerwiegenden negativen Assoziationen, die der Ausdruck in der islamischen Welt auslöste, wo man ihn noch immer mit den mittelalterlichen Eroberungszügen europäischer christlicher Heere in Zusammenhang brachte. Mitarbeiter mußten den Ausdruck später zurücknehmen und sich dafür entschuldigen.

BUSH WAR SICH des gewaltigen Kommunikationsproblems bewußt, vor dem er und die Administration standen. Der 11. September war nicht nur der tödlichste Angriff auf das amerikanische Kernland, der Pearl Harbor an Todesopfern noch übertraf, sondern auch der am meisten fotografierte und gefilmte gewaltsame Überfall der Geschichte. Wer konnte die kristallklaren, vom Fernsehen ständig wiederholten Videoaufnahmen vergessen, auf denen sich der United-Airlines-Flug 175 mit einer leichten seitlichen Neigung in den 80. Stock des Südturms des World Trade Center bohrte, dort seinen tödlichen Feuerball entlud und fast auf der anderen Seite herauskam. Oder das Bild von den rauchenden Twin Towers. Oder das Video von den einstürzenden Türmen, erst der eine, dann der andere, und die Wolke von Trümmern und Rauch, in der Lower Manhattan erstickte. Oder die Bilder von den Menschen, die aus den obersten Stockwerken in den Tod sprangen, um der unerträglichen Hitze drinnen zu entgehen. Oder die Verzweiflung in den Gesichtern aller Amerikaner. Es war fast, als hätten die Terroristen ein perfektes Gespür für den amerikanischen Hang zum Theatralischen und Dramatischen. Es schien, als hätten sie gewußt, daß das Land ein

Medien- und Wertesystem besitzt, das all diese Bilder wieder und wieder allen vor Augen führen würde.

Bush begriff, daß er als Antwort darauf nicht mit einem ebenso spektakulären Ereignis würde aufwarten können. Sein Krieg und seine Anwort würden weitgehend unsichtbar sein und noch lange auf sich warten lassen.

Er bestellte Rice, Hughes, Bartlett und Pressesekretär Ari Fleischer zu sich in das im ersten Stock der Residenz gelegene Arbeitszimmer, den sogenannten Treaty Room.

Bush erklärte Hughes: „Sie sind dafür verantwortlich, wie wir diesen Krieg den Menschen darstellen." Der Gesamterfolg dieses Feldzugs werde entscheidend davon abhängen, wie das Weiße Haus seine Ziele und seine Gedanken über das Kriegsunternehmen erklärte. Davon werde es abhängen, ob das Volk weiterhin seiner Führung vertraute und ob die internationale Koalition zusammenhielt. Das Problem war, daß das Kommunikationsteam keine Einzelheiten – speziell über die verdeckten Operationen der CIA – erfahren würde und daß die amerikanische Reaktion sich verzögern würde.

„Mir war völlig klar, daß unsere Arbeit einfacher sein würde, wenn es uns gelänge, das amerikanische Volk für eine schwierige und langwierige Aufgabe zu gewinnen", sagte Bush später. „Ich bin ein Produkt der Vietnamzeit. Ich weiß noch, wie Präsidenten einen Krieg führen wollten, der sehr unpopulär war, und wie die Nation sich spaltete." Er deutete auf das Porträt von Abraham Lincoln, das im Oval Office hing. „Er hängt dort an der Wand, weil es die Aufgabe des Präsidenten ist, das Land zu einen. Das ist die Aufgabe des Präsidenten. Und ich hielt es für meine Aufgabe, dafür zu sorgen, daß das amerikanische Volk verstand. Sie hatten verstanden, daß es ein schwerer Angriff war. Ich war mir jedoch nicht sicher, ob sie verstehen würden, wie lange es dauern und was für ein schwieriger Prozeß dies sein würde."

Bush erklärte seinen Beratern: Wir werden Einsätze haben, bei denen amerikanische Soldaten in Gefahr sein werden. Wir müssen vorsichtig sein. Er wünschte, daß das Pentagon und das State Department und andere Stellen nach einem gemeinsamen Plan vorgingen. Sicherstellen, daß die linke Hand wußte, was die rechte tut.

Fast eine Stunde sprachen sie darüber, was der Präsident von seinem Kommunikationsteam erwartete. Das Gespräch war, wie seine Berater sich erinnern, überwiegend einseitig. Bush unterstrich die ungewohnten Aspekte des Krieges – die Rolle der Justiz, die Bedeutung des Nachrichtenaustauschs, der Zerstörung des finanziellen Netzwerks der Terroristen, die Rolle der CIA und das überragende Gebot, daß der Krieg zum größten Teil unsichtbar bleiben mußte.

Er bat seine Berater, sich zu überlegen, wie man den Kampfauftrag, die Risiken und die Zeit, die es möglicherweise kosten würde, die vorliegenden Aufgaben zu erledigen, den Menschen erklären könnte. Über gewisse Teile des Feldzugs würden sie nicht sprechen dürfen, sagte er nochmals, und sie sollten sich überlegen, wie man jene Elemente des Krieges herausstreichen könnte, über die sie sprechen *durften*, besonders den finanziellen Aspekt, das Bemühen, das Geld aus den Netzwerken der Terroristen herauszupressen.

Wir können nicht dulden, daß etwas durchsickert, sagte der Präsident mit Nachdruck. Das würde Menschenleben gefährden. Rumsfeld und das Pentagon würden über Einsätze berichten, das Weiße Haus nicht. Wir werden gewisse Aktionen oder Einsätze nicht bestätigen können. Ihre Aufgabe wird nicht einfach sein.

Bush erinnerte sich später, daß er sich damals ganz bestimmt und eindeutig darüber geäußert hatte, was sie sagen sollten: „Uns steht ein schwieriger Kampf bevor; es ist ein neuartiger Krieg; wir haben es mit einem Feind zu tun, wie wir noch keinen hatten; es ist zunächst ein Zweifrontenkrieg, in Afghanistan und bei uns im Land.

Ich hatte außerdem die Aufgabe, Entschlossenheit zu zeigen. Ich mußte dem amerikanischen Volk die Entschlossenheit eines Oberbefehlshabers zeigen, der alles tun würde, was nötig war, um zu gewinnen. Keine Nachgiebigkeit. Keine Zweideutigkeit. Diese Sache, daß wir hinter ihnen her waren, durfte nicht durch juristische Bedenken totgeredet werden. Und das mußte nicht nur unseren Leuten zu Hause gezeigt werden. Es war auch entscheidend wichtig, daß der Rest der Welt das sah." Sorgen machte ihm vor allem, wie die Politiker anderer Länder seine Schritte aufnehmen würden. „Diese Burschen beobachteten jeden Schritt von mir. Und es ist sehr wichtig, daß sie in dieses Oval Office kommen, was sie regelmäßig tun, und ich ihnen in die Augen sehe und sage: ‚Sie sind entweder für uns, oder Sie sind gegen uns.'"

Zweimal wurde Bush von Anrufen ausländischer Staatsführer unterbrochen, und einer kam vom mexikanischen Präsidenten Vicente Fox, den er kurz nach dem Amtsantritt auf dessen Ranch besucht hatte. Im Gespräch zwischen den beiden Ranchern verfiel Bush in den Jargon des einstigen Wilden Westens. „Gesucht, tot oder lebendig. So denke ich", sagte Bush.

Bush entließ sein Kommunikationsteam und bat Rice, noch zu bleiben.

„Ich weiß, was ich tun will, und ich werde es morgen im Nationalen Sicherheitsrat tun", sagte er ihr. Er diktierte eine Reihe von Maßnahmen, die er am nächsten Morgen anordnen würde.

Rice ging zurück in ihr Arbeitszimmer, um eine Zusammenfassung von elf Punkten aufzusetzen, einen Kriegsplan auf einem einzigen Blatt Papier.

AM MONTAG, dem 17. September, traten Bush und der Nationale Sicherheitsrat um 9.35 Uhr im Cabinet Room zusammen. Der Raum, der auf den Rosengarten hinausgeht, wirkt wie die Bibliothek einer ehrwürdigen Anwaltskanzlei. Dominiert wird er von einem großen, stabilen ovalen Mahagoni-Konferenztisch, den Präsident Nixon 1970 gespendet hat.

Den anderen war nicht klar, was die Prüfung von Camp David ergeben hatte. An diesem Morgen machte Bush den Anfang. „Der Zweck dieser Sitzung ist, die Aufgaben für die erste Angriffswelle des Krieges gegen den Terrorismus zu verteilen", sagte er. „Er beginnt heute."

Er billigte jede einzelne der Forderungen Tenets zur Ausweitung der Rolle der Agency und wies damit die meisten der Bemühungen Rumsfelds zurück, die Rolle der CIA herunterzuschrauben. CIA-Mitarbeiter würden ermächtigt sein, verdeckt zu operieren.

„Ich möchte heute eine Geheimdienst-Verordnung unterzeichnen", sagte der Präsident. „Ich möchte, daß die CIA als erste zur Sache kommt.

Der Justizminister, die CIA und das FBI werden mithelfen, Amerika vor weiteren Angriffen zu schützen." Von nun sollte die Verhinderung weiterer Angriffe Vorrang haben vor der Ermittlung, der

Beschaffung von Beweisen und der Strafverfolgung. Er wies Ashcroft an, den Kongreß um neue gesetzliche Ermächtigungen zu ersuchen, damit das FBI Terroristen aufspüren, abhören und stoppen konnte, ein Projekt, das bereits in Arbeit war.

Zu Rumsfeld sagte er: „Wir brauchen Pläne für den Schutz von US-Truppen und -Anlagen im Ausland."

„Der Außenminister", wandte er sich fast in Befehlston an Powell, „sollte den Taliban heute ein Ultimatum stellen." Er solle „ihnen dringend nahelegen, Bin Laden und seine al-Qaida auszuliefern; andernfalls würden sie die Folgen zu spüren bekommen.

Wenn sie dem nicht nachkommen, werden wir sie angreifen", sagte Bush. „Es ist nicht unser Ziel, die Taliban zu vernichten, aber das könnte die Folge sein.

Wir werden mit Raketen, Bombern und Stiefeln am Boden angreifen", sagte er und entschied sich damit für Sheltons weitestgehende Option. „Ich will, daß wir ihnen einen harten Schlag versetzen. Wir müssen klarmachen, daß von nun an ein anderer Wind weht. Wir müssen andere Länder wie Syrien und Iran dazu bringen, daß sie ihre Ansichten ändern. Wir müssen so bald wie möglich angreifen."

Das Pentagon solle einen detaillierten Plan aufstellen und vorlegen, sagte er, aber es war klar, daß einige Grundfragen der Vorgehensweise, die Rumsfeld sechs Tage zuvor angeschnitten hatte, noch nicht gelöst waren. Bush wiederholte sie: Welche Ziele wie rasch? Welche alliierten Truppen brauchen wir? Wann? Wie? Was ist in der ersten Welle? Was später?

Vor dem Bombardieren in Afghanistan Männer am Boden abzusetzen wäre eine gute Idee. „Wir werden ihnen die Hölle heiß machen. Die Gefährdung von Menschenleben ist unvermeidlich. Wir müssen Leute am Boden haben."

Powell war ein wenig verblüfft, daß Bush den Taliban unverzüglich ein Ultimatum stellen wollte. In Südasien war es jetzt Nacht. Da die Vereinigten Staaten keine diplomatischen Beziehungen zu den Taliban unterhielten, würde man ihnen über die Regierung von Pakistan eine private Nachricht zustellen müssen.

Es gab Komplikationen. Powell mußte das Ultimatum erst einmal formulieren. Alle müßten sich über die Konsequenzen im klaren sein. Er machte sich Sorgen wegen der möglichen Auswirkungen in Pakistan. Sie würden ihre Botschaften sichern und mit den Verbündeten reden müssen. „Ich brauche eine Stunde, um zu überlegen, ob wir die Sache auf morgen früh verschieben sollten", sagte der Minister. Bush war einverstanden, aber er verlangte eine harte Sprache. „Ich will, daß sie in ihren Stiefeln zittern."

Bush sagte, er benötige einen Plan, um Pakistan zu stabilisieren und das Land vor den Folgen zu bewahren, welche die Unterstützung der Vereinigten Staaten mit sich bringen konnte.

Was Saddam Hussein betraf, beendete der Präsident die Debatte. „Ich glaube, daß der Irak beteiligt war, aber ich werde sie jetzt nicht angreifen. Mir fehlen im Moment die Beweise."

Bush sagte, er wünsche, daß sie weiter an den Plänen für ein militärisches Vorgehen gegen den Irak arbeiten, gab aber zu verstehen, daß sie sich Zeit lassen konnten. Alles andere mußte jedoch umgehend erledigt werden.

„Fangen Sie jetzt an", sagte der Präsident. „Es ist sehr wichtig, rasch zu handeln. Wir ziehen neue Saiten auf."

Shelton sagte, es werde vier bis sieben Tagen in Anspruch nehmen, die Luftbrücke einzurichten, um Truppen und Material in die Nähe der afghanischen Grenze zu bringen. Die Special-Forces-Einheiten zum Einsatzort zu bringen, werde noch länger dauern.

„Hier wird nicht Dame gespielt, sondern Schach", sagte Rumsfeld. „Wir müssen weiter denken als nur bis zum ersten Zug." Er meinte, es gleiche eher einem dreidimensionalen Schachspiel. Es erinnerte ihn an das alte 25-Cent-Spiel auf der Tankstelle, wo man, um zu gewinnen, viele Hebel gleichzeitig bedienen mußte.

Was ist nach dem zehntägigen Bombardement? Was kann passieren, um ihre Haltung zu ändern? Was war das Schlimmste, was passieren konnte? Was war das Beste? Manchmal kam ein Einsatz zu schnell zum Erfolg, und deshalb mußten sie sich auf den Fall einstellen, daß es besser lief als erwartet.

Das waren gute Fragen, aber hinter Rumsfelds Neigung zum Intellektualisieren versteckte sich eine reale Frustration. Ihn störte, wie seine führenden Mitarbeiter wußten, daß die Militärs, darunter vor allem General Franks, in der bündigen Formulierung eines Mitarbeiters „aggressive Optionen nicht aggressiv genug auffaßten".

ANSCHLIESSEND BEGAB SICH der Präsident ins Pentagon, um sich eingehend über Sondereinsätze informieren zu lassen. Eigentlich war ein Besuch von Fort Bragg in North Carolina vorgesehen gewesen, dem Sitz der Special Forces und der Delta Force, der Eliteeinheit zur Rettung von Geiseln. Das hatte man aber vorsichtshalber gestrichen, weil es Rückschlüsse auf die von ihm geplante Vorgehensweise zuließ.

Aus Fort Bragg war ein Zwei-Sterne-General entsandt worden, um Bush, Rice und Frank Miller, dem Vertreter des Verteidigungsministeriums im Stab des Nationalen Sicherheitsrats, Vortrag zu halten. Miller, der sich im Pentagon für Cheney mit Atomkriegsplanungen befaßt hatte, wußte, daß die Offiziere der Sondereinsatztruppen eine Sorte für sich waren. Er fuhr voraus, um die geheime Diaserie zu prüfen.

Ein Dia über mögliche Einsätze in Afghanistan war beschriftet mit „Unkonventionelle Ideen – Nahrungsmittelvorräte vergiften".

Miller mußte fast würgen. Er zeigte das Dia Rice. Die Vereinigten Staaten wissen nicht, wie man das macht, rief er ihr in Erinnerung, und wir dürfen es nicht. Es wäre ein chemischer oder biologischer Angriff, der durch Abkommen, die die Vereinigten Staaten unterschrieben hatten, eindeutig verboten war.

Rice nahm das Dia mit zu Rumsfeld. „Dieses Dia wird dem Präsidenten der Vereinigten Staaten nicht gezeigt", sagte sie. Ein Giftangriff war gerade das, was sie von Bin Laden befürchteten. War es überhaupt faßbar, daß jemand auf die Idee kommen konnte, Bin Ladens Taktik zu übernehmen und die Idee dem Präsidenten vorzutragen?

„Sie haben recht", sagte Rumsfeld. Pentagon-Vertreter sagten später, das anstößige Dia wäre bei ihrer internen Prüfung abgefangen und auf keinen Fall vorgeführt worden. Miller hatte es aber nur wenige Minuten vor dem Vortrag entdeckt.

Anschließend sprach der Präsident vor einigen der 35 000 Reservisten, die einberufen worden waren, und beantwortete Fragen von Journalisten.

„Wollen Sie Bin Laden tot?"

„Im Westen gab es früher, soweit ich mich erinnere, ein Plakat, auf dem stand ‚Gesucht, tot oder lebendig'", erwiderte Bush.

Er sollte an diesem Tag ein Dokument unterzeichnen, das verdeckte und offene Operationen mit dem Ziel genehmigte, Bin Laden gefangenzunehmen oder zu töten. Er sagte später, er habe sich so ausgedrückt, um die Öffentlichkeit wissen zu lassen, in welche Richtung es ging.

„Oft gehe ich hier raus, und ich weiß, es wird was passieren, oder ich denke über etwas nach", sagte er rückblickend. „Und dann wird man etwas gefragt, und es platzt einfach aus einem heraus. Manchmal bin ich in der Beziehung nicht sehr vorsichtig ... Es war ein bißchen prahlerisch, aber es war auch eine Klarstellung, daß zur Selbstverteidigung Amerikas, daß ich zur Selbstverteidigung Amerikas die Entscheidung getroffen hatte, daß ‚tot oder lebendig', daß das legal ist."

Als Laura Bush die Nachrichten sah, war sie gar nicht zufrieden. „Dämpf deinen Ton, Schatz", sagte sie ihm.

Aber er dämpfte seinen Ton nicht, sagte sie. „Von Zeit zu Zeit mußte ich es ihm wieder sagen."

AM SPÄTEN NACHMITTAG wurden dem Präsidenten im Weißen Haus zwei Dokumente zur Unterschrift vorgelegt. Das eine war ein Memorandum of Notification, durch die die Verordnung, die Präsident Ronald Reagan am 12. Mai 1986 unterzeichnet hatte, abgeändert wurde.

Das Memorandum genehmigte alle Schritte, die Tenet in Camp David vorgeschlagen hatte. Die CIA war jetzt ermächtigt, das al-Qaida-Netzwerk und andere globale Terroristennetzwerke weltweit zu zerschlagen und dabei mit tödlichen verdeckten Mitteln vorzugehen, damit die Rolle der Vereinigten Staaten verborgen blieb.

Die Verordnung ermächtigte die CIA außerdem, mit ihren paramilitärischen Trupps, Gruppenleitern und der neuerdings bewaffneten Drohne vom Typ „Predator" uneingeschränkt in Afghanistan zu agieren.

Das andere Dokument, zweieinhalb Seiten lang, bestand aus den Anweisungen und Einsatzbefehlen an das Kriegskabinett und verschiedene Stellen, die Bush am Vormittag vorgetragen hatte. Es ging in den Anweisungen um finanziellen Druck, diplomatische Schritte, militärische Planung und verdeckte Operationen. Es wurde als TOP

SECRET/PEARL eingestuft. Das Codewort PEARL war zufällig ausgewählt worden als Name der abgegrenzten Gruppe mit gesondertem Zugang, die während der ersten Phasen des Krieges Einblick in die Dokumente erhielt.

In die Mitte der dritten Seite setzte der Präsident in seiner unverwechselbaren Handschrift „George W. Bush".

AM DONNERSTAG, dem 18. September, begingen Präsident Bush und Vizepräsident Cheney den siebten Tag nach den Terroranschlägen mit einer Schweigeminute auf dem Rasen des Weißen Hauses; anschließend kamen sie mit dem Nationalen Sicherheitsrat zusammen. Tenet teilte den Versammelten mit, die Agency sei dabei, ihre ersten paramilitärischen Trupps nach Afghanistan zu entsenden, die mit der Nordallianz zusammenarbeiten sollten. Bis zur Ankunft des Trupps in Afghanistan würden acht Tage vergehen, aber, so sagte Tenet: „Wir beginnen mit unserem Plan."

Rumsfeld berichtete, die militärische Planung komme voran. Optionen offenzuhalten sei wichtig, sagte ihm der Präsident, aber nicht das vorrangige Anliegen. „Die oberste Priorität ist, Bin Laden in die Enge zu treiben."

Nach der Sitzung besprach sich der Präsident mit Hughes und dem Team der Redenschreiber wegen der Rede, die er in einer gemeinsamen Sitzung beider Häuser des Kongresses halten wollte. Mit einem ersten Entwurf war er nicht zufrieden. Am Schluß wollte er dem amerikanischen Volk gegenüber ein persönliches Gelöbnis abgeben, etwa in dem Sinne: Dies ist meine Mission, mein Vorhaben, das Vorhaben der Nation. „Dies ist es, worum es während meiner Präsidentschaft geht."

Er erklärte dem Team, er wolle vermitteln, daß der Krieg gegen den Terrorismus ihn während seiner gesamten Amtszeit in Anspruch nehmen werde und daß er sich vor dem amerikanischen Volk persönlich verpflichte, ihn zu Ende zu führen, gleichgültig, wie lange es dauern werde.

Die Rede war zum rhetorischen Mittel geworden, um zumindest in verschleierter Form das Ausmaß eines totalen Krieges gegen den Terrorismus anzudeuten.

Rice brachte den Entwurf des Außenministeriums für das Ultimatum an die Taliban herein. Während Bush es las, kam ihm der Gedanke, daß es sinnvoller sei, das Ultimatum in seine Rede aufzunehmen, statt es vom Außenministerium ausgeben zu lassen. Ein Ultimatum würde mehr Gewicht haben, wenn es direkt vom Präsidenten kam, und es würde eine Schlagzeile liefern.

An diesem Abend um 21.30 Uhr rief Bush seinen Chef-Redenschreiber Michael Gerson an. Gerson war gerade bei seinem Haus in einem der Vororte Washingtons in Virginia angekommen. Es war ungewöhnlich, daß der Präsident so spät am Abend anrief, aber sie gingen dann eine halbe Stunde lang den Entwurf durch. Bush schlug zwei Dutzend Änderungen vor.

ARMITAGE UND COFER BLACK flogen nach Moskau, um führende Vertreter der russischen Diplomatie und des Geheimdienstes um Hilfe zu ersuchen.

„Wir befinden uns in einem Krieg", erklärte Black den Russen. „Wir werden handeln. Unabhängig davon, was Sie tun, werden wir auf jeden Fall handeln." Er wußte, daß Afghanistan ihre Einflußsphäre war und daß sie sich zieren würden. „Allerwenigstens wünschen wir, daß Sie wegschauen." Er wünschte, daß die Russen sich zurückhielten und CIA-Operationen nicht vermasselten. „Aus meiner unmaßgeblichen Sicht ist dies eine historische Chance. Wir sollten das letzte Jahrhundert hinter uns lassen und das neue beginnen."

Die Russen gaben zu verstehen, daß sie helfen und sich auf keinen Fall querlegen würden. Einer wies darauf hin, daß Afghanistan für Überfälle aus dem Hinterhalt wie geschaffen sei und die Guerillakämpfer die russische Armee vernichtend geschlagen hätten. „Zu meinem Bedauern", erklärte der Russe, „muß ich Ihnen sagen, daß Sie fürchterliche Dresche beziehen werden."

„Wir werden sie fertigmachen", sagte Black. „Wir werden ihre Köpfe auf Stangen stecken. Wir werden ihre Welt ins Wanken bringen."

Die Russen schickten der CIA umgehend ein Team, das sie umfassend über die Verhältnisse im Land informierte, speziell über die Topographie und über Höhlen in Afghanistan.

DER NATIONALE SICHERHEITSRAT trat am Morgen des Mittwoch, 19. September, im Lageraum des Weißen Hauses zusammen. Bush verlangte Zusicherungen, daß amerikanische Stellen beim Taliban-Regime unmißverständlich darauf bestanden hatten, zwei amerikanische Mitarbeiterinnen einer Hilfsorganisation freizulassen, die als Geiseln genommen worden waren.

Außerdem drängte er Powell und Rumsfeld, vor der Presse zu betonen, daß die internationale Koalition sich je nach den Anforderungen des Krieges ändern werde, daß einzelne Länder um unterschiedliche Beiträge gebeten würden, daß dies nicht eine einzige, große, unveränderliche Koalition sein werde.

„Wir werden von unseren Koalitionspartnern nichts verlangen, was sie nicht leisten können, aber wir lassen nicht zu, daß Staaten hier erklären, sie seien gegen den Terror, und zu Hause unterstützen sie den Terror", erwiderte Powell.

Er sagte, sie müßten Beweise dafür zusammentragen, daß al-Qaida hinter den Anschlägen steckte.

„Keine gerichtlich verwertbaren Beweise", warf Rumsfeld ein. „Das ist nicht auf einzelne Ereignisse bezogen." Es gehe nicht um bestimmte Terrorakte. Sie wüßten doch, daß al-Qaida auf Terror setzt. Bin Laden und die anderen hätten das mehrfach öffentlich erklärt. Gegen sie liefen schon Anklagen vor Bundesgerichten. „Einige Länder haben Angst – sie haben eine andere Sichtweise. Die Presse wird sagen, daß die Koalition auseinanderbricht, wenn die Beweise unseren Standpunkt nicht stützen."

„Ist Iran in der Koalition?" fragte Steve Hadley.

„Es gibt nicht nur eine Koalition", sagte Rumsfeld.

„Schweigen kann manchmal bedrohlicher sein", sagte Tenet. Am meisten könnte es die Iraner in Unruhe versetzen, wenn wir nichts sagen.

HUGHES ERKUNDIGTE SICH am Vormittag bei Card und Rice, ob der Präsident schon entschieden habe, daß der Entwurf seiner Rede so in Ordnung sei. Nach ihrer Meinung mußte noch viel daran getan werden. Rice stimmte ihr zu und sagte, sie würde zwei ihrer führenden Mitarbeiter herüberschicken, um die Rede mit ihr durchzugehen.

Der Präsident fand, daß die Redenschreiber nicht auf die leidenschaftlich bewegten Äußerungen eingegangen waren, die er die ganze Woche über getan hatte; am Schluß erwartete er einfache und klare Worte.

„Hört mir überhaupt jemand zu?" fragte er.

Um 11.30 Uhr rief Gerson bei Hughes an und sagte, er werde mit einem überarbeiteten Entwurf zu ihr kommen. Sie gingen ihn Satz für Satz durch, bis sie der Meinung waren, ihn vorzeigen zu können. Um 13.15 Uhr traten sie ins Oval Office.

„Sie strahlen ja übers ganze Gesicht", bemerkte Bush. „Das ist gut."

Beim Vorlesen stieß er auf einen ersten Zusatz und fragte: „Haben Sie einfach Sachen in die Rede reingetan und rausgenommen?" Er entdeckte einen weiteren Zusatz. Das ist geändert, sagte er. Wer hat das reingetan? Fügen Sie einfach willkürlich Dinge in diese Rede ein?

„Nein", erwiderte Hughes. „Ich mußte nach eigenem Ermessen entscheiden. Sie waren in einer Sitzung."

Bush machte beim Durchlesen einige Änderungsvorschläge, aber als er fertig war, sagte er: „Gute Arbeit. Das können wir dem Kongreß vortragen."

Um 18.25 Uhr begab sich Bush dann, angetan mit einer Joggingjacke aus Nylon, in den Kinosaal des Weißen Hauses und übte die Rede ein.

UM 19 UHR KAM BUSH mit seinem Kriegskabinett zusammen. Rumsfeld sagte, Bin Laden sollte in der Rede nicht herausgehoben werden. Dadurch bestünde die Gefahr, daß man ihm eine übersteigerte Bedeutung beimißt und die Basis der Unterstützung für den Antiterror-Feldzug schmälert. Rice erwiderte, man habe sich entschlossen, Bin Laden nur einmal zu erwähnen.

Eine weitere Frage war zu klären. Am längsten hatten Bushs Berater über den Absatz diskutiert, der die Warnung an Staaten enthielt, die den Terrorismus unterstützen. Sie hatten nach klärenden Formulierungen für die Doktrin gesucht, die Bush in seiner Erklärung am Abend nach den Anschlägen aufgestellt hatte, daß die Vereinigten Staaten keinen Unterschied machen würden zwischen Terroristen und denen, die ihnen Unterschlupf gewähren.

Welche Staaten konnten sie nach dem ersten Feldzug im Auge haben? Wie lauteten die neuen Regeln zur Beurteilung des Verhaltens von Ländern, die in der Vergangenheit den Terrorismus gefördert hatten?

Rice und Powell fanden die aktuelle Formulierung zu scharf. Sie wollten den Ländern die Chance geben, mit ihrer Vergangenheit zu brechen. Sie waren sich einig, daß man diesen Ländern einen Anreiz dazu bot, wenn man das Wort „weiterhin" in den Satz einfügte. Powell war der Meinung, daß die Vereinigten Staaten ohne diese Änderung praktisch allen den Krieg erklärten.

„WIR HABEN MELDUNGEN, wonach ein Terroranschlag unmittelbar bevorsteht", verkündete Tenet am Donnerstagmorgen zu Beginn der Sitzung des Nationalen Sicherheitsrats. Eine beunruhigende Nachricht, zumal der Präsident am Abend vor dem Kongreß sprechen wollte. Nach Geheimdiensterkenntnissen hatten prominente Mitglieder von al-Qaida, darunter Leute aus Bin Ladens engstem Führungskader, angedeutet, daß es in den nächsten Tagen einen großen Anschlag geben werde. Diese Art von Geheimdienstgeschwätz hatte sie schon vor dem 4. Juli geplagt, an dem es keine Anschläge gegeben hatte, und vor dem 11. September.

Tenet teilte dem Präsidenten mit, daß der erste paramilitärische Trupp der CIA am Freitag in Usbekistan und am Sonntag in Afghanistan eintreffen werde.

„Hüten wir uns davor, falsche Erwartungen zu wecken. Statt zu verkünden, daß wir sie besiegen werden, sollten wir besser sagen, daß wir ihnen die Fähigkeit nehmen werden, unseren *Way of life* zu bedrohen", sagte Rumsfeld. Das war eine umsichtige, ja sogar ausgesprochen scharfsinnige Formulierung. Den Terrorismus insgesamt zu beseitigen war unmöglich, aber man konnte ihn soweit eindämmen, daß der amerikanische *Way of life* weiterging. Mit diesem Maßstab, sagte er, würde es einfacher sein, sowohl kurz- als auch langfristig Erfolge zu verzeichnen. Er hatte Bedenken gegen allzu ehrgeizig klingende Ziele.

Bush bekräftigte jedoch, daß er Amerikas Entschlossenheit, den Krieg zu gewinnen, nicht herunterspielen werde. Wir werden unsere

Feinde besiegen, wir werden für künftige Präsidenten den Ton angeben, sagte er. „Heute in zwei Jahren sind vielleicht nur noch die Briten an unserer Seite."

Rumsfeld kam auf die Möglichkeit zu sprechen, daß Massenvernichtungswaffen gegen die Vereinigten Staaten eingesetzt werden könnten. „Das würde das amerikanische Volk anstacheln", sagte er. „Das ist eine völlig andere Situation, wie wir sie noch nie gehabt haben." Sollte der Präsident das nicht in seiner Rede ansprechen?

„Ich habe es weggelassen", sagte Bush kategorisch. „Es könnte den ganzen Rest der Rede unter sich begraben. Irgendwann werden wir die Nation natürlich informieren müssen. Aber ich habe es rausgenommen. Und es bleibt draußen. Ich habe mir das gründlich überlegt."

Bush, der offensichtlich fürchtete, die Leute nur neun Tage nach den erschütternden Anschlägen erneut zu beunruhigen, sagte, sie würden noch darauf zurückkommen, vielleicht, wenn sie bessere Informationen hätten.

„Das gehört in den Rahmen einer Gesamtstrategie", sagte er. „Wir müssen sicher sein. Wir müssen ehrlich sein", fügte er hinzu, „aber von brutaler Ehrlichkeit halte ich nichts."

Rumsfeld erwähnte, daß eine routinemäßige Genehmigung für den Angriff einiger irakischer Ziele – seit zehn Jahren versuchte man, die Respektierung der nach dem Golfkrieg errichteten Flugverbotszone durch solche Schläge zu erzwingen – noch unentschieden sei. Jetzt konnte nichts, was mit militärischen Schlägen gegen den Irak zu tun hatte, als Routine betrachtet werden.

„Wenn man in der Nähe von Bagdad angreift, was in Bagdad alle Warnlichter angehen läßt, wird das klare Ziel des Kampfauftrags undeutlich", erwiderte Bush. Der Irak und die übrige Welt könnten denken, der Angriff habe etwas mit einer Reaktion auf den 11. September zu tun. „Wir müssen in Sachen Irak geduldig sein."

AM SPÄTNACHMITTAG, als er auf das Eintreffen des britischen Premierministers Blair wartete, machte Bush ein kurzes Nickerchen. Er hatte Blair zum Dinner ins Weiße Haus und als Ehrengast zu seiner Rede im Kongreß geladen. Blair hatte die Einladung angenommen, obwohl man in London Bedenken gehabt hatte wegen des „Pudel-Faktors" – so ein hochstehender Beamter –, der Befürchtung, daß der Eindruck entstehen könnte, der Premierminister sei zu einem Anhängsel des amerikanischen Präsidenten geworden. Blair sah darin eine erneute Gelegenheit, seine Solidarität mit Bush zu bekunden und, was für ihn wichtiger war, aus erster Hand über die Fortschritte der amerikanischen Kriegsvorbereitungen unterrichtet zu werden.

Bush und Blair begaben sich für ein zwanzigminütiges Gespräch unter vier Augen in das Blaue Zimmer. Bush unterbreitete ihm seine Absichten, einschließlich des Einsatzes amerikanischer Truppen in Afghanistan. „Volle Wucht der US-Streitkräfte", sagte er zu Blair, und „Bomber aus allen Himmelsrichtungen".

„Sie scheinen überhaupt nicht aufgeregt oder beunruhigt zu sein", soll Blair Bush zufolge gesagt haben. „Wollen Sie sich nicht ein wenig zurückziehen, um sich zu sammeln?"

„Ich weiß genau, was ich sagen muß, wie ich es sage und was ich tue", gab Bush Blair zur Antwort.

„Ich glaube, er war ein wenig erstaunt", sagte Bush später. „Es war ja so, daß jede Rede jetzt ‚die wichtigste Rede meines Lebens' war. (...) Meine getreuen Berater haben mir ungefähr sechs solcher Reden vorgelegt. Deshalb bin ich immun gegen das Gerede von der ‚Rede Ihres Lebens'."

Über 80 Millionen Amerikaner sahen die Rede im Fernsehen.

„HEUTE ABEND sind wir ein Land, das sich der Gefahr bewußt geworden ist und das aufgerufen ist, die Freiheit zu verteidigen", sagte Bush, während Jagdflieger über dem Kapitol kreisten. „Unsere Trauer hat sich in Zorn verwandelt und der Zorn in Entschlossenheit. Ob wir unsere Feinde vor den Richter bringen oder den Richter zu unseren Feinden bringen werden – der Gerechtigkeit wird Genüge geschehen.

Wir werden", sagte er, „alle uns zu Gebote stehenden Mittel dafür einsetzen, jedes Mittel der Diplomatie, jedes Werkzeug der Nachrichtenbeschaffung, jedes Instrument des Gesetzesvollzugs, jeden finanziellen Einfluß und jede notwendige Waffe des Krieges, das globale Terrornetzwerk zu zerschlagen und zu besiegen."

Er ging auf die ungewöhnliche Natur des Feldzugs ein, um deutlich zu machen, daß die amerikanische Politik sich tiefgreifend gewandelt habe. „Unsere Reaktion geht weit über sofortige Vergeltung und vereinzelte Schläge hinaus", sagte er. „Die Amerikaner sollten sich nicht auf eine einzige Schlacht einstellen, sondern auf einen langwierigen Feldzug, wie wir ihn noch nie erlebt haben. Er kann dramatische Angriffe umfassen, die man im Fernsehen verfolgen wird, und verdeckte Operationen, die auch im Erfolgsfall geheim bleiben werden."

Er rief die Amerikaner auf, „ihr normales Leben zu leben und ihre Kinder zu umarmen", und er bat um „Geduld" für den langen bevorstehenden Kampf.

Er legte das Gelöbnis ab, an dessen Vervollkommnung er gefeilt hatte. „Ich werde nicht diese Wunde und nicht diejenigen vergessen, die sie unserem Land zugefügt haben", sagte er. „Ich werde nicht nachgeben; ich werde nicht rasten; ich werde nicht nachlassen in der Führung dieses Kampfes für die Freiheit und Sicherheit des amerikanischen Volkes."

Es gab donnernden Applaus.

Vom Rednerpult aus war nicht zu erkennen, wie die Rede aufgenommen wurde, sagte Bush rückblickend. „Ich weiß nicht, wie die Sache läuft. Bei Reden bin ich, wie man so sagt, im Auge des Wirbelsturms."

„In welchem Maß Amerika Führung brauchte, habe ich so richtig gemerkt, als sie das Hockeyspiel in Philadelphia unterbrachen", sagte er. Fans hatten verlangt, die Rede des Präsidenten auf den Videowänden des Stadions verfolgen zu können. Die Verantwortlichen brachen das Spiel ab, und die Spieler versammelten sich auf den Bänken, um sich ebenfalls die Rede anzusehen.

„Es war unglaublich", sagte Bush. „Und sie wollten, sie wollten nicht, daß das Spiel weitergeht. Sie wollten hören, was der Oberbefehlshaber, der Präsident der Vereinigten Staaten, in diesem Moment zu sagen hatte."

Bush rief Gerson an. Beide wissen noch, was der Präsident sagte: „In meinem ganzen Leben habe ich mich noch nie so wohl gefühlt."

Bush sollte erfahren, wieviel unbehaglicher und schwieriger es werden würde, seine mutigen Erklärungen in die Tat umzusetzen.

8 | „DIE UNDICHTEN STELLEN werden uns umbringen, und sie werden unsere Koalition untergraben", wetterte Tenet am Freitag, dem 21. September, zu Beginn der Vormittagssitzung des Nationalen Sicherheitsrats. Sorgen machte ihm vor allem Usbekistan, das der CIA insgeheim erlaubt hatte, von seinem Territorium aus Predator-Drohnen fliegen zu lassen. Wenn etwas durchsickerte, hätte Präsident Islam Karimow einen bequemen Vorwand, um auszusteigen.

Andere Länder, die bereits halfen oder die man bitten wollte, bei den Kriegsanstrengungen zu helfen, könnten nervös werden oder ihre Hilfe verweigern und damit die CIA und das Pentagon im Regen stehenlassen.

In den zehn Tagen seit den Anschlägen auf New York und Washington hatten die Medien unter einem beispiellosen Einsatz von Mitteln über jeden erdenklichen Aspekt der Story berichtet. Reporter, Redakteure und Producer zapften auf dunklen Wegen alte und neue Quellen an, um einen Knüller zu landen. Die Gier, mit der man sich selbst auf das winzigste Häppchen neuer Informationen stürzte, wurde gesteigert durch die Zwänge der rund um die Uhr aktiven Berichterstattung, die noch betont wurden durch einen Nachrichtenticker, der bei einem halben Dutzend Nachrichten-Kabelsender nonstop über den unteren Teil des Bildschirms lief. Geheimdienstsachen, geheime militärische Planungen und diplomatische Schritte gaben die besten Knüller ab.

„Ich werde unserer Belegschaft die Leviten lesen", sagte Tenet.

„Wir dürfen die heikelsten Dinge einfach nicht zu Papier bringen", sagte Bush. Die Akten würden dann eben unvollständig sein, und die Geschichtsschreibung hatte das Nachsehen – na und? Er werde das Unternehmen nicht leichtfertig in Gefahr bringen.

Die Versammelten wandten sich den neuesten Geheimdienstmeldungen über den Aufenthalt Bin Ladens zu. Die Administration versuchte zwar, seine Bedeutung herunterzuspielen, aber Bush hatte erkannt, welchen Symbolwert es haben würde, wenn sie ihn erwischten. Er mußte Bin Laden unbedingt kriegen.

Die Erkenntnisse waren wieder einmal äußerst dürftig. Tenet hatte tatsächlich nichts von Belang.

Der Präsident sagte, sie sollten sich überlegen, wie sie für sich selbst sichtbar machen könnten, daß der Krieg gegen den Terror Fortschritte machte. Er verlangte eine „Aufgabenliste", an der man ablesen und zeigen konnte, was sie erreicht hatten und was sie noch erreichen wollten. Sie waren in der Durchführungsphase, und wenn sie auch über Pläne und Aktionen nicht reden würden, so wollte er doch über Ergebnisse reden können. Er wollte über die Aufgabenliste auf dem laufenden gehalten werden. „Die an den Einsätzen beteiligten Leute sollen wissen, daß ich sie im Auge behalten werde."

Daran zweifelte niemand.

Finanzminister Paul O'Neill nahm an der Sitzung teil, weil geplant war, die finanzielle Basis der Terroristen weltweit zu zerschlagen.

„Wir müssen in dem Punkt endlich konkret werden", sagte Bush mit einem strengen Blick zum Finanzminister. „Die Zerschlagung der finanziellen Netzwerke muß ein Instrument in unserem Arsenal sein. Es ist wichtig. Wir müssen es benutzen."

Man nickte zustimmend. Man versicherte ihm im Chor durch ein „Bald, Mr. President", „In Kürze, Mr. President", daß eine öffentliche Ankündigung von Plänen in wenigen Tagen fertig sein werde.

Rice schnitt ein nicht minder schwieriges Thema an. Die CIA ließ täglich eine streng geheime Bedrohungsliste zirkulieren, in der die neuesten und heikelsten unausgewerteten Meldungen über Dutzende von angedrohten Bombenanschlägen, Entführungen und sonstige terroristische Vorhaben aufgeführt waren. Da konnte einem wirklich angst und bange werden, denn manchmal enthielt sie hundert konkrete Drohungen gegen US-Einrichtungen in aller Welt oder mögliche Ziele im Inland – Botschaften, Einkaufszentren, bestimmte Städte, Orte, an denen Tausende zusammenkamen. Zum Teil handelte es sich um anonyme Drohungen per Telefon oder E-Mail, die möglicherweise ernst zu nehmen waren, zum Teil handelte es sich um Spinner. Vieles stammte jedoch von durchaus vernünftigen menschlichen Quellen aus dem abgehörten ausländischen Nachrichtenverkehr.

Die Stellvertreter hatten sich in täglichen Sitzungen speziell mit der inneren Sicherheit befaßt. Rice hatte ihre Arbeit genau verfolgt und festgestellt, daß sie kaum vorankamen. Es lag daran, daß sie sich zu hohe Ziele gesetzt hatten, daß sie die ganz großen Sicherheitsprobleme lösen und Amerika bombensicher machen wollten. Sie erkannte, daß das unmöglich war.

Sie faßte diese Feststellung für den Nationalen Sicherheitsrat zusammen. „Bedenken Sie, daß auch zweitbeste Lösungen durchaus sinnvoll sind", sagte sie. „Tun Sie, was im Moment möglich ist, um die Gefährdung der Vereinigten Staaten zu verringern." Maßnahmen, die langfristig unbefriedigend sein mochten, mußten kurzfristig, unverzüglich, realisiert werden.

Es war durchaus wahrscheinlich, daß die Vereinigten Staaten in der nächsten Zeit erneut angegriffen werden würden. Rice erkannte, daß man, sobald der Schock des 11. September sich gelegt hatte, natürlich beginnen würde, die Systeme und Verfahren, die von den Terroristen genutzt worden waren, systematisch und im großen Stil zu verbessern, speziell die Sicherheit der Flughäfen. Das konnte jedoch Monate oder Jahre dauern. Jetzt ging es aber vor allem um kurzfristige Maßnahmen, mit denen ein erneuter Anschlag verhindert, zerschlagen oder hinausgeschoben werden konnte.

„Warten Sie nicht auf die ausführlichen Untersuchungen. Für Untersuchungen werden wir noch genügend Zeit haben", fuhr Rice fort. „Sechzig bis siebzig Prozent dessen, was Sie tun müssen, müssen Sie umgehend tun. Fangen Sie sofort damit an." Sie schlug vor, einfach bewaffnete Präsenz zu zeigen und allenthalben die Überprüfungs- und Sicherheitsmaßnahmen zu verstärken. Wenn man die Nationalgarde auf die Flughäfen schickte, würde davon ein erhöhtes Sicherheitsgefühl ausgehen. Von den in amerikanischen Häfen anlandenden Sendungen und Containern sollten möglichst viele überprüft werden.

In Wirklichkeit war das Land offen und verwundbar.

Bush kam auf das Problem der Finanzierung der Terroristen zurück. Da ließ sich doch sofort etwas unternehmen. Zur Zerschlagung der Finanznetzwerke seien sie auf internationale Zusammenarbeit angewiesen, sagte er. „Wenn sich da gewisse Länder sträuben, lassen Sie uns das wissen. Setzen Sie sie auf meine Anrufliste."

Bush wünschte seine Berater zu versichern, daß sie sich im Verlauf der Maßnahmen im Krieg gegen den Terror, die jetzt anliefen oder in

Kürze anlaufen würden, um Hilfe an ihn wenden konnten. Er hatte ihnen angeboten, sein Arbeitszimmer, sein Telefon, seinen Einfluß und alles zu nutzen, was sie brauchten, um in ihrer Aufgabenliste voranzukommen. „Nennen Sie uns die ersten zehn Dinge, die wir für Sie erledigen sollen, und wir werden sie erledigen", wies er sie an.

Sie gingen zum Thema Wirtschaft über, ein anderes Sorgenkind. Seit die Börse am Montag wieder geöffnet hatte, waren die Aktienkurse die ganze Woche über gesunken, und alle wichtigen Indizes waren auf den tiefsten Stand seit über zwei Jahren gefallen. Der Dow Jones war auf 8400 Punkte zurückgegangen, ein Verlust von 13 Prozent in weniger als einer Woche.

Sie kamen auch auf das Verhalten der Vereinigten Staaten in bezug auf die Vollversammlung der Vereinten Nationen zu sprechen, die in der kommenden Woche in New York zusammentreten sollte; es war vorgesehen, daß Präsident Bush eine Begrüßungsansprache hielt. Die Sitzung war von der UNO auf unbestimmte Zeit verschoben worden, weil das Sicherheitspersonal in New York bereits bis an die Grenze seiner Möglichkeiten ausgelastet war.

Gegen Ende wandte Powell sich einem seiner Lieblingsthemen zu, der Koalition der Länder, die bereits halfen oder helfen würden. Nach dem Ergebnis ihrer Beratungen sei klar, daß der Krieg an allen Fronten – der militärischen, der geheimdienstlichen, der finanziellen und der diplomatischen – nur gemeinsam mit Partnern geführt werden könne. Er teile auch die Auffassung, daß die Vereinigten Staaten sich nicht den Wünschen anderer Länder beugen sollten. „Die Koalition schränkt uns in unserer Handlungsfreiheit nicht ein", sagte er, ganz im Einklang mit Rumsfeld.

„Der Krieg ist so, wie ich ihn gestern abend definiert habe", erwiderte Bush. In seiner Rede hatte er sich stärker in dem Sinne geäußert, als würde er ihn notfalls auch allein führen. Doch jetzt schien der Unilateralist in ihm nachzugeben. „Er ist auf eine Koalition angewiesen, ohne sie kann er nicht geführt werden", räumte er ein. Aber rasch kehrte er zu dem zurück, was ihm vor allem am Herzen lag, denn er fügte hinzu: „Und wir müssen jetzt schnell Ergebnisse sehen."

Ihm war klar, daß er sie unter Druck setzte. Er sei aber auch bemüht gewesen, sie gegen den Druck abzuschirmen, sagte der Präsident später. „Ich sagte zu unserem Team: ,Hören Sie, lassen Sie sich nicht zu irrationalen Entscheidungen drängen. Und machen Sie sich keine Sorgen, daß ich das, was Sie machen, hinterher kritisiere.' Ich sagte: ,Treffen Sie die Entscheidung so gut Sie können, und ich werde unser Team so gut ich kann in Schutz nehmen, indem ich der Öffentlichkeit erkläre, daß dies sich noch lange hinziehen wird.'"

DRAUSSEN IN LANGLEY bestellte Tenet die führenden Afghanistan-Experten der Agency – Agenten und Auswerter – zu einer allgemeinen Lagebesprechung in sein Konferenzzimmer.

Wie starten wir die verdeckte Operation in Afghanistan? fragte er.

Im Leben Afghanistans nimmt das Stammessystem eine bedeutende, eine beherrschende Stellung ein, sagte jemand. Alle stimmten zu.

Die Bevölkerung Afghanistans setzt sich aus einem halben Dutzend größerer ethnischer Gruppen und vielen kleineren zusammen, deren Gebietsansprüche und Konflikte Jahrhunderte alt sind. Zwischen den rivalisierenden Gruppen herrscht oft erbitterte Feindschaft. Die Volksgruppe der Paschtunen, die zwei Fünftel der Einwohner des Landes ausmacht, lebt überwiegend im Süden. Die Tadschiken, die zweitgrößte Volksgruppe, und die Usbeken leben überwiegend im Norden. Der Streit zwischen den südlichen Paschtunen und den nördlichen Tadschiken und Usbeken hatte das Land seit dem Ende der sowjetischen Besatzung im Jahr 1989 in einem endlosen Konflikt versinken lassen.

Dieses Machtvakuum hatte es den Taliban und Bin Laden ermöglicht, die Herrschaft über das Land an sich zu reißen.

Auch innerhalb der Volksgruppen hatten sich an unterschiedlichen Stammes- und Religionszugehörigkeiten Fehden entzündet. Von den beiden führenden Stämmen der Paschtunen, die einander seit dem 16. Jahrhundert bekämpft hatten, unterstützte der eine jetzt die Taliban-Miliz von Mullah Omar, während der andere den afghanischen Monarchen stützte, König Mohammed Zahir Schah.

Zweitens, erklärten die CIA-Experten, müsse man erreichen, daß es als ein Krieg zwischen Afghanen und Arabern und nicht als einer zwischen Westlern und Afghanen erscheint. Entscheidend sei, ihn als einen Befreiungskrieg darzustellen. Die Afghanen erinnerten sich noch an das zehnjährige vergebliche Bemühen der Sowjets, dem Land eine autoritäre Herrschaft aufzuzwingen. Die Tausende von Arabern, die nach Afghanistan gekommen waren, um sich in den Lagern von al-Qaida ausbilden zu lassen, seien die Fremden, die Eindringlinge. Der Krieg richte sich gegen sie, nicht gegen die Angehörigen der heimischen afghanischen Stämme. Auch hierin stieß Tenet auf beinahe einmütige Zustimmung.

Wie konnten sie das Stammessystem zu ihrem Vorteil nutzen? Die Antwort: Die Afghanen dazu bringen, nicht nur zu reden, sondern zu kämpfen.

Ein Afghanistan-Einsatz mußte außerdem so gestaltet werden, daß er die Situation des pakistanischen Präsidenten Musharraf nicht zusätzlich erschwerte. Das ließe sich auf mehreren Wegen erreichen, sagten sie; vor allem müßte man riesige Flüchtlingsströme von Afghanistan nach Pakistan vermeiden, und die Vereinigten Staaten müßten den Pakistanis beweisen, daß Zusammenarbeit sich für sie auszahlt. In dieser Woche habe es bereits Gespräche darüber gegeben, daß Pakistan im Gegenzug für seine Unterstützung im Krieg gegen den Terror mit einer Aufhebung der Wirtschaftssanktionen rechnen könne, die 1998 nach ihren Atomtests verhängt worden waren, und mit einem großzügigen Paket aus Auslandshilfe und Schuldenerleichterung. Marc Grossman, der für allgemeine politische Angelegenheiten zuständige Ministerialdirektor im Außenministerium, war an diesem Tag bereits auf dem Capitol Hill, um führende Mitglieder des Kongresses von der Absicht des Präsidenten zu unterrichten, die Sanktionen gegen Pakistan aufzuheben.

Mehrere forderten, die Vereinigten Staaten müßten die öffentliche Diplomatie verstärken, eine nette Umschreibung für einen Propagandakrieg. Die zentralen Themen müßten sein: Dies ist erstens kein Krieg gegen den Islam und zweitens kein Krieg gegen das afghanische Volk.

Die Generalregel war, genau zu studieren, was die Sowjets getan hatten, und das Gegenteil zu tun.

UM 17.30 UHR kamen die Chefs ohne den Präsidenten über eine abhörsichere Bildtelefonkonferenz zusammen. Condi Rice und Andy Card waren in Camp David, wo sie das Wochenende mit dem Präsidenten verbringen würden. Die anderen waren im Lageraum des Weißen Hauses versammelt.

Anhand einer Liste von Ländern berichteten sie, wie weit die Vereinigten Staaten mit den Stationierungs-, Zugangs- und Überflugrechten gekommen waren, die sie brauchten, bevor die militärischen Operationen beginnen konnten. Je genauer sie sich Afghanistan anschauten, desto schwieriger sah es aus. Im Westen grenzte es an Iran, im Norden an drei ehemalige Sowjetrepubliken und China, im Osten und Süden an Pakistan. Das nächste zugängliche Gewässer war der Indische Ozean, 450 Kilometer von Afghanistan entfernt. In der unmittelbaren Nachbarschaft hatten sie keine starken Verbündeten; mit Iran hatten sie keine diplomatischen Beziehungen. Also wandten sie sich den kleinen Ländern am Persischen Golf zu, Bahrain, den Vereinigten Arabischen Emiraten und Oman, in der Hoffnung, daß sie ihr Territorium als Ausgangspunkt für Bombereinsätze und andere militärische Operationen zur Verfügung stellten.

Die besten Aussichten bot Oman. Etwa von der Größe des Bundesstaates Kansas und strategisch günstig am Ostende der Arabischen Halbinsel gelegen, besitzt Oman eine 1500 Kilometer lange Küste am Golf von Oman und am Arabischen Meer – rund 1400 Kilometer von Afghanistan entfernt und damit in Angriffsdistanz. Der Machthaber von Oman, Sultan Qabus bin Said, hatte die britische Militärakademie Sandhurst besucht und 1970 die Macht von seinem Vater übernommen. 1980 hatte er sein Land als Bereitstellungsraum für die gescheiterte Operation „Desert One" zur Verfügung gestellt, mit der Geiseln aus Iran geholt werden sollten. 1998 hatte er gestattet, daß amerikanische Bomber von seinem Land aus den Irak angriffen.

Der erste Bericht über Oman war nicht schlüssig – es war noch unklar, ob sie erlauben würden, daß Kampfeinsätze von ihrer strategisch gelegenen Insel Masirah im Arabischen Meer aus starteten.

Klar war, daß Rußland eine zentrale Rolle spielen würde. Die Chefs teilten sich in die Aufgabe, die Russen wegen Stationierungsfragen in Zentralasien zu bearbeiten. Die Devise war „Alle machen mit". Jeder sollte sich an seinen russischen Kollegen wenden. Powell sollte mit dem russischen Außenminister Igor Iwanow sprechen, Rumsfeld mit Verteidigungsminister Sergej Iwanow, Rice mit dem Sicherheitsberater des Kreml, Wladimir Ruschailo.

Rice war sich bewußt, daß es eine knifflige Sache war. Einige der zentralasiatischen Staaten, ehemalige Sowjetrepubliken, würden Anstoß daran nehmen, daß die Vereinigten Staaten über Rußland gingen. Usbekistan hatte sich mit Rußland überworfen. Tadschikistan dagegen stand fest im russischen Lager und würde keinen Schritt ohne Rußlands Zustimmung tun.

Rice erinnerte sie an den Wunsch des Präsidenten, ebenfalls mitzumachen. "Wenn Sie meinen, daß der Präsident bei Putin anrufen sollte, dann sagen Sie es ihm."

AM SAMSTAG, dem 22. September, erkundigte sich der Präsident nach dem Stand der Aufgabenliste.

Mueller berichtete, das FBI habe im Rahmen seiner Terroristenjagd 417 Personen vernommen, und sie hätten sage und schreibe 331 Leute auf ihrer Watchlist.

Dreihunderteinunddreißig. Eine bedrückende Zahl. Hieß das, daß sich verdächtige Personen in den Vereinigten Staaten aufhielten, deren Anzahl die der Terroristen, die die Anschläge vom 11. September ausgeführt hatten, um das Fünfzehnfache übertraf? Sie mußten davon ausgehen, daß einige dieser Verdächtigen in der Lage waren, tödliche Anschläge zu verüben.

Eine gewaltige Zahl, dachte Rice. Sie verließ fast der Mut. Vor dem 11. September waren sie vor Anschlägen von al-Qaida im Ausland gewarnt worden. Das für die Terrorismus-Bekämpfung im Inneren zuständige FBI hatte jedoch keine entsprechende Warnung vor Terroristen in den Vereinigten Staaten abgegeben.

"Ich war sprachlos", sagte Bush später. "Das war eine Menge. Ich erinnere mich daran. Eine unglaubliche Zahl."

Er sagte, er sei weiterhin bemüht, Zahlen über den Umfang ihrer Truppen zu bekommen, in Afghanistan, der übrigen Welt und in den Vereinigten Staaten.

Zwar erwähnte der Präsident ständig irgendwelche Zahlen in der Öffentlichkeit, um Fortschritte zu dokumentieren, doch die Zahl 331 sollte nach seinem Willen geheim bleiben. „Das ist eine Zahl", sagte er später, „die zu den Amerikanern spricht, die gerade einen traumatischen Moment in unserer Geschichte hinter sich haben, und die Erschütterung in unserer Gesellschaft ist immer noch groß, sie war wirklich groß. Und der Gedanke, zu sagen, daß 331 Mörder vom Typ al-Qaida sich versteckt halten, daß man sogar eine Liste von ihnen hat, wäre ... das war einfach nicht nötig.

Andererseits mußte unser FBI erkennen, daß sich ihre Einstellung im ganzen System ändern mußte", sagte Bush, als er sich an seine Sorge in jenen Tagen erinnerte. „Dieser Feind ist schwer zu fassen, sehr raffiniert. Das ist nicht ein Haufen von Armen, die aus Verzweiflung handeln. Es sind kaltblütige, berechnende Mörder."

Powell berichtete über den Stand der Stationierungsverhandlungen. Usbekistan halte sie noch hin. „Unser Geschäftsträger wird heute morgen um elf Karimow aufsuchen. Wenn wir von ihm kein Ja kriegen, rufe ich ihn an." Er bat den Präsidenten, den russischen Präsidenten anzurufen und ihn zu bitten, die Usbeken anzurufen und sie zu ermuntern, die Vereinigten Staaten hereinzulassen.

Rice glaubte, das könne das Gegenteil bewirken, aber ein Anruf bei Putin über verwandte Dinge könne hilfreich sein.

Bush wollte endlich eine Verordnung über das Einfrieren der Guthaben von Terroristen bekanntgeben können. Man sagte ihm, sie sei im wesentlichen fertig. Rice sollte sich an diesem Nachmittag damit befassen.

AN JENEM WOCHENENDE rief Bush bei Putin an.

„Wir werden Sie im Krieg gegen den Terror unterstützen", sagte Putin. Das von Dolmetschern übersetzte Gespräch der beiden dauerte 42 Minuten.

Putin sagte, Rußland werde den Vereinigten Staaten eine Überfluggenehmigung erteilen, aber nur für humanitäre Zwecke. „Wir können nicht in Afghanistan keine russischen Truppen am Boden einsetzen", sagte er nach der Übersetzung des Weißen Hauses. „Das ist weder für Sie noch für uns sinnvoll." Daß die sowjetische Intervention gescheitert war, mußte er nicht erwähnen. „Wir sind aber bereit, Such- und Rettungsmannschaften zu stellen, falls Piloten von Ihnen im Norden Afghanistans abgeschossen werden sollten. Dazu sind wir bereit."

Bush fragte, ob der russische Präsident bereit sei, seinen Einfluß bei den zentralasiatischen Staaten geltend zu machen, um den Vereinigten Staaten zu helfen, Stationierungsrechte in der Region zu erhalten.

„Ich bin bereit, den Regierungschefs der zentralasiatischen Staaten, zu denen wir gute Beziehungen haben, zu sagen, daß wir keine Einwände gegen eine amerikanische Rolle in Zentralasien haben, sofern sie das Ziel hat, den Krieg gegen den Terror zu führen und zeitlich begrenzt und nicht von Dauer ist. Wenn sie das ist, haben wir nichts dagegen, und das werde ich den Leuten sagen." Er sagte, Rußland werde mehr für die Vereinigten Staaten tun als ihre bisherigen Verbündeten.

Rice war überrascht. Das war ein bedeutendes Zugeständnis. Sie hatte erwartet, daß Putin zu Bush sagen würde: Nehmen Sie sich in acht, dies ist russischer Einflußbereich. Normalerweise witterten die Russen hinter jeder US-Präsenz dort verborgene Motive.

Der große Nachteil war, daß Rußland zu Usbekistan, dem entscheidenden zentralasiatischen Staat, keine guten Beziehungen hatte.

Nach Einschätzung von Rice sah Putin eine Chance, in den Beziehungen zwischen den Vereinigten Staaten und Rußland ein neues Kapitel aufzuschlagen. Der Kalte Krieg war vorbei, und nationale Sicherheit war nicht länger ein Nullsummenspiel. Es hatte den Anschein, als wolle Putin von der einstigen Feindschaft nicht nur zur Neutralität übergehen, sondern gleich zu einem gemeinsamen Sicherheitskonzept. Putin sah im Krieg gegen den Terror offenbar eine strategische Chance, direkt den Durchbruch zum amerikanischen Präsidenten zu schaffen. Wenn Bushs Erwartung war, eine Freundschaft dadurch zu festigen, daß er Putin um einen Gefallen bat, so erwartete Putin diese Festigung davon, daß er Bush den Gefallen tat. „Ich bin bereit zu helfen" – das war es, was er signalisierte. Sie haben in dieser Zeit großer persönlicher Herausforderungen einen Freund. Rice fand das klug von Putin.

DER PRÄSIDENT faßte das Verhältnis zu Putin sehr persönlich auf. In einem Interview schilderte er seine erste Begegnung mit Putin, die am 16. Juni 2001 in Ljubljana, Slowenien, stattgefunden hatte:
„Und Putin kommt herein, und er setzt sich hin, und es sind nur

ich, Condi, Putin, wie heißt er noch – Raschilow, und die Dolmetscher beider Seiten. Und er will loslegen. Und ich sagte: ‚Lassen Sie mich Ihnen sagen, was meine Aufmerksamkeit gefesselt hat, Herr Präsident, und zwar, daß Ihre Mutter Ihnen ein Kreuz gab, daß Sie in Israel, im Heiligen Land, segnen ließen.' Und er sagte: ‚Das stimmt.' Ich sagte, das verblüfft mich, daß Sie Kommunist waren, KGB-Agent, und doch sind Sie bereit, ein Kreuz zu tragen. ‚Das spricht für mich Bände, Herr Präsident. Darf ich Wladimir zu Ihnen sagen?'" Seitdem redeten sie sich mit Wladimir und George an, sagte er.

„Und er sagte: ‚Die Geschichte ging dann so weiter, daß ich mein Kreuz trug. Ich hängte es in einer Datscha auf. Die Datscha brannte ab, und das einzige, was ich davon retten wollte, war das Kreuz.' Und er sagte: ‚Ich weiß noch, wie der Arbeiter seine Hand aufmachte, und da war das Kreuz, das meine Mutter mir gegeben hatte, so als sei es dazu bestimmt, nicht unterzugehen.' Und ich glaube, ich sagte ihm daraufhin: ‚Gut, das ist die Geschichte von dem Kreuz, soweit es mich betrifft. Es gibt Dinge, die dazu bestimmt sind, nicht unterzugehen.'

Er ging dann sofort zu den sowjetischen Schulden über, wie ungerecht es ist, daß die Schulden der Sowjetunion Rußland aufgebürdet werden, und ob wir da nichts machen könnten. Ich war mehr daran interessiert, wer dieser Mensch ist, mit dem ich zu tun habe. Ich wollte mich davon überzeugen, daß die Geschichte von dem Kreuz stimmt." Es war das alte Motto von Reagan „Vertrauen ist gut, Kontrolle ist besser", aber unter gänzlich veränderten Umständen.

Putin zeigte Bush das Kreuz, als sie sich einen Monat später in Genua, Italien, trafen.

„Unsere Besprechung war sehr erfolgreich. Und ich hatte ihn überzeugt, daß ich in Rußland nicht länger einen Feind sah und daß ich ihn in persönlicher Hinsicht als jemanden sah, mit dem wir klarkommen konnten."

Der Anruf an jenem Septemberwochenende war wichtig. „Er sagt praktisch: ‚Los, holt sie euch, wir wünschen euch viel Erfolg.' Nach seinem Tonfall war jedoch klar, daß er eine Zusicherung brauchte, daß dies kein Trick war, um in seinem ehemaligen Territorium eine dauerhafte Militärpräsenz zu begründen" – und die Zusicherung, sagte Bush, habe er gern gegeben.

KAREN HUGHES war am Sonntag, dem 23. September, in der Kirche, als ihr Piepser meldete, daß der Präsident aus Camp David anrief. Er war barsch.

„Ihr habt das alle nicht kapiert", sagte er.

Ihr Entwurf für eine Erklärung des Präsidenten über die Verordnung zum Einfrieren der Guthaben von Terroristen gehe völlig am Kern der Sache vorbei. Dies sei keine gewöhnliche Angelegenheit, über die der Finanzminister in einer routinemäßigen Pressekonferenz berichtet, sondern eine bedeutende Nachricht, und die hätten sie gefälligst auch so darzustellen.

„Dies ist der erste Schuß im Krieg gegen den Terrorismus. Dies ist der erste Schlag. Und es sind nicht die Kerle in Uniform. Es sind die Kerle in Nadelstreifen. Dies wird die Tatsache unterstreichen, daß es um eine völlig andere Art von Krieg geht. Und das sollte ich bekanntgeben."

Hughes rief Dan Bartlett an.

„Weißt du was davon?"

Das bejahte Bartlett. Wenn Guthaben eingefroren wurden, gab das üblicherweise der Finanzminister bekannt.

Sie kapierten rasch, daß das Übliche nicht mehr galt. Bush hatte ihnen mehrfach erklärt, daß es ihre Aufgabe sei, zu kommunizieren, warum und in welcher Weise dieser Krieg anders war. Sie hatten nicht aufgepaßt.

SPÄTER AN DIESEM SONNTAG trafen sich die Chefs – Cheney, Powell, Rumsfeld, Tenet und Shelton – erneut. Rice führte den Vorsitz und legte die Tagesordnung vor. „Ich möchte von George Tenet etwas über den Bericht des Stationschefs hören", sagte sie. „Ich möchte über unsere Strategie für Afghanistan reden, und danach möchte ich auf die Unterhaltungen zwischen Putin und Iwanow zu sprechen kommen."

Bob[*], Tenets Leiter des Postens im pakistanischen Islamabad, ein sehr erfahrener Experte der Region, hatte eine achtseitige geheime

---

[*] CIA-Offiziere, die noch immer undercover tätig sind, werden nur bei ihren Vornamen genannt.

„Lagebeobachtung" durchgegeben, die Tenet zusammenfassen wollte.

„Ich fragte den Stationschef: Wie können wir verdeckte Operationen einsetzen? Wie denken Sie über militärische Ziele? Wie denken Sie über Zeitabläufe?"

Mullah Omar, der oberste geistige Führer der Taliban, würde sein Gewicht zugunsten Bin Ladens in die Waagschale werfen, und die Taliban würden „fatalistisch" in diese Unterstützung einstimmen, so der Lagebericht. Stammesälteste und glühende afghanische Nationalisten – von denen es bei den Taliban keinen Mangel gab – wurden langsam immer skeptischer, was Mullah Omars harte fundamentalistische Spielart des Islam und seine Unterstützung Bin Ladens und der arabischen Terroristen anging. Der Stationschef schlug vor, daß die Vereinigten Staaten diese Differenzen doch ausspielen könnten.

„Die Androhung amerikanischer Schritte hat zu Zwistigkeiten innerhalb der Taliban geführt, die ausgenutzt werden können", legte Tenet dar. „Es gibt Stammeskontakte zu Tausenden von Kämpfern. Unsere Botschaft: Das ist ein Kampf der Afghanen gegen die Araber ... Omar hat sich den Ältesten widersetzt, er hat sich auf die falsche Seite gestellt."

Warlords und Oppositionskommandanten gab es nach Aussagen des Stationschefs in Nord und Süd zuhauf. Das Telegramm nannte zwar ihre Namen nicht, wies aber darauf hin, daß einer von ihnen über mehrere Tausend Kämpfer verfügte, ein paar weitere jeweils fünfhundert bis tausend Mann befehligten. Ein halbes Dutzend Kommandanten verfügten über etwa zweihundert Kämpfer, was zwar wenig sein mochte, wie er sagte, aber von entscheidender Bedeutung sein konnte.

„Der 11. September war ein abscheuliches Verbrechen, das nicht mit dem Koran in Übereinstimmung steht. Sich auf die eine oder andere Seite zu schlagen, ist ein Nullsummenspiel", sagte Tenet. „Wir müssen den König ermutigen."

Der König Mohammed Zahir Schah, ein gemäßigter, prowestlich orientierter Paschtune, regierte das Land von 1933 bis 1973, eine Zeit relativer Prosperität und Stabilität. Seit einem unblutigen Putsch seines Premierministers im römischen Exil lebend, hatte er zahlreiche Gefolgsleute in Afghanistan und auf der ganzen Welt. Es gab die

Hoffnung, daß der sechsundachtzigjährige Monarch vielleicht eine Revolte gegen die herrschenden Taliban auslösen und eine führende Rolle in einer Interimsregierung übernehmen könnte.

Hauptpunkt in Bobs Bericht war, daß der Krieg so aussehen mußte, als stünden die Afghanen gegen die Ausländer. „Wir müssen diese Leute als Außenseiter brandmarken. Wir müssen uns auf arabische Einrichtungen konzentrieren und die arabische Infrastruktur zerstören", sagte Tenet.

„Wir müssen uns auf die Führung der Taliban konzentrieren und dann auf die Taliban ganz allgemein." Bob hatte die Bedeutung der öffentlichen Diplomatie – des Propagandakrieges – betont und hatte zwei Themen vorgeschlagen. Erstens, alle daran erinnern, wie erfolgreich die Bemühungen der CIA gewesen waren, die Russen in den Achtzigern aus Afghanistan zu vertreiben, indem sie die inländischen Widerstandsbewegungen förderte. Zweitens, unterstreichen, daß die USA keinerlei Interesse an Gebietsansprüchen oder dauerhaften Militärstützpunkten in der Region hatten.

„Wir müssen die Stämme zum Kampf bewegen", sagte Tenet. Die größte Aussicht auf Erfolg bestand darin, die Oppositionskräfte die Arbeit machen zu lassen. „Wir müssen ihnen Aufklärung liefern, wir müssen Unterstützung anbieten, die al-Qaida-Führung zu treffen, wir müssen die Afghanen dazu bringen, gegen die Araber zu kämpfen und arabische Ziele anzugreifen. Es sollte sich dabei um schnelle, saubere Bodenangriffe handeln. Wir stellen Geld bereit, und wir müssen Kommunikationsausrüstung bereitstellen."

Der amerikanische Einsatz würde keinen Erfolg haben, sollte die Nordallianz das Land übernehmen oder auch nur scheinbar übernehmen. Die Paschtunenmehrheit würde dies nicht hinnehmen. Es würde zu Bürgerkrieg und Stammesfehden führen, so schlimm wie jene, die wir schon geerbt hätten, sagte Tenet. „Wir sollten die Pakistani um alles bitten, was sie über al-Qaida wissen." Der Lagebericht brachte Vertrauen in Präsident Musharraf zum Ausdruck.

„Wir sollten unsere Finger von den Taliban lassen", fuhr Tenet fort, „um nicht Pakistan zu destabilisieren und unsere Beziehungen zu Pakistan zu gefährden." Es gab in Pakistan noch genügend Unterstützung für die Taliban, so daß eine offenkundig gegen sie gerichtete Militäraktion Musharraf schaden könnte. „Wir wollen al-Qaida in

Enklaven drängen, was uns die Chance gibt, sie ins Visier zu nehmen und sie auszubeuten."

„Und wie soll diese Strategie zu Hause funktionieren?" fragte Rumsfeld. „Wir wollen ja nicht den Eindruck erwecken, wir würden Sand prügeln." Rumsfeld wußte, daß dieser Ausdruck bedeutungsschwanger war. „Sand prügeln" war Bushs abfällige Bemerkung zu den schwachen Bemühungen der Regierung unter Clinton – Marschflugkörper auf Zelte abfeuern und ähnliches. „Das ist der Grund, warum die militärischen Ziele der Taliban zu unseren Zielvorstellungen gehören", fuhr Rumsfeld fort. Die Taliban hatten durchaus militärische Mittel, so gering sie auch waren, ein paar Flugzeuge und Radar. „Wir brauchen etwas, das wir treffen können. Bei al-Qaida gibt es nicht viel zu treffen." Die Geheimdienstinformationen über al-Qaida sprachen großteils von Zelten, Lehmhütten und verlassenen Trainingslagern.

Auf der Suche nach Verwertbarem in dem doch überwiegend allgemein gehaltenen Bericht des Stationschefs warf Rumsfeld eine entscheidende Frage ein: Wie lauten meine Zielvorstellungen?

„Wir könnten uns auf die arabische Brigade oben im Norden konzentrieren", erwiderte Tenet, „denn dabei handelt es sich um deutlich definierte arabische Einheiten." Die arabische Brigade – auch bekannt als Brigade 055 – mit ihren grob geschätzt eintausend Mitgliedern war die Elitekampftruppe der Taliban. Sie waren in Bin Ladens Terrorcamps ausgebildet worden und derart loyal, daß jeder, der im Kampf zurückwich, erschossen wurde, und sie stellten den Kern der Taliban/al-Qaida-Armee dar. Etwa die besten hundert davon dienten Bin Laden als persönliche Sicherheitstruppe; die anderen verteilten sich auf Schlüsselstädte im Norden und spornten dort die einfachen Kämpfer an.

Nimmt man sich gleich zu Beginn diese Brigade vor, schlug Tenet vor, dann wäre das erst der Anfang. Tenet erwähnte ein paar muslimische Kommentatoren, die möglicherweise die Ziele der USA unterstützen würden.

„Vielleicht sollten wir ein paar Bodentruppen einsetzen", sagte Rumsfeld, „um im Norden und Süden humanitäre Einsätze zu leisten. Kleine Einheiten. Das dürfte einige Kritik an unseren Aktionen dämpfen."

Wir benötigen verwertbare Informationen, damit wir dieses Programm durcharbeiten können", fuhr er fort. Er war mit den Geheimdienstinformationen, die er erhielt, nicht zufrieden. „Wir müssen auch unsere politischen Aussagen durchdenken, die Taliban von al-Qaida und andere Taliban von Mullah Omar abzuspalten."

Propaganda und diplomatischer Druck auf die Taliban sollte vorrangiges Ziel bleiben, meinte Powell. „Es kann nicht unser erklärtes Ziel sein, das Regime zu stürzen, sondern das Regime dazu zu bringen, das Richtige zu tun." Sie konnten abwarten, wie die Taliban darauf reagierten. „Wir greifen Ziele der al-Qaida an, weil sie in der Vergangenheit für den Terrorismus genutzt wurden." Ihm war klar, daß man beides nur schwer voneinander trennen konnte. „Wir werden uns an die Talibanfrage herantasten", schlug er vor.

Usbekistan hatte den USA bisher noch keine Antwort zukommen lassen. Sie mußten erneut abwägen. Wie wichtig war Usbekistan? Wie sehr waren sie darauf angewiesen?

Die Antwort darauf lautete: Sehr.

Rice meinte, sie müßten in Afghanistan am Boden operieren, um Informationen über den Feind zu sammeln.

„Und wo wollen Sie die Stiefel auf den Boden setzen?" fragte Powell.

„Der Norden ist sicherer", schlug Tenet vor, doch letztlich kamen sie darin überein, daß es am besten wäre, im Norden und Süden Leute stehen zu haben.

„Stiefel auf dem Boden zu haben ist schon ein Wert an sich", sagte Rumsfeld. „Das verleiht den Vereinigten Staaten gleich ein ganz anderes Image." Er beugte sich vor. „Wir starten keine Invasion, wir bleiben nicht. Aber wir müssen damit anfangen, eine Umgebung zu schaffen, in der Afghanistan al-Qaida und den Taliban keinen Unterschlupf mehr bietet."

Rice wollte abklären, wie sie das alles am folgenden Tag dem Präsidenten vortragen wollten. Ihr war es lieber, dem Präsidenten klare, unzweideutige Zusammenfassungen zu liefern, die ihre Gedanken wiedergaben. Zumeist war es am geschicktesten, sich abzustimmen und sich für das am folgenden Tag stattfindende Treffen des Nationalen Sicherheitsrates eine Sprachregelung zurecht zu legen. Sie kamen überein, wer was und in welcher Reihenfolge sagen sollte.

IN DIESER PHASE ging der Präsident bei der morgendlichen Geheimdienstbesprechung die Bedrohungen durch – Anschläge auf Shopping Malls, Gebäude, Städte, Geschäfte, Einzelpersonen, Brücken, Tunnel, Sportereignisse, jeden größeren Versammlungsort.
„Wir können nicht allem hinterherjagen", sagte er. Er wollte eine Risikoanalyse. „Wir müssen Prioritäten setzen, Risiken abschätzen und dann die Strategie herausfinden, die nötig ist, mit jedem einzelnen Risiko fertig zu werden."
In einem Interview erinnerte sich Bush: „Es ging ständig darum, die Gemütsverfassung des Feindes zu verstehen. Um einen Krieg zu gewinnen, muß man den Feind verstehen.
Zu dem Zeitpunkt machte ich mir große Sorgen um die mögliche psychologische Wirkung einer schmutzigen Bombe." Eine sogenannte primitive radiologische Bombe ließe sich dadurch herstellen, daß man hochradioaktives Material, wie zum Beispiel verbrauchte Reaktorstäbe, um herkömmlichen Sprengstoff packt. „Ob man nun allein ist oder mit seinem Nationalen Sicherheitsrat zusammensitzt, man fängt an, über die größten anzunehmenden Unfälle nachzudenken und zu reden, auch darüber, wie man damit umgehen soll. Wissen Sie, es gibt einige ziemlich entsetzliche Szenarien, die zu durchdenken sind."
Bush, Tenet und Rice versuchten die Möglichkeiten zu durchdenken. Offenbar mochten Bin Laden und sein Netzwerk spektakuläre Einsätze. Vielleicht würden sie Monumente treffen wollen, vielleicht, in ihrem Haß auf die amerikanischen Werte, die Unterhaltungsindustrie. Alles war ein mögliches Ziel, vom Weißen Haus bis zu einer kleinen Schule in der Prärie des Mittelwestens.
„Wir müssen ein paar Wetten abgeben, welche Ziele denn am wahrscheinlichsten sind", meinte Bush. Listen anlegen, einen Bericht anfertigen, die Möglichkeit und die Wahrscheinlichkeit abschätzen. Bush war es ernst damit, und er befahl Tenet, sich gleich an die Arbeit zu setzen, sofort.
Tenet ging zu einem Telefon im Weißen Haus und rief John McLaughlin, seinen Stellvertreter, im CIA-Hauptquartier an.
„Wir müssen zu Papier bringen, was wir für die möglichen Ziele halten", sagte Tenet.
Hmm? dachte sich McLaughlin. Vielleicht könnten sie ja die Telefonbücher aller Städte dieser Welt abliefern.

„Wir wissen nichts", räumte Tenet ein, „weil es nichts Bestimmtes gibt." Er erkannte die Schwierigkeit. „Aber wir können die Risiken abschätzen." Ja, schriftlich. Die besten Köpfe sollen sich an den Tisch setzen – jetzt. Versucht rauszufinden, welche Motive diese Kerle haben. Was wollen sie erreichen? Was würde ihnen helfen, das zu erreichen, was sie erreichen wollen? „Gebt Wetten ab."

McLaughlin, ein leise sprechender, professoral wirkender CIA-Veteran, der über die Auswertung bis auf den zweiten Posten bei der Agency aufgestiegen war, war fasziniert von dieser Aufgabe. Sicherlich gab es doch eine Möglichkeit, all dies zu durchdenken – schließlich bestand die Auswertung der Geheimdienstinformationen ja zum Teil darin, möglichst erfolgversprechende Wetten abzuschließen.

AM 24. SEPTEMBER, kurz nach halb zehn am Montag morgen, trat Bush hinaus in den Rosengarten des Weißen Hauses, um zu den Reportern zu sprechen.

„Um null Uhr eins heute morgen wurde ein entscheidener Schritt in unserem Krieg gegen den Terrorismus mit einem Federstrich getan", sagte Bush. „Heute haben wir einen Schlag gegen die finanziellen Grundlagen des weltweiten terroristischen Netzwerks geführt." Er hatte in der Nacht zuvor eine Verordnung erlassen – kurz nach Mitternacht, weit nach seiner sonst üblichen Schlafenszeit –, die die finanziellen Mittel verschiedener Terrororganisatioen, einiger führender Köpfe und mehrerer gemeinnütziger Organisationen auf der Stelle einfror – siebenundzwanzig insgesamt.

Das bedeutete, daß die amerikanischen Banken die Konten der siebenundzwanzig Gruppen und namentlich genannten Personen einzufrieren hatten. Diese strenge Verordnung, die noch vor Beginn des Banktages in Kraft trat, übte auch Druck auf Banken und Finanzinstitute in Übersee aus, wo die USA zwar keinerlei juristische Handhabe hatten, wo man aber davon ausging, daß dort Terroristengelder deponiert waren. Sollten diese Banken sich weigern, Informationen weiterzugeben und die Konten zu sperren, die mit Terroristen in Verbindung gebracht wurden, dann konnte das Finanzministerium ihnen verbieten, Geschäfte in den USA zu tätigen oder Zugriff auf ihre Konten im Lande zu nehmen. Dieser Befehl verlieh dem Finanzministerium weitreichende Vollmachten, die dieses, wie Bush betonte, verantwortungsvoll einsetzen würde.

„Wir haben das internationale finanzielle Gegenstück zur polizeilichen ‚Liste der Meistgesuchten' geschaffen", sagte er. Die Liste der Siebenundzwanzig sollte erst der Anfang sein.

9 SCHNELL VERLIESS der Präsident den Rosengarten und eilte zu dem um 9.45 Uhr angesetzten Treffen des Nationalen Sicherheitsrates im Lageraum des Weißen Hauses.

„Mr. President", begann Cheney nach Drehbuch, „Sie haben uns gebeten, auf Chefebene über das Memo des Stationschefs zu diskutieren. Das haben wir getan. Wir haben unsere Pläne so angepaßt, daß sie Informationen dieses Memos berücksichtigen. Wir sehen die Priorität darin, als erstes die al-Qaida-Camps zu erwischen und ihre Bewegungsfreiheit einzuschränken.

Wir werden uns auf Omar konzentrieren und die gegenwärtige Talibanführung ermutigen, ihn durch jemanden zu ersetzen, der dem gegenüber, was wir im Hinblick auf al-Qaida zu tun gedenken, aufgeschlossener ist.

Dann werden wir uns auf das Taliban-Militär konzentrieren und uns außerdem um diese al-Qaida-Brigade im Norden kümmern."

Cheney legte den groben Schlachtplan und dessen Ablauf dar. Der mögliche Zeitplan hing allerdings noch vollkommen in der Luft.

Die Chefs hatten durchaus abweichende Vorstellungen davon, ob sie sich sofort auf die Taliban stürzen sollten. Das hatte sich tags zuvor in den sonntäglichen Fernsehtalkshows gezeigt. Powell hatte gesagt: „Darauf liegt im Augenblick nicht unser Hauptaugenmerk." Rice hatte etwas anderes angedeutet: „Es handelt sich um ein äußerst repressives und furchtbares Regime. Das afghanische Volk wäre besser dran ohne dieses. Wir werden sehen, welche Mittel uns zur Verfügung stehen, um tätig zu werden."

„Wir werden noch diese Woche anfangen", sagte Tenet. Eines seiner geheimen paramilitärischen Teams sollte in Kürze mit der Nordallianz nach Afghanistan gehen. „Wir werden Informationen und Beobachtungsdaten über weiche Ziele liefern. Wir werden unseren Leuten Zeit lassen, um Erkundigungen einzuholen."

Tenet ging zu den Kernvorstellungen über, die er und die CIA-Führung mit Experten der Agency und mit Hilfe der Einschätzung des Residenten in Islamabad entwickelt hatten. „Wir möchten es so anlegen, daß es um Afghanistan gegen die Außenseiter geht", sagte er sich selbst zitierend. „Wir marschieren nicht ein. Wir besetzen kein Land. Mullah Omar hat das afghanische Volk betrogen. Er hat diese Außenseiter hereingelassen. Da liegt das Problem."

Es sei wichtig, einen direkten Schlag gegen die Taliban hinauszuzögern, meinte er. Erst müßten ihre Raketen und ihr Radar zerstört werden, um die amerikanischen Bomber zu schützen. „Aber wir sollten uns zurückhalten, die Taliban hart anzugehen, und erst feststellen, ob wir eine Wirkung erzielen im Hinblick auf unsere Vorstellung, entweder einen Wechsel in der Führung der Taliban herbeizuführen oder sonst eine Möglichkeit zu finden, einen Bruch der Taliban mit al-Qaida zu bewirken." Sollte dies nicht funktionieren, dann würden sie massiv gegen die Truppen und die Führung der Taliban vorgehen.

Cheney pflichtete ihm bei. „Wir wollen nicht sofort gegen die Taliban vorgehen, um ihnen nicht die Möglichkeit zu verbauen, die Führung auszuwechseln und mit al-Qaida zu brechen."

Rice äußerte ihre Besorgnis, daß es andernfalls die Afghanen gegen die Vereinigten Staaten aufbringen könnte.

„Gibt es irgendwelche Zweifel an der Einschätzung des Stationschefs?" fragte Cheney.

„Alle meine Leute in Afghanistan pflichten dem Stationschef bei", sagte Tenet.

„Dann sollte dies als Grundmuster für unsere Strategie dienen. Wir sollten die Afghanen in den Kampf einbinden", sagte Bush.

„Der Stationschef und Tommy Franks werden sich darüber unterhalten", erwiderte Tenet.

„Wir müssen ganz genau wissen, was wir von den Usbeken wollen", sagte Powell. „Die Stützpunkte, wie viele Leute, was sie dort machen, wie lange sie dort bleiben."

„Schauen Sie", sagte Rumsfeld, „wir müssen uns allgemein gefaßt ausdrücken, weil wir erst wissen können, was wir tun werden, wenn wir dort sind." Das Pentagon konnte noch immer keine Kriegspläne vorlegen. Hinter verschlossenen Türen tobte Rumsfeld und prügelte unentwegt auf Franks ein.

Das Pentagon und das Außenministerium standen vor einem vertrauten Problem, wie man sich für Operationen, die man nicht überblicken konnte, solange der Konflikt nicht im Gange war, die Überflugs- und Stationierungsrechte in fremden Ländern sicherte. Nationen, die darüber nachdenken, welche Art von Rechten sie einräumen wollen, verlangen genaue Informationen über Art, Länge und Umfang der geplanten Operationen, bevor sie irgendwelche Erlaubnisse erteilen. Allerdings hatten die Offiziellen im Verteidigungsministerium keinerlei Vorstellung davon, ob der Konflikt sich ausweiten mochte und größere Einsatzkräfte verlangte. Aus diesem Grunde neigten die Militärs dazu, mehr zu verlangen und nach so viel zu greifen, wie sie bekommen konnten, was die Verhandlungen nur verzögerte oder in die Länge zog.

Die Chefs wandten sich der Frage zu, was die Usbeken wohl im Gegenzug verlangen würden, sollte es zu einer Übereinkunft kommen.

Powell meinte, das man bei den Kosten vorsichtig sein müsse. Die ersten Anfragen hätten gezeigt, daß das Ganze sich zu einer echten Teppichbasarfeilscherei entwickele, bei der kein erstes Angebot akzeptiert werden würde.

Rice wußte, daß Präsident Karimow Taten gegen die eigene Opposition, die extreme fundamentalistische Islamische Bewegung Usbekistans, sehen wollte. Eine der Gefahren bestand darin, daß jeder Oppositionelle als Terrorist dargestellt werden würde, um dann zu einem möglichen Ziel im amerikanischen Krieg gegen den Terrorismus zu werden. „Wir müssen sicher sein, daß wir genau wissen, wo wir uns da einkaufen", gab sie zu bedenken.

„Wir müssen al-Qaida erwischen, bevor sie uns erwischen", sagte Cheney. Er machte sich wie alle große Sorgen, daß sie wieder zuschlagen könnten. „Wir müssen in dieser Hinsicht auch bereit sein, mit den Russen zu verhandeln."

Einige Leute rings um den Tisch, die schon mit Cheney gearbeitet hatten, waren überrascht. Sie wußten, welch tiefsitzende Ressentiments Cheney gegen die ehemalige Sowjetunion und die gegenwärtige russische Regierung hegte. Seine Bereitschaft, mit den Überresten des ehemaligen „Reichs des Bösen" zusammenzuarbeiten, sprach Bände.

Bush erinnerte sich: „Ich denke, Dick wurde langsam klar, daß Putin anders war. Weil er von meinen Gesprächen mit Putin erfahren hatte." Cheney „verstand, daß wir auf eine Beziehung zusteuerten, die entschieden anders war, daß der Kalte Krieg tatsächlich vorüber war."

Powell gab ihnen seine Fassung. „Wir wollen Afghanistan von den Terroristen befreien. Wenn die Taliban das selbst tun können, gut. Wenn nicht, arbeiten wir mit jemand anderem zusammen, solange die es schaffen, das Land terroristenfrei zu machen. Unsere Äußerungen sollten jeden Eindruck vermeiden, daß wir versuchen zu bestimmen, wer am Ende in Afghanistan regiert."

Der Präsident kam auf einen Punkt zu sprechen, der ihn immer stärker beschäftigte. „Ich möchte im Norden und Süden den Abwurf von Hilfsgütern. Ich möchte, daß dies mit dem Militär koordiniert wird. Können wir dafür sorgen, daß die ersten Bomben, die wir abwerfen, Nahrungsmittel sind?"

Jeder, der über gewisse Kenntnisse in militärischer Strategie verfügt, hätte bei dieser Frage gelächelt. Die lärmenden, langsamen Transportmaschinen, die man zum Abwurf von Lebensmitteln benötigt, sind zum Abschuß freigegebene lahme Enten, solange nicht zuvor die Luftverteidigung ausgeschaltet wird. Höflich erwiderte Shelton: „Wissen Sie, wir müssen uns da Gedanken über die Luftabwehr machen." Er wußte, daß es nachlässig wäre, als erstes ein Flugzeug mit Hilfsgütern reinzuschicken und sich die Maschine abschießen zu lassen.

„Und wie läuft es mit Pakistan?" fragte Bush.

Hadley berichtete von einem großen Hilfspaket für Pakistan.

Cheney machte sich weniger Gedanken um humanitäre Hilfe oder Unterstützung der Pakistanis als vielmehr um eventuelle Massenvernichtungsmittel. „Bei unseren Erstschlägen müssen wir uns auf Massenvernichtungswaffen und Drogenlabors konzentrieren", sagte der Vizepräsident.

Gegen Ende der Sitzung meinte Rumsfeld: „Wir müssen eine Liste anfertigen, was wir von jedem einzelnen Land brauchen, und diese dann in einzelne Stücke zerlegen."

ES KAM FÜR RICE ziemlich überraschend, als der Präsident auf die Frage humanitärer Hilfe zu sprechen kam. Diese war unter den

Chefs, den Stellvertretern oder Untergebenen nicht wirklich besprochen worden. Was bedeutete das? Woher kam es?

Für Bush war diese Frage von fundamentaler Bedeutung für das, was er als die moralische Mission der Vereinigten Staaten ansieht. Bei einem späteren Interview kam ich ausgiebig auf diesen Punkt zu sprechen. „Ich war mir [der Anschuldigung] durchaus bewußt, daß dies ein Religionskrieg sei, und daß die USA irgendwie als Eroberer dastehen würden. Ich wollte, daß wir als Befreier angesehen würden", meinte der Präsident. Ihm gefiel die Vorstellung, das arme afghanische Volk mit Nahrungsmitteln zu versorgen. Er sagte, er habe nicht geglaubt, daß die Afghanen die Taliban unterstützten und allerhöchstens Marionetten waren. „Die Vorstellung, ein Volk in die Unterwerfung zu bomben und so die Regierung zu stürzen, war in diesem Krieg kein Gedanke von Belang." Die Bevölkerung zu bombardieren, würde nur die Taliban stärken. So lautete die praktische Überlegung. Die moralische Überlegung, sagte er, lautete: „Wir müssen uns mit dem Leid auseinandersetzen."

Bush hatte Satellitenaufnahmen von Hunger, Folter und Gefangenenlagerbrutalität größten Ausmaßes in Nordkorea gesehen. Er wußte auch von dem erzwungenen Hunger im Irak. „Es ist das Menschliche, über das wir uns in Kriegszeiten Gedanken machen müssen. Es gibt ein Wertesystem, an dem nicht gerüttelt werden kann – gottgegebene Werte. Dabei handelt es sich nicht um Werte, die sich die USA ausgedacht haben. Es sind die Werte der Freiheit und der menschlichen Bedingungen und der Mütter, die ihre Kinder lieben. Es ist sehr wichtig, daß wir, wenn wir die Außenpolitik mit Hilfe diplomatischer und militärischer Handlungen zum Ausdruck bringen, niemals den Eindruck erwecken, als ob wir dies erfunden hätten – daß wir die Urheber dieser Werte sind.

Und das führt uns zu der größeren Frage nach unserem Gottesbild." Und die Lektion laute, so sagte er: „Wir sind alle Gottes Kinder." Er wollte einen Krieg mit praktischen und moralischen Dimensionen.

Nachdem er vorgeschlagen hatte, daß die ersten Abwürfe aus Nahrungsmitteln bestehen sollten, so erinnerte sich der Präsident, verstanden es alle. „Rumsfeld kapierte es, Mr. Hard Guy, der gar kein harter Kerl ist. Er ist in vielerlei Hinsicht eigentlich ein sehr sanfter

Mann. Er verstand es sofort." Die Militärs mochten vielleicht zu Anfang verwirrt gewesen sein, sagte er, aber sie hätten es verstanden.

Die Chefs konferierten am selben Nachmittag ohne den Präsidenten über eine Videoschaltung. Nach Routineberichten durch Ashcroft und Powell kam Rice auf die Frage der staatlichen Unterstützung des Terrorismus zu sprechen. „Welche Strategie verfolgen wir im Hinblick auf die Länder, die den Terrorismus unterstützen, wie Iran, Irak, Libyen, Syrien und den Sudan? Wie hoch setzen wir die Hürden, über die sie zu springen haben, um auf die richtige Seite des Krieges gegen den Terrorismus zu gelangen?" Die Vereinigten Staaten brauchten ein paar Eckdaten, anhand derer man die terroristischen Neigungen des jeweiligen Landes ablesen konnte.

„Wir brauchen eine kleine Gruppe aus Stellvertretern und Chefs, die sich die nächste Phase des Krieges gegen den Terrorismus anschauen", sagte sie.

„VERSUCHEN, den nächsten Angriff vorherzusehen", so lautete der Titel der streng geheimen dreiseitigen Vorlage, die am Dienstag morgen, dem 25. September, im Posteingang des Präsidenten lag. Es handelte sich um den Bericht, den Bush ein paar Tage zuvor angefordert hatte. Er wurde ihm und einer begrenzten Anzahl seiner wichtigsten Berater zusammen mit dem Tagesbericht des Präsidenten (PDB, President's Daily Brief), zugestellt, dem am stärksten der Geheimhaltung unterliegenden Dokument in ganz Washington.

Der Bericht war von einer „Roten Zelle" zusammengestellt worden, die Tenet und McLaughlin einberufen hatten. Dieses Team aus erfahrenen CIA-Analytikern und Beamten bekam alle eintreffenden Informationen über Bin Laden, al-Qaida und anderen bedeutenden internationalen Terrorismus zu Gesicht. Ihre Aufgabe bestand darin, wie Bin Laden und seine Gefolgsleute zu denken, und zu sagen, was die andere Seite – Bush und Tenet nannten sie die „bad guys" – dachte oder tat.

Eine Anmerkung auf dem Papier besagte, daß die Gedanken nicht als abschließend zu betrachten seien, da die Rote Zelle angewiesen worden sei, „unkonventionell" und „außerhalb der Schablonen" zu denken. Die Rote Zelle hatte die Aufgabe, die „unzählige" Menge an

möglichen terroristischen Zielen zu betrachten und dann zu versuchen, angesichts der bisherigen Praxis der Qaida diese Menge auf die wahrscheinlichsten zukünftigen inländischen Ziele zu begrenzen, mit anderen Worten, ihre Wetten abzugeben.
Die Rote Zelle wartete mit neun Kategorien auf:

1. Politische Zentren – Washington, D.C., Bundesbehörden an anderen Orten
2. Infrastruktur – Flughäfen, Straßen, Häfen, Eisenbahngleise, Staudämme, Tunnel, Brücken
3. Wirtschaftssysteme – Wall Street, die Handelszentren in Chicago
4. Energieversorgung – Raffinerien, Ölplattformen
5. Militärische Ziele – Gegenden mit großen Truppenkonzentrationen, Armee-, Luftwaffen- oder Marinestützpunkte, Waffenlager
6. Weltweite Kommunikation – Schnittstellen der elektronischen Kommunikation, Internet-Knoten, Kommunikationsnetze von Banken
7. Ausbildungsstätten – Harvard und das Massachusetts Institute of Technology (MIT) in Boston
8. Kulturzentren – Hollywood, Sportstadien
9. Monumente und andere Symbole nationaler Identität.

„UBL neigt dazu, sich auf Ziele zu konzentrieren, die schon in der Überlegung steckten oder bereits einmal angegriffen wurden", stellte das Papier fest und merkte an, daß einige der möglichen Ziele „Mehrfachnennungen" waren.

Das Weiße Haus als politisches Zentrum und als Symbol der nationalen Identität war eine solche Mehrfachnennung. Bush lebte und arbeitete an einem möglichen Ground Zero.

DER NATIONALE SICHERHEITSRAT traf sich am Dienstag, dem 25. September, erneut im Weißen Haus. Der Präsident ergriff als erster das Wort. „Wir können im Hinblick auf eine Gefangennahme Bin Ladens weder Erfolg noch Mißerfolg vorherbestimmen."
Tenet berichtete von der Nordallianz. „Die Leute stehen bereit. Es

sind keine Paschtunen, aber sie sind gegen die Taliban eingestellt. Wir sind nicht in der Lage, sie zurückzuhalten. Sie werden Ziele von al-Qaida und der Taliban angreifen, weil die sowieso nicht auseinanderzuhalten sind." Ein Team der CIA stand bereit, ins Land zu gehen. „Wir werden sie ermutigen, sich zu den Zielen zu begeben. Sie haben die nötige Ausrüstung, um uns Informationen zu liefern. Wir werden ihnen Geld geben. Wir werden entscheiden müssen, ob wir für die sowjetischen Waffen bezahlen sollen, mit denen wir ausgestattet werden."

Die Nordallianz kontrollierte einen Teil des nordöstlichen Gebietes des Landes. „Dort wäre eine mögliche Operationsbasis", sagte Tenet. „Wir wollen soviel Druck als möglich von Norden und Süden ausüben. Wir werden Treffen mit den lokalen Führern arrangieren. Wir wollen die Grenzen sperren und sicherstellen, daß die Araber nicht fliehen."

„Wollen wir die Russen für die sowjetischen Waffen bezahlen?" fragte Powell.

„Ist das der Mission hilfreich?" fragte Bush.

„Ja", antwortete Tenet.

Bush war dafür.

„Der Ansatz des Residenten hat sich nur wenig verändert", sagte Rice in Bezug auf die Vorschläge, die aus dem Telegramm aus Islamabad stammten. „Müssen wir die Liste der möglichen Ziele verändern?"

„Also, wir werden als erstes die SAMs und die Luftverteidigung treffen müssen", sagte Tenet und bezog sich auf die Standorte der Boden-Luft-Raketen. Der CIA-Direktor beteiligte sich direkt an den militärischen Diskussionen, da es seine Männer waren, die bereit standen, vor Ort zu agieren, während das Pentagon noch hinterherhinkte. „Gilt es irgendwelche Talibanziele im Norden zu treffen?"

Diese Frage blieb offen. Hatten die USA die festgesetzten Ziele der Luftverteidigung der Taliban erschöpft, hingen die weiteren Operationen vollkommen in der Schwebe, solange es keine Männer am Boden gab, die die Ziele auskundschafteten und genaue Koordinaten durchgaben. Es gab genug Platz im Süden Afghanistans, um Bodentruppen abzusetzen, doch die Lage war nicht optimal. Im Norden jedoch würde man sich Alternativen überlegen müssen, da Usbekistan sich bisher noch nicht durchgerungen hatte, amerikanische Militärstützpunkte zuzulassen.

„Können wir denn in den Gebieten der Nordallianz unsere Zelte aufschlagen?" fragte Cheney. Eine weitere Möglichkeit bestand von Tadschikistan aus, das eingewilligt hatte, die USA zu unterstützen. Doch die Flugrouten von dort ins nördliche Afghanistan waren tückisch und erforderten den Flug über einen hohen Gebirgszug.

„Wir warten auf Usbekistan bis vier Uhr heute nachmittag", sagte Franks. „Wenn wir dort nichts kriegen, lassen wir den Norden fallen, kümmern uns später darum und konzentrieren uns jetzt auf den Süden. Im Süden werden wir von Flugzeugträgern aus operieren müssen", die im Indischen Ozean lagen, sagte Franks. Sie bezeichneten das als Seerosenblatt-Strategie, denn man würde die Flugzeugträger als seegängige Trittsteine benutzen.

Sie besprachen die Kommentare, die einige Islamgelehrte zu dem Namen abgegeben hatten, den das Pentagon für die Operation vorgesehen hatte. „Operation Grenzenlose Gerechtigkeit" war umgehend wegen einer gewissen Gefühllosigkeit dem Islam gegenüber kritisiert worden, der glaube, daß Allah allein grenzenlose Gerechtigkeit verleihen könne. Der Name wurde auf Eis gelegt. Rumsfeld sagte, er habe sich für „Dauerhafter Frieden" entschieden.

Doch im Vergleich zum massiven Umbau der Streitkräfte, die Rumsfeld gerade begonnen hatte, stellte das Imageproblem des Pentagon für ihn die geringste Sorge dar. Skeptiker meinten, er könne nicht gleichzeitig das Militär umstrukturieren und einen Krieg führen. Rumsfelds Denkweise lautete jedoch: Wenn du eine andere Art von Krieg führst, wird der Krieg das Militär verändern.

Wir bauen unsere Special Operations Forces um, damit sie eine globale Rolle übernehmen können, sagte er. Sie werden nicht länger unter den jeweiligen Oberbefehlshabern an einzelne geographische Bereiche gebunden sein, soll heißen, sie sind nicht länger auf bestimmte Einsatzgebiete beschränkt.

Tenet sah diese Veränderung nicht allein auf das Pentagon beschränkt; auch die CIA durchdachte alles neu. „Militär und unsere verdeckten Leuten arbeiten Seite an Seite", fügte er hinzu, „wobei es uns auf Transparenz ankommt, Konfliktvermeidung und darauf, beide im globalen Kontext zu betrachten." Das heißt, man hatte dafür zu sorgen, daß die Einsatzkräfte beider Teile nicht aufeinander schossen.

Sie diskutierten, ob sie ein Weißbuch herausgeben sollten, das beweisen sollte, daß Bin Laden und al-Qaida hinter den Anschlägen des 11. September steckten. Wollten sie ein Weißbuch, brauchten sie eins? fragte Rumsfeld. Es könnte einen schrecklichen Präzedenzfall darstellen. Angenommen, sie wollten einen militärischen Präventivschlag gegen Terroristen oder irgendeinen Unterstützerstaat führen? Sie könnten damit eine Erwartungshaltung wecken, daß irgendeine Art von Weißbuch folgen würde. Und genau das wäre vielleicht nicht möglich. Entscheidungen, wegen der nationalen Sicherheit zu militärischen Aktionen zu greifen, mußten aufgrund der bestmöglichen Indizien getroffen werden, und das könnte weit entfernt von gerichtsverwertbaren Beweisen sein. Damit könnten sie sich selbst ein Bein stellen.

Zwar begannen die amerikanischen und alliierten Geheimdienste, nach und nach die Spur der Anschläge vom 11. September zu verfolgen, doch handelte es sich eher um Indizien von recht fragmentarischer Art, auch wenn es ein paar harte Fakten gab. Die Gefahr, die in der Herausgabe eines Weißbuchs lag, bestand darin, daß die Leute auf den Gedanken kommen könnten, den Krieg gegen den Terrorismus als eine Art von Gesetzesvollzug zu betrachten, der sich innerhalb des Modells eines Justizsystems mit dessen Beweiserhebungsstandards, Beweispflicht auf seiten der Regierung und unzweifelhaften Beweisen bewegte – Dinge, die unmöglich einzuhalten waren.

Powell wollte wenn möglich eine Art Weißbuch. Er hatte es mit europäischen und arabischen Staaten zu tun, deren Führungen Indizien und Beweise verlangten.

Rumsfeld wandte sich den Umrissen des Krieges zu und sagte: „Wir sollten einen deutlichen Anfang und ein Ende haben. Wir sollten uns auf al-Qaida konzentrieren – nicht auf Bin Laden... Der Krieg ist nicht vorbei, wenn wir seinen Kopf auf dem Teller präsentiert bekommen. Und sollten wir ihn nicht präsentiert bekommen, ist das kein Scheitern."

Der Präsident fragte nach der internationalen Beteiligung an der ersten Phase der Operationen.

„Schauen Sie, wir können nicht einmal die Rolle unserer eigenen

Streitkräfte definieren", erwiderte Rumsfeld. „Und solange wir das nicht können, können wir auch nicht davon reden, andere zu beteiligen."

„Wir müssen so planen, als würden die Dinge nicht besonders gut laufen", sagte Bush. Wie sah das Szenario aus, wenn es keine Spaltung der Taliban gab? „Wir müssen das durchspielen, herausfinden, wie wir den Druck auf sie halten und einen Wandel herbeiführen können, selbst wenn sich die Dinge nicht so entwickeln, wie wir es möchten."

Als Bush später in einem Interview darüber sprach, warum er, der unumstößliche Optimist, auch schlechte Szenarien durchspielen wollte, sagte er: „Ich glaube, mein Job besteht darin, immer einen Schritt schneller zu sein. Ein Präsident, denke ich, kann sich derart tief im Sumpf des Augenblicks festfahren, daß er nicht in der Lage ist, der strategische Denker zu sein, den man von ihm erwartet, der zumindest strategische Ideen beisteuern kann. Ich gehöre zu jenen, die sichergehen wollen, daß alle Risiken kalkuliert werden. Keine Frage, welcher Lohn in diesem Falle dabei winkt. Doch ein Präsident analysiert ständig, trifft Entscheidungen, die auf Risiken beruhen, vor allem im Krieg, Risiken, die in Beziehung gesetzt werden müssen zu – zu dem, was erreicht werden kann." Er habe Berater, „die den Krieg erlebt haben, die in Situationen gesteckt haben, wo der Plan nicht so aufging, wie er vorgesehen war."

Ob er nun einen Schritt schneller sein wollte, die Risiken abschätzte oder einen Konsens erzielen wollte, sagte er: „Ich denke, das ist eher instinktiv. Ich handele nicht nach dem Lehrbuch, ich handele aus dem Bauch heraus."

Er und die anderen stellten immer mehr fest, daß es für diesen Krieg gar kein Lehrbuch gab.

Während der Sitzung meinte Rumsfeld: „Also, sollten wir als Bestandteil des Krieges gegen den Terrorismus auch in anderen Gegenden etwas unternehmen, nicht nur in Afghanistan, damit Erfolg oder Mißerfolg sich nicht nur an Afghanistan messen lassen müssen?"

Es wurde immer deutlicher, daß der Verteidigungsminister den Erfolg nicht von Afghanistan abhängig machen wollte. Die Ziele waren mager. Was konnten sie denn tatsächlich erreichen?

Doch Bushs Hauptaugenmerk blieb auf Afghanistan gerichtet, wie er sich erinnerte. „Natürlich gab es einige, die über den Irak diskutierten. Das kam doch zu diesem Zeitpunkt nicht in Frage. Ich meine, das brauchte mir keiner mehr zu sagen." Rumsfeld wollte zeigen, daß der Krieg gegen den Terrorismus ein globaler Krieg war, sagte der Präsident. „Rumsfeld wollte sicherstellen, daß das Militär auch andernorts aktiv war. Mein Punkt war, daß wir die Schwierigkeiten möglichst gering hielten, um sicherzustellen, daß wir die erste Schlacht auch gewannen."

Cheneys größte Sorge bestand noch immer in der Möglichkeit, daß Bin Laden oder irgendwelche anderen Terroristen sich Massenvernichtungsmittel beschafften und einsetzten. Nichts deutete darauf hin, daß al-Qaida irgendwelche atomaren Waffen besaß, doch gab es Bedenken hinsichtlich biologischer und chemischer Waffen.

„Können wir genau genug Ziele in Afghanistan identifizieren, die in Beziehung zu B- und C-Waffen stehen?" fragte Cheney. „Das sollte oberste Priorität haben.

Wir müssen eine überlegte Strategie haben, aber wir müssen auch ihn treffen, bevor er uns trifft. Wir brauchen weitere Ziele."

„Wir müssen meine Reise in den Fernen Osten abkürzen", sagte Bush. Der Präsident hatte für den Oktober einen Besuch auf dem APEC-Gipfeltreffen, der Konferenz der asiatisch-pazifischen Wirtschaftskooperation in Shanghai angesetzt und wollte danach nach Peking, Tokio und Seoul reisen. Die letzten drei Städte sollten gestrichen werden. „Ich werde hier gebraucht."

Im Verlaufe des Vormittages begrüßte Bush den japanischen Premierminister Junichiro Koizumi im Weißen Haus. Bei einem persönlichen Gespräch sagte er zu Koizumi, das Problem des Terrorismus sei ein gemeinsames Problem. „In diesem neuen Krieg", so Bush, „ist die Unterbrechung der Geldzufuhr ebenso wichtig wie der Abwurf einer Bombe. Hilfe für Pakistan ist ebenso wichtig wie Truppen abzusetzen." Er würde bedächtig und geduldig sein, denn die Konsequenzen seien weitreichend. „Wir sind wütend, aber wir sind nicht dumm."

10

GEGEN 4 UHR des folgenden Morgens nach Washingtoner Zeit, am Mittwoch, dem 26. September, kauerte ein kräftig gebauter 59jähriger Mann im Heck eines russischen, im Besitz der CIA befindlichen Mi-17-Helikopters; die Maschine mühte sich, die fünfzehntausend Fuß Flughöhe zu erreichen, um den Anjuman-Paß ins Pandschir-Tal im nordöstlichen Afghanistan zu überqueren. Vor Ort war es 12.30 Uhr.

Gary führte die erste entscheidende Welle in George W. Bushs Krieg gegen den Terrorismus an. Zu ihm gehörte ein Team von verdeckt operierenden paramilitärischen Offizieren der CIA mit einer Kommunikationsausrüstung, die es ihnen ermöglichte, einen direkten, verschlüsselten Draht mit dem Hauptquartier herzustellen. Zwischen Garys Beinen stand ein großer, verschnürter Metallkoffer, in dem sich drei Millionen US-Dollar in nicht aufeinanderfolgend numerierten Hundert-Dollar-Noten befanden. Er mußte immer lachen, wenn er eine Fernsehshow oder einen Film sah, wo jemand eine Million Dollar in einem kleinen Aktenkoffer überreichte. Sie würden einfach nicht hineinpassen.

Mehrmals im Laufe seiner Karriere hatte Gary eine Million Dollar in seinen Rucksack gestopft, damit er sich bewegen und das Geld an Leute bei anderen Einsätzen weitergeben konnte. Wie üblich hatte er für die drei Millionen unterschrieben. Anders war diesmal, daß er das Geld ganz nach seinem Gusto verteilen konnte.

Gary war 32 Jahre lang Angestellter im Directorate of Operations, der Abteilung zur Leitung verdeckter Aktivitäten, bei der CIA gewesen, die Art Geheimagent, die viele schon für obsolet gehalten hatten. In den Siebzigern war er Gruppenleiter in Teheran, danach in Islamabad gewesen. Er hatte Agenten angeworben, ausgebildet, bezahlt und kontrolliert, die aus den Regierungen in den Gastländern berichteten. In den achtziger Jahren diente er als Chef des CIA-Stützpunkts in Dubai, Vereinigte Arabische Emirate, später als Leiter des Postens in Kabul. Die amerikanische Botschaft in Kabul wurde wegen der sowjetischen Invasion geschlossen, also operierte er von Islamabad aus. In den Neunzigern war er stellvertretender Leiter des Postens in Saudi-Arabien, dann Chef einer geheimen Dienststelle in Übersee, die gegen den Iran operierte. Von 1996 bis 1999 war er Chef des Postens in Islamabad gewesen, danach stellvertretender Chef der CIA-Abteilung Naher Osten und Südasien in Langley.

Am 11. September war Gary schon fast zur Tür hinaus, stand nur noch wenige Wochen vor der Pensionierung und befand sich bereits im neunzigtägigen Pensionsübergangsprogramm der Agency. Ein anderer Offizier hatte seinen Job als stellvertretender Abteilungsleiter übernommen. Seine Frau freute sich schon.

Am 15. September, als Präsident Bush sein ganztägiges Treffen mit seinem Kriegskabinett in Camp David abhielt, war Gary buchstäblich wieder zur Tür hereingezerrt worden. An jenem Tag erhielt er einen Anruf von Cofer Black, dem Chef des Counterterrorism Center der Agency, der ihn bat, ins Hauptquartier zu kommen.

„Ich weiß, Sie stehen kurz vor der Pensionierung", sagte Black. „Aber wir wollen auf der Stelle ein Team rüberschicken. Sie sind der richtige Mann dafür." Gary hatte nicht nur langjährige Erfahrung, er sprach zudem noch Paschtu und Dari, die beiden Hauptsprachen Afghanistans.

Das Team sollte aus einer kleinen Gruppe von CIA-Agenten und Paramilitärs bestehen, die aus der ultrageheimen Abteilung für Sonderaufgaben innerhalb des Directorate of Operations kamen.

„Ich mach's", sagte Gary. Als er Stationschef in Islamabad gewesen war, hatte er mehrere verdeckte Reisen nach Afghanistan unternommen und sich mit den Führern der Nordallianz getroffen, denen er Bargeld gebracht hatte, zumeist 200 000 US-Dollar – ein Sack voll Geld auf den Tisch. Er hatte Achmed Schah Massud gekannt. Massud hatte die rivalisierenden Anführer zusammengehalten, und seine Ermordung zielte offenkundig darauf ab, die Nordallianz ihres Zusammenhalts und ihrer Führung zu berauben.

Gehen Sie ins Land, sagte Black zu Gary, überzeugen Sie die Nordallianz davon, mit uns zusammenzuarbeiten, was angesichts der gegebenen Situation und der Tatsache, daß Massud gerade eben von exakt den Leuten ermordet worden war, die New York und das Pentagon angegriffen hatten, nicht allzu schwer sein dürfte. Bereiten

Sie in Afghanistan den Boden für die heranrückenden amerikanischen Streitkräfte, damit diese einen Ort haben, wo sie aufgenommen werden und von wo aus sie operieren können.

Die Situation in der Nordallianz in der Zeit nach Massud war unklar. Garys Team würde als erstes vor Ort sein. Keine Rückendeckung. Minimal vorhandene Such- und Rettungstrupps, um sie rauszuholen, falls etwas schiefging.

Vier Tage später, am 19. September, rief Black Gary erneut zu sich ins Büro. Das Team, das offiziell Nordafghanisches Verbindungsteam (Northern Afghanistan Liaison Team, NALT) genannt wurde, trug den Codenamen „Jawbreaker" (Kieferbrecher). Sie sollten sich am nächsten Tag aufmachen, nach Europa fliegen und sich dann so schnell wie möglich in die Region und nach Afghanistan begeben.

Jawbreaker hatte noch eine Aufgabe. Der Präsident hatte eine neue Geheimdienstverordnung erlassen; die Samthandschuhe waren nun endgültig ausgezogen worden.

„Sie haben eine Mission", instruierte ihn Black. „Finden Sie al-Qaida und töten Sie sie. Wir werden sie vernichten. Holen Sie sich Bin Laden, finden Sie ihn. Ich will seinen Kopf in einer Schachtel."

„Meinen Sie das ernst?" fragte Gary. Black neigte gern zu Dramatisierungen, und Gary kannte die Zurückhaltung des Präsidenten, wenn es um direkte Tötungsabsichten und Ermordungen ging. Er war es schließlich gewesen, der den CIA-Mitarbeitern, den GE/SENIOR-Bin-Laden-Spürteams mitgeteilt hatte, sie könnten Bin Ladens Konvoi nicht in einen Hinterhalt locken, da es sonst nach einer geplanten Ermordung aussehen würde.

„Vollkommen ernst", sagte Black. Der neue Befehl war eindeutig. Ja, sagte er, er wolle Bin Ladens Kopf. „Ich will ihn mitnehmen und dem Präsidenten auf dem Tablett servieren."

„Klarer könnte der Befehl nicht sein", erwiderte Gary.

Gary verließ Washington am nächsten Tag, und das Team fand sich in Asien zusammen. Es war zum Verrücktwerden, wie lange sie auf die Visa und Einreisegenehmigungen für Usbekistan und Tadschikistan warten mußten.

Jetzt im Helikopter mußte er den zweieinhalbstündigen Flug nach Afghanistan überstehen. Ein CIA-Mann in Taschkent in Usbekistan stand in regelmäßigem Funkkontakt mit der Nordallianz und hatte durchgegeben, daß das Team im Anmarsch sei. Doch die Funkverbindung war nicht sicher, und obwohl das Gebiet, das sie überflogen, angeblich von der Nordallianz kontrolliert wurde, hätte jeder Taliban oder al-Qaida-Kämpfer mit einer Stinger oder einem Z-23-Luftabwehrgeschütz auf einem Hügel die Mi-17 aus der Luft holen können.

Die CIA hatten den zuverlässigen russischen Helikopter vor mehr als einem Jahr für anderthalb Millionen Dollar gekauft. Die Mi-17 ist ein Arbeitspferd, keine elegante Maschine, aber sie bot gute Tarnung. Die Amerikaner hatten sie mit besseren Instrumenten, einer Nachtsichteinrichtung und einer Bemalung versehen, die der der Nordallianz-Maschinen glich.

Da die Maschine 15 000 Fuß erreichen mußte, um es über die Berge zu schaffen, hatte Gary ihre Ausrüstung, Bewaffnung und anderes Material so knapp wie möglich gehalten, um die Ladung zu verringern. Sie hatten eine ziemliche Menge an Lebensmitteln dabei, da sie keine Ahnung hatten, was sie vorfinden würden oder ob sie sich vom Land ernähren müßten.

Jawbreaker bestand aus zehn Mann – Gary, einem ranghohen Stellvertreter, einem jungen Agenten aus dem Directorate of Operations, der vier Jahre in Pakistan gewesen war und fließend Farsi und Dari sprach, einem erfahrenen Kommunikationsoffizier, der schon an schwierigen Orten gearbeitet hatte, einem ehemaligen SEAL der Navy, einem weiteren Paramilitär, einem langgedienten Sanitäter der Agency, zwei Piloten und einem Hubschraubermechaniker. Das Alter der Männer lag bis zu dreißig Jahre auseinander, und sie wichen in Statur und Größe ziemlich voneinander ab. Sie trugen Trekkingkleidung und Baseballkappen.

Jawbreaker landete etwa gegen 15 Uhr Ortszeit auf einem Flugfeld siebzig Meilen nördlich von Kabul im Herzen des Gebietes der Nordallianz.

Zwei Offiziere der Nordallianz und etwa zehn weitere Personen begrüßten sie. Sie luden die Ausrüstung auf einen großen Laster und fuhren etwa eine Meile weit zu einem Gästehaus, das Massud in einem kleinen Dorf errichtet hatte. Das Dorf war durch zwei Kontrollpunkte an jedem Ende abgeriegelt worden; die Offiziere der Allianz waren nervös und achteten darauf, daß niemand das Team zu Gesicht bekam.

Ihre Unterkunft befand sich in einem primitiven Gebäude mit Betonfußboden, auf dem so etwas wie ein Teppich lag. Das Dach bestand aus Baumstämmen, darüber Verpackungskistenmaterial, gefolgt von einer Lage Lehm. Die Luft war staubig wie sonstwas, und der Schmutz senkte sich nie. Die Toilette bestand aus einem Loch im Boden.

Gegen 18 Uhr hatten sie ihre gesicherte Funkverbindung hergestellt. Gary setzte einen verschlüsselten Funkspruch ab, in dem er um Nachschub bat. Im Überschwang der sicheren Ankunft und in Gedanken an Cofer Blacks Wunsch, Bin Ladens Kopf zu bekommen, fügte er noch eine Zeile an und bat um ein paar stabile Pappkartons und Trockeneis, dazu, wenn möglich, ein paar Spieße.

GARYS ERSTE UNTERREDUNG an diesem Nachmittag fand mit dem Ingenieur Arif Sawari statt, der die Aufklärung- und Sicherheitsaufgaben der Allianz leitete. Arif hatte seinem Kommandanten Massud davon abgeraten, die beiden Männer zu empfangen, die ihn dann ermordeten, obwohl sie als Journalisten gekommen waren und Empfehlungsschreiben vorweisen konnten. Da Arif aber für die Sicherheit verantwortlich gewesen war und die Ermordung in seinem Büro stattgefunden hatte, stand er unter immensem Druck, die Allianz zusammenzuhalten.

Arif kannte Gary noch vom vergangenen Dezember, als dieser sich in seiner Funktion als stellvertretender Abteilungsleiter mit Massud in Paris getroffen hatte. Arif schien sich zu entspannen. „Sie waren dort", sagte er.

Gary nickte und legte mehrere Packen Bargeld auf den Tisch: 500 000 Dollar in zehn dreißig Zentimeter hohen Stapeln aus Hundertern. Er hielt dies für imposanter als die üblichen 200 000, für die beste Möglichkeit zu sagen: Wir sind hier, wir meinen es ernst, hier ist Geld, wir wissen, Ihr könnt es brauchen.

„Wir möchten gern, daß Sie es nach Ihrem Willen verwenden", sagte er. „Kaufen Sie Nahrungsmittel, Waffen, was immer Sie brauchen, um Ihre Kräfte zu stärken." Es war zudem für Aufklärungsarbeiten bestimmt und dazu, Quellen und Agenten zu bezahlen. Mehr Geld sollte folgen – viel mehr. Gary würde schon bald das CIA-

Hauptquartier um weitere zehn Millionen Dollar in bar bitten und entgegennehmen.

Die Nordallianz heißt Sie willkommen, sagte Arif.

Der Plan, so Gary bestehe darin, den amerikanischen Militärkräften den Weg zu bereiten. „Wir wissen nicht, auf welchem Weg sie eintreffen und wie viele, aber wir rechnen mit Special Forces, kleinen Einheiten, Leuten, die herkommen, um Operationen durchzuführen und Ihnen und Ihrer Armee zu helfen und zwischen Ihren Kräften und den Amerikanern zu koordinieren, die kommen, um die Armee der Taliban anzugreifen. Wir müssen diese Aufgabe koordinieren."

Prima, sagte Arif.

IM WEISSEN HAUS unterhielten sich der Präsident und Rice unter vier Augen über den möglichen Zeitpunkt des Militäreinsatzes.

„Ich brauche ein ziemlich gutes Gefühl für den Zeitpunkt, wann wir wirklich in der Lage sind, etwas zu unternehmen", sagte Bush zu ihr. „Ich muß das amerikanische Volk darauf vorbereiten. Es hat einen furchtbaren Schock erlitten. Es muß weiterhin von uns hören. Ich muß wissen, wann irgendwelche Aktionen beginnen."

Glaube sie, daß sie Anfang kommender Woche soweit sein könnten – Montag oder Dienstag?

„Ich weiß es wirklich nicht", erwiderte sie vorsichtig. Insgeheim dachte sie, daß es wohl unmöglich wäre, in fünf oder sechs Tagen schon soweit zu sein. Aber sie fand, daß es nicht an ihr sei, dem Präsidenten mitzuteilen, daß dies nicht wahrscheinlich oder gar möglich sei. Sie war die Koordinatorin. Hakte der Präsident nach, nachdem er die Ansichten der anderen gehört hatte, dann würde sie ihre Meinung sagen, aber erst dann. Es war noch zu früh für sie, etwas dazu zu sagen, und es war nicht abzusehen, was Rumsfeld und Franks zu sagen hatten. Rumsfeld vor allem steckte voller Überraschungen. „Das ist eine Frage, die Sie der Gruppe stellen sollten", schlug Rice vor.

In einem Interview erinnerte sich Bush an diesen Tag. „Eine meiner Aufgaben besteht darin zu provozieren", sagte er, „nein, ernsthaft, die Leute zu provozieren – damit sie zu Entscheidungen kommen, und um sicherzugehen, daß allen klar ist, worauf wir abzielen. Das

Ganze hatte einen gewissen Rhythmus angenommen, einen Fluß, und langsam, aber sicher frustrierte mich das ein wenig ... Die Dinge kamen einfach nicht so schnell zusammen, wie wir gehofft hatten. Und ich versuchte, die Angelegenheit voranzutreiben, ohne die Sicherheit zu gefährden."

Zu diesem Zeitpunkt begriff er, wie vorsichtig das Militär ist. „Es ist sehr wichtig zu erkennen, wie man den Wunsch des Militärs, alle Eventualitäten möglichst gleich doppelt abzudecken – die Militärs sind sehr risikoscheu, und das sollten sie auch sein, denn schließlich halten sie das Leben von Menschen in Händen – in Einklang mit dem Wunsch bringt, Taten sprechen zu lassen, aus welchen Gründen auch immer."

Ihm gingen einige Gedanken durch den Kopf, die ihn dazu brachten, sein Kriegskabinett provozieren zu wollen. „Die Vorstellung, einen Feind anzugreifen, ein Befehl, den ich noch nie zuvor gegeben hatte, ist und ist noch immer eine bedeutende Entscheidung des Präsidenten. Ich wollte sichergehen, daß die Leute verstanden, daß wir uns auf einen Angriff vorbereiteten und daß ich Klarheit in ihren Ansichten verlangte." „Hat noch irgend jemand Zweifel?", lautete die Frage, die er stellen wollte.

„Ich kann nur meinen Instinkten folgen. Sehen Sie, ich bin ein Produkt der Welt nach Vietnam. Es gibt einen sehr feinen Unterschied zwischen dem Mikromanagement von Militäraktionen und der Festlegung der Taktik" auf der einen Seite, was nicht seine Aufgabe sei, und „der Klarstellung, daß es ein Gefühl, nicht der Dringlichkeit, ein Gefühl von Zielrichtung und Vorwärtsbewegung gibt." Er machte sich Sorgen, die Vereinigten Staaten könnten ihren Schliff verloren haben. „Meine Aufgabe besteht darin, sicherzustellen, daß die Klinge scharf ist.

Meine Instinkte sagten mir, daß sich so eine Verunsicherung aufstaute. Und ich wollte sichergehen, daß unsere Koalition wußte, wie entschlossen wir waren." Einige der Alliierten lobten ihn für seine anfängliche Zurückhaltung, und Bush fügte ironisch an: „Wir haben eine Koalition aus Leuten, die – also, sie *lieben* die Vorstellung, daß die Vereinigten Staaten nicht sofort zur Tat geschritten sind."

Seine Gedanken waren immer noch beim Besuch am Ground Zero. „Die Menschen schauen einem in die Augen, diese müden Gesichter:

,Los, hol Sie dir.' Und das werden wir tun, daran besteht überhaupt kein Zweifel." Zu diesem Zeitpunkt spürte er keinen Druck der Öffentlichkeit. „Andererseits ist mein Körper, meine innere Uhr – wie immer Sie das – Instinkte ... ich dränge.

Der Präsident und der Kriegsrat müssen offenkundig Entscheidungen treffen, ohne sie zu überstürzen."

Provokation war das eine Mittel. Erklärte oder warnte er Rice oder die anderen Mitglieder des Kriegskabinetts, daß er sie prüfte und vorhatte, sie zu provozieren?

„Natürlich nicht. Ich bin der Oberbefehlshaber – verstehen Sie, ich muß nichts erklären – ich muß nicht erklären, warum ich bestimmte Dinge sage. Das ist ein interessanter Aspekt der Position eines Präsidenten. Vielleicht hat manch anderer den Wunsch, mir zu erklären, warum er etwas sagt, aber ich habe nicht das Gefühl, daß ich irgendwem eine Erklärung schuldig bin."

AM MORGEN von Mittwoch, dem 26. September, als sich der Nationale Sicherheitsrat zusammensetzte, kamen eine Reihe von drängende Fragen auf den Tisch.

Tenet wandte sich einigen der geheimen Operationen zu. Die CIA war in der Lage gewesen, in Übersee ein paar Punkte gutzumachen – die Verhaftung oder Gefangennahme von möglichen Terroristen in anderen Ländern. Verschiedene ausländische Geheimdienste kooperierten von sich aus oder wurden dafür bezahlt, mutmaßliche Terroristen dingfest zu machen.

In den meisten Fällen wurden die Verdächtigen den örtlichen Polizeien oder anderen Organen überstellt. Dies war eine effektive Methode, um mutmaßliche al-Qaida-Agenten für unbestimmte Zeit auf Eis zu legen und sie zu befragen. Tenet setzte große Hoffnung auf diese Ergebnisse, weil er glaubte, auf diese Weise Hunderte von mutmaßlichen Terroristen, wenn nicht mehr, aus dem Verkehr zu ziehen. Die meisten ausländischen CIA-Posten hatten Listen und Informationen zu den al-Qaida-Verdächtigen in ihren jeweiligen Ländern. In Ländern wie Ägypten, Jordanien oder gewissen afrikanischen Staaten, wo Bürgerrechte und Gesetzesvorschriften keinen hohen Stellenwert besaßen, waren die Geheimdienste mehr als bereit, den Bitten der CIA Folge zu leisten. Die freie Fahrt für Terroristen ging langsam zu Ende.

„Wir haben da im Sudan etwas im Auge", sagte Tenet. „Wir haben in Bulgarien etwas im Auge, wir haben etwas in bezug auf den Irak im Auge, und wir haben etwas in bezug auf die Hisbollah im Auge", jene vom Iran unterstützten Terrororganisation, „und auf Lateinamerika."

Tenet betonte, daß das Programm nicht nur global, sondern auch breit angelegt war. Die Ziele würden andere Terroristengruppen neben al-Qaida umfassen.

Der Präsident, der offenkundig erfreut war, fragte: „An welchem Punkt können wir beruhigt über diese Dinge reden?" Es handelte sich dabei um eine weitere mögliche Trumpfkarte, die man öffentlich ausspielen konnte.

Die Operationen waren höchst sensibel, und die meisten Länder waren leidenschaftlich, ja vehement gegen jede Öffentlichkeit, die belegen würde, daß sie gemeinsame Sache mit der CIA machten oder auf deren Lohnliste standen. Gab es erst einmal ein paar Dutzend oder gar Hunderte von erfolgreichen Zugriffen, dann könnte man vielleicht die Gesamtzahlen veröffentlichen.

Das erste paramilitärische Team der CIA sei in Afghanistan gelandet, berichtete Tenet. „Wir setzen einige kleine unbemannte Aufklärer ein", womit er bewaffnete Drohnen vom Typ Predator meinte. „Wir stellen erste Kontakte her. Wir drängen die örtlichen Kräfte, einige kleinere Ziele zu verfolgen. Wir verfügen jetzt über ein paar Echtzeit-Informationen, die uns Zieldaten liefern können, und wir haben unsere Such- und Rettungsleute vor Ort, damit wir ein paar Leute rausholen können, falls wir in Schwierigkeiten geraten.

Wir stehen mit drei Führern im Norden in Kontakt. Wir haben etwa hundert Ziele, die wir abarbeiten werden." Sich der südlichen Region zuwendend sagte er: „Im Süden stehen wir im Kontakt zu den dortigen Stämmen – wir erhalten nach und nach Zugang. Wir benutzen dieselben Botschaften über unser Vorhaben wie im Norden." Das bedeutete, es würden deutliche Erklärungen abgegeben, daß die USA keinerlei territoriale Ansprüche hegten oder den Wunsch hatten, in Afghanistan auf Dauer präsent zu sein.

„Wie Sie wissen, verfügen die Briten über ein paar Quellen im

Süden", fuhr Tenet fort. „Wir haben uns mit ihnen zusammengetan. Und wir werden noch ein paar eigene Leute abstellen. Wir werden versuchen, die Taliban im Süden zum Übertritt und zur Aufgabe zu ermutigen." Die Zusammenarbeit mit den Briten, so Tenet, solle sicherstellen, daß die Einsätze oder Agenten sich nicht gegenseitig in die Quere kamen. „Wir haben Quellen, Kontakte im Süden, wir werden versuchen, sie zu integrieren und sie als ein Unternehmen laufen zu lassen.

Zusätzlich müssen wir natürlich die Beziehungen verstehen und koordinieren zwischen dem, was wir im Norden und was wir im Süden tun", sagte Tenet. Das war ein schwieriger Komplex, einer, der viele große Fragezeichen aufwarf.

Powell sagte, daß er Zugang über Usbekistan und Tadschikistan herstelle. „Wir sind in Kontakt mit dem Präsidenten von Tadschikistan getreten", sagte Powell, „und er hat uns im Grund alles zugestanden, was wir wollten. Er will direkt mit uns zusammenarbeiten, nicht über irgendwelche Mittelsmänner, und er will, daß wir Stillschweigen bewahren."

Er wandte sich Oman zu. „Es geht heute eine Botschaft ein", sagte er, wegen der Bitte um Stationierungsrechte, „und ich bin da eher pessimistisch."

Ein Teil des Problems liege in einer noch andauernden britischen Militärübung in Oman, die viel Platz beanspruche, Abstellplätze auf dem Flughafen und so fort, sagte Powell. „Die Frage lautet allerdings, ist das ein Grund oder nur eine Ausrede, warum man dort so zögert, auf unsere Bitte zu antworten? Aber wir arbeiten daran." Die Omaner hatten durchaus nicht zu erkennen gegeben, daß sie an einer Zusammenarbeit nicht interessiert waren, aber das Abhalten britischer Manöver schien kein besonders plausibler Grund dafür, die Amerikaner außen vor zu lassen – vor allem, da die Briten ja bereits ihre Unterstützung für den Krieg, der sich in Afghanistan abzeichnete, angekündigt hatten. Vielleicht übersahen sie etwas oder grübelten zu sehr über die Haltung des Oman nach.

Rice hatte David Manning angerufen, den Auslandsberater von Tony Blair. Manning hatte ihr versichert, die Briten würden es nicht zulassen, daß eine Übung dem Wunsch der Amerikaner im Wege stehe, Truppen zu stationieren.

Powell sagte, sie bearbeiteten noch Katar, einen der kleinsten Golfstaaten, sich als möglichen Zwischenstopp für amerikanische Militärkräfte zur Verfügung zu stellen, die von dort aus dann zu den amerikanischen Flugzeugträgern springen könnten, die als Trittsteine auf dem Weg nach Afghanistan dienten. Cheney wollte in Katar anrufen, wohin er Beziehungen unterhielt, die noch aus dem Golfkrieg von 1991 stammten.

Powell sagte, der Sudan, ein berüchtigter Unterschlupf für Terroristen, scheine mit der CIA zu kooperieren. „Wir haben von dort eine gute Reaktion auf die Durchführungsverordnung erhalten", die Anordnung, die Konten der Terroristen einzufrieren.

„Wir rechnen damit, von der OIK eine positive Resolution gegen den Terrorismus zu erhalten", fügte Powell hinzu und spielte damit auf die Organisation der Islamischen Konferenz an, eine Gruppe, die die Interessen von 57 islamischen Nationen vertritt.

„Ich mache mir ein wenig Sorgen um unsere Leute in den Botschaften in Indonesien und Malaysia", sagte Tenet. Es hatte Drohungen gegeben. Die Präsenz von al-Qaida in jenen Ländern war unübersehbar.

„Ich werde mich darum kümmern", sagte Powell. Das Außenministerium hatte schon eine allgemeine Warnung in bezug auf Indonesien herausgegeben, daß extremistische Elemente möglicherweise planten, dortige amerikanische Einrichtungen anzugreifen. Seit kurzem war die antiamerikanische Haltung von der militanten islamischen Minderheit auf die allgemeine Öffentlichkeit und sogar die Regierung übergesprungen. Der ehemalige Präsident Abdurrahman Wahid hatte die USA öffentlich eine „terroristische Nation" genannt. Der amtierende Vizepräsident wiederum hatte gesagt, daß die Angriffe des 11. September Amerika helfen könnten, „seine Sünden reinzuwaschen."

„Ich möchte stärker auf die humanitäre Unterstützung Afghanistans eingehen", sagte der Präsident, „und ich möchte hören, welche Möglichkeiten es gibt, die Dinge auch im Süden ins Rollen zu bringen."

Das Verteidigungsministerium kündigte an, daß sie an der Aufgabe der Unterstützung arbeiteten, und Tenet sagte, er dränge auf Optionen für den Süden.

„Ich möchte sichergehen, daß wir unsere Erklärungen richtig abgeben", sagte Bush. Sagten sie, was sie taten und planten? Offenkundig gab es viele im Kriegskabinett, darunter auch Tenet, die fanden, daß die Taliban derart eng mit al-Qaida verzahnt waren, daß sie nach allen praktischen Überlegungen nicht von einander zu trennen waren. Doch noch immer war Bushs Ultimatum an die Taliban nicht vom Tisch.

„Wir sollten uns an das halten, was Sie in Ihrer Rede von den Taliban neulich gefordert haben", sagte Rice. „Wenn das afghanische Volk die Taliban stürzen will, prima. Aber was wir von den Taliban verlangt haben, sind genau die Dinge, die wir in der Präsidentenansprache in Sachen al-Qaida verlangt haben."

„Genau", sagte der Präsident, „wir sollten uns an das halten, was wir verlangt haben."

„Wir müssen bekräftigen, was der Präsident fordert", sagte Powell. „Wenn wir uns den Sturz der Talibanregierung zum Ziel machen, dann brauchen wir einen neuen Plan, und dann steht die Frage im Raum, wie die Pakistanis darauf reagieren werden." Der Außenminister, dem angesichts eines leichtfertigen Regierungsumsturzes unwohl war, fügte hinzu: „Das Statement des Präsidenten war ganz klar; also gut, dann ist das unser Standpunkt."

„Wenn sie unsere Forderungen ablehnen und die al-Qaida weiter beherbergen – wie sie es jetzt ja schon tun – und wir reagieren nicht darauf, dann würde dies bedeuten, daß wir es nicht ernst meinen", warf Rumsfeld ein. Er betonte „wie sie es jetzt ja schon tun." Rumsfeld wollte eine harte Linie durchsetzen. Wie lange sollte das Ultimatum denn noch auf dem Tisch liegen? Er wollte nicht, daß die Taliban sich hinter irgendeiner Fiktion verbargen. Sie hatten Bin Laden und seinem Netzwerk Unterschlupf gewährt. Der Präsident hatte gesagt, daß jene, die Terroristen beherbergen, dafür zu zahlen hätten.

„Das stimmt, Don", sagte Rice. „Aber soweit sind wir noch nicht."

Sie erinnerte die Gruppe daran, wo sie standen. „Unsere Botschaft lautet bisher: Geht auf das ein, was der Präsident fordert, sonst erleidet Ihr dasselbe Schicksal wie al-Qaida."

Das Problem war nur, daß Bin Laden und das Netzwerk auch fünfzehn Tage nach den Angriffen noch immer praktisch unangetastet an ihren Rückzugsorten lebten.

Viele Tage lang war das Kriegskabinett um die eine entscheidende Frage gekreist: Wie lange konnten sie nach dem 11. September warten, bevor die USA al-Qaida gegenüber sichtbar ‚energisch' werden sollten, wie sie es wiederholt nannten. Die Öffentlichkeit war geduldig, zumindest schien es so, doch alle wollten Taten sehen. Ein ausgewachsener Militäreinsatz – aus der Luft und von See aus – wäre eine wichtige Demonstration ihrer Ernsthaftigkeit – für Bin Laden, Amerika und die Welt. Der Präsident übernahm das Wort.

„Hegt jemand irgendwelche Zweifel, daß wir damit Montag oder Dienstag kommender Woche beginnen sollten?" wollte er wissen. Das war eine der beabsichtigten, wie er später behaupten würde, Provokationen.

Seine Worte hingen im Raum. Montag? Dienstag? Er drängte, knurrte beinahe.

Powell war ein wenig überrascht. Er wußte so gut wie jeder andere, wie lange es dauerte, um Einsatzkräfte zu bewegen und sich auf eine ausgewachsene Militäroperation vorzubereiten. Vor dem Golfkrieg 1990/91 hatte der Aufbau der Streitkräfte fünfeinhalb Monate gedauert. Armitage war überzeugt, daß das Verteidigungsministerium bemerkenswert schlecht auf so etwas vorbereitet war. Er war sogar so weit gegangen, im privaten Gespräch zum Ausdruck zu bringen, daß Rumsfeld den Alten Mann – so sein Begriff für den Präsidenten – hinters Licht führte, wann sie denn nun soweit seien und wie viel sie tatsächlich leisten konnten.

„Wenn das Militär bereit ist", sagte Powell zum Präsidenten und den anderen, „dann sollten wir losschlagen." Seine Betonung lag auf dem Wort „Wenn".

Tenet wollte mehr Zeit – um weitere Teams zu schicken, mit den Stammeskämpfern zusammenzuarbeiten, um weiteres Geld für verdeckte Aktionen an den Mann zu bringen, um die Bedürfnisse der Stammeskämpfer genauer zu eruieren, um ein System aufzubauen, die Waffen ins Land zu bringen und um sich dranzumachen, die Special-Forces-Einheiten einzuschleusen. Bei der Aussicht, daß die Militäraktion in fünf, sechs Tagen beginnen sollte, meinte Tenet zum Präsidenten: „Je mehr Zeit wir haben, desto besser für mich, aber wenn es denn nächste Woche sein soll, bin ich bereit."

Powell sagte: „Wann wir auch losschlagen, wir müssen es den

Menschen sagen – wir brauchen einen Plan, welche Weltpolitiker und welche weiteren Personen wir informieren wollen, damit sie es nicht aus der Zeitung erfahren." Er wollte zusätzlich zu dem Krieg nicht auch noch andere diplomatische Verwicklungen am Hals haben.

Rice, Hadley, Powell und Armitage kamen überein, einen Plan aufzustellen, welche führenden ausländischen Staatsmänner zu welchem Zeitpunkt informiert werden sollten, in manchen Fällen erst wenige Stunden vor dem Militärschlag.

„Wir brauchen eine Einschätzung, wie festgelegt wir sind", sagte Tenet, „denn wenn wir erstmal anfangen, müssen wir mit einer Reaktion rechnen, auf die wir vorbereitet sein sollten." Ein amerikanischer Militäreinsatz konnte einen terroristischen Vergeltungsakt auslösen.

„Das sehe ich auch so, George", sagte der Präsident, „Sie haben vollkommen recht. Wir brauchen diese Einschätzung. Und wir brauchen sie in den nächsten paar Tagen." Bush fügte an, daß es sich bei den Zielen in Afghanistan um die Luftverteidigung handelte, Militärflughäfen, Landebahnen und andere ständige Militäreinrichtungen. „Was dann als nächstes kommt, wird von der Einschätzung durch unsere Leute abhängig sein, sowohl das, was am Boden passiert, als auch das, was wir sehen. Verteidigungsministerium und CIA müssen weiterhin Zielvorstellungen entwickeln." Dann warf er eine weitere Idee ins Spiel, die er noch nicht mal mit Rice besprochen hatte, eine weitere Provokation. „Der Einsatz von Bodentruppen kann gleichzeitig erfolgen, muß aber nicht."

Das war ein möglicherweise signifikanter Sinneswandel, denn die Entscheidung des Präsidenten über den Militärschlag war ja mit der Vorstellung verknüpft gewesen, daß Luftschlag und Einsatz von Bodentruppen gleichzeitig zu erfolgen hätten – keine Raketen in Zelte wie bei Clinton.

Allerdings war deutlich geworden, daß es ein Problem gab bei der notwendigen Bildung der Stützpunkte für eine koordinierte Aktion.

„Können wir nächste Woche anfangen?" drängte Bush.

„Der Oberbefehlshaber wird bis dahin bereit sein", sagte Shelton. „Da ist nur noch die Frage des CSAR." Er bezog sich auf Combat Search and Rescue, die Hubschrauber-Teams, die sich in der Nähe der Kampfhandlung bereit hielten, um abgeschossene Piloten und Besatzungen zu retten. Die CSAR für Bombenflüge im Süden konnten möglicherweise geheim in Pakistan oder den Golfstaaten stationiert werden. Allerdings hatte noch keines der „-stans" im Norden – Turkmenistan, Usbekistan, Tadschikistan – zugestimmt, die CSAR im Lande zu dulden, die notwendig waren, um auch im Norden Bombereinsätze zu fliegen.

Es galt als eiserne Grundregel bei Shelton und den meisten Offizieren, daß Kampfeinsätze nicht ohne voll einsatzfähige Rettungsteams durchgeführt wurden. Die CSAR waren die Rettunsanker für jene, die Kampfeinsätze flogen, und es galt die Annahme, daß die oberen Militärränge alles unternehmen, um deren Einsatz zu gewährleisten. Dabei ging es nicht nur um das Leben der Piloten und Besatzungen. Jeder abgeschossene Pilot hinter den feindlichen Linien ist eine potentielle Geisel. Alle, die die Geiseldramen miterlebt hatten, von den 52 Amerikanern, die 1979/80 in Teheran festgehalten wurden, bis hin zu jenen im Libanon Mitte der achtziger Jahre, wußten von der möglichen Wirkung von amerikanischen Geiseln auf die Außenpolitik.

Die politischen Auswirkungen von Geiselnahmen konnten sogar noch größer sein. Das Geiseldrama im Iran hatte die Präsidentschaft Jimmy Carters behindert und war sicherlich ausschlaggebend für seine Wahlniederlage gewesen. Die Bilder der Hubschrauberwracks in der iranischen Wüste waren zu Symbolen für Carters Ohnmacht geworden. Mitte der Achtziger hatte Präsident Reagans stark gefühlsbetonter Einsatz für das halbe Dutzend amerikanischer Bürger, die im Libanon festgehalten wurden, zu dem dubiosen Plan geführt, amerikanische Waffenlieferungen gegen die amerikanischen Geiseln zu tauschen, und in der Folge zur Iran-Contra-Affäre.

Shelton sagte, er und andere arbeiteten noch an CSAR.

„Lassen Sie mich bis Freitag Bescheid wissen", sagte der Präsident. Das Pentagon hatte noch zwei Tage.

Rumsfeld hatte noch keine direkte Antwort auf die Frage des Präsidenten gegeben, ob man in der folgenden Woche mit Militäraktionen beginnen könne. Statt dessen ging er sie indirekt an und kam auf einen seiner ständigen Punkte zu sprechen; er äußerte die Sorge, daß das Kriegsziel noch zu eng bemessen sei und zu sehr auf

Afghanistan gerichtet wirke. „Ein paar Spezialeinsätze gleichzeitig irgendwo anders auf der Welt wären wichtig. Wir sollten am Boden etwas unternehmen – Special Forces in Afghanistan –, aber falls das nicht geht, dann sollten wir es anderswo tun." Seine Teams könnten eine Reihe von weiteren Terroristenunterschlupfen heimsuchen, um die Terrorgruppen zu zerschlagen oder zu sabotieren.

Einige der anderen Anwesenden fanden, daß er eifrig darauf bedacht schien, das Militär endlich irgendwo ins Spiel zu bringen.

„Ich sehe das auch so", meinte der Präsident beruhigend. „Wir können nicht ewig warten, aber wir können auch nichts überstürzen. Wir kommen auch ohne Bodentruppen klar." Bush sagte, daß sie ihren Willen auch dadurch beweisen würden, daß der erste Luftangriff von einer zweiten und dritten Welle gefolgt würde. Es würde sich um ein kontinuierliches Bombardement handeln.

„Nun", entgegnete Rumsfeld, „wenn wir keine neuen Ziele haben, werden der zweite Schlag und alle folgenden Schläge recht klein ausfallen."

Rice begriff Rumsfeld Enttäuschung. Es war ja nicht so, als hätten sie große elektrische Versorgungsnetze zu treffen. Afghanistan steckte noch im 15. Jahrhundert. Waren die ersten Ziele ausradiert, konnten sie nur noch Sand umwühlen.

„Also", konterte der Präsident, „unsere Strategie besteht darin, Verwirrung zu stiften und ein Vakuum herzustellen, um die Schurken dazu zu bringen, sich zu rühren. Wenn sie sich rühren, können wir sie sehen und treffen."

„Na ja", antwortete Rumsfeld, „unser militärischer Aufmarsch hat das schon bewirkt." Die al-Qaida-Camps waren leer, die Terroristen verstreut.

Sie wandten sich dem Thema der Heimatverteidigung und der Verwundbarkeit von Pipelines und Häfen zu. Je mehr sie sich um die Frage kümmerten, wie das Land zu verteidigen sei, desto mehr verwundbare Stellen entdeckten sie. Nichts war sicher.

„Keine Frage, daß wir uns um die Heimatverteidigung Gedanken machen müssen", sagte Bush, „aber unsere Sorgen darüber sollten uns nicht davon abhalten, in Aktion zu treten.

Wir haben also im Grunde dieselbe Strategie wie zuvor", sagte der Präsident zusammenfassend. „Daran dürfte kein Zweifel bestehen.

Am Freitag [zur Sitzung des Nationalen Sicherheitsrates] geben Sie mir bitte Ihre endgültige Einschätzung und lassen mich wissen, wo wir stehen. Ich möchte am Freitag eine Einsatzbesprechung, bei der wir sicherstellen, daß wir alles beisammen haben." Er verlangte von ihnen, darüber nachzudenken, was zu tun sei, „in dem Fall, daß es hier zu Anschlägen kommt."

Cheney hatte eine Weile bei der CIA verbracht, um herauszufinden, wie weitreichend die Kontakte der Agency im Süden waren. Im Augenblick drehte sich die Strategie darum, einige der Stämme im Süden zu gewinnen. Doch je tiefer er grub und je mehr Fragen er stellte, desto fadenscheiniger sah das Ganze aus. Die Kontakte waren nicht besonders gut und zudem waren es keine mit den entscheidenden Stämmen. Die CIA benutzte Informationen von britischen Karten, die schon Jahrzehnte alt waren.

Da die Nordallianz der stärkere Partner war und tatsächlich Kämpfer vor Ort hatte, sollten sie ihre Strategie vielleicht eher auf den Norden hin ausrichten, nicht den Süden. Das bedeutete, daß man sich ernsthaft auf die Taliban stürzen würde, statt nur zu versuchen, sie zu spalten. Vielleicht sollten sie einfach versuchen, die Führung der Taliban zu enthaupten, sagte er.

11 | AM 27. SEPTEMBER gegen 3 Uhr früh nach Washingtoner Zeit – Mittag im Pandschir-Tal in Afghanistan – setzte sich Gary, der Chef des Jawbreaker-Teams, mit General Mohammed Fahim, dem Kommandeur der Streitkräfte der Nordallianz, und Dr. Abdullah Abdullah, dem Außenminister der Allianz, zusammen. Er legte eine Million Dollar auf den Tisch und erklärte, sie könnten das Geld verwenden, wie sie für richtig hielten. Fahim meinte, er verfüge über zehntausend Kämpfer, doch viele davon seien schlecht ausgerüstet.

„Der Präsident ist an unserer Mission interessiert", sagte Gary. „Er möchte Sie wissen lassen, daß die amerikanischen Truppen im Anmarsch sind und daß wir Ihre Unterstützung brauchen. Er hat persönliches Interesse daran." Gary hatte eine sichere Verbindung nach Washington aufgenommen, und ein wenig übertreibend sagte er: „Alles, was ich nach Hause schreibe, bekommt [der Präsident] zu sehen. Das Ganze ist wichtig." Ohne Übertreibung meinte er: „Wir stehen auf der Weltbühne."

„Wir heißen Sie willkommen", sagte Fahim. „Wir werden tun, was wir können." Er hatte allerdings noch Fragen. „Wann beginnt der Krieg? Wann kommen Ihre Leute? Wann wird Amerika tatsächlich angreifen?"

„Ich weiß es nicht", entgegnete Gary. „Aber sicher bald. Wir müssen bereit sein. Die Truppen müssen stationiert werden. Wir müssen die Dinge zusammenbringen. Sie werden beeindruckt sein. So etwas wie das, was wir unserem Feind zu bieten haben, haben Sie noch nie gesehen."

IN WASHINGTON begann Rice Donnerstag, den 27. September, mit großer Sorge, nicht nur darüber, was sie dem Feind zu bieten hatten, sondern auch wann. Ihre Unterredungen mit einigen der Chefs hatten ihr klargemacht, daß viele ein ziemlich flaues Gefühl im

Magen hatten. Als der Präsident sagte, er wolle am Freitag eine Entscheidung haben, also morgen, da schienen alle salutiert zu haben. Jawohl, Sir. Aber Rice wußte, daß es noch Zweifel gab.

Rice hatte mit Cheney verabredet, im Laufe des Tages nach Langley zu fahren und sich im CIA-Hauptquartier über die Nordallianz zu informieren. Vieles hing nun von eben dieser Allianz ab.

Tenet und einige seiner Experten zeigten ihnen streng geheime Landkarten von Afghanistan mit kleinen farbigen Stecknadeln, die die Positionen und Einsatzkräfte der Allianz zeigten. Die Allianz hatte zwischen 10 000 und 30 000 Kämpfer aufzubieten. Rice hielt das für eine ziemlich ungenaue Spanne, das war keineswegs die Zahl von 20 000 Mann, die bisher herumgeschwirrt war.

Es gab Lücken, ziemliche Lücken, wie die CIA-Experten einräumten. Doch Jawbreaker war nun vor Ort, und weitere Teams würden eingeflogen, um all ihre Fragen zu beantworten. Es gab keine zuverlässige Möglichkeit, den harten Kern der Kämpfer einzuschätzen, ohne daß die Experten der paramilitärischen und verdeckten Operationen des CIA sie vor Ort in Augenschein nahmen. Sie könnten dazu schnell etwas sagen. Berichte vom ersten Team sollten bald eintreffen.

Rice konnte erkennen, daß die CIA organisiert zu Werk ging, und die Jahre der verdeckten Arbeit und der Finanzierung hatten sich offensichtlich bezahlt gemacht.

Der Süden, Hochburg der Taliban, war eine andere Geschichte. Die CIA hatte dort nur etwa ein Dutzend Quellen. Es gab nur wenig Hinweise auf Widerstandskämpfer.

Cheney und Rice brachen auf, um sich das neue Zentrum anzuschauen, das aufgebaut wurde, um terroristische Operationen aufzuspüren.

„Der Präsident ist am Telefon für Sie", sagte man ihr.

„Wo sind Sie?" fragte Bush.

„Ich bin bei der Agency", sagte Rice. Sie informiere sich über die Nordallianz.

„Wann werden Sie zurück sein?" fragte er drängend.

„Sobald Sie es möchten", antwortete sie lachend.

„Was werde ich morgen zu hören bekommen?"

Rice sagte, sie sei nicht sicher, aber sie würde es herausbekommen.

Im Einsatzzentrum war sie von einer ganzen Reihe von Personen umgeben. „Ich rufe zurück, wenn ich im Wagen sitze."

Es war gegen 18.45 Uhr, immer noch Berufsverkehr, als Rice den Präsidenten von ihrem Wagen aus über ein sicheres Telefon erreichte. Werde ich morgen zu hören bekommen, was ich glaube, daß ich es zu hören bekomme? fragte er.

Wissen Sie, Mr. President, sie tun, was sie können, um bereit zu sein, sagte sie. Aber Sie dürfen nicht vergessen, daß das sehr schwer ist.

„Warum? Das ist nicht hinnehmbar", brüllte Bush.

Rice versuchte ihm zu erklären, daß sie es mit einem Zirkelproblem zu tun hatten. Ohne Geheimdienstinformationen konnten sie die Ziele nicht effektiv und präzise bestimmen. Diese Informationen zu bekommen, war ein Problem, weil sie nicht in der Lage gewesen waren, genug Leute abzusetzen. Ihre Unterhaltung wurde unterbrochen, als die Verbindung gekappt wurde.

Sie versuchten es erneut, aber die Verbindung war schlecht.

„Ich komme ins Weiße Haus", sagte Rice. „Ich komme so schnell wie möglich zu Ihnen."

Der Präsident wollte reden. Was ist los? Was gibt es?

Mr. President, sagte sie, Ihre Zeitvorstellungen und jene des Militärs laufen nicht konform. Sie sind möglicherweise noch nicht soweit.

Immer wieder brach die Leitung ab.

„Mr. President, ich bin auf der E Street. Ich rufe Sie an."

Als sie ins Weiße Haus kam, sprintete Rice in ihr Büro. Der *stalker* war schon auf der sicheren Leitung. Sie wiederholte, was sie ihm schon vom Wagen aus gesagt hatte, nämlich daß das Militär noch nicht soweit sei.

„Das ist nicht hinnehmbar!" sagte Bush erneut. „Wie kann das sein?"

Rice sagte, sie würde zu seiner Residenz herüberkommen, und es ihm ausführlicher erläutern. Sie ging hinauf und legte ihm die vielfachen Probleme dar. Die Geschichte war eine harte Nuß für das Pentagon – keine nennenswerte Infrastruktur in der Region, keine Stützpunkte, schwache Informationen vor Ort, wenige Ziele, und das Wetter wurde langsam schlecht. Ein weiteres Problem, das wußte Bush, war die Tatsache, daß die Such- und Rettungstrupps für die Piloten noch nicht vor Ort waren. Ich denke, die Schlüsselfrage am

Freitag wird sein herauszufinden, wie es vorangeht, nicht die, eine Entscheidung zu treffen, riet Rice.

Der Präsident erinnerte sich später an diese Ereignisse. „Ich bin bereit", sagte er. „Manchmal bin ich eben so – heißblütig. Auf der anderen Seite ist es ihre [Rice'] Aufgabe, einen Gutteil dieses Feuers abzukriegen, damit das Ganze ein wenig – ein wenig an Schärfe verliert. Und darin ist sie gut." Es sei einfach in seiner Natur, so heißblütig zu sein, sagte er.

„Ich wurde langsam ungeduldig. Ich kann ziemlich ungeduldig werden. Außerdem fühlte ich mich wohl mit – also, das ist einer der Punkte, ich kann mit Condi vollkommen unvorbereitet sein. Das ist nun mal ihre Aufgabe, sie fängt mein – sie hilft, indem sie in etwa sagt, Mr. President, ich sehe, was Sie denken, und ich finde, Sie sollten vielleicht ein wenig in diese oder jene Richtung denken."

Nachdem sie aus der Residenz zurückgekehrt war, rief Rice bei Rumsfeld an. „Don", warnte sie ihn behutsam vor, „ich denke, Sie sollten morgen darauf vorbereitet sein, dem Präsidenten zu sagen, wie der Zeitplan tatsächlich aussieht, denn ich denke, seine Erwartungen stimmen nicht mit dem überein, was Sie ihm sagen können. Ich glaube, es wird okay sein, aber es ist wichtig, daß er jetzt wirklich einen klaren Blick dafür bekommt, von welcher Zeitspanne wir hier reden."

„Das kann ich tun", erwiderte Rumsfeld.

DIE CHEFS TRAFEN SICH später am Abend ohne den Präsidenten. Cheney sagte, er habe mit dem Emir in Katar gesprochen.

„Ich bin aktiv gewesen", sagte Powell. „Ich habe ihm zweimal eine Demarche geschickt." Das bedeutete, daß es eine diplomatische Warnung gegeben hatte. „Wir arbeiten daran."

Cheney sagte: „Der Präsident möchte irgendwelche künstlichen Beschränkungen oder Zeitvorgaben für unsere Militäraktion vermeiden. Laßt es uns richtig machen. Laßt uns nur der Presse wegen keinen Blödsinn machen."

Rice pflichtete ihm bei.

„Lufteinsätze", meinte Cheney, „ohne Einsatz von Bodentruppen könnten schwach wirken." Gleichzeitig wollten sie „unsere Jungs" nicht dazu zwingen, etwas nur der Öffentlichkeit zuliebe zu tun. „Wir sollten es tun, weil es klug ist."

„Wir haben davon gesprochen herauszufinden, ob es irgendwelche Pläne für Sondereinsätze außerhalb Afghanistans gibt", sagte Powell.

„Ja", antwortete Rumsfeld, „ich bin dran."

Trotz all des Drucks, den Rumsfeld auf das Verteidigungsministerium ausgeübt hatte, konnte er nichts in dieser Art vorweisen.

Powell sagte, seine Leute hätten ein weiteres Treffen mit den Usbeken gehabt, um die Erlaubnis zu erhalten, deren Territorium zu nutzen. Die Usbeken hatten eine Frage: „Was tun wir, wenn Ihre Aktionen uns in Gefahr bringen?"

Eine gute Frage, aber eine, auf die es keine Antwort gab.

Powell sagte zudem, daß sie bald eine Übereinkunft über eine Resolution des Sicherheitsrates der Vereinten Nationen treffen würden, die im Kern die Verordnung des Präsidenten hinsichtlich der Einfrierung der Terroristengelder weltweit übernehmen würde. Dies wäre eine sehr gute Möglichkeit, den Krieg gegen die Finanzquellen global auszuweiten.

Powell berichtete außerdem, daß es am folgenden Tag in Deutschland ein Treffen jener Länder geben würde, die Gelder für den Wiederaufbau Afghanistans zur Verfügung stellten. Dies mußte ein sichtbarer Teil der Strategie der Koalition werden, ein Anreiz für das afghanische Volk, sich selbst zu befreien. Die Afghanen sollten erfahren, daß es einen Fonds gab, der für den Aufbau ihres Landes gedacht war, wenn sie bereit waren, das Notwendige zu tun.

Rumsfeld sagte, General Franks sei bereit, Verbindungsoffiziere der Regierungen der Verbündeten in Tampa, Florida, zu akzeptieren.

Die anderen schienen darin übereinzustimmen, daß dies ein erster Schritt wäre, die Mitglieder der Koalition dazu zu bewegen, Kräfte bereitzustellen. Franks könnte sehen, was angeboten würde und was tatsächlich von Nutzen wäre.

Shelton sagte: „Wir haben übernächste Woche eine Reihe von C-17 bereitstehen, um Essensrationen abzuwerfen, Radios, Decken, und wir werden dies in Verbindung mit unserer Militärkampagne tun."

„Größere humanitäre Anstrengungen sind vonnöten", sagte Rice. „Wir müssen eine humanitäre Kampagne entwickeln und nächste Woche in Gang bringen." Sie wirkte enttäuscht. Abgesehen von

Powell schienen die Chefs mehr am Krieg selbst als an humanitärer Hilfe interessiert, wie sie der Präsident gefordert hatte. „Wir müssen aus dem Munde des Präsidenten klarstellen, daß es massive Anstrengungen geben wird, dem afghanischen Volk zu helfen."

„Ich mache mir immer noch Sorgen um CSAR", sagte Shelton; er meinte die Rettungsteams. „Franks meint, die Spezialeinheiten stehen innerhalb von zehn Tagen nach Erteilung des grünen Lichts zur Verfügung." Doch ohne Landerechte in der Region konnten die Spezialeinheiten nirgendwo hin. Es sah so aus, als müßte der Einsatz von Bodentruppen noch warten.

„Also", sagte Rice, „wir müssen bei den Spezialeinheiten und bei CSAR mehr Druck machen. Was haben wir? Was machen wir?" So ging es eine Zeitlang weiter.

Sie wandten sich einer weiteren Sorge zu. Die arabische Fernsehstation Al-Dschasira, die ihren Sitz in Katar hatte, hatte Bin Ladens Propaganda Tür und Tor geöffnet und ganze Reden von ihm gesendet, die, wenn auch nur in Auszügen, auch von amerikanischen Sendeanstalten aufgegriffen wurden.

Sie steckten in einem Konflikt, denn einerseits wollten sie etwas von Katar, andererseits gefiel ihnen die Freiheit nicht, die Al-Dschasira dort genoß.

„Was die Usbeken angeht", sagte Cheney ungeduldig, „so ist unsere Delegation nicht hochrangig genug. Wir müssen eine hochgestellte Persönlichkeit durch die Gegend reisen lassen." John R. Bolton, der Staatssekretär im Außenministerium für Waffenkontrolle und internationale Sicherheit, verhandelte mit den Usbeken. „Der Präsident könnte anrufen, wir bräuchten ein direktes Gespräch mit Karimow. Wir brauchen jemanden, der hinfliegt und die Sache klärt."

Das war auf Powell gemünzt, der sich um Usbekistan zu kümmern hatte.

AM FREITAG, dem 28. September, kam der Moment, den der Präsident festgelegt hatte, um zu einer Entscheidung zu kommen, ob das Bombardement Anfang der folgenden Woche beginnen könne. John McLaughlin sollte Tenets Platz einnehmen und den täglichen Geheimdienstbericht bei Bush abliefern. McLaughlin verfügte über ein unglaubliches Gedächtnis und war berühmt dafür, eine große Menge an Material aufnehmen und die wichtigsten Punkte präsentieren zu können.

Ein Jahr zuvor, als Gouverneur Bush noch republikanischer Präsidentschaftskandidat gewesen war, war McLaughlin nach Texas entsandt worden, um dem Kandidaten einen routinemäßigen einstündigen Bericht abzuliefern. Er hatte gebeten, mit einem Scherz beginnen zu dürfen. „Nur, wenn er gut ist", hatte Bush erwidert. McLaughlin berichtete von einem Undercover-Aufenthalt in Rußland, wo er sich als Tourist aufgehalten und den Ort besucht hatte, an dem der erste Schuß der russischen Revolution abgefeuert worden war. Der Begleiter hatte gesagt: „Dieser eine Schuß war der wirksamste Schuß, der jemals abgefeuert wurde. Er ging los und sorgte siebzig Jahre lang für blanke Zerstörung."

Bush hatte gekichert. Kaum hatte McLaughlin mit seinem Bericht begonnen, als Bush bereits anfing, Fragen zu stellen. Das Briefing dauerte vier Stunden. McLaughlin fand in Bush einen guten Zuhörer, der einen nicht einschüchterte. Als er wieder in der Agency eingetroffen war, berichtete er: „Wenn der Typ gewählt wird, dann sollte der Berichterstatter besser interaktiv agieren können."

Am Freitag morgen im Oval Office ging McLaughlin die Drohungen durch. Es schien ziemlich viele Pläne zu geben; al-Qaida hatte größere Anschläge im Sinn.

„Und warum, glauben Sie, ist bisher nichts passiert?" fragte Bush. Es gab doch all dieses Gerede, SIGINT, Warnungen.

„Die Sicherheit ist wichtig", erwiderte McLaughlin. „Was wir tun, ist wichtig." Leute von der Straße holen, das Geld einfrieren, damit derjenige, der die gefälschten Pässe für das Team kaufen will, sie nicht kriegt. Die präsidentielle Entscheidung, sagte McLaughlin, die CIA damit zu beauftragen, in die Offensive zu gehen – ihre Bemühungen von der Defensive in die Offensive zu bringen – zeige bereits Wirkung.

„Wann, glauben Sie, sollten wir mit der Militäraktion beginnen?" fragte Bush und senkte instinktiv die Stimme.

„Mr. President", erwiderte McLaughlin darauf, „das ist Ihre Entscheidung. Ich kann Ihnen nur meine persönliche Meinung dazu sagen."

„Mehr erwarte ich auch gar nicht."
„Also, basierend auf dem, was wir jetzt erkennen und wo wir stehen, würde ich uns lieber noch ein paar Wochen Zeit geben, um mit den Stammeskämpfern zu arbeiten, damit wir erkennen, was sie brauchen, um ein System zu erstellen, wie wir ihnen Waffen liefern, und um die Special Forces einzufliegen. Ich würde uns noch ein paar Wochen lassen."
„Danke", sagte der Präsident.

ALS DER NATIONALE SICHERHEITSRAT sich am späten Vormittag einfand, war Rice in Sorge, daß dies kein besonders glückliches Treffen werden würde.
„Wir müssen unser Timing und unsere Strategie für die geplanten Militäreinsätze neu bewerten", sagte der Präsident als erstes. „Mittwoch meinte ich, daß am Freitag eine Entscheidung gefällt werden sollte. Vielleicht brauchen wir doch mehr Zeit."
Rice war überrascht, daß der Präsident den Druck etwas rausnahm.
„Ich bin bereit, dazu etwas zu sagen", meinte Rumsfeld, wartete aber ab, bis er an die Reihe kam.
Tenet legte eine Sichtweise dar, die ein wenig von der seines Stellvertreters McLaughlin abwich. „Wir müssen nächste Woche etwas tun", sagte er. „Die Leute in der Region stehen auf den Barrikaden. In den nächsten Wochen Taten sprechen zu lassen, könnte helfen." Er verwies auf die Spaltung im pakistanischen Geheimdienst, dem ICI. „Einige sind für Bin Laden, andere gegen ihn." Der Kopf des Geheimdienstes war offenkundig ein Anhänger von Mullah Omar und den Taliban. „Nächste Woche einen Angriff zu starten, ergibt Sinn. Ich würde gern einen konservativen Plan hören, denn es wird sicher Vergeltungsangriffe geben, und es treffen eine ganze Reihe von Drohungen aus Übersee ein." Die CIA kontrollierten mit Hilfe von Satelliten regelmäßig die militärischen Möglichkeiten der Taliban.
„In unserer Botschaft in Chile gab es eine Briefbombe", berichtete Powell. Das große Paket, das an den amerikanischen Botschafter adressiert und von einem chilenischen Briefkurier geliefert worden war, hatte genügend Sprengstoff enthalten, um denjenigen ernsthaft zu verletzen, der es geöffnet hätte. Die Wachen auf dem schwer ge-

sicherten Botschaftsgelände, einem der sichersten der Welt, hatten die Polizei benachrichtigt, und ein Bombenentschärfungstrupp hatte sich darum gekümmert. „Wir haben einen Geheimdiensttip erhalten und das Paket sprengen lassen", berichtete Powell. Niemand hatte die Verantwortung dafür übernommen, und es schien nichts mit dem 11. September zu tun zu haben.

Sie wandten sich den Terroristenproblemen in Indonesien und auf den Philippinen zu, wo es größere al-Qaida-Gruppen gab. Welche Möglichkeiten hatten die USA, die dortigen Regierungen zu ermutigen, stärkere und bessere Terrorismusabwehr zu leisten? Das Bild war unscharf.

„Wir haben in Verbindung mit den humanitären Anstrengungen, die unsere Aktion begleiten sollen, eine Ankündigung für den Präsidenten verfaßt. Wir haben auch eine Landkarte von AID vorgelegt bekommen, die wir dem Pentagon weitergereicht haben, aus der hervorgeht, wo der größte Bedarf an humanitären Luftabwürfen besteht", sagte Powell. AID ist die Agentur für Internationale Entwicklung (Agency for International Development), die die amerikanischen Hilfsprogramme koordiniert.

Hunderte von Menschenleben könnten gerettet und das Leid von Zehntausenden gemildert werden, wenn die Abwürfe durchgeführt werden könnten.

Usbekistan hatte entschieden, ein fünfzehnköpfiges Vorauskommando des amerikanischen Militärs ins Land zu lassen, das die Möglichkeit und Machbarkeit, CSAR von dort aus einzusetzen, einschätzen würde. Es gab noch den Gedanken, die Usbeken dazu zu bewegen, auch die Spezialeinheiten dort operieren zu lassen. Die Usbeken verlangten Sicherheitsgarantien. Sie machten sich Sorgen um die Verteidigung ihrer Grenzen.

Der Minister sagte, er brauche eine klare Richtlinie, was andere, darunter die diplomatischen Dienststellen, über unser Vorhaben verlautbaren konnten.

„Und was die Menschen tun können, um zu helfen", warf der Präsident ein.

Hadley sagte, daß sie bereits daran arbeiten würden und noch am selben Tag einen Entwurf vorlegen könnten.

Rumsfeld sagte, er werde sich am Nachmittag mit Franks treffen und sich über den letzten Stand informieren. „Es gibt einen usbekischen Flugplatz acht bis zehn Meilen vom Hauptflughafen entfernt. Wir werden unser Bewertungsteam hinschicken und sehen, ob die Landebahn C-5er aufnehmen kann", die riesigen Transportmaschinen. „Unsere Jungs werden in 24 Stunden dort sein und einschätzen können, ob der Flugplatz für unsere Bedürfnisse geeignet ist. Wenn die Landebahnen in Ordnung sind, können wir CSAR dort installieren. Wenn nicht, müssen wir sehen, ob wir sie dazu bewegen können, uns den Hauptflughafen benutzen zu lassen. Wir stehen mit den Usbeken in Verhandlungen."

„Und wenn die Usbeken abwinken", bohrte der Präsident nach, „wie sieht der Plan dann aus?"

„Wenn wir kein CSAR im Norden haben, können wir im Norden keine Luftangriffe durchführen", erwiderte Rumsfeld, „nur im Süden." Er hielt an der Forderung der Militärs fest, daß Einsätze erst dann durchgeführt werden konnten, wenn CSAR in der Nähe des Einsatzgebietes installiert war.

Tenets Hauptaktionsgebiet lag im Norden. Im Süden hatte er so gut wie nichts vorzuweisen. Nun sah es so aus, als würde das Bombardement genau die entgegengesetzte Ausrichtung haben – nichts im Norden, nur im Süden. Nichts paßte zusammen.

„Und was ist mit CSAR in Rußland?" fragte der Präsident. Putin hatte sich angeboten.

„Wir bräuchten dort eine Koordinierung", sagte Rumsfeld.

„Und in Tadschikistan?" fragte Rice.

„Wir werden mit Franks darüber reden", sagte Rumsfeld. „Wenn wir in die Gänge kommen, ist CSAR in vier bis fünf Tagen installiert."

Die Bombardierungen im Norden hingen davon ab.

Rumsfeld faßte zusammen: „CSAR steht in Ramstein in Bereitschaft", dem amerikanischen Luftstützpunkt in Deutschland. „Die Usbeken haben den Sondereinsatzkräften noch kein Okay erteilt. Oman wird uns CSAR im Süden bieten, und wir prüfen mögliche Special-Forces-Optionen im Süden. Die drei, an die wir bisher denken, sind mit einem hohen Risiko behaftet."

Der Verteidigungsminister gab schließlich seine Antwort: „Wenn wir unsere Bewertung in Usbekistan in 24 Stunden abgeschlossen haben und der Flugplatz in Ordnung ist, dann können wir in fünf Tagen einsatzbereit sein, also frühestens Donnerstag. Wahrscheinlicher Samstag."

„Sie könnten im Süden beginnen und sich später um den Norden kümmern", sagte Bush. „Sind wir soweit, in den Süden zu gehen?"

Rumsfeld nahm die Zielliste zur Hand – insgesamt siebenhundert Punkte.

„Wie viele davon liegen im Süden?" fragte Bush.

„Das werden wir heute herausfinden", antwortete Rumsfeld abwiegelnd. Die Liste war nicht nach Nord und Süd sortiert.

Dann kam Rumsfeld auf eines der Lieblingsthemen des Präsidenten zu sprechen. Er sagte, es stünden zwei C-17 bereit, die den Afghanen 37 000 Essensrationen abwerfen könnten. „Es könnte in zeitlicher Nähe zum Luftschlag geschehen, vielleicht einen Tag darauf."

Shelton sagte: „Am Montag wären wir soweit, es gleichzeitig durchzuführen", also Bomben und Nahrungsmittel zugleich abwerfen.

„Wir werden auch PSYOP-Abwürfe starten", sagte Rumsfeld. Damit meinte er die sogenannten psychologischen Operationen. Flugblätter sollten abgeworfen werden, die erklärten, daß die Vereinigten Staaten gekommen seien, das afghanische Volk von den Eindringlingen Bin Laden und al-Qaida zu befreien, und daß es sich nicht um einen Krieg gegen den Islam handele. In bezug auf die Operationen der Spezialeinheiten im Norden erinnerte er sie daran: „Wir verfügen über keine Basis."

Das vielversprechendste Ziel, das sich abzeichnete, lag im Norden von Kabul. Die Geheimdienstinformationen sprachen von einer Anlage, die so aussah, als könnte al-Qaida dort chemische oder biologische Waffen herstellen (später stellte der Geheimdienst fest, daß es sich um eine Fabrik zur Herstellung von Kunstdünger handelte).

Spezialeinsätze so früh seien nicht möglich, sagte Rumsfeld. „Nicht im Norden, und im Süden haben wir nicht genügend gute Ziele." Mit Bodentruppen war so früh also nicht zu rechnen.

„Also", sagte der Präsident, und deutete an, daß er gewillt war, sich dem militärischen Urteil zu beugen, „die Spezialeinsätze können wir später fahren. Gibt es irgendwelche Koordinierungsprobleme?"

„Wir arbeiten für die Genehmigungen, die wir benötigen, mit dem Außenministerium zusammen, und diese Zusammenarbeit läuft gut.

Unsere Verbindung mit den Geheimdiensten ebenfalls", erwiderte Rumsfeld.

Cheney schaute besorgt. „Ich mache mir Sorgen um die Verbindungen zwischen dem, was wir hier tun, und der Heimatverteidigung." Der Vizepräsident machte sich große Gedanken wegen der Möglichkeiten eines weiteren Angriffes und der Möglichkeiten von Vergeltungsanschlägen, wenn das Militär erst einmal zum Einsatz gekommen war.

„Dick", sagte Bush, „ich stimme dir vollkommen zu."

„Wir erhalten heute Informationen darüber", sagte Rice.

„Ich mache mir Sorgen um die Bedrohung durch biologische Waffen", sagte Cheney.

Einige der Anwesenden fragten sich, ob der Vizepräsident etwas wußte, oder ob er Dinge miteinander in Verbindung gebracht hatte, die sie übersehen hatten. Cheney galt als gründlicher Leser der Geheimdienstberichte und als einer, der einzelne Punkte gut miteinander verknüpfen konnte. Aber es schien keinen besonderen Anlaß zu geben.

General Myers kam wieder auf Afghanistan zurück und sagte: „Wir stehen bereit, die Special Forces zusammen mit den Einsatzkräften der CIA abzusetzen."

„Ist dies das erste Mal, das wir so etwas machen?" fragte Bush.

„Schon seit einer ganzen Weile nicht mehr", erwiderte Myers. Auf dem Balkan hatten das Militär und die CIA geheime Aktionen durchgeführt, um mutmaßliche Kriegsverbrecher festzusetzen. Bei solchen Einsätzen sammelte die CIA die Informationen, und die militärischen Spezialeinheiten schlugen zu. Nun lautete der Plan, daß CIA und Special Forces Hand in Hand arbeiten sollten. Das würde ziemliches Neuland sein. „Wir haben noch keinerlei Erfahrungen damit", räumte Myers ein. „Wir werden klein anfangen und diese Vorgehensweise dann ausbauen."

Sie wandten sich den Einsatzregeln zu – Anweisungen, die den amerikanischen Streitkräften mitgegeben werden sollten und die die Umstände festhielten, unter denen ihnen erlaubt war anzugreifen, Bomben abzuwerfen oder zu schießen. Wie groß konnte der Handlungsspielraum sein? Welche Anstrengungen sollten unternommen werden, Angriffe auf Unbeteiligte zu verhüten?

Am Ende kamen sie überein, Regeln zu erlassen, die darauf abzielten, die Kollateralschäden so gering wie möglich zu halten. General Franks würde um Erlaubnis fragen müssen, wenn ein Ziel angegriffen werden sollte, bei dem mittlerer oder hoher Kollateralschaden zu erwarten war. Die Ausnahme bildete nur der Fall, daß die CIA Bin Laden oder die al-Qaida-Führung im Fadenkreuz hatte; dann durften sie sofort eine Predator-Drohne schicken. Tenet hatte diese Vollmacht laut der neuen Geheimdienstverordnung, die Bush unterzeichnet hatte, aber Tenet hatte angedeutet, er würde über Franks gehen.

Myers erinnerte sie daran, daß sie noch zehn Tage brauchen würden, um den Special Forces Stützpunkte bieten zu können.

Im weiteren Verlauf untersuchte die Gruppe die Möglichkeit, einen Flugzeugträger vor der Küste Pakistans als Sprungbrett einzusetzen.

„Das Treffen heute nachmittag ist sehr wichtig", sagte Bush; er bezog sich dabei auf ein Heimatverteidigungstreffen, zu dem noch weitere Personen stoßen sollten. „Wir werden die Frage stellen müssen: Tun wir alles, was wir können?"

„Wir müssen dafür sorgen, daß keinerlei Hinweise auf unser Timing aus den Treffen bekannt werden", sagte Rumsfeld. Es durfte nichts nach außen geraten darüber, wann der Militäreinsatz beginnen sollte. „Wenn Sie alles dichtmachen wollen", fügte er hinzu, „dann tun Sie es ab jetzt, damit es nicht zu einem Signal wird."

Der Präsident war hin und her gerissen, als er versuchte, eine Zusammenfassung zu liefern. „Ich will nicht, daß die Politik da hineinspielt", sagte er. „Ich will nicht, daß die Militäreinsätze von der öffentlichen Meinung beeinflußt werden. Aber die Angst wird anwachsen im Land. Wir werden versuchen, das nächste Woche in den Griff zu kriegen. Wir werden Zahlen vorlegen, was wir im Krieg gegen den Terrorismus bereits getan haben. Wir werden den Militäreinsatz nicht überstürzen, aber wir werden Tommy [Franks] drängen, daß er sich bereit macht. Wir müssen etwas tun. Von den Usbeken werden wir übers Wochenende erfahren. Am Montag werden wir das Ganze bewerten, und die Ziele müssen mit unseren Vorstellungen im Einklang stehen. Militär, Luftverteidigung, Selbstverteidigung, Ziele von al-Qaida."

„Wenn wir zuschlagen", so Powell, „dann müssen wir damit rechnen, daß wir was zurückbekommen, und das Land wird sich erneut Sorgen machen."

„Wir werden uns noch eine Weile in dieser Weise treffen", sagte Bush. „Am besten, alle anderen kehren wieder zum Normalzustand zurück." Er erinnerte sie daran, daß sie, das Kriegskabinett, immer noch in Bereitschaft waren und bereitstehen mußten, sich jederzeit zu treffen oder zu handeln. „Unser Einsatz in Afghanistan ist ein bedeutender Teil unserer Bemühungen. Es ist wichtig, daß wir es ernst meinen, und das wird ein Signal für andere Länder sein, wie ernst wir gegen den Terrorismus vorgehen." Er erwähnte Syrien und den Iran – langjährige Unterstützer des Terrorismus.

„Viele glauben, daß Saddam dahinter steckt", sagte er. „Im Augenblick ist das für uns nicht von Bedeutung. Wenn wir ihn dabei ertappen, daß er damit zu tun hat, werden wir handeln. Am Ende wird sich wahrscheinlich sowieso herausstellen, daß er dahinter steckt."

Mit dieser Bemerkung verließ der Präsident die Versammlung. Rice ging mit ihm ins Oval Office.

„Ich glaube, daß war ein wirklich gutes Treffen", sagte sie. „Ich war mir vorab nicht so sicher."

Der Präsident lachte. „Sie kommen ans Arbeiten", sagte er, „und Montag messen wir noch mal die Temperatur."

Später kommentierte der Präsident, warum er einen Rückzieher gemacht hatte. „Das ist der Einfluß von Rice, verstehen Sie? Niemand behauptet, sie habe keinen Einfluß. Ich bin Realist, und außerdem muß es einen Ausgleich geben, Leute zu drängen und dann einen Militäreinsatz zu erzwingen." Er fügte noch an, daß er zu dem Zeitpunkt wußte, daß sie innerhalb von sieben bis zehn Tagen einsatzbereit sein würden.

„Einer der interessanten Punkte daran, Präsident zu sein, besteht darin, daß ich merkwürdigerweise nicht allzu viel Post zu sehen kriege. Das einzige, was ich sagen kann, ist, daß ich mich auf meine Instinkte verlasse. Ich wußte einfach, daß irgendwann das amerikanische Volk sagen würde: Wo bist du? Was machst du? Wo bleibt deine Führung? Wo stehen die Vereinigten Staaten? Du bist doch so übermächtig, also tu was." Er spürte, daß seine Aufgabe darin bestand, die Öffentlichkeit über die Art des Krieges zu informieren. „Ich denke, das, zusammen mit meinen Instinkten gegenüber der Angst, ist eine Reaktion darauf, miterlebt zu haben, wie die Menschen sich dem Oberkommandierenden in Vietnam immer weiter entfremdet haben."

Bush, ein ehemaliger F-102-Pilot der Texas Air National Guard, sagte: „Ich hatte das Gefühl, daß es sich [bei Vietnam] um einen Krieg handelte, der nie vernünftig dargestellt worden war, und daß die Regierung den Krieg nur noch managte. So erzählten mir meine Pilotenfreunde zum Beispiel, daß sie den Thud-Kamm" – die berüchtigte Einflugschneise, die die amerikanischen Kampfjets Richtung Hanoi nehmen mußten – „nur zu bestimmten Zeiten überfliegen konnten, und daß der Feind wußte, wann sie kamen."

AM SPÄTEN VORMITTAG traf sich der Präsident mit König Abdullah von Jordanien. Jordanien kooperierte auf Geheimdienstebene ganz ausgezeichnet und erhielt Millionen von Dollar an CIA-Geldern, um beim Aufspüren und Festsetzen von Personen, die des Terrorismus verdächtig waren, zu helfen. Bushs private Bemerkungen gegenüber dem König spiegelten seine zwiespältigen Impulse wider.

„Unser Land ist noch immer in Trauer", sagte der Präsident zum König, „aber wir sind auch wütend. Es gibt ein gewisses Maß an Blutrünstigkeit, aber wir werden unsere Taten nicht davon bestimmen lassen." Er merkte noch an, daß der pakistanische Geheimdienst ISI bald damit beginnen müsse, sich von seinen pro-Taliban-orientierten Elementen zu reinigen. „Wir sind standfest, halten die Augen offen, und wir sind geduldig", sagte Bush, „aber schon bald werden wir anfangen müssen, Skalps zu präsentieren."

Um 13.05 Uhr traf sich der erweiterte Nationale Sicherheitsrat erneut.

„Ziel ist es, uns darauf zu konzentrieren, was wir tun, um uns auf einen weiteren Angriff vorzubereiten", sagte Bush.

Ashcroft sagte: „Wir denken daran, ein landesweites Nachbarschaftswachen-System einzurichten." Die Bürger sollten merkwürdige Verhaltensweisen oder vermutete Terroristen melden.

„Aber stellen Sie sicher, daß Sie keine antiarabischen Ressentiments in diesem Land auslösen", sagte der Präsident. Sonst gäbe es schon Meldungen, wenn sich drei arabisch aussehende Männer unterhielten.

„Wir möchten die Botschaft vermitteln, daß man höchstwahrscheinlich auffällt, wenn man etwas Falsches tut", sagte Ashcroft.

„Unterbrechung ist unser Ziel", sagte Tenet. „Wir möchten die Ausrichtung unseres Handelns ändern, um an den neuralgischen Punkten für größere Sicherheit zu sorgen. Wir wollen sie von ihren Taten abbringen, ihre Planung behindern, ein anderes Sicherheitsprofil beweisen. Etwas, was sie noch nie zuvor gesehen haben, worauf sie sich nicht vorbereitet haben, womit sie nicht rechnen können. Das Ziel heißt Unterbrechung."

Wenn bei der Flughafensicherheit alle durchsucht würden, vom Priester bis zur älteren Dame, dann konnte dies den Terroristen eine Botschaft übermitteln – ganz egal, wie Ihr Euch tarnt oder wie harmlos Ihr auch aussehen mögt, niemand kann der Durchsuchung entgehen.

12 | DIE BUSHS HATTEN für das Wochenende des 29. und 30. September ein paar Freunde aus dem Osten von Texas ins Weiße Haus eingeladen. Mrs. Bush wollte die Damen ins Kennedy Center führen, und die Männer hatten vor, im Weißen Haus eine Runde zu pokern. Aber die Drohungen gegen das Weiße Haus nahmen zu, und Bush sagte ab. „Der Präsident hat es mit Hunderten von Drohungen jeden Monat zu tun", sagte Bush später, und nach dem 11. September „wurden es immer mehr." Das Wochenendtreffen wurde auf Ende Oktober verschoben.

Die Bushs reagierten auf unterschiedliche Weise auf die Drohungen; eine Möglichkeit war, sie einfach zu leugnen. Der Präsident sagte, seine Frau habe nie eine zweite Front daheim eröffnet oder sich beklagt. „Sie kannte die Drohungen", sagte er, aber sie habe nie Fragen gestellt wie: „Wie kannst du es hier nur aushalten?", oder „Wie kannst du von mir verlangen, inmitten dieser Gefahr hierzubleiben?" Sie hatte auch nie gefragt: „Warum hast du mich nur in diesen Schlamassel gebracht?", so der Präsident. „Sie begreift, daß sie eine Funktion hat – ihre Aufgabe ist es, dabei zu helfen, das amerikanische Volk zu beruhigen."

Während meines Interviews mit dem Präsidenten in Crawford im August 2002 wurde allerdings deutlich, daß der Krieg die Bushs emotional mehr belastet hatte, als sie sich eingestanden.

Als sich Mrs. Bush uns gegen Ende des Interviews anschloß, wandte sich der Präsident an sie und erläuterte ihr, daß er zu mir gesagt habe: „Du bist nie in Panik verfallen, hast nie gefragt, warum wir das Weiße Haus nicht verlassen haben. Du warst nie besorgt."

Mrs. Bush lieferte da eine deutlich abweichende Version der Dinge. „Ich war einfach nur sehr ängstlich", sagte sie und umklammerte die Hände in ihrem Schoß. „Alle Ereignisse waren einfach mit derart vielen Unsicherheiten verknüpft, jeder Schritt, jede – ach, wissen Sie, offensichtlich seit dem 11. September und der Art, wie sich die Menschen fühlten. Ich machte mir sicher Sorgen, daß es umgehend zu irgendeiner Art von Vergeltungsschlag kommen würde. Ich denke, das war das Beängstigende daran. Und das machte sich sicherlich in all den Einschätzungen der Bedrohungslage mehr als deutlich bemerkbar, nehme ich an."

„Ich war nervös, ich war ängstlich", fügte sie sacht an.

„Das habe ich gar nicht gewußt", sagte der Präsident. „Und ich dachte, ich würde dir zuhören", ergänzte er lachend.

„Ich habe nicht viel darüber gesprochen", sagte Mrs. Bush. „Ich bin mitten in der Nacht aufgewacht. Ich wußte, du auch. Ich meine, ich bin mitten in der Nacht aufgewacht und wußte, er war wach."

„Daran kann ich mich nicht erinnern. War ich das?" fragte Bush nach und sah sie an.

Sie nickte.

„Ja", gab der Präsident zu.

„Wie sollte es auch anders sein", warf ich ein.

„Ja", sagte er. „Direkt nach den Angriffen, also, ich meine, da war ich emotional stark bewegt."

Wie viele Nächte?

„Nicht besonders viele", erwiderte der Präsident.

Natürlich wurde er des Nachts wach. Ein Großteil Washingtons wachte auf, wenn die Combat Air Patrol in der Entfernung deutlich hörbar die ganze Nacht über ihren Köpfen dröhnte. Bush wandte sich an seine Frau: „Wenn du nervös warst…"

„Also", sagte sie, „das habe ich nie zu dir gesagt."

„Das stimmt, hast du nicht", sagte er.

„Ich hätte es dir auch nie gesagt", fügte sie an; sie wußte, daß ein Teil ihrer Aufgabe darin bestand, zu beruhigen.

Die Bushs hatten noch eine zweite Methode, mit den Drohungen umzugehen. „Ich denke, in gewisser Weise herrschte eine Art Fatalismus, und wenn es denn geschehen sollte, dann würde es auch geschehen", sagte Mrs. Bush, und der Präsident fügte hinzu: „Wenn es denn so sein soll, dann wird es auch geschehen. Und dann gibt es keinen Grund, sich vor einem Terroristen verstecken zu wollen."

AN JENEM 29. SEPTEMBER, einem Samstag, befanden sich der Präsident und seine Frau in Camp David. Am Morgen beriet er sich in einer abhörsicheren Videokonferenz mit dem Nationalen Sicherheitsrat.

„Wir müssen uns auf die Bedrohung in Übersee konzentrieren", sagte Tenet, als das Treffen begann. Al-Qaida würde sich nicht auf die USA beschränken. Sie wollten Militärstützpunkte oder Botschaften im Ausland treffen. Es gab Hunderte von potentiellen Zielen, die die USA zu sichern hatten.

Powell sagte: „Wir haben die UN-Resolution durchbekommen. Das ist eine gute Sache." Der Sicherheitsrat der Vereinten Nationen hatte eine von den Vereinigten Staaten eingebrachte Resolution verabschiedet, die die Mitgliedsstaaten dazu aufrief, die finanziellen, politischen und militärischen Verbindungen zu Terroristengruppen zu unterbinden und deren Konten einzufrieren. Powell erwähnte zudem, daß die Spanier bereit seien, Truppen zu entsenden, und daß einige afrikanische Staaten gewillt waren, Schritte zu unternehmen.

Powell sagte, daß Jesse Jackson, der Schwarzenführer und mehrmalige Präsidentschaftskandidat, der sich schon bei den Geisel- und Friedensverhandlungen in Syrien, Kuwait und Jugoslawien eingebracht hatte, angekündigt hatte, nicht nach Afghanistan reisen zu wollen, was angesichts dessen, was sie dort vorhatten, ein Durchbruch war.

Powell bearbeitete weiterhin Usbekistan, doch alles, was er bisher angeboten hatte, war als nicht ausreichend, als nicht akzeptabel abgelehnt worden. Die Usbeken verlangten vorab die sofortige Mitgliedschaft in der NATO – was die USA nicht garantieren konnten, und was bei den Russen wohl als heikler Punkt betrachtet werden würde, um es milde zu formulieren. Wie Powell sich ausdrückte, verlangten die Usbeken ein bilaterales Abkommen gegenseitiger Verteidigungshilfe, der Zuneigung, Kooperation und Wirtschaftshilfe. Sie wollten Beweise dafür, daß diese Zuneigung dauerhaft blieb, eine Art Erklärung in dem Sinne „Wirst Du auch morgen noch für mich da sein?" Er sitze an einem Entwurf.

Powell würde mit dem usbekischen Außenminister und dem Militär verhandeln, danach würde die Angelegenheit Karimow vorgelegt werden, der noch eine Weile darüber brüten würde, und sei es nur, um zu beweisen, daß er der einzige war, der die Entscheidungen traf.

Warum sollten die Usbeken einwilligen? Ihre Beziehungen zu den

Russen waren schlecht, und ihre Haltung schien von der Einstellung bestimmt zu sein: ‚Alles, nur nicht die Russen', obwohl sie gleichzeitig davor zurückschreckten, es sich mit ihnen endgültig zu verscherzen. Sie wollten das Recht haben, damit angeben zu können, dauerhafte Freunde der Vereinigten Staaten zu sein. Die Amerikaner waren reich, und die Usbeken wollten solche Dinge wie fünfzig Millionen Dollar als Kredit von der US-Export-Import Bank. Außerdem hatten sie ihre eigene fundamentalistische Rebellion im Lande, die Islamische Bewegung von Usbekistan, die sich den Sturz Karimows auf die Fahnen geschrieben hatte. Die IMU besaß einen sicheren Unterschlupf in Afghanistan, und Karimow wäre hocherfreut, wenn die Taliban beseitigt würden. Der Tanz würde zwar noch eine Weile weitergehen, doch stimmten die Usbeken CSAR zu, sagte Powell.

Was Pakistan anging, Powells anderes großes Anliegen, so habe „Musharraf die Lage unter Kontrolle", sagte der Minister. Antiamerikanische Demonstrationen hatten weniger Leute auf die Straße gelockt als erwartet, aber ein von der Regierung ausgerufener „Tag der Solidarität", der dazu bestimmt gewesen war, nationalistische Gefühle zu wecken, hatte ebenfalls nur magere Ergebnisse gezeitigt.

Es gab große Sorgen hinsichtlich der amerikanischen Botschaft in Indonesien, Furcht vor einem Vergeltungsschlag als Reaktion auf die zu erwartenden amerikanischen Militäraktionen in Afghanistan.

Hadley sagte: „Wir haben den Jahrestag der Intifada 2 hinter uns gebracht, aber schön war es nicht." Während der Wochenendproteste aus Anlaß des Jahrestages des jüngsten Kapitels des israelisch-palästinensischen Konfliktes waren sechs Palästinenser getötet und Dutzende verletzt worden.

„Wir müssen klarstellen, was das Pentagon von den Ländern will", sagte Powell. Rumsfeld hatte darauf beharrt, daß er in diesen Fragen an allen Diskussionen mit dem State Department beteiligt wurde oder sie absegnete.

„Wie halten wir die Amerikaner davon ab, im Augenblick nach Afghanistan zu reisen?" fragte Bush.

„Die Warnungen sind raus", sagte Powell.

Rumsfeld berichtete, daß ein amerikanisches Team in Usbekistan eingetroffen sei, um die dortigen Flugplätze zu inspizieren. „CSAR im Süden ist in Ordnung. Wir sind nicht in der Lage, Special Forces im

Norden einzusetzen. Wir werden im Süden den Plan stärker ausarbeiten."

„Vielleicht haben wir später die Möglichkeit, auch im Norden Einsätze durchzuführen", warf Powell ein.

„Wir sollten darauf drängen", sagte Bush. Er war enttäuscht. Der Angriffsplan wirkte clintonhaft. „Wir sollten den Norden nicht aufgeben, wir sollten auch die Optionen für Special Forces im Norden entwickeln. Wir sollten das nicht aufgeben!"

Rumsfeld hatte bedrückende Neuigkeiten. „Die Zielliste wird den Leuten, die wir hart treffen wollen, kaum Schaden zufügen."

Die meisten Ziele, sagte er, waren Militärstellungen der Taliban – Frühwarnradar, Flugplätze, ein paar Flugzeuge. Von den mehreren hundert Zielen gehörten allein fünfzig oder sechzig zu verschiedenen Zielpunkten in einem einzigen Lager, wie zum Beispiel dem großen Tarnak-Landwirtschaftskomplex südlich von Kandahar. Das alles waren statische Ziele. „Wir müssen noch an den Zielen arbeiten. Wir sollten vielleicht betonen, daß unser erster Einsatz hauptsächlich das Sammeln von Informationen und die Leistung humanitärer Hilfe umfaßt", sagte Rumsfeld. Er machte sich Sorgen über zu hohe Erwartungen. Doch dann berichtigte er sich. „Wir wollen vermeiden, daß über unseren Militäreinsatz diskutiert wird." Schweigen war vielleicht das Beste.

General Myers bekräftigte diesen Punkt. Während des Kalten Krieges und sogar während des Golfkriegs von 1991 hatte sich das Militär hauptsächlich darauf eingerichtet, feste Ziele anzugreifen wie Kommunikationseinrichtungen, Frühwarnradar, Kommando- und Kontrollstellen, militärisches Gerät und Anlagen – Flugzeuge, Panzer, Nachschublager, Waffendepots –, ja sogar die wirtschaftliche Infrastruktur wie Elektrizitätswerke und Brücken. „Wir verfügen über ein Militär, das wunderbar gegen feste Ziele vorgehen kann. Wenn es um bewegliche Ziele geht, sind wir nicht so gut. Man stürzt mit dieser Zielliste kein Regime", sagte er.

Ohne Bodentruppen würden sie gewiß kein Regime stürzen, dachte Rice. Darin bestand das Problem, aber sie war zuversichtlich, daß sich eine Lösung dafür finden ließ.

Achtzehn Tage nach dem 11. September waren sie dabei, eine Antwort zu formulieren, eine Maßnahme, aber keine Strategie. Das war

Powells schlimmster Alptraum – bombardieren und hoffen. Vietnam tauchte wieder auf.

„Wir müssen unsere Erwartungen überprüfen", sagte der Präsident. „Wir müssen das Ganze bis Montag durchdenken. Wir müssen in der Lage sein, nach den ersten Einsätzen den Erfolg zu definieren." Sie durften nicht schwach wirken.

„Das könnten wir in den Talkshows morgen machen", sagte Rumsfeld.

„Das müssen wir sogar", sagte Bush. „Es gehört zur Glaubwürdigkeit unserer ganzen Bemühungen. Mit einem konventionellen Kriegseinsatz ist hier nichts zu gewinnen, das ist ein Guerillakampf."

Darin bestand das Problem. Die Vereinigten Staaten hatten bisher nicht herausgefunden, wie man einen Guerillakrieg gewinnt. Die Diskussion drehte sich fast ausschließlich um Lufteinsätze. Bisher war erst Jawbreaker, ein einziges CIA-Team mit zehn Mann, am Boden, und es gab keine Aussichten, in kürzerer Zeit Special Forces einsetzen zu können.

Myers wandte sich ein paar Dingen zu, die funktionierten. „AID koordiniert die humanitäre Hilfe mit Franks. Die CAPs sind oben, AWACS ist oben." Combat-Air-Patrol-Flugzeuge und die Flugzeuge des luftgestützten Warn- und Kontrollsystems AWACS wurden zur Aufklärung und für mögliche Abfangaktionen ausgesandt. „Wir müssen Land für Land auf das drängen, was wir von ihnen wollen."

Der Präsident sagte, da die Afrikaner helfen wollten, „sollten wir sie vielleicht bitten, dabei behilflich zu sein, unsere Botschaften zu schützen."

Die Konzentration auf solche Nebenfragen machte deutlich, wie weit sie davon entfernt waren, die Hauptfragen zu beantworten.

ANDY CARD UND BUSH unterhielten sich in regelmäßigen Abständen privat über den Fortschritt der Kriegsplanung.

„Sie kümmern sich ein wenig zu sehr um die Taktik", neckte Card an einer Stelle. Bush schien sich zu sehr dafür zu interessieren, welche Art von Flugzeugen was taten, ob Special Forces in den Norden konnten und so weiter. „Das ist zwar interessant, ist aber nicht der eigentliche Auftrag", mahnte Card.

Er war zehn Monate jünger als Bush, und beide kannten sie die sechziger und siebziger Jahre – Vietnam. Beide verfügten in etwa über dieselben Erfahrungen. „Seien Sie kein General, seien Sie Präsident", sagte Card zu Bush.

Ja, entgegnete Bush, es gebe einen kleinen, aber feinen Unterschied zwischen dem Abwickeln eines Kriegseinsatzes und der breiteren Zielsetzung. Aber von den kleinen Dingen hänge so viel ab.

„Sie müssen gewinnen", sagte Card, „aber Sie müssen die Generäle gewinnen lassen. Wenn Sie den Generälen Beschränkungen auferlegen, die sich auf deren Fähigkeit zum Kriegsgewinn auswirken –"

Nein, nein, sagte Bush, das werde er nicht tun. „Ich werde kein General sein."

Doch Card erkannte, welch schwieriger Balanceakt das war. Der Präsident mußte mit den Details vertraut sein, sich gut genug mit der Taktik auskennen, um in der Öffentlichkeit nicht als Dummkopf dazustehen. Das wäre wirklich eine Katastrophe. Andererseits mußten Bush und Card vermeiden, sich allzu sehr in die Einzelheiten militärischer Taktiken zu verstricken.

DIE CHEFS TRAFEN SICH am Sonntag, dem 30. September, ohne den Präsidenten.

Nach einer kurzen Diskussion des von der Nato unter Berufung auf Artikel 5 des Gründungsvertrages verabschiedeten Beschlusses, in dem erklärt wurde, daß die Angriffe auf die Vereinigten Staaten am 11. September einen Angriff auf alle Nato-Länder darstellten, kam Rumsfeld noch einmal auf die Idee eines Weißbuchs zurück. Powell hatte diese Idee drei Tage zuvor ins Spiel gebracht, als er im National Public Radio sagte: „Die Informationen werden an die Öffentlichkeit weitergegeben."

„Ich denke, ein solcher Präzedenzfall, an die Öffentlichkeit zu treten und den Fall darzulegen, ist schlecht", sagte Rumsfeld, „weil wir möglicherweise das nächste Mal nicht über genügend Informationen für unsere Sache verfügen, und das könnte unsere Fähigkeit beeinträchtigen, schon im Vorfeld gegen eine Bedrohung vorzugehen, die vielleicht auf uns zukommt." Präventivmaßnahmen konnten sich als nötig erweisen, wahrscheinlich eher früher als später. Dies war eine der ersten Erwähnungen des Konzepts der Prävention, das im Laufe des Jahres ständig an Bedeutung gewinnen sollte.

Rumsfeld fuhr mit dem Weißbuch fort. Einer seiner bevorzugten Sätze lautete, daß die ersten Berichte immer falsch sind. „Sollten wir ein Weißbuch herausgeben, müssen wir alles überflüssige Wortgeklingel entfernen. Wenn es herauskommt, dann sollte das nicht der Präsident machen und auch nicht der Außenminister. Ein paar Etagen tiefer", fügte er verächtlich hinzu, „irgendwo unten beim FBI oder bei der CIA. Nennen wir es einen frühen Bericht. Kleben wir ein Deckblatt darauf, das zur Vorsicht rät. Müssen wir uns eigentlich jedes Mal zu unserer Sache erklären?"

„Ein Präzedenzfall ist das eigentlich nicht", konterte Powell. „Es gibt eine Menge Beweise. Das meiste sind Fakten. Man kann ja vorab sagen, das es sich um vorläufige Ergebnisse handelt. Einige unserer engsten Verbündeten haben uns um Informationen gebeten. Wir arbeiten schon eine ganze Weile daran, wir brechen nichts übers Knie." Zur Beschwichtigung meinte Powell. „Alle Ihre Vorschläge sind akzeptabel. Das sollte möglich sein. Die Alliierten erwarten das Papier, es stärkt unsere Sache, und es sollte uns von Nutzen sein."

Rumsfeld und Powell beharkten sich auf eine Weise, wie dies bei Bushs Anwesenheit nicht möglich gewesen wäre. Rumsfelds große Sorge war, daß die Reaktionen negativ ausfielen, wenn sie ein Weißbuch veröffentlichten – wenn die Kommentatoren und Auslandsexperten erklärten, daß die Sache nicht besonders gut oder überzeugend sei. Was dann? Kein Angriff?

„Die Sache erklärt sich doch aus der Vergangenheit", sagte Rice. „Sie steht ziemlich fest aufgrund der früheren Aktionen, die al-Qaida durchgeführt hat. Schließlich wurden Leute angeklagt, und es gibt detaillierte Unterlagen. Ich mache mir darüber keine so großen Sorgen."

Unbeirrt fragte Rumsfeld: „Warum nutzen wir nicht den Bericht, den Paul Wolfowitz verwendet hat?" Sein Stellvertreter war nach Europa gereist und hatte den Nato-Verteidigungsministern über einige Beweise, die auf Bin Laden hinwiesen, Bericht erstattet.

„Pauls Bericht ist Teil des Problems", sagte Powell. „Er enthält nicht genügend Einzelheiten."

„Also", sagte Card, „kleben wir ein Warnschild vorne drauf, aus dem hervorgeht, daß wir eigentlich nicht glauben, so etwas nötig zu haben. Das wird helfen, den Präzedenzfall zu unterlaufen."

„Laßt es doch durch meine Kanäle laufen", sagte Tenet. „Die Leute brauchen mehr Einzelheiten."

Myers berichtete, daß die Installation von CSAR in Usbekistan länger brauchen würde als die veranschlagten vier Tage. Das Bewertungsteam hatte gemeldet, daß die Landebahn nur die kleineren, aber beweglicheren C-17-Transportflugzeuge aufnehmen konnte, nicht aber die großen C-5. Gegenwärtig konnte der Flugplatz immer nur eine C-17 abfertigen, was die Bereitstellung von CSAR um zwölf Tage verzögerte. Von Tadschikistan aus über dem nordöstlichen Afghanistan zu operieren, war eine Möglichkeit, aber auch diese bereitete Schwierigkeiten – um nach Afghanistan hineinzukommen, waren hohe Berge zu überqueren. Die Sowjets hatten auf diesem Wege eine ziemlich Menge an Einsatzkräften verloren.

„Ich habe Bedenken, über die Russen an die Tadschiken heranzutreten", sagte Rumsfeld.

„Das tun wir auch nicht", erwiderte Rice. „Ich mache mir da weniger Sorgen. Alles, was wir brauchen, ist ein Ja der Russen, und sie haben bereits angedeutet, daß sie ja sagen werden. Wir verhandeln direkt mit ihnen." Sie könnten nicht zulassen, daß die Nordstrategie vollkommen zerfiel, denn eine Südstrategie hatten sie ja nicht. Nordstrategie oder gar nichts.

„Die Tadschiken haben uns alles angeboten, was wir brauchen, und sie haben keine Gegenforderungen gestellt", sagte Myers. Franks Central Command wollte ein Verbindungsteam zu den Russen schicken und über CSAR von Rußland aus verhandeln. Putin hatte dem Präsidenten mitgeteilt, daß er dies erlauben würde. „Wir werden morgen hinfliegen und mit ihnen reden", sagte Myers. „Wir verfügen über kleine militärische Einheiten, die mit der CIA und der Nordallianz reingehen. Wir haben im Augenblick keine Möglichkeiten, Spezialeinsätze im Norden durchzuführen, auch wenn wir die Erlaubnis für ein paar Aktionen der Special Forces dort haben. Natürlich können wir gar nichts machen, solange CSAR nicht installiert ist, also sollten wir darüber reden, CSAR zu installieren."

„Das wird bis Monatsmitte dauern", sagte Rumsfeld, also noch mindestens zwei Wochen.

„Wozu brauchen wir CSAR eigentlich?" wollte Powell wissen.

„Für die Bomber und die taktischen Lufteinsätze", erwiderte Myers; er bezog sich damit auf die höher fliegenden Bomber und die niedriger fliegenden taktischen Kampfflugzeuge.

Rice glaubte, daß es nur wenige Möglichkeiten gab, bei dieser Operation wirklich einen großen Fehler zu machen. Ein gefangener Pilot war eine davon. Das käme nicht einfach nur Carters Geiseln im Iran oder Reagans Geiseln im Libanon gleich; Geiseln in der Hand von Bin Laden oder al-Qaida würde die ganze Diskussion verschieben und den Terroristen ungeheure Macht verleihen.

Rumsfeld war über die Ziele unglücklich. „Bei dem Wert dieser Ziele", sagte er, „würde ich ohne CSAR nicht losschlagen." Einen Piloten für diese nicht besonders hochwertigen festen Ziele zu verlieren, bei denen es sich um kaum mehr als Lehmhütten handelte, ergab keinen Sinn. Bei richtig hochwertigen Zielen, ja, da würde er sich dieses Risiko überlegen. Hier nicht.

„CSAR könnte den Beginn der Lufteinsätze um bis zu zwölf Tagen hinauszögern, wenn wir das nicht in irgendeiner Weise ausgleichen können", sagte Rice. Sie wußte, daß der Präsident das nicht hinnehmen würde.

„Wir versuchen gerade festzustellen, ob wir es hinbekommen, rund um die Uhr Maschinen nach Usbekistan fliegen zu lassen. Wir schauen uns auch Duschanbe [in Tadschikistan] an, aber das ist wenig komfortabel", sagte Myers.

„Und wie steht's mit dem Süden?" fragte Rice.

„CSAR ist in Ordnung", antwortete Myers. „Das kann von Oman aus eingesetzt werden, entweder in Luftbereitschaft oder auf Abruf. Wir schauen uns auch noch nach einem Betankungspunkt über Pakistan um. Wir wollen möglichst nicht auffallen." Dann fügte er noch an, was alle hören wollten. „Wir werden das Problem lösen."

„Und wann wird es dort installiert sein?" fragte Rice. Der Präsident wollte die Luftangriffe in sechs Tagen haben, Samstag.

Das dürfte unseren Zeitplan nicht behindern, sagte Myers. Aber das bedeutete, daß es Lufteinsätze nur im Süden und Special Forces weder im Norden noch im Süden geben würde. Und das war nichts Halbes und nichts Ganzes. Er sagte, sie würden den Flugzeugträger USS *Kitty Hawk* ohne die regulären Einsatzgeschwader, sondern mit

Spezialeinheiten an Bord losschicken, um vor der Küste Pakistans in Stellung zu gehen. „Das verschafft uns einige Möglichkeiten", sagte Myers und spielte damit auf Special Forces im Süden an.

Die *Kitty Hawk* lag in Japan. Powell, der wußte, wie lange es dauerte, einen Flugzeugträger zu bewegen, erfuhr von Myers, daß sie nicht vor dem 11. Oktober vor Ort sein würde, also in nahezu zwei Wochen.

Rice wandte sich den Alliierten zu, die sich darum drängten, mitzumachen. Es war entscheidend, so viele wie möglich von ihnen auch mit militärischen Kräften einzubinden. Die Koalition mußte Zähne zeigen. Sie wollte sie nicht alle in voller Montur dastehen haben, ohne zu wissen, wohin mit ihnen. „Die Australier, die Franzosen, die Kanadier, die Deutschen wollen helfen", sagte sie. „Alles, was sie tun können. Die Australier haben Spezialeinheiten in Tampa", Franks Hauptquartier. „Wir sollten versuchen, sie einzusetzen."

„Wir werden ein Papier dazu vorbereiten", sagte Rumsfeld, bremsend.

Powell lächelte Rice an, als wollte er sagen, Verstehen Sie jetzt, womit ich mich rumschlagen muß?

Rumsfeld riß sich zusammen. „Wir wollen sie wenn möglich einbeziehen."

Aber Rumsfeld wollte nicht aus kosmetischen Gründen irgendwelche anderen Einheiten dabeihaben. Irgendein deutsches Bataillon oder eine französische Fregatte könnte nur stören. Die Koalition mußte dem Konflikt angepaßt sein, nicht umgekehrt. Sie konnten keine Rollen erfinden. Vielleicht brauchten sie ja keine französische Fregatte.

Tenet kam auf Deutschland zu sprechen. Es war nun offenkundig, daß der Plan zum 11. September, zumindest ein Teil davon, in Hamburger Zellen ausgebrütet worden war, zu denen auch Mohamed Atta gehörte, der Kopf der Flugzeugentführer. „Am besten, die Deutschen kriegen bei ihrem eigenen internen Terroristenproblem und den Gruppen, von denen wir wissen, daß sie dort sitzen, den Hintern hoch", sagte er. Er sorgte sich, daß es weitere in Deutschland ausgeheckte Pläne geben könnte.

Auf Rice antwortend, und um größere Sympathie zu bekunden, sagte Myers: „Wir werden ein Papier verfassen, aus dem hervorgeht, um was wir sie bitten wollen. Wir werden daran arbeiten – wir werden versuchen, entgegenkommend zu sein. Wir sehen das politische Problem dahinter."

Card sah darin noch kein sonderliches Ergebnis. „Ich mache mir immer noch Sorgen, daß die zeitlichen Vorstellungen des Präsidenten nach allem, was ich hier höre, hinfällig sind", sagte er.

„Ich weiß", entgegnete General Myers.

„Wir müssen dem Präsidenten erklären, daß es noch acht bis zehn Tage dauert, bevor die Lufteinsätze im Norden beginnen können", sagte Rice. Ergab es denn irgendeinen Sinn, es allein im Süden zu versuchen?

„Wir könnten ohne CSAR am Dienstag bombardieren", sagte Powell. „Wann steht CSAR bereit?"

Myers meinte, sie würden versuchen, am Donnerstag soweit zu sein, und könnten daher den Norden am Samstag, dem 6. Oktober, bombardieren. Das war in sechs Tagen, besser als Rice' bisherige Schätzungen.

Der Präsident müsse einsehen, daß es eine ziemliche zeitliche Lücke gäbe, bis sie mit den Angriffen im Norden beginnen könnten, wenn sie jetzt im Süden anfingen, sagte Rice. „Wir brauchen da Klarheit."

Hadley fragte, ob sie mit einer größeren Delegation zu den Usbeken wollten.

„Nicht jetzt", sagte Powell. Wenn es um die Frage der Special Forces am Boden ging, müßten sie noch warten. „Wir können ohne CSAR keine Special-Forces-Aktionen von Usbekistan aus starten. Ist CSAR installiert, sollten wir sehen, uns die ganze Situation wirklich genau anschauen. Wir sollten jetzt nicht schwere Geschütze auffahren."

„Wir sollten uns noch einmal die Tadschiken anschauen, weil dies vielleicht die einzige Möglichkeit ist, die Sache anzugehen", sagte Rice. „Vielleicht stellt sich am Ende heraus, daß wir uns auf die Usbeken nicht verlassen können." Es war keineswegs klar, ob die Usbeken Aktionen der Special Forces von ihrem Boden aus erlauben würden. CSAR war eine Sache; deutlich offensive Einsätze der Special Forces waren eine andere.

Rice dachte an die Zeit zurück, als sie die Leiterin der Stanford University gewesen war; das Army Corps of Engineers hatte einen

Vortrag über die Vorbereitung auf ein Erdbeben gehalten. Während der Katastrophe, hatte der Redner gesagt, sei es am wichtigsten, die „Aktivierungsbedingung" zu ermitteln – den Punkt, von dem das weitere Vorgehen am meisten abhing. Das könnte die Räumung von Straßen sein oder die medizinische Versorgung. Die Chefs hatten nun herausgefunden, daß ihre „Aktivierungsbedingung" Usbekistan war. Ohne dieses Land keine Luftangriffe im Norden. Luftangriffe im Süden, wo kaum Bodentruppen der Opposition vorhanden waren, ergaben keinen Sinn.

Powell versuchte zusammenzufassen. Er gab ein bemerkenswertes Statement ab, bei dem er sich auf seine eigene Rolle konzentrierte und das Militär willentlich oder unwillentlich verunglimpfte.

„Phase 1: Diplomatie.

Phase 2a: Tenet auf dem Boden absetzen" – die paramilitärischen Teams der CIA.

„Phase 2b: Einige Militäreinsätze. Möglicherweise müssen wir diese ohne CSAR durchführen. Wir konzentrieren uns auf Ziele, die uns weder mit den Arabern noch mit den Eruopäern in Schwierigkeiten bringen. Tun wir es im Süden; das hilft George, ein paar Dinge zu regeln.

Phase 3: Hörprobe", was soviel hieß wie ein Signalwechsel in letzter Sekunde, wie ihn der Quarterback im Football gibt.

„Wir kümmern uns um die Ziele, die sich bieten. Die Special Forces dürften wohl noch eine ganze Weile nicht in Stellung gehen können. So sieht es aus."

Powells Analyse zufolge waren die Militäreinsätze nur Teil eines Drei-Phasen-Plans, und die Einsätze mußten so gestaltet werden, daß diplomatische Verwicklungen mit den Arabern und den Europäern möglichst vermieden wurden.

Rumsfeld hätte in die Luft gehen können, doch er sagte nichts.

Ob die anderen Powells Rahmenbedingungen nun beipflichteten oder nicht, zumindest bewies das, was er sagte, einen gewissen Realismus. Hadley sah den Planungsprozeß als einen unausweichlichen Notbehelf: „Schlips und Kragen keine Pflicht." Sie wurstelten sich so voran.

Tenet sagte: „Wir müssen vermeiden, daß das Ganze wie eine Invasion wirkt. Diese Botschaft ist im Süden sogar noch wichtiger, wenn wir die Paschtunen zum Aufstand bewegen wollen. Die Nordallianz kriegt schon eine ganze Menge – sie kriegen jede Menge Geld." Tenet wußte um die Bedeutung finanzieller Einsätze.

„Haben wir im Norden genug Waffen?" fragte Rice.

„Wir haben eine Einschätzung vorliegen", erwiderte Tenet. „Wir werden sie uns anschauen müssen."

„Wir reagieren wir auf Aktionen von al-Qaida? Wir müssen unkonventionell denken und überlegen, wie sie auf unsere Aktion antworten werden", sagte Card.

Keiner von ihnen hatte wirklich eine Vorstellung, weder konventionell noch unkonventionell. Sie waren nur schlecht auf das vorbereitet gewesen, was am 11. September geschehen war, und sie waren nicht sicher, wohin der Weg sie führen würde.

Rice sagte, der Präsident brauche mehr Informationen. Er hänge genauso in der Luft wie sie alle. „Wie werden die ersten vierundzwanzig, achtundvierzig, zweiundsiebzig Stunden des Einsatzes aussehen? Wir müssen den Präsidenten darüber informieren. Das muß auch dieser Gruppe noch vorgetragen werden." Der Militärplan mußte vorgelegt werden. Doch als erstes mußten sie herausfinden, wie er überhaupt aussehen sollte.

Nach der Sitzung unterhielt sich Rice mit Powell.

Ist es nicht Aufgabe des Außenministers, so fragte sie lächelnd, sich um die Unterstützung der Alliierten zu kümmern? Ich kümmere mich um Ihren Job.

Powell lachte.

RICE INFORMIERTE den Präsidenten. Wir kommen voran, sagte sie zu ihm, aber wir haben es noch nicht geschafft.

Worin liegt das Problem?

Sie faßte zusammen und konzentrierte sich vor allem auf CSAR. „Sie sollten am Montag gesonderten Wert darauf legen."

Rice verstand Rumsfeld und das Pentagon. Sie hatten eine ziemlich harte Nuß zu knacken. Das Militär konnte ja nicht einfach losmarschieren und bombardieren. Sie mußten Stützpunkte haben. Nach dem 11. September hatten alle dazu notwendigen Länder Überfluggenehmigungen erteilt. Das war noch leicht gewesen. Wenn es um die

Frage ging, ob sie Einsätze von Elitetruppen der Special Forces von deren Territorium aus durchführen konnten, wurde es kompliziert. Da gab es auch noch den Mangel an guten Zielen, und ein Präsident, der entschlossen war, die Bomberei nicht nur zur Show verkommen zu lassen, steckte in einem Dilemma. Das Pentagon konnte nicht sagen, was die ersten vierundzwanzig oder achtundvierzig Stunden bringen würden, bis sie alle Stützpunktrechte eingeholt hatten. Es *sah* nicht einfach nur trübe aus, dachte Rice, es war auch trübe.

13 IN DER NORDÖSTLICHEN ECKE Afghanistans entsandte Gary ein paar seiner Männer in die Region Takar, zur Front zwischen der Nordallianz und den Kräften der Taliban. Sie begaben sich nordwärts, gut 60 Meilen östlich von Kundus. Dort stellten sie fest, daß die Kräfte der Nordallianz diszipliniert, die Männer gut eingekleidet und die Waffen sauber waren. Aber die Waffen waren gesichert, Zeichen dafür, daß dies kein umkämpftes Gebiet war. Die Truppen stellten sich in Formation auf und führten Übungen durch. Es gab eine Kommandostruktur, aber nicht genügend Truppen oder schweres Gerät, um gegen die Taliban vorgehen zu können, die sich auf der anderen Seite eingegraben hatten. Die statische militärische Lage ähnelte dem Grabenkampf des Ersten Weltkriegs.

Gary wußte, daß die CIA davon ausging, daß die Taliban sich im Kampf als zäher Gegner erweisen würden und daß jeder amerikanische Schlag deren Sympathisanten in Afghanistan und in der Region, vor allem in Pakistan, auf die Barrikaden bringen würde. Sie würden sich um Mullah Omar scharen.

Gary sah dies anders. Er glaubte, daß ein massives, schweres Bombardement der Frontlinien – mit „wirklich gutem Zeugs", wie er es nannte – die Taliban zerschlagen und das Bild verändern würde. Am 1. Oktober schickte er eine geheime Einschätzung ans Hauptquartier. „In solch einem Falle", schrieb er, „könnte der Zusammenbruch der Taliban rapide vonstatten gehen, so daß in den ersten Tagen oder Wochen einer Militäraktion der Feind auf einen zahlenmäßig kleinen harten Kern von Mullah-Omar-Sympathisanten schrumpfen könnte."

„Vollkommener Blödsinn!" konnte man fast durch die Wände des Directorate of Operations hören, als die Altgedienten und die Experten diese Einschätzung offen verwarfen. Tenet jedoch brachte den Funkspruch zu Bush.

„Ich will mehr davon", sagte der Präsident.

AM MONTAG, dem 1. Oktober, traf sich Bush um 9.30 Uhr mit dem Nationalen Sicherheitsrat.

Tenet berichtete, daß Jawbreaker mit der Nordallianz am Boden unterwegs sei, und er hoffe, bald ein zweites Team dort installieren zu können. „Im Süden geht es nicht gut voran, da gibt es nicht viele Möglichkeiten." Der Süden lag immer noch in weiter Ferne. Die ganze Strategie um Afghanistan steckte weiterhin fest.

Dieser Montag war General Myers erster Tag als Vorsitzender der Vereinigten Stabschefs. Er gab einen detaillierten Zustandsbericht von dem Flughafen in Usbekistan. „Sie können dort fünf Flüge am Tag abwickeln, nur bei Tageslicht, nur C-17. Sie könnten wohl zwei Maschinen gleichzeitig abfertigen, aber keine C-5. Er wird zwölf Tage dauern, bevor wir in Usbekistan voll einsatzbereit sind. Es dürfte sechs bis acht Tage dauern, wenn wir zwölf Stunden am Tag dranbleiben. Kümmern wir uns rund um die Uhr darum, könnte da noch etwas drin sein. Wir werden einen einsatzbereiten Stab hinschicken, der versuchen soll, den Flugplatz vierundzwanzig Stunden am Tag einsatzfähig zu machen. Wir benötigen siebenundsechzig Flüge, bis wir CSAR bereit haben."

Es würde also siebenundsechzig Einsätze der C-17 dauern, um das Personal, die Ausrüstung und die Hubschrauber einzufliegen und das Such- und Rettungskommando aufzubauen.

„Und das hindert uns also daran, unsere Spezialeinsätze zu starten?" fragte der Präsident.

Ja, und es könnte die Bombardierungen im Norden hinauszögern, da es ja kein einsatzfähiges CSAR gab.

„Im Süden stehen wir mit Bombern und Marschflugkörpern bereit", sagte Myers. „Die Spezialeinsätze fahren wir im Laufe des Monats. Wir nutzen die Flugzeugträger als Stützpunkte, aber wir brauchen Oman, um die Flugzeugträger zu versorgen."

Das britische Manöver in Oman machte amerikanische Stützpunktarbeit dort noch immer unmöglich. Powell sagte, er würde herausfinden, ob man nicht Oman ermutigen konnte, die Dinge etwas anders zu ordnen. Vielleicht würden die Briten einwilligen, ihre Übung ein wenig zu verkürzen, und uns so früher ins Land lassen, sagte er.

Der Präsident meinte, er würde mit Tony Blair darüber sprechen.

Aus einem Hubschrauber heraus inspiziert Präsident George W. Bush am 14. September 2001 das beschädigte Pentagon.

Bush und sein Stabschef Andrew Card unterhalten sich am Morgen des 11. September an Bord der Air Force One.

Vizepräsident Dick Cheney am 11. September im Bunker des Weißen Hauses.

Gegenüberliegende Seite:
Verteidigungsminister Rumsfeld und der Präsident besichtigen die Absturzstelle am Pentagon am Tag nach den Angriffen.

CIA-Direktor George Tenet verfolgt die Ansprache des Präsidenten an die Nation.

6 Bush beruft am Mittwoch, dem 12. September, den gesamten Nationalen Sicherheitsrat im Kabinettszimmer des Weißen Hauses ein. Am Tisch, von links: Tenet, Justizminister John Ashcroft, Rumsfeld, Außenminister Colin Powell, Bush, Cheney, Hugh Shelton, Vorsitzender der Vereinigten Stabschefs, und Condoleezza Rice, nationale Sicherheitsberaterin. Hintere Reihe: der stellvertretende Verteidigungsminister Paul Wolfowitz, der stellvertretende Außenminister Richard Armitage, Präsidentenberaterin Karen Hughes, der Vorsitzende der Vereinigten Stabschefs Richard Myers und der Pressesekretär des Weißen Hauses, Ari Fleischer.

Bush berät sich mit Powell und Rice im Oval Office.

Bush mit dem pensionierten Feuerwehrmann Bob Beckwith am Ground Zero. „Ich kann Sie hören. Der Rest der Welt hört Sie. Und die Leute, die diese Gebäude zum Einsturz gebracht haben, werden bald von uns allen hören!"

Samstag, 15. September, in Camp David zu einer ganztägigen Kriegsplanungssitzung.

Der Kommunikationschef des Weißen Hauses Dan Bartlett, Fleischer, Hughes und Rice besprechen sich mit Bush im Treaty Room.

Armitage (links) und Wolfowitz (rechts) mit dem demokratischen Senator von West Virginia, Jay Rockefeller.

12

Der Präsident mit Tenet, Card und Rice Ende September in Camp David, nachdem das erste paramilitärische Team der CIA sich den Führern der Nordallianz in Afghanistan angeschlossen hat.

13

Die CIA druckte dieses „No Bin Laden"-Zeichen auf jede Seite ihrer streng geheimen Einsatzbroschüre "Going to War", die bei dem Treffen in Camp David vom 15. September vorgestellt wurde.

Finanzminister Paul O'Neill, rechts von Cheney sitzend, schließt sich dem Kriegskabinett im Lageraum des Weißen Hauses an, um über die finanziellen Aspekte des Krieges gegen den Terrorismus zu reden.

15

Stephen Hadley, stellvertretender nationaler Sicherheitsberater, betrachtete den Planungsprozeß für einen Krieg in Afghanistan als einen unausweichlichen Notbehelf: „Schlips und Kragen keine Pflicht."

Hughes mit Karl Rove, Chefberater im Weißen Haus, im Westflügel. Bush sagte zu seiner langjährigen Vertrauten und obersten Beraterin Hughes: »Du trägst die Verantwortung dafür, wie wir diesen Krieg rüberbringen.«

Powell und Rumsfeld in einer erhitzten Diskussion im Rosengarten des Weißen Hauses – eines der wenigen Male, wo die Spannungen in der Öffentlichkeit ausbrachen. Rice und Hadley stehen dabei.

Rumsfeld bei einer nachmittäglichen Pressekonferenz. „Nicht uns gehen die Ziele aus, aber Afghanistan schon", witzelte Rumsfeld nach den ersten paar Tagen des Bombardements.

Card, Rice und Powell in einem entspannten Augenblick. Gegen Ende Oktober hatte sich die Stimmung im Kriegskabinett verschärft. Der Winter rückte immer näher, und das amerikanische Bombardement ermutigte die Taliban eher, als daß es sie vernichtete. In der Presse kursierte das gefürchtete Wort vom „Sumpf".

General Tommy Franks, Oberbefehlshaber Central Command, zusammen mit Rumsfeld bei einer Pressekonferenz.

Myers, der am 1. Oktober das Amt des Vorsitzenden der Vereinigten Stabschefs übernahm, zusammen mit Rumsfeld bei einer Pressekonferenz im Pentagon.

John McLaughlin, stellvertretender Direktor der CIA, kam Ende September Tenets Aufforderung nach, eine Liste möglicher terroristischer Ziele in den Vereinigten Staaten zu erstellen.

22

Cofer Black, Chef des Counterterrorism Center der CIA, sagte bei einer Besprechung über mögliche verdeckte Aktionen zum Präsidenten: „Sie müssen begreifen, daß dabei Menschen ums Leben kommen werden."

23

Gegenüberliegende Seite:
Präsident Bush trifft sich mit dem Afghanenführer Hamid Karzai (Mitte) und Außenminister Abdullah Abdullah (links). Eine von den Vereinten Nationen im Dezember 2001 organisierte Konferenz wählte den gemäßigten, prowestlichen Karzai zum Übergangspräsidenten, und die USA entschlossen sich zu einer umfassenden Teilnahme am Aufbau des Landes.

Mohammed Fahim, Kommandant der Nordallianz, begrüßt Rumsfeld.

26

Die sieben führenden Mitglieder von Bushs Kriegskabinett bei einem Treffen im Lageraum des Weißen Hauses, dazu Hadley und Lewis „Scooter" Libby, der Stabschef des Vizepräsidenten. Im September 2002 arbeitete die Regierung Bush aktiv auf eine militärische Intervention im Irak als Teil ihrer neuen Präventionspolitik hin.

„Wenn wir das britische Manöver aus dem Weg geräumt haben", merkte Powell an, „brauchen wir immer noch die Zustimmung der Omaner." Das schien keine besonders hohe Hürde zu sein, da das amerikanische Militär seit mehr als zwei Jahrzehnten seine Aktivitäten von dort aus durchführte, bis zurück zu der gescheiterten Geiselbefreiung im Iran 1980. Doch kostete jeder weitere Schritt Zeit.

„Also", sagte Bush, „wir müssen nach Alternativen suchen. Können wir denn nicht irgendwo anders einen Flugzeugträger mit unseren Spezialeinheiten bestücken? Warum muß das in Oman sein?"

„Wir schauen uns das noch einmal an", versicherte Myers.

„Und glauben Ihre Leute, daß wir zum jetzigen Zeitpunkt etwas Militärisches unternehmen sollten?" fragte Bush Tenet.

„Ja. Wir können im Süden arbeiten und schauen, ob von dort aus B-52-Bomber in den Norden fliegen können. Das würde den Guerillakrieg ergänzen."

„Wir werden uns das Tag für Tag anschauen", sagte der Präsident. „Ich denke, wir brauchen bis zum Wochenende oder kurz darauf einen Einsatz. Die Ziele im Norden könnten eine zweite Phase darstellen." Es gab eine Diskussion darüber, wie weit im Norden Afghanistans man ohne CSAR Bomben abwerfen könne. Die Antwort darauf lautete, daß einige Ziele nicht abgedeckt werden könnten.

„Das ist nicht perfekt", sagte der Präsident, „aber es wird Zeit, in die Gänge zu kommen. Reden wir heute noch mit Tommy?"

Rice sagte, General Franks komme am Mittwoch nachmittag.

Rumsfeld korrigierte sie. „Wir werden Mittwoch eine Videoschaltung haben."

„In einem Krieg ist es unmöglich, alles perfekt zu machen", erinnerte sich der Präsident später, „deshalb versucht man, soviel wie möglich perfekt zu machen." Er hatte den Eindruck, daß sie schon mit der Bombardierung hätten beginnen müssen. „Was mich betraf, war der richtige Augenblick schon längst gekommen. Ich war darauf vorbereitet, der Nation durch Körpersprache, und notfalls auch mit Worten, zu sagen, daß unsere Truppen so weit wie möglich geschützt seien, doch daß es nun an der Zeit sei, gegen den Feind vorzugehen."

AM NACHMITTAG trafen sich Tenet und Hank, Chef der Abteilung für Sondereinsätze zur Terrorismus-Bekämpfung, im Pentagon mit Rumsfeld, Wolfowitz und Myers. Bob, Chef des CIA-Postens in Islamabad, sollte über eine abhörsichere Bildtelefonverbindung hinzugeschaltet werden.

Bob sagte, er rechne damit, daß der Schock und der Respekt vor dem Bombardement Verhandlungen mit moderaten Taliban ermöglichen könnten. Eine Angriffspause wäre für solche Verhandlungen wünschenswert. Er machte sich Gedanken über einen Bürgerkrieg zwischen dem Norden und dem Süden. Schweres Bombardement im Norden dürfte der Nordallianz, General Fahim und anderen, also den ethnischen Tadschiken und Usbeken, helfen, große Fortschritte zu machen. Die Paschtunen im Süden würden dies mit Argwohn betrachten. Sie könnten einen solchen Fortschritt im Norden vielleicht als Angriff ansehen. Auch hier könnte eine Einsatzpause den Paschtunenstämmen im Süden Zeit geben, Boden gut zu machen.

Rumsfeld sagte, was ihn betreffe, sollte es keine Pausen geben – vor allem nicht für irgendwelche Verhandlungen. Punktum. Einsatzpausen schmeckten zu sehr nach Vietnam. Niemals.

„HABEN SIE HEUTE etwas Bestimmtes vor?" fragte Rumsfeld am Telefon Pentagonsprecherin Torie Clarke, als er sie am Dienstag, dem 2. Oktober, gegen 6 Uhr früh zu Hause anrief. Im Laufe des Tages würden sie in den Mittleren Osten und nach Südasien abfliegen, um Saudi-Arabien, Oman, Usbekistan, den Vereinigten Arabischen Emiraten, Bahrain und Katar einen Besuch abzustatten. Sie würden Freitag abend oder Samstag früh zurück sein.

Beim Treffen des Nationalen Sicherheitsrates an jenem Morgen sagte Rumsfeld: „Ich möchte heute gegen halb drei ein letztes Briefing durchführen, und danach möchte ich den Laden dichtmachen." Das meinte er wörtlich. Niemand sonst sollte sich öffentlich äußern.

„Wird CSAR im Süden bereitstehen?" fragte der Präsident.

„Das wird es", antwortete Myers.

Rumsfeld sagte, sie hätten eine Lösung gefunden, auch im Norden zu bombardieren. „Wir können Ziele im Norden auch ohne CSAR

angreifen, indem wir B-2-Bomber und Marschflugkörper einsetzen."
Die B-2 sind Stealth-Bomber, die vom Radar der Taliban nicht erfaßt und deshalb auch nicht angegriffen werden können. Die Piloten und Besatzungen würden nur in Gefahr geraten, wenn ihre Bomber einen Unfall oder eine Panne hätten – dieses Risiko wollte er eingehen. Die unbemannten Marschflugkörper stellten kein Problem dar.

„Wir setzen dabei leider nicht die optimale Bewaffnung ein", sagte er, „aber auch so packen wir alle Ziele in den ersten fünf Tagen."

Taktische Kampfbomber wären die optimale Waffe, da sie niedriger fliegen und die Ziele per Sicht erfassen könnten. Ohne Laserzielortung der Special Forces am Boden waren die hochfliegenden Bomber im Nachteil.

Der Plan klang ganz so, als hätte Clinton ihn ausgeheckt – sicher, nicht optimal, voller Kompromisse. Niemand kam darauf zu sprechen, aber es herrschte eine gewisse Unzufriedenheit.

„Wir setzen im Süden Marschflugkörper, B-1, B-2, B-52, TAC Air ein", sagte Rumsfeld. Nur um sicherzugehen, fügte er hinzu: „Alle Ziele im Süden werden mit den wünschenswerten Waffen angegriffen. Im Norden werden wir alle Ziele treffen, aber nicht mit den wünschenswerten Waffen.

Wir werden nicht in der Lage sein, im Norden Einsätze der Special Forces zu starten. Im Süden sind sie noch mit einem Fragezeichen versehen. Der Punkt ist Oman, und daran müssen wir noch arbeiten."

Dem Präsidenten gefiel die Idee, USS *Kitty Hawk* als Sprungbrett für Spezialeinsätze zu nutzen. „Psychologisch gesehen bedeutet das eine andere Art von Krieg, und wir werden die Dinge ja anders anpacken."

„Sobald Oman für die Spezialeinheiten klargeht", sagte Rumsfeld, „dauert es noch weitere zehn Tage. Aber die Zielorte für die Einsätze sind nicht besonders beeindruckend. Es ist einfach zu schade, daß wir keine Spezialeinsätze zeitgleich zu den Luftangriffen durchführen können."

Rumsfeld hatte vor, die Details der Einsätze so unter Verschluß zu halten, daß die Medien und die Öffentlichkeit nicht erfuhren, was denn nun weniger als optimal war, was weniger zu bevorzugen oder gar unglücklich gelaufen war.

Tenet sagte, die CIA breite sich im Norden aus und suche nach einer Möglichkeit für den Süden.

„Wir haben von Norden aus Special Forces losgeschickt, die heute eintreffen werden. Wir suchen nach Möglichkeiten, sie in den Süden zu bringen", sagte Rumsfeld. Seine Special-Forces-Trupps standen an Sammelpunkten außerhalb Afghanistans bereit, waren aber noch nicht im Lande. Dies war ein Quell zunehmender Enttäuschung.

„Die ersten Ziele werden die Luftverteidigung sein, ein paar militärische Objekte und Lager. Wir hoffen, daß in den Tagen nach den ersten paar Tagen weitere Ziele auftauchen. Am ersten Tag wird es humanitäre Lufteinsätze geben, alle im Süden, C-17. Die Hilfslieferungen können aus 18 000 Fuß Höhe abgeworfen werden." So blieben die Maschinen außerhalb der Reichweite derjenigen Luftverteidigung der Taliban, die den ersten Angriff überstanden hatte, auch wenn es durchaus noch Sorge gab, es könne eine Maschine abgeschossen werden.

Der Präsident, der sich wie immer auf die Öffentlichkeitsarbeit konzentrierte, bat die Verteidigung darum, mit Hughes an den „Themen" zu arbeiten, die bei der Ankündigung der Militäreinsätze zur Sprache kommen sollten.

RUMSFELD GAB an jenem Tag eine fünfzehnseitige streng geheime Anweisung an die Oberkommandierenden aller Waffengattungen, die Kampfkommandos und die Stellvertreter heraus: „Kampagne gegen den Terrorismus: Strategische Anweisung für das amerikanische Verteidigungsministerium".

Sollte es in den anderen Ministerien noch irgendwelches Geschwafel darüber geben, was der Präsident denn nun wolle, so würde er jedenfalls sicherstellen, daß dies in seinem Ministerium nicht vorkam. Die Anweisung, die einem Befehl gleichkam, besagte, daß der Präsident einen globalen Krieg gegen den Terrorismus ausgerufen habe. Das bedeute genau dies, nicht nur al-Qaida oder Afghanistan. In einem Abschnitt über die „Mittel", sagte Rumsfeld, daß „alle nationalen Machtinstrumente" in diesem Krieg gegen den globalen Terrorismus zum Einsatz kämen. Das Ministerium sollte mit vielfältigen Militäreinsätzen an vielerlei Schauplätzen rechnen.

Der Schwerpunkt lag auf terroristischen Organisationen, staatlichen und nichtstaatlichen Unterstützern des Terrorismus, darunter Organisationen, die zur Geldbeschaffung dienten. Ein weiterer Schwerpunkt lag auf Massenvernichtungswaffen. Die Anweisung ging besonders darauf ein, daß das Ministerium sich konzentriere auf „Organisationen, Staaten, die Organisationen beherbergen, unterstützen, finanzieren, sanktionieren oder jenen Organisationen und staatlichen Unterstützern sonstwie dabei behilflich sind, sich Massenvernichtungsmittel zu beschaffen oder herzustellen."

ARMITAGE, POWELLS VIZE, hatte wenig Interesse daran, in Fernsehtalkshows aufzutreten. Als das Weiße Haus ihn früh am Morgen anrief, die Runde durch die Sendeanstalten zu machen, lehnte er höflich ab. Doch man drängte ihn.

Das Weiße Haus wollte gegen die Vorwürfe angehen, die Vereinigten Staaten hätten aufgrund von politischem Druck in Saudi-Arabien und Pakistans nicht die volle Unterstützung jener Länder.

Armitage ging zu Powell und berichtete von der Anfrage des Weißen Hauses. „Das ist wirklich nicht mein Ding", sagte er zu seinem Chef.

„Nein, ich bin wieder im Eisschrank", erwiderte Powell; wahrscheinlich, weil er so darauf drängte, ein Weißbuch mit detaillierten Beweisen gegen Bin Laden vorzulegen. „Wir müssen die Geschichte rausbringen, also übernehmen Sie das", sagte er zu Armitage.

Am 3. Oktober erschien Armitage in *Good Morning America* von ABC und in *Live This Morning* von CNN. Als er bei CNN gefragt wurde, ob es ein gewisses Maß an Ungereimtheiten zwischen den Vereinigten Staaten und Saudi-Arabien gebe, antwortete er: „Nun, jedes Land hat sein eigenes heimisches Publikum, aber mir ist nichts über etwaige größere Schwierigkeiten mit dem Königreich Saudi-Arabien bekannt." Bei ABC sagte er, daß die Regierung „recht erfreut darüber [sei], daß die antiamerikanischen Umtriebe in Pakistan nur relativ geringe Ausmaße hatten."

Die Botschaft war pflichtgemäß übermittelt worden: Die Saudis kooperierten, Pakistan war unter Kontrolle.

AM MITTWOCH, dem 3. Oktober, suchte Gary in Afghanistan nach einem Flugplatz, um Nachschub in die Region der Nordallianz zu bringen. Das Team fand einen Platz in einer Region namens Golbahar, der 1919 von den Briten genutzt worden war. Er bat Arif, den Geheimdienstchef der Allianz, ein Gebiet zu planieren und in eine Landebahn zu verwandeln, und legte weitere 200 000 Dollar auf den Tisch. Er kaufte drei Jeeps für 19 000 Dollar und blätterte weitere 22 000 Dollar für einen Tanklaster und Hubschraubersprit hin. Arif versprach, den Laster in Duschanbe zu kaufen und ihn über die Berge zum CIA-Team zu fahren, allerdings traf er dort nie ein.

Garys Team führte Frontaufklärung über die Taliban- und al-Qaida-Kräfte durch und erhielt exakte geographische Koordinaten – präzise GPS-(Global Positioning System)-Daten. Eine große Anzahl an pakistanischen Fundamentalisten war über die Grenze gekommen und hatte sich den Taliban angeschlossen. Gary ermittelte auch zu deren Aufenthaltsorten exakte GPS-Daten.

Das US-Bombardement mit Präzisionswaffen würde kommen. Er war sich da sicher, aber er hatte die fünfeinhalb Monate Vorbereitung zum Golfkrieg miterlebt, und er wußte, daß sorgfältige Planung ihre Zeit erforderte. Das Bombardement mochte noch eine Weile, vielleicht Monate auf sich warten lassen, und das CIA-Hauptquartier hatte über ihre abhörsicheren Verbindungen noch keinerlei Vorabwarnung übermittelt. Also bat er in seinen Telegrammen um humanitäre Unterstützung für das afghanische Volk – Essen, Decken, Medikamente.

DIE CHEFS TRAFEN SICH am Mittwoch um 9.30 Uhr.

Wolfowitz, der Rumsfeld vertrat, sagte: „Wir haben heute die Erlaubnis der Usbeken erhalten, CSAR aufzubauen, und es sollte nach Zeitplan installiert sein."

General Myers berichtete, daß sie noch immer nach einer Rolle für die Hauptalliierten suchen würden.

Powell sagte, daß es in Kabul nach der Niederlage der Taliban eine Führung geben müsse, die das gesamte afghanische Volk repräsentiere. Richard Haass, sein politischer Planungsdirektor, würde nach Rom fliegen und dort den ehemaligen König aufsuchen, der erklärt hatte, er würde beim Übergang zu einer Nach-Taliban-Regierung helfen, wolle aber keinerlei formale Rolle in einem neuen Regime spielen.

„Selbst Musharraf will über ein Afghanistan nach den Taliban reden", sagte Rice. „Wir sollten das ausnutzen."

„Auf kurze Sicht könnte es sinnvoll sein, sich über die Zukunft der Taliban nicht explizit auszulassen", schlug Cheney vor, „um so Brüche innerhalb der Taliban auszunutzen." Es gab zu diesem Zeitpunkt noch immer Hoffnungen, einige der gemäßigten Taliban zu gewinnen. „Auf lange Sicht jedoch müssen die Taliban verschwinden."

Tenet war hocherfreut. Seit dem 11. September hatte er gesagt, daß die Taliban und al-Qaida miteinander verbunden waren, daß sie wie ein Feind behandelt und eliminiert werden müßten. Die Vereinigten Staaten setzten nun darauf, einen Regimewechsel in Afghanistan herbeizuführen. Die Hinwendung zu dieser Politik – die Erkenntnis ihrer Richtigkeit – setzte bei diesem Treffen ein. Die Führung des Nordens mit der im Süden zu verbinden, würde für die zukünftige Stabilität von entscheidender Bedeutung sein. Das Problem bestand nur darin, daß Tenet bisher noch nicht herausgefunden hatte, wie man das bewerkstelligen konnte.

„Der Präsident möchte keine Truppen einsetzen, um Afghanistan neu aufzubauen", mahnte Card. Bush hatte es mehrmals während des Präsidentschaftswahlkampfes betont: „Keine Kampftruppen zur Unterstützung beim *nation building*", dem Aufbau eines Staatswesens, dafür war das amerikanische Militär nicht geschaffen worden. In der zweiten der drei Debatten hatte er erklärt: „Unter gar keinen Umständen. Unser Militär ist dazu da, zu kämpfen und einen Krieg zu gewinnen." In der dritten Debatte hatte er das ein wenig abgeändert: „Es könnte Situationen geben, in denen wir unsere Truppen zur Friedenssicherung einsetzen, aber nicht allzu häufig."

Alle im Raum wußten, daß sie nun zu einer Phase des Friedenssicherns und des Aufbaus eines Staatswesens kamen. Die überwältigende Lektion aus den neunziger Jahren in Afghanistan lautete: Nur ja kein Vakuum hinterlassen. Afghanistan nach dem Rauswurf der Sowjets 1989 fallen zu lassen, hatte erst die Bedingungen für den Aufstieg der Taliban und die faktische Machtergreifung im Lande durch Bin Laden und al-Qaida geschaffen.

Nun sah es so aus, als würde die Hauptpräsenz der Amerikaner in

Afghanistan nach dem Rauswurf der Taliban aus Tausenden von Kampfsoldaten bestehen, von denen vielleicht die meisten Amerikaner sein würden. Rumsfeld wußte das. Powell wußte das. In dieser Frage hatten sie sich manches Mal quer über den Tisch hinweg beinahe angegiftet. Rumsfeld wollte diese Frage herunterspielen, Powell wollte, daß sie der Realität ins Auge sahen.

DIE STELLVERTRETER trafen sich im Laufe des Tages. Zielsetzung war der Wiederaufbau des Landes nach den Taliban. Sie kamen überein, daß die Vereinigten Staaten die treibende Kraft bei den Bemühungen sein sollten, Afghanistan nach den Taliban zu stabilisieren und bei der Lebensmittelproduktion, bei Gesundheitswesen, Bildung für Frauen, kleinen Infrastrukturprojekten und bei der Beseitigung der Landminen zu helfen. Wie sah es mit der politischen Struktur aus? Wie mit einem Sicherheitsplan? Wie mit einem Plan, dies alles der Öffentlichkeit zu erklären?

Hadleys Liste der zu erledigenden Punkte umfaßte: Aktionsplan für die G-7-Staaten, die Weltbank und andere internationale Finanzgruppen; Aktivierung von Ländern, die bereit waren, mehrere Milliarden Dollar an Leistungen zu finanzieren und dies öffentlich bekanntzugeben; der Bedarf, öffentlich eine internationale Konferenz über die politische Zukunft einzuberufen; die Suche nach Spendern, um die Hilfe der Vereinten Nationen für Afghanistan aufzubessern; Telegramme, um die Alliierten um Mithilfe zu bitten; die wichtigsten Alliierten finden, die bereit sind, stillschweigend bei Sicherheitsmaßnahmen in der Zeit nach den Taliban zu helfen.

Mit anderen Worten: *nation building* in großem Stil.

AN JENEM TAG traf sich Hank, der Chef der Abteilung für Spezialeinsätze zur Terrorismus-Bekämpfung, in Tampa, Florida, zum allerersten Mal mit General Franks. Mit Hilfe von Landkarten von Afghanistan breitete Hank aus, wie die paramilitärischen Teams der CIA, die mit den verschiedenen Oppositionskräften zusammenarbeiteten, diese zum Einsatz bringen konnten. Diese Kräfte, vor allem die Nordallianz, sollten die Last des Bodeneinsatzes tragen. Wiederholten die Vereinigten Staaten die Fehler der Sowjets, indem sie mit einer großen Landstreitmacht einmarschierten, dann waren sie zum Scheitern verurteilt.

Franks Special-Forces-Teams konnten dann nach Afghanistan eindringen und Ziele genauestens bestimmen, die bei den Bombenangriffen getroffen werden sollten. Menschliche Nachrichtenbeschaffung am Boden für die Bezeichnung von Zielen konnte für außerordentlich detaillierte und exakte Informationen für die Präzisionsbomben sorgen.

Hank, der auf Befehl von Tenet handelte, machte deutlich, daß die paramilitärischen Teams für Franks arbeiten würden, und daß die CIA in diesem Sinne und entgegen bisheriger Praxis Franks und den Kommandierenden seiner Spezialeinheiten die Identität aller CIA-Leute in Afghanistan, ihre Fähigkeiten, ihre Standorte und die Bewertung dieser Leute durch die CIA mitteilen würde. Das Militär und die CIA sollten als Partner arbeiten.

Franks stimmte dem Plan im wesentlichen zu. Er verriet, daß das Bombardement irgendwann am 6. Oktober beginnen solle – also in drei Tagen.

Geld regiere Afghanistan, sagte Hank, und sie hätten Millionen für verdeckte Tätigkeiten zur Verfügung. Die CIA konnte Gelder bereitstellen, um Nahrungsmittel, Decken, warme Kleidung und medizinische Ausrüstung zu beschaffen, die man aus der Luft abwerfen konnte. Die Kämpfer beider Seiten sowie deren Familien, die häufig mit den Kämpfern mitreisten, würden frieren und hungern. Die humanitäre Hilfe würde für die USA von Nutzen sein.

Warlords oder Unterkommandeure mit Dutzenden oder Hunderten von Kämpfern könnten bereits mit 50 000 Dollar in bar angeheuert werden, sagte Hank. Wenn wir das richtig anstellen, können wir erheblich mehr Taliban auskaufen, als wir töten müssen.

Gut, sagte der General.

BUSH FUHR an jenem Morgen nach New York zu einer Demonstration in der Nähe von Ground Zero und zu einem privaten Treffen mit Wirtschaftsführern, bei dem es um den Wiederaufbau der Stadt ging. „Ich glaube fest", sagte er den Direktoren, „daß all dies der Welt mehr Ordnung bringen wird – wirklichen Fortschritt hin zu einem Frieden im Nahen Osten, Stabilität in den ölproduzierenden Regionen."

Er war weniger optimistisch, was die Androhung weiterer Angriffe betraf. „Ich kann Ihnen nicht sagen, ob die Mistkerle noch einmal zuschlagen werden."

14 BEIM TREFFEN des Nationalen Sicherheitsrates am Donnerstag, dem 4. Oktober, hatte General Myers gute Neuigkeiten. „CSAR im Norden wird bis Montag in Usbekistan stationiert sein" – sollte heißen einsatzbereit. „Special Forces werden nach Oman eingeflogen. Die *Kitty Hawk* wird am 13. Oktober vor Ort sein, was uns erlaubt, die Dinge im Süden voranzutreiben. Ich würde SOF (Special Operations Forces) im Norden nicht ausschließen." Innerhalb weniger Tage nach den ersten Bombardierungen wären Bodeneinsätze durch Spezialeinheiten möglich.

Was Afghanistan in der Zeit nach den Taliban anging, so sprachen Wolfowitz und Rice davon, andere Länder dazu zu bewegen, Geld für den Wiederaufbau bereitzustellen.

„Wer wird das Land regieren?" fragte Bush.

Darüber hätten wir sprechen sollen, dachte Rice. Die für sie schrecklichsten Augenblicke waren jene, in denen der Präsident an etwas dachte, was die Chefs, sie vor allem, hätten voraussehen müssen.

Niemand hatte darauf eine Antwort, aber Rice erkannte langsam, daß es sich hier um einen entscheidenden Punkt handelte. In welche Richtung gingen sie?

IM VERLAUFE DES VORMITTAGES suchte der Präsident das State Department auf und dankte den Mitarbeitern. Gegen Ende seiner Ausführungen war er den Tränen nahe. Warum gerade heute? fragte sich Ari Fleischer, der in der ersten Reihe saß.

Zurück im Weißen Haus bat Bush Fleischer ins Oval Office. „Wir haben heute morgen einen Bericht über einen Fall von Milzbrand in Florida erhalten", sagte er. „Wir wissen nicht, wie weit verbreitet es ist. Wir wissen nicht, ob es mehr als einen Fall gibt. Wir wissen nicht besonders viel."

Es war das erste Mal, daß Fleischer in den Augen des Präsidenten Besorgnis erkennen konnte.

Bob Stevens, ein dreiundsechzigjähriger Fotoredakteur der Klatschzeitung *The Sun* in Florida war an Milzbrand erkrankt, eine tödliche Infektion, die schon seit langem mit möglicher biologischer Kriegführung in Verbindung gebracht wurde. Nach den ersten Verlautbarungen handelte es sich um einen Einzelfall, der wahrscheinlich auf natürliche Ursachen zurückzuführen war, und die Meldung fand sich erst auf den mittleren Seiten der Zeitung.

Die Nachrichten über Milzbrand sollten bald erheblich mehr werden.

Bei einem privaten Treffen mit dem Emir von Katar deutete Bush an, daß er bei den Geheimdienstinformationen auf dem laufenden war, besonders was Bin Laden anging. „Wir wissen, daß Osama Bin Laden seine Mutter angerufen hat", sagte Bush zum Emir. „Irgendwann wird er einen Fehler begehen, und wir werden ihn uns schnappen."

DER ENGLISCHE PREMIERMINISTER Tony Blair trat am Donnerstag vors Parlament und präsentierte Beweise dafür, daß Osama Bin Ladens al-Qaida-Netzwerk verantwortlich war für die Angriffe des 11. September. Sein Büro veröffentlichte ein sechzehnseitiges freigegebenes Dokument übers Internet, das den Fall detailliert darlegte, ohne dabei besonders spezifische und vertrauliche Geheimdienstinformationen preiszugeben.

Die Freigabe des britischen Berichts erfolgte zwölf Tage, nachdem Außenminister Powell nach zahlreichen Anrufen von Alliierten und ausländischen Staatsoberhäuptern eine öffentliche Darlegung der Beweise versprochen hatte. Am selben Tag erklärte Pakistans Außenministerium, die Vereinigten Staaten hätten genügend Beweise vorgelegt, die Bin Ladens Verstrickung in den 11. September belegten, um ihn vor Gericht stellen zu können. Diese offene Billigung der amerikanischen Sache durch einen islamischen Staat war ein Segen.

Innerhalb eines Tages war die Frage eines Weißbuchs, die Powell und Rumsfeld hatte so aufeinanderprallen lassen, vom Tisch.

AUF SEITE 7 der elfseitigen streng geheimen Bedrohungsliste von Freitag, dem 5. Oktober, fand sich ein Bericht einer Quelle der

Defense Intelligence Agency mit dem Codenamen „Dragonfire", die behauptete, Terroristen könnten eine nukleare Zehn-Kilotonnen-Bombe aus dem Arsenal der ehemaligen Sowjetunion erstanden haben. Sie könnte auf New York City gerichtet sein, hatte die Quelle angedeutet. Die Detonation eines noch so kleinen atomaren Sprengsatzes in einer Stadt konnte Zehntausende das Leben kosten und eine unvorstellbare Panik auslösen. Das war der Alptraum, vor dem sich alle am meisten fürchteten.

Die Bedrohungsliste hielt Dragonfires Bericht allerdings für „unglaubwürdig", da technische Details falsch seien. Wie sich herausstellte, handelte es sich bei der Quelle um einen amerikanischen Mitbürger, der mitangehört hatte, wie sich einige nicht näher bezeichnete Personen in einem Casino in Las Vegas über die Möglichkeit einer Atomwaffe unterhalten hatten. Das Ganze war vollkommener Quatsch, aber die Atmosphäre war derart aufgeladen, daß selbst Berichte wie die Behauptungen Dragonfires regelmäßig in der Bedrohungsliste auftauchten. Niemand wollte irgendeine Bedrohung dieser Art unerwähnt lassen.

IM VERLAUFE DES TAGES saß der Präsident im Oval Office und ging eine Rede des israelischen Premierministers Ariel Scharon durch. Scharon hatte angedeutet, die Vereinigten Staaten könnten die Fehler von München 1938 wiederholen, als der britische Premierminister Neville Chamberlain die Tschechoslowakei Hitler überlassen hatte.

„Versuchen Sie nicht, die Araber auf unsere Kosten zu beschwichtigen", hatte Scharon an Bush adressiert gesagt. „Israel wird nicht die Tschechoslowakei sein."

„Wir werden doch darauf reagieren, oder nicht?" fragte Rice Bush.
„Natürlich werde ich das."

Sie sprachen über einen kräftigen Schuß vor den Bug. Jemand wiegelte ab. „Die Schlagzeilen werden lauten: ‚Bush prügelt Scharon.'"

„Mr. President", sagte Rice, „er hat Sie gerade mit Neville Chamberlain gleichgesetzt. Ich denke, es ist an der Zeit, durchaus starke Worte zu finden."

Als später israelische Panzer, Kampfhubschrauber, Bulldozer und

Bodentruppen in das von den Palästinensern kontrollierte Gebiet der West Bank einrückten, nannte Fleischer Scharons Kommentare „inakzeptabel."

BUSH RIEF NICK CALIO, den Chef für die Kontakte des Weißen Hauses mit dem Kongreß ins Oval Office.
„Nicky", sagte Bush, „nehmen Sie dies und bringen Sie es ihnen jetzt hinüber. Wir werden nicht ..."
Calio machte ein ratloses Gesicht.
„Wissen Sie etwas darüber?" fragte Bush. Er war erbost über die Weitergabe von geheimem Material an die Medien.
„Darf ich mal sehen?" bat Calio, und Bush reichte ihm eine einzelnes Blatt Papier. Calio überflog es. Es handelte sich um ein Memo für Powell, O'Neill, Rumsfeld, Ashcroft, Tenet und den FBI-Direktor Mueller. Thema: „Bekanntmachungen an den Kongreß." Die von Bush unterzeichnete Anordnung besagte, daß nur die sogenannten Großen Acht – die republikanischen und demokratischen Führer von Senat und Repräsentantenhaus, und der Vorsitzende und die führenden Mitglieder der beiden Geheimdienstkomitees – Geheiminformationen oder vertrauliche Informationen über den Gesetzesvollzug erhalten durften.
„Nein", sagte Calio, das habe er noch nicht gesehen.
„Nun, sie hätten es Ihnen sagen sollen", meinte der Präsident und bezog sich dabei auf Andy Card oder den Rechtsberater des Weißen Hauses.
(An jenem Morgen hatte die *Washington Post* auf der ersten Seite einen Bericht unter der Überschrift „FBI und CIA warnen Kongreß vor weiteren Anschlägen" abgedruckt, den ich zusammen mit Susan Schmidt verfaßt hatte. Die Geschichte konzentrierte sich auf ein geheimes Briefing, das Beamte des FBI und der CIA zu Beginn der Woche auf dem Kapitolshügel gegeben hatten. Wir berichteten von der hohen Wahrscheinlichkeit eines weiteren terroristischen Angriffs und darüber, daß einer der Geheimdienstbeamten dem Kongreß erzählt hatte, daß die „hundertprozentige" Wahrscheinlichkeit eines Angriffs bestehe, wenn die Vereinigten Staaten mit militärischen Mitteln in Afghanistan zuschlügen.)

Calio versuchte dem Präsidenten zu erklären, daß solch eine Beschränkung eine Katastrophe wäre. Es wäre so, als würde man 527 der 535 Mitglieder des Kongresses vom Sauerstoff abschneiden.

„Ist mir egal. Bringen Sie es rüber. Und genau so wird's gemacht", befahl Bush.

„Okay", sagte Calio, „aber ich wollte Ihnen nur sagen, daß Sie damit rechnen können –"

„Ich werde mich nicht rechtfertigen", sagte Bush. „Verstehen Sie?"
Calio nickte.

„Bringen Sie es rüber, okay?"

„In Ordnung", sagte Calio.

„Das ist hartes Zeug", sagte der Präsident.

Bush unterhielt sich später mit Senator Bob Graham, dem Demokraten aus Florida, der dem Geheimdienstkomitee des Senats vorsaß. Es war die längste Unterhaltung, die Graham je mit Bush geführt hatte, und er bekam einen gehörigen Sturzbach an texanischer Vulgärsprache zu hören.

Calio unternahm im folgenden Bemühungen, die der Shuttle-Diplomatie im Nahen Osten recht nahe kamen, um zwischen Bush und dem Kongreß zu vermitteln und beide zu einem Kompromiß zu bewegen. Schließlich willigte Bush ein, die Anordnung aufzuheben. Er hatte ihnen auch so klargemacht, daß er sie jederzeit abschneiden konnte, wenn er wollte.

VERTEIDIGUNGSMINISTER RUMSFELD erschien am Freitag zusammen mit dem usbekischen Präsidenten Karimow auf einer Pressekonferenz in Taschkent. Karimow sagte, Usbekistan wolle den Vereinigten Staaten erlauben, den Luftraum und einen der Flughäfen zu frequentieren, um humanitäre Aufgaben und Such- und Rettungseinsätze ausführen zu können, und er sei bereit, die Kooperation auch auf das Gebiet des Informationsaustausches auszudehnen.

Ein Reporter fragte, was die Vereinigten Staaten im Gegenzug dafür angeboten hätten. „Wir haben keine speziellen Gegenleistungen vereinbart, falls Sie das meinen", erwiderte Rumsfeld.

Karimow fügte schnell hinzu: „Ich möchte betonen, daß es bisher keine Gespräche über eventuelle Gegenleistungen gegeben hat."

Rumsfeld, der schon weiter dachte, fügte an, was Karimow hören wollte. „Die Vereinigten Staaten sind an langfristigen Beziehungen zu diesem Land interessiert", versicherte er den Anwesenden, „nicht an etwas, daß sich allein auf das anstehende Problem konzentriert."

BEI DEM TREFFEN des Nationalen Sicherheitsrates an jenem Morgen schaltete sich General Franks über eine sichere Videoschaltung aus dem CENTCOM-Hauptquartier in Tampa hinzu.
„Tommy, sind wir soweit?" fragte Bush.
„Ja Sir, wir sind soweit."
„Wir benötigen eine Zusammenfassung der Ziele", sagte der Präsident.
Der Luftangriff des ersten Tages war recht eng begrenzt – insgesamt gab es nur 31 Ziele. Sie würden ungefähr 50 Marschflugkörper, 15 landgestützte Bomber und etwa 25 Kampfflugzeuge von den Flugzeugträgern aus einsetzen. Sie würden Bin Ladens Ausbildungslager angreifen, das Luftverteidigungssystem der Taliban und jede sonstige Konzentration an al-Qaida-Kräften, sofern lokalisierbar.
Das Verteidigungsministerium polierte auch die sogenannte Nichtangriffsliste auf, Ziele also, die nicht getroffen werden sollten – Elektrizitätswerke, Schulen, Krankenhäuser und vor allem Moscheen –, um zu zeigen, daß es sich nicht um einen Angriff auf die afghanische Bevölkerung handelte. Diese Liste sollte Tag für Tag aktualisiert werden.
„Wir müssen uns über die Einsatzregeln unterhalten", sagte Myers und schlug vor, dies am nächsten Tag über eine sichere Videoschaltung zu tun.
Der Präsident sagte, er habe dem Mehrheitsführer des Senats, Tom Daschle, dem Sprecher des Senats, J. Dennis Hastert, und dem Minderheitenführer des Senats, Trent Lott, von den bevorstehenden Angriffen berichtet. Er sagte, er würde auch Richard Gephardt, den Minderheitenführer der Demokraten im Senat, darüber informieren.
Als sie sich dem Punkt der eingefrorenen Konten der Terroristen zuwandten, einem der von Bush bevorzugten Instrumente, sagte Powell: „Hisbollah und Hamas werden auf die Liste der Organisationen gesetzt, die Ziel des finanziellen Krieges gegen den Terror sind."

Der Präsident tobte. „Wir führen eine langfristige Kampagne gegen den Terrorismus", sagte er, „aber bitte eins nach dem anderen. Um die anderen kümmern wir uns zu gegebener Zeit." Die Warterei und Verzögerung ging ihm langsam auf die Nerven. Al-Qaida und Afghanistan sollte nun all ihre Aufmerksamkeit gelten. Nachdem er sich so das neue Gefühl der Enttäuschung von der Seele geredet hatte, erinnerte er sie daran, daß er nicht zurückweichen werde. „Ich habe mich zu einer umfassenden Anstrengung im Krieg gegen den Terror verpflichtet."

Powell sagte, daß sich einige der internationalen Hilfsorganisationen Sorgen machten, sie könnten den Taliban Nahrungsmittel abwerfen. Sie versuchten deshalb herauszufinden, welche Dörfer nicht von ihnen kontrolliert wurden.

Wolfowitz sagte, daß die Luftbrücke nach Usbekistan stehe. Es seien bereits neun der 67 Flugzeugladungen eingetroffen, und CSAR würde am 7. Oktober einsatzfähig sein, also hoffentlich zu Beginn der Angriffe. „Wir haben 33 000 Mann vor Ort", sagte er. „Am 10. September waren es 21 000." Es waren also innerhalb kurzer Zeit 12 000 Mann abgesetzt worden, obwohl sich noch kein amerikanisches Militär in Afghanistan befand.

IM CIA-HAUPTQUARTIER hatte Hank außen an seiner Bürotür ein Schild angebracht, das von einem Rekrutierungsaufruf stammte, den der britische Forscher Ernest Shackleton für seine Antarktisexpedition von 1914 verwendet hatte.

Darauf stand: „Offiziere für gefährliche Reise gesucht. Schlechte Bezahlung. Bittere Kälte. Lange Monate völliger Dunkelheit. Ständige Gefahr. Sichere Heimkehr zweifelhaft. Ehre und Anerkennung im Erfolgsfalle."

Hank saß in seinem Büro und war gerade dabei, die wichtigste Nachricht seiner Karriere zu übermitteln. Abgesegnet von Tenet und Cofer Black, war sie an ein Dutzend Dienststellen und Stützpunkte in Pakistan, Tadschikistan und Usbekistan adressiert, die Mitarbeiter und Quellen in Afghanistan führten. Dazu zählten auch die verbündeten Stämme und die Nordallianz. Die Botschaft ging ebenfalls an Garys Jawbreaker-Team vor Ort und an verschiedene paramilitärische Teams der CIA, die sich darauf vorbereiteten, ins Land zu gehen.

Die dreiseitige Botschaft mit der Überschrift „Militärstrategie" listete folgende Punkte auf:

1. Instruieren Sie alle verbündeten Stämme, ihre Flugzeuge sofort auf den Boden zurückzurufen und zu identifizieren.
2. Instruieren Sie die Stämme, alle bedeutenden militärischen Bewegungen einzustellen – also im Grunde stehenzubleiben und sich nicht zu rühren.
3. Der weitere Plan sieht vor, daß die Oppositionskräfte sich vereinzelte feindliche Kräfte vornehmen, sie aber warten sollen, bevor sie sich rühren.
4. Instruieren Sie alle Mitarbeiter in ganz Afghanistan, sofort und überall mit Sabotageakten zu beginnen. Dies würde unter anderem Handgranatenwürfe in Taliban-Büros umfassen, die Störung von Taliban-Konvois, das Einkesseln jener, die Nachschub und Munition der Taliban transportieren und sich allgemein als Plage erweisen. (Dies würde der erste Einsatz von konzertierter tödlicher Gewalt in Bushs Krieg gegen den Terrorismus sein.)
5. Informieren Sie alle, daß paramilitärische Einsätze im Süden beginnen und mit präzisen Luftangriffen einhergehen.
6. Alle Beteiligten sollten Nichtangriffszonen bestimmen – Krankenhäuser, Schulen.
7. Alle Stammesgruppen und Anführer sollen Hauptangriffsziele identifizieren und lokalisieren.
8. Mitarbeiter im Lande sollen versuchen, mögliche Fluchtwege aus Afghanistan für Bin Laden und seine al-Qaida-Führung zu identifizieren – und versuchen, die Routen für eine Unterbrechung zu erkunden.
9. Bereiten Sie sich darauf vor, Gefangene zu befragen und zu nutzen.
10. Stellen sie humanitären Bedarf fest.

Sie wurden angewiesen, den gesamten Text auch General Franks mitzuteilen, um für vollständige Transparenz mit dem Militäroberbefehlshaber zu sorgen.

Hank schloß die Nachricht mit den Worten: „Wir kämpfen in Afghanistan für die Ziele der Terrorbekämpfung, und wir kämpfen, obwohl dies auf sehr unsicherem, sich ständig veränderndem Gelände sehr hohe Hürden setzt, auch für die Zukunft des gemeinsamen CIA/DOD-Kriegseinsatzes gegen den Terrorismus auf der ganzen Welt. Wenn wir neues Gelände betreten und neue Methoden einsetzen, werden wir sicher Fehler machen, aber unsere Zielsetzung ist klar und unsere Vorstellung von Partnerschaft intakt."

Flugblätter, die über Afghanistan abgeworfen werden sollten, wurden vorbereitet; darauf befand sich ein grob gezeichneter Panzer, der zwischen zwei afghanisch aussehenden Gebäuden eingezwängt war.

Auf Paschtu, Dari und Englisch stand auf dem Flugblatt zu lesen: „Die Taliban nutzen zivile Gegenden, um ihre Ausrüstung zu verbergen, und gefährden damit alle, die dort leben. Fliehen Sie aus allen Gegenden, in denen sich militärische Ausrüstung oder Militärangehörige befinden."

AM SAMSTAG MORGEN, dem 6. Oktober um 8.30 Uhr befand sich der Präsident in Camp David für das Treffen des Nationalen Sicherheitsrates über eine abhörsichere Bildtelefonschaltung. Erneut war es in der umkämpften indischen Provinz Kaschmir zu Spannungen gekommen.

„Wir beobachten Indien", sagte Powell. „Wir warten auf eine schriftliche Ausfertigung der Gespräche, die Blair geführt hat."

Der britische Premierminister hatte versprochen, ein paar Telefonate zu führen, um zu versuchen, die sich verschärfende Situation mit Pakistan in der Kaschmirfrage zu entspannen. „Wir haben unsere Botschafter angewiesen, in die Hauptstädte zu gehen – danach werden wir entscheiden, ob der Präsident anrufen muß." Leicht untertreibend fügte er an: „Wir wollen diese Geschichte abwenden."

In bezug auf Israel kam Powell auf Scharons Bemerkung zu sprechen, daß Israel nicht zulassen würde, zu einer zweiten Tschechoslowakei zu werden. „Scharons Verhalten in den letzten paar Tagen grenzt ans Irrationale", sagte Powell und dachte, daß er dies über das israelische Staatsoberhaupt eigentlich ständig sagen konnte.

Rumsfeld, der von seiner Wirbelwindreise zurückgekehrt war, berichtete, daß er sich als Diplomat recht erfolgreich angestellt habe. Die Saudis, sagte er, seien freundlich und warmherzig, ja sogar zuvorkommend. Das einzig Negative war ihre Besorgnis, die Vereinigten Staaten könnten unglücklich sein, und er glaubte, diese Vorstellung „abgemildert" zu haben. Doch die Saudis benötigen offenkundig regelmäßig hochrangige Aufmerksamkeit.

In Usbekistan hätten sie den Deal bezüglich des Zugangs abschließen können. „Die Usbeken waren gegen Ende des Treffens freundlicher als zu Anfang."

Rumsfeld sagte, er benötige eine Aufstockung der Reserve auf bis zu 300 000 Mann statt der bisherigen 50 000 Mann. „Wir brauchen mehr Freiraum."

„Wollen Sie am Montag losschlagen?" fragte Bush.

„Ja", erwiderte Rumsfeld.

Zwar hatten etwa achtzig Länder ihre Hilfsbereitschaft erklärt, doch würden allein die Briten bei der ersten Welle der Luftangriffe beteiligt sein.

„Die Bomber, die aus Missouri abfliegen müssen, sind startbereit", fuhr Rumsfeld fort. „Und das wird man bemerken." Die sich dem Radar entziehenden B-2-Stealth-Bomber, die bei den ersten Angriffen in Afghanistan teilnehmen sollten, flogen direkt von der Whiteman Air Force Base in Missouri ab und mußten etwa 15 Stunden früher aufsteigen, was die Gefahr in sich barg, den Beginn der Angriffe schon frühzeitig preiszugeben.

„Laß sie fliegen", sagte der Präsident. „Versuchen wir es eben mit Falschinformationen."

„Wir werden sagen, sie seien voller Nahrungsmittel", sagte Rumsfeld.

„Wann sollen die humanitären Abwürfe beginnen?" fragte Rice.

„Zwischen 2.30 Uhr und 3.30 Uhr Washingtoner Zeit", sagte Myers, „etwa zwei Stunden nach dem Beginn des Militäreinsatzes. Die Bedrohung der Flugzeuge wird bis dahin aufgehoben sein." Die kärgliche Luftverteidigung der Taliban, so ihre Hoffnung, würde schon bei den ersten Angriffen pulverisiert werden.

Der Präsident sagte, er würde die Angriffe während eines kurzen Auftritts im bundesweiten Fernsehen am Sonntag verkünden. „Wir werden sicher ein Statement abgeben. Wir werden es den Chefs zur Durchsicht herumreichen."

„Wir brauchen Ihr ‚go' für den Einsatz", sagte Rumsfeld.

„Go", sagte Bush. „Er ist gut durchdacht. Es ist der richtige Schritt."

15 AM MORGEN des 7. Oktober, einem Sonntag, war Karl Rove daheim in Northwest Washington. Die Tage seit den Terrorangriffen hatten nicht gerade zu den glücklichsten für ihn gezählt. Obwohl er Bush nun seit achtundzwanzig Jahren kannte und sein strategischer Berater gewesen war, war Rove aus dem Kriegskabinett und dem Nationalen Sicherheitsrat ausgeschlossen worden. Bush und Cheney hatten es für unmöglich erachtet, den politisch umstrittenen Mann an den Kriegsvorbereitungen teilhaben zu lassen. Das hätte ein falsches Signal setzen können.

Rove verstand ihr Argument, aber dennoch, Politik gehörte zu einer Präsidentschaft dazu, auch während eines Krieges, und konnte nicht einfach ausgeklammert werden. Bush und Rove glaubten beide, daß die Amtszeit Bushs großteils an dessen Leistungen im Zusammenhang mit dem 11. September gemessen werden würde.

An einem der Tage direkt nach den Angriffen war Rove im Oval Office gewesen, und Bush hatte zu ihm gesagt, so wie die Generation seines Vaters in den Zweiten Weltkrieg gerufen worden sei, sei nun auch seine Generation zu den Waffen gerufen worden. Sein Vater hatte bei der Marine angeheuert und war 1942 an seinem achtzehnten Geburtstag als Marineobergefreiter vereidigt worden. Sie würden erst mit Mitte fünfzig zum Dienst einberufen.

„Ich bin aus einem bestimmten Grund hier", sagte Bush, „und daran werden wir gemessen werden."

Rove, 50, war von vielen, darunter Bush selbst, als Architekt des Wahlsieges im Jahr 2000 gerühmt worden. Kurz vor dem 11. September hatte *The Weekly Standard*, ein konservatives Magazin mit direktem Draht zum Weißen Haus, eine Titelgeschichte abgedruckt mit der Überschrift: „Der Impressario Karl Rove, Orchestrierer des Weißen Hauses". Eine große, respektvolle Zeichnung von Rove, intellektuell wirkend, gelehrt und mit einer Präsidialakte unterm Arm, zierte die Titelseite. Eine Miniaturausgabe von Bush, der ein wenig clownesk wirkte, lugte aus der Brusttasche von Roves Jacke.

An jenem Montag hatte das Büro für Strategische Initiativen im Weißen Haus, dem Rove vorsaß, eine zweiseitige Analyse der neuesten Umfrageergebnisse herausgegeben.

Dabei handelte es sich um Roves sogenannte *Rennzeitung*, die er sorgfältig durcharbeitete.

„Die Zustimmung zur Arbeit des Präsidenten ist so hoch wie noch nie." Die Zahlen bewegten sich zwischen 84 und 90 Prozent.

„Selbst in Krisenzeiten ist ein solcher Anstieg der Zustimmung bisher unerreicht." Die Zustimmung für Bush hatte vor dem 11. September bei 55 Prozent gelegen, und der Sprung auf 90 Prozent in den Umfragen der ABC NEWS/*Washington Post* sei „seit Einführung moderner Marktumfragen noch nie vorgekommen." Plötzliche Krisen hatten in der Vergangenheit stets zu einem sofortigen Anstieg der Zustimmung für die Arbeit des Präsidenten geführt. „Die Haltbarkeit solcher Zuwachsraten beträgt normalerweise nur sieben bis zehn Monate", was hieß, daß die Sympathien für den Präsidenten doch recht schnell wieder auf normale Werte zurückfielen.

Bush senior hatte eine Zustimmung von 59 Prozent, bevor der Golfkrieg begann, doch dieser Wert stieg zum Höhepunkt der Krise auf 82 Prozent. Einundvierzig Wochen später lag er wieder bei 59 Prozent.

Rove trug die Umfrageergebnisse zu Bush und erläuterte, daß sie etwa dreißig bis vierzig Wochen Zeit hätten, bevor die Werte wieder auf das normale Maß zurückfielen, wenn sie die Vergangenheit als Maß nähmen.

„Vergeuden Sie nicht meine Zeit", sagte Bush zu Rove und tat so, als interessierten ihn die Zahlen nicht, schaute sie sich aber dennoch an. Später erinnerte sich Bush an die Durchsicht der Werte, die, wie er sagte, nur einen Schnappschuß darstellten, der schon vierundzwanzig Stunden später veraltet sein konnte. „Meine Aufgabe ist es, mir keine Gedanken um die politischen Konsequenzen zu machen, und das tue ich auch nicht", behauptete der Präsident. Es war Roves Aufgabe, und Bush wußte, daß Rove die Zahlen mit unerreichtem Einsatz und Hingabe an den Auftrag bearbeitete. Dies war offenkundig ein Punkt, den ein anderer erheblich besser bewerkstelligen konnte als Bush.

Gleichzeitig jedoch achtete der Präsident sehr genau auf seine politischen Umfragewerte. Zu diesem Punkt, wie auch zu allen anderen, gab es eine Scorecard.

Rove blieb auch in Kontakt mit dem Parteiapparat und den führenden Konservativen. Er erhielt von einem Freund von Bush senior eine wichtig erscheinende vertrauliche Mitteilung, die Rove ins Oval Office brachte.

Roger Ailes, ehemaliger Medienguru für Bushs Vater, habe eine Botschaft, sagte Rove zum Präsidenten. Sie mußte vertraulich behandelt werden, da Ailes, ein auffälliger, respektloser Medienboß, zu dem Zeitpunkt Chef bei FOX News war, einem den Konservativen zugeneigten Kabelfernsehsender, der recht hohe Einschaltquoten vorweisen konnte. In dieser Position war es Ailes nicht angeraten, politische Ratschläge zu erteilen. Seine Hintertürchen-Botschaft lautete: Die amerikanische Öffentlichkeit würde weiteres Abwarten tolerieren und geduldig sein, aber nur, solange sie überzeugt war, daß Bush die allerhärtesten Mittel einsetzte. Die Unterstützung würde sich in Nichts auflösen, sollte die Öffentlichkeit nicht erkennen, daß Bush massiv vorging.

GEGEN 8.30 UHR klingelte Roves Telefon.

„Ich schlage vor, Sie sind gegen 11 Uhr im Büro", sagte eine bekannte Stimme aus Camp David. Es würde einiges geschehen. Haben Sie verstanden? fragte Bush über die ungeschützte Telefonleitung. „Ich werde heute Nachmittag zum ganzen Land sprechen. Also, seien Sie da."

Rove traf gegen 11 Uhr im Weißen Haus ein. Als ernstzunehmender Amateurhistoriker hatte er natürlich sein Notizbuch dabei.

Rove ging hinauf in den ersten Stock des Weißen Hauses in den Treaty Room, von wo aus Bush seine Ankündigung über Fernsehen verbreiten würde. Rove sah sich um. Rechts hing das Gemälde, das dem Raum seinen Namen gegeben hatte: Präsident McKinley überwacht in eben jenem Raum die Unterzeichnung des Vertrages, der den Spanisch-Amerikanischen Krieg beendet. Auf dem Gemälde war genau jene Zimmerecke zu erkennen, wo der Platz und die Kameras für Bush aufgebaut worden waren.

Um 12.30 Uhr saß der Präsident auf seinem Platz, bereit, zur Nation zu sprechen. Jemand kam herein und legte dem Präsidenten Make-up auf. Fünf Minuten später verkündete jemand, daß es eine undichte Stelle gebe und eine der Fernsehanstalten bereits erklärt habe, dies sei der Beginn des Krieges.

„Die haben's nicht kapiert", sagte Bush mit lauter Stimme. „Der Krieg hat schon begonnen. Am 11. September."

Card und Rice unterhielten sich im Hintergrund, und der Präsident schien irritiert, daß er nicht mit einbezogen war. „Was gibt's?" rief er.

Card sagte, das Pentagon sei dran. „Sie bitten um größere Handlungsvollmachten."

„Ich habe denen schon gesagt, daß sie alle Handlungsvollmachten haben, die sie nur wollen", erwiderte Bush, „solange sie sich an die Regeln des geringsten Kollateralschadens halten." Kommandierende und Piloten hatten die Erlaubnis, Ziele anzugreifen, solange sie damit rechneten, der Zivilbevölkerung möglichst geringen Schaden zuzufügen. Alles, was hohe Kollateralschäden verursachen oder die ganze Aktion als einen Krieg gegen Zivilisten erscheinen lassen konnte, mußte zuerst mit Rumsfeld abgesprochen und dann Bush zur Billigung vorgelegt werden.

Um 12.40 Uhr räumte der Stab den Treaty Room.

Wo seien denn die Karten mit dem Text, als möglicher Ersatz für den Teleprompter? fragte Bush. Jemand brachte ihm die Karten. Er machte einen Probelauf.

„Wir haben die Abschnitte falsch gesetzt", sagte er und forderte Änderungen, damit die Pausen natürlich wirkten. Jemand brachte ihm ein Glas Wasser.

„Das haben wir doch alles schon einmal gemacht", sagte Bush ungeduldig zu einem der Filmleute, den er wiedererkannte. „Also los."

Die ungemütlichen Minuten des Countdowns zogen sich hin, und Bush sah sich um.

„Big Al!" sagte er zu einem Agenten des Secret Service, mit dem er gejoggt war. Er fragte, wo denn der Agent letztens bei einem der Läufe gewesen sei.

Schweigen.

Ein Agent meinte, er habe eine Meile in fünf Minuten hingelegt.

„Ich bin beeindruckt", sagte Bush und fügte an, daß er kürzlich einen ausgezeichneten Lauf hingelegt habe, drei Meilen in einundzwanzig Minuten und sechs Sekunden. Die zweite Meile sei die langsamste gewesen, die erste und dritte wirklich gut, fügte er hinzu.

Schweigen.

„Wo sind die Medienheinis?" fragte Bush. Die Fernsehgesellschaften hatten gerade erst von dem Termin erfahren, und eine Kameramannschaft und Tontechniker waren im Anmarsch, um alle mit Bild- und Tonaufnahmen zu versorgen. Schließlich, um 12.50 Uhr, erschienen die Medienleute. Sie waren spät dran und aufgeregt, und sie beeilten sich, noch pünktlich fertig zu werden. Einer der Medienleute schaffte es nicht, sich vollständig zu verkabeln.

„Stöpsel ihn rein", sagte Bush und zeigte auf den Platz.

„Guten Tag", sagte Bush um 13 Uhr. „Auf meinen Befehl hin hat das Militär der Vereinigten Staaten mit Angriffen auf terroristische Ausbildungslager von al-Qaida und Militäreinrichtungen des Taliban-Regimes in Afghanistan begonnen."

Die Taliban hätten seine Forderungen nicht erfüllt. „Und nun werden die Taliban dafür bezahlen." Er sagte nichts von Bodentruppen, war aber kurz davor. „Unser Militäreinsatz zielt auch darauf ab, den Weg freizumachen für anhaltende, umfassende und unnachgiebige Operationen, um sie [die Terroristen] hinauszujagen und sie der Gerechtigkeit zuzuführen."

Der Präsident versprach dem afghanischen Volk Nahrungsmittel und Medizin. „Wir werden diesen Konflikt durch die geduldige Aneinanderreihung von Erfolgen gewinnen.

Ich weiß, viele Amerikaner verspüren heute Furcht", räumte er ein und versprach, daß von der gesamten Regierung große Vorsichtsmaßnahmen unternommen würden. An die Männer und Frauen des Militärs gerichtet, sagte er, daß dies kein Vietnam werden würde. „Ihre Mission steht fest, Ihre Aufgaben sind klar; Ihr Ziel ist gerecht; Sie haben mein vollstes Vertrauen; und Sie werden jedes Mittel erhalten, das Sie zur Durchführung Ihrer Pflicht brauchen."

Er las einen Brief vor, den er von einer Viertkläßlerin erhalten hatte, deren Vater beim Militär war. Sie hatte geschrieben: „Sosehr ich es auch hasse, daß mein Dad in den Krieg zieht, aber ich bin gewillt, ihn Ihnen zu geben."

UM 14.45 UHR ERSCHIENEN Verteidigungsminister Rumsfeld und General Myers im Presseraum des Pentagon. In einer langen Einleitung bezeichnete Rumsfeld die Angriffe als „Ergänzung" zu dem Druck, der diplomatisch, finanziell und anderweitig ausgeübt wurde. Er legte sechs Ziele dar – den Taliban eine Botschaft übermitteln, Informationen sammeln, Beziehungen zu den Anti-Taliban-Gruppen wie der Nordallianz aufbauen, es den Terroristen zunehmend schwieriger machen, im Laufe der Zeit das militärische Gleichgewicht verändern und humanitäre Hilfe leisten. Rumsfeld nannte keinerlei Zahlen oder Zeitangaben.

General Myers lieferte einige Details – fünfzehn auf dem Land stationierte Bomber, fünfundzwanzig Kampfflugzeuge von Flugzeugträgern und fünfzig Tomahawk-Marschflugkörper von amerikanischen und britischen Schiffen und U-Booten aus. Was er nicht erwähnte, war die Tatsache, daß es nur einunddreißig Ziele auf der Liste gab, alles Ziele mit niedrigem Kollateralschaden in entlegenen Regionen. Die Ziele waren die al-Qaida-Brigade, Frühwarnradar, einige Kommandozentralen, die von al-Qaida und den Taliban genutzt wurden, Militärflugzeuge, Militärflugplätze und Landebahnen der Taliban, die Ausbildungslager der Terroristen, die großteils leer waren, und verschiedene Boden-Luft-Raketenstellungen.

„War Osama Bin Laden Ziel dieser Angriffe?" fragte ein Reporter.

„Die Antwort lautet nein, was ihn persönlich angeht", erwiderte Rumsfeld, fügte aber hinzu, daß Kommandozentralen in Afghanistan durchaus zu den Zielen gehörten.

Rumsfeld dämpfte die Erwartungen, „dieser sogenannte Krieg", nannte er ihn.

Auf die Frage, wie viele Ziele denn getroffen worden seien, erwiderte er: „Es gibt keine Möglichkeit, das Ergebnis dieses Einsatzes zu diskutieren." Die gab es schon, aber das wollte er nicht in der Öffentlichkeit tun. Seine wenig konkrete Sprachregelung stellte einen Schutz vor späteren Widersprüchen dar und verriet, wie klein der Einsatz und wie groß seine Enttäuschung war.

Ein anderer Reporter fragte: „Gehen Sie nicht das Risiko ein, gebrandmarkt zu werden, das afghanische Volk und nicht militärische Ziele anzugreifen?"

„Ach, wissen Sie", erwiderte Rumsfeld, „in dieser unserer Welt läuft man schon von dem Augenblick an, wenn man aufsteht, Gefahr, daß irgend jemand lügt und verzerrt darstellt, was man tut. Was die Vereinigten Staaten tun, ist exakt das, was ich gerade sagte." Es handele sich um Verteidigung gegen jene, die Tausende von Amerikanern getötet hätten und nun die Welt bedrohen, einschüchtern und terrorisieren würden. „Vielen Dank."

Bin Laden gab seine eigenen Drohungen per Videoband ab, das von Al-Dschasira verbreitet wurde. Er saß in Armeejacke in einer nicht identifizierbaren felsigen Gegend, hielt das Mikrofon wie ein Barsänger und sagte: „Nun ist Amerika von Gott, dem Allmächtigen an einem seiner wichtigen Organe getroffen worden, so daß dessen größte Gebäude zerstört sind.

Gott hat eine Gruppe von muslimischen Vorkämpfern gesegnet, die vorderste Front des Islam, Amerika zu zerstören."

NOCH VOR 7 UHR FRÜH am Montag, dem 8. Oktober, erschien Rumsfeld kurz in allen fünf Fernseh-Morgenshows, um eine zurückhaltende und zögernde Einschätzung abzuliefern. Zu ABC sagte er über die Ziele: „Wir wissen, daß sie in vielerlei Hinsicht erfolgreich getroffen wurden."

Beim Treffen des Nationalen Sicherheitsrates um 9.30 Uhr sagte Tenet: „Das Bild zeigt die Afghanen gegen al-Qaida im Norden." Die CIA versuche bei der Zielfindung im Norden zu helfen. „Das Bild im Süden ist noch immer ungeklärt. Die Predator fliegt im Norden."

General Myers kam auf das Zielproblem zu sprechen. Sie wußten nicht, was sie angreifen sollten. „Unsere taktischen Kampfflugzeuge hängen rum und warten darauf, daß die Predator uns Ziele liefert." Es war ein unglaublicher Augenblick, wie er in den Annalen der modernen Kriegführung noch nie vorgekommen war. Nach einem einzigen Tag der Luftangriffe hatte sich die luftgestützte Macht der Vereinigten Staaten in einen hilflosen Riesen verwandelt, der am Himmel kreiste – „herumhing" in den Worten des obersten Militärs des Landes – und auf Gelegenheiten wartete.

Rumsfeld hatte gute Nachrichten: „Alle Flugzeuge sind sicher zurückgekehrt", sagte er, „auch die von den humanitären Einsätzen."

Myers hatte konkretere Nachrichten, die Einschätzung der Bombenschäden, die entscheidende Analyse nach den Einsätzen, welchen Schaden die Bomben und Marschflugkörper tatsächlich angerichtet hatten. Ein Großteil der Ziele, so sagte er, seien nicht hinreichend zerstört worden. „Wir werden uns heute noch einmal um jene Dinge kümmern, die wir verfehlt haben."

Die Einschätzung der Bombenschäden würde als streng geheim eingestuft werden und der Presse und der Öffentlichkeit würde nur wenig darüber bekannt gegeben.

Bush sagte, nach neuesten abgefangenen Meldungen und anderen Informationen sei klar, daß einige hochrangige al-Qaida-Offiziere, möglicherweise sogar Bin Laden selbst, sich in der Region Tora Bora aufhielten, einer Gegend voller natürlicher und künstlich angelegter Höhlen in den Weißen Bergen entlang der pakistanischen Grenze bei Dschalalabad. Wie schon die Mudschaheddin während der sowjetischen Besatzung, nutzen auch al-Qaida und die Taliban die Tora-Bora-Höhlenbunker, die nur mit Maultieren zu erreichen waren, als Versteck und Lager.

„Welche Artillerie verwenden wir in Tora Bora", fragte er.

Myers Antwort weckte das Interesse aller – zweiunddreißig einzelne 2000-Pfund-Bomben.

„Wir greifen eine Reihe von militärischen Zielen der Taliban nicht an", sagte Rumsfeld, wegen der möglichen hohen Kollateralschäden. Die Frage für den morgigen Tag laute, so sagte er, ob und wann sie sich weitere militärische Ziele der Taliban vornehmen sollten.

„Also", sagte Bush, „wir werden eine Reihe von Luftangriffen durchführen. Wir werden es danach langsamer angehen lassen, werden unsere Informationsaufgaben abstecken, uns das Gesamtbild anschauen und dann erneut zuschlagen." Zu dem Zeitpunkt schien er sich in Geduld zu üben, da er froh war, endlich losgeschlagen zu haben. Doch bei einem späteren Interview sagte der Präsident, ihm sei klar geworden, daß die Aktionen militärisch unergiebig waren. „Wir bombardieren Sand. Wir prügeln auf Sand ein", sagte er.

Die Geschichte mit dem Milzbrand machte ihn immer noch nervös. Das erste Opfer in Florida war gestorben, und ein Mitarbeiter aus demselben Gebäude war infiziert. Das FBI hatte eine umfassende Untersuchung eingeleitet, und Milzbrand füllte nun die Schlagzeilen.

DIE CHEFS TRAFEN SICH später an diesem Tag. Tenet war glücklich. Musharraf hatte seinen Geheimdienstchef Mahmud und mehrere seiner wichtigsten Mitarbeiter entlassen, was ein dramatisches Signal war. Die böse Hexe war tot. Der pakistanische Geheimdienst war der Sponsor der Taliban gewesen, und die Entfernung Mahmuds aus dem Amt stellte klar, daß Musharraf es immer ernster meinte.

Die Franzosen hatten dreißig Flugzeuge, die sie am Kriegsschauplatz einsetzen wollten, und baten die Amerikaner um diplomatische Unterstützung bei den Tadschiken und Usbeken, um einen Ort zu finden, sie zu stationieren.

„Wir werden mit Franks reden", sagte Rice, „ob Bedarf für die Maschinen besteht. Und dann können wir darüber reden, wie wir das diplomatisch bewerkstelligen. In bin dankbar dafür, daß Tommy den Koalitionspartnern erlaubt, auf verschiedene Weise teilzuhaben."

Rumsfeld kehrte zu dem schwierigen Thema der Einschätzung der Bombenschäden für die Angriffe des zweiten Tages zurück. „Wir haben elf von zwölf S-3-Radars zerstört. Wir haben sieben von acht Flugplätzen getroffen. Wir haben die Hälfte der weitreichenden Radars getroffen, den Rest erledigen unsere Maschinen noch. Wir haben Tora Bora bombardiert. Wir wissen nichts über die Wirkung. Wir haben drei Funktürme getroffen und haben humanitäre Einsätze geflogen. Wir haben 70 Kampfflugzeuge eingesetzt und sind 166 Einsätze geflogen."

Die Gruppe ging an eins der größten Probleme, das sich ihnen stellte. Wie konnten die Vereinigten Staaten Bin Laden und sein Netzwerk davon abbringen, Massenvernichtungswaffen einzusetzen?

Niemand hatte irgendwelche guten Einfälle dazu.

„Vielleicht sind sie nicht davon abzubringen", sagte Rice, „aber wir können andere entmutigen, die ihn sonst dabei unterstützt hätten, und sie dazu bewegen, sich gegen ihn zu wenden."

Doch Bin Laden war schon ziemlich isoliert. Er schien, abgesehen von den Taliban, kaum noch Unterstützung zu haben, und die Vereinigten Staaten hatten es nicht geschafft, die Taliban dazu zu bringen, sich gegen ihn zu wenden.

WÄHREND EINER SITZUNG im Oval Office an jenem Tag schlug man dem Präsidenten vor, dem Pentagon einen Besuch abzustatten. „Ich werde nicht hingehen und sagen, daß alle Maschinen heil zurückgekehrt sind", sagte Bush, „denn eines Tages werden eben nicht alle Maschinen heil zurückkehren."

TENET ERÖFFNETE AM DIENSTAG, dem 9. Oktober, um 9.30 Uhr das Treffen des Nationalen Sicherheitsrates und lenkte die Diskussion auf das größte Problem – den Mangel an militärischen Zielen in Afghanistan drei Tage nach Beginn der Bombardierungen. „Heute konzentrieren wir uns auf die Arbeit mit dem Oberbefehlshaber, um neue Ziele bereitzustellen, vor allem im Norden", sagte er. Jawbreaker, seine Paramilitärs im Norden, könnten vielleicht „neu auftauchende Ziele" identifizieren, indem sie neue Informationen über Einrichtungen und Truppenkonzentrationen beschafften. Die Predator-Drohnen, die unbemannten Flugkörper, lieferten ebenfalls ausgezeichnete Aufklärungsvideos. „Wir nutzen die Drohnen, um uns Tora Bora anzuschauen und die Richtigkeit der Karten zu überprüfen, die uns die Nordallianz liefert."

„Die Stämme im Süden rühren sich bisher nicht. Wir halten die Nordallianz zurück, aber wir müssen noch klären, wann wir sie von der Leine lassen."

Die Situation am Boden blieb unverändert, zum Teil auf Wunsch der amerikanischen Militärs, und alle warteten ab, welche Wirkung das Bombardement zeitigte.

„Im Süden sind sie immer noch unentschieden. Es gibt Leute in Paktia – das ist die wohl aktivste Gruppe im Süden", sagte Tenet und bezog sich dabei auf die Provinz südlich von Kabul, in der die Städte Gardes und Khost liegen.

Eine vielversprechende Entwicklung, von der er berichten konnte, war der Wechsel der Führung in der ISI, dem pakistanischen Geheimdienst. Der neue Chef säuberte den Dienst von allen Angehörigen, die pro-Taliban eingestellt waren. Dies war eine große Sache für die CIA und ein mutiger Schritt Musharrafs. „Wir werden sie um weitere Informationen bitten", sagte Tenet. Er mißtraute der ISI weiterhin und gab ihnen keineswegs alle Informationen, über die er verfügte, und die Schaffung neuer CIA-Quellen im Süden ging unabhängig von den Pakistanis vonstatten.

Tenet berichtete außerdem, daß es bereits Überläufer unter den weniger militanten Taliban gegeben habe. „Wir haben einige Überläufer unter Taliban-Kommandeuren im Norden." Fünfunddreißig bis 40 Kommandeure und etwa 1200 Mann waren am Montag übergelaufen und hatten der Nordallianz die Kontrolle über eine wichtige Versorgungsroute der Taliban nordwestlich von Kabul überlassen. Die Kommandeure waren mit Geldern der CIA gekauft worden.

„Das Wetter wird die Nordallianz behindern", sagte Cheney. „Noch ein Monat, und sie werden eingeschneit sein; wenn wir es also ernst damit meinen, die Nordallianz von der Leine zu lassen, dann sollte das bald geschehen." Angesichts der zeitlichen Beschränkungen war Cheney nicht davon überzeugt, daß ein Zurückhalten der Nordallianz die wirkungsvollste Strategie war. Sie mußten mehr unternehmen, als den Feind durch Bomben und Überläufer langsam mürbe zu machen. „Konzentriert sich Franks auf die Ziele, die es der Nordallianz leichter machen, vorwärts zu marschieren?

Wir sollten die Nordallianz ermuntern, Kabul einzunehmen", sagte Cheney. „Wir als Supermacht sollten nicht in eine Sackgasse geraten." Er machte sich Gedanken, daß sie daheim eine schwache Verteidigung und in Afghanistan einen schwachen Angriff hatten.

„Wir brauchen einen Sieg", sagte Bush.

„Der einzige Sieg, der auf der Welt zählt, wäre die Einnahme der Hauptstadt", antwortete Cheney.

„Wir werden die Nordallianz Donnerstag oder Freitag von der Leine lassen", sagte Tenet, „und Franks wird Ziele im Norden angreifen, um ihren Vormarsch zu erleichtern." Der CIA-Direktor sprach schon fast für den Oberbefehlshaber – eine Verwischung der Operationsfelder zwischen der CIA und dem Verteidigungsministerium, die Rumsfeld beunruhigte.

Tenet fuhr fort. „Wir können sie nicht davon abhalten, zu versuchen, Kabul einzunehmen – die einzige Frage ist, schaffen sie das oder nicht?"

Wie hilft uns die Einnahme Kabuls gegen al-Qaida? wollte jemand wissen. Alle kamen überein, daß die Besetzung der afghanische Hauptstadt einen symbolischen Schritt vorwärts darstellte. Da Afghanistan in Gruppen gespalten war, hatte die Hauptstadt möglicherweise nicht die politische Bedeutung, die sie in anderen Ländern hatte.

Sie unterhielten sich darüber, wie wichtig es für die Vereinigten Staaten sei, auf die Wünsche Pakistans einzugehen, das Angst vor dem Einfluß Rußlands und des Iran auf ein von der Nordallianz kontrolliertes Kabul hatte. Dennoch würde es schwer werden, einen Erfolg vorzuweisen, falls die Taliban auch über den Winter die Kontrolle in der Hauptstadt behielten.

Rice fragte, ob die Nordallianz verbindliche Ratschläge erhalte. Hörten sie das eine von den Amerikanern, etwas anderes von den Russen und vielleicht noch etwas anderes von den anderen Mitspielern in der Region? Niemand gab darauf eine Antwort. Die Gruppe ging weiter zum Nahen Osten, Indonesien und einem Zeitplan, wann die Liste der Terroristen über al-Qaida hinaus erweitert werden sollte, um die Finanzen auch anderer Terrororganisationen einzufrieren.

Rumsfeld kam erneut auf die Frage nach antiterroristischen Einsätzen außerhalb Afghanistans zu sprechen. Niemand schien daran interessiert zu sein.

Er hatte noch weitere schlechte Nachrichten. „Wir werden wahrscheinlich nicht mit Spezialeinheiten in den Norden gehen", zumindest nicht in nächster Zeit.

Myers sagte: „Im Süden könnten wir am 16., 17. oder 18. den Fuß auf den Boden setzen." Bis dahin war noch eine Woche hin, aber immerhin.

„Wir müssen dem amerikanischen Volk klarmachen, daß wir erfolgreich sind, ohne anzugeben", sagte der Präsident.

„Wir können jetzt noch deutlicher werden", sagte Rumsfeld. Die meisten Flugplätze der Taliban waren beschädigt worden, und das Militär konnte die Einsätze nun mehr oder weniger rund um die Uhr durchführen.

„Ich denke, ich werde bekanntgeben, daß die Jungs exakt das getan haben, worum wir sie gebeten haben, und daß wir mit dem Fortschritt durchaus zufrieden sind", sagte Bush.

Myers gab den Tagesbericht über die Einschätzung der Bombenschäden vom Vortag, die hochgeheime Trefferquote. „Wir haben siebzig Aufklärungsflüge über Afghanistan geflogen. Sechzehn der 35 Ziele des zweiten Tages müssen noch bewertet werden." Was bedeutete, daß sie es bei beinahe 50 Prozent der Ziele nicht geschafft hatten, sie zu vernichten. Die montägliche Pressekonferenz des Pentagon hatte nichts davon gesagt. „Wir müssen uns um die Transportflugzeuge kümmern. Sie haben noch eine SA-3, aber die bedroht unsere Kräfte nicht." Die USA hatten zwei der drei Boden-Luft-Raketenstellungen ausradiert, aus denen die Luftverteidigung der Taliban bestand. Sie hatten zudem Flugblätter und 37 500 Tagesrationen in von der Hungersnot bedrohten Gebieten abgeworfen.

„Morgen werden wir es auf militärische Ziele der Taliban absehen, bei denen geringer Kollateralschaden zu erwarten ist", sagt Rumsfeld.

„Es wird Druck geben, auch stärker auf Ziele mit größeren Kollateralschäden auszuweiten", sagte der Präsident. „Wir sind bisher erfolgreich gewesen, weil wir uns auf die belegbar wichtigen militärischen Ziele konzentriert haben. Es ist wichtig, daß wir das beibehalten."

Bush fragte nach Höhlen und zu treffenden Lagern im Süden. Er sagte, er würde in zwei Tagen eine Abendpressekonferenz halten. „Wir müssen darüber nachdenken, wie wir die Militäraktion und das, was wir erreichen wollen, darstellen." Er ging einige Konzepte durch und sagte, die nächste Phase der konventionellen militärischen Einsätze würde weiterführend, aber sporadisch sein. „Man wird vielleicht eine Weile keine Bomben mehr sehen, und wir werden ihnen auch nicht verraten, wann wir die Bombardierungen wieder aufnehmen."

„Ganz recht", sagte Rumsfeld.

„Wir werden zuschlagen, wann wir es für richtig halten und wenn es für den Auftrag von Bedeutung ist", fuhr Bush fort. „Bin Laden wird vielleicht nicht dingfest gemacht, dennoch ist es nützlich, was wir tun."

Der Präsident sagte, er werde die Kinder bitten, einen Dollar pro Kopf für einen Fond für afghanische Kinder zu spenden. „Das Bildungsministerium wird versuchen, einen Austausch unter Grundschulen zu sponsern, und wir möchten einen Versuch starten, muslimische Frauen anzusprechen und mit ihnen in Kontakt zu treten." Die Unterdrückung der Frauen durch die Taliban war einer der am stärksten sichtbaren Affronts des streng fundamentalistischen Regimes, und Bush wollte zeigen, daß der Sturz dieses Regimes die Frauen befreien würde.

Cheney kam erneut auf die schwierigen Fragen zu sprechen, die sie vermieden. „Wo werden wir im Dezember und Januar stehen, wenn Bin Laden nicht getroffen wurde, wenn das Wetter schlecht ist und die Einsätze sich verschleppen?"

„Wir werden versuchen, in anderen Regionen der Welt etwas gegen al-Qaida zu unternehmen", sagte Rumsfeld erneut. Er fand immer noch, daß sie andernorts agieren konnten, falls die Antiterror-Einsätze in Afghanistan ins Stocken gerieten. Das würde in Einklang mit der globalen Natur des Krieges gegen den Terror stehen, den der Präsident ausgerufen hatte. Ganz oben auf der Liste für ausgeweitete Antiterror-Einsätze standen die Philippinen, der Jemen und Indonesien. Auf den Philippinen, dem vorherrschend katholischen Inselstaat mit 83 Millionen Einwohnern, hatten sich muslimische Aufständische im Süden festgesetzt, vor allem die terroristische Gruppe Abu Sayyaf, die angeblich Verbindungen zu al-Qaida unterhielt. Der Jemen wies auch nach dem Angriff auf die USS *Cole* im Oktober 2000 eine starke al-Qaida-Präsenz auf, und das Land beherbergte zudem Repräsentanten der Hamas, des Palästinensischen Islamischen Jihad und anderer Terrorgruppen. In Indonesien waren die muslimischen Extremisten schlichtweg überall.

Er klang wie der einsame Rufer in der Wüste.

„Ich denke viel an Finale", sagte Bush und brachte sie wieder zurück zu Afghanistan. „Und wenn wir vom Wetter aufgehalten werden, stehen wir dann dort, wo wir stehen wollen?"

„Druck führt zu Ergebnissen", sagte Rumsfeld und versuchte, die Diskussion erneut auf die weltweiten Terroristengruppen zu lenken. „Wir sollten auch anderswo auf der Welt etwas gegen sie unternehmen. Ziel kann nicht allein Afghanistan sein."

Cheney biß zurück. „Wenn Bin Laden in einer Höhle hockt, und wir können einen Treffer landen, dann ist den Leuten egal, was sonstwo los ist."

Rumsfeld warf in die Diskussionsrunde ein, was man über einen möglichen Einsatz amerikanischer Massenvernichtungswaffen öffentlich bekanntmachen sollte, falls die andere Seite sie einsetzte. Das war eine erschreckende Vorstellung, aber sie mußte angesprochen werden.

Also, erwiderte Cheney, wir brauchen doch nur zu sagen, daß wir uns das Recht vorbehalten, jedes uns zur Verfügung stehende Mittel einzusetzen, um auf jeglichen Einsatz von Massenvernichtungswaffen zu reagieren. Das ist die Golfkriegsformel – die im Krieg gegen den Irak 1991 benutzt worden war – und das ist auch das, was wir tun sollten. Letztlich sei der Einsatz solcher Waffen eine Entscheidung des Präsidenten.

Der gegenwärtige und der ehemalige Verteidigungsminister, die sich beide große Sorgen um atomare, biologische und chemische Kriegführung machten, blieben eine Weile bei diesem Thema. Die Vereinigten Staaten befanden sich mit einem unkonventionell agierenden Feind im Krieg, und sie mußten die Möglichkeit im Auge behalten, daß Bin Laden vielleicht über Massenvernichtungswaffen verfügte.

„Bin Laden ist möglicherweise nicht abzuschrecken", sagte Cheney.

„Nun", meinte der Präsident, „vielleicht haben Unterstützerstaaten, jene, die ihn decken, Einfluß auf ihn. Sollten wir ein paar Botschaften abschicken, private oder öffentliche?"

Wir sollten darüber noch nachdenken, meinte Rumsfeld.

Die Frage, ob al-Qaida in der Lage wäre, Massenvernichtungswaffen einzusetzen, war, was Rumsfeld eine „bekannte Unbekannte" nannte – etwas, von dem sie wußten, daß sie es nicht wußten, etwas, das sowohl möglich als auch wichtig war, worüber sie allerdings keinerlei Erkenntnisse besaßen. Es konnte einen frösteln lassen. In gewisser Weise allerdings war dies eine geringere Sorge als die „unbekannten Unbekannten", die Dinge, von denen die Vereinigten Staaten nicht wußten, daß sie davon nichts wußten, die bösen Überraschungen.

Bush lenkte die Diskussion auf die bekannten Probleme. „Wir müssen durchdenken, wie wir einen Sieg bewerkstelligen, bevor Schnee fällt. Und wir müssen Kabul durchdenken."

„Wollen wir sie einnehmen?" fragte Powell. „Wollen wir sie halten? Wenn ja, was machen wir mit ihr?"

„Die Russen haben Kabul nie eingenommen", sagte Rice. Das allein war möglicherweise schon ein guter Grund, die Hauptstadt einzunehmen, da die Sowjets offenbar nahezu alles falsch gemacht hatten.

„Vielleicht sollte sich die UNO um Kabul kümmern", sagte der Präsident.

„Ja, die UNO ist eine gute Idee", pflichtete ihm Powell bei. „Wenn allerdings die Nordallianz zuerst dort ist, werden sie sie nicht wieder hergeben." Massud, der ermordete Kommandant der Nordallianz hatte erklärt, daß er Kabul niemals allein erobern würde, aber Powell glaubte nicht, daß Fahim Khan, sein Nachfolger, ebenso diszipliniert oder diplomatisch agierte.

Rumsfeld sagte, daß das Wetter im Süden noch immer gut sei. Daran anschließend beendete der Präsident das Treffen mit einem optimistischen Ausblick. „Die schwächeren Truppen stehen im Norden, also kann die Nordallianz den Norden ruhig einnehmen", sagte er.

UM 1.15 UHR ERSCHIENEN Rumsfeld und Myers im Besprechungsraum des Pentagon. Rumsfeld erklärte, daß die Vereinigten Staaten mehrere Ausbildungslager der al-Qaida getroffen und einen Großteil der Flugplätze, Luftabwehrradars und Raketenabschußrampen der Taliban beschädigt hätten. „Wir glauben, daß wir nun in der Lage sind, ganz nach unserem Belieben und rund um die Uhr Luftangriffe zu fliegen."

Myers gab nicht ganz denselben Bericht ab, den er dem Nationalen Sicherheitsrat vorgelegt hatte – daß sechzehn von fünfunddreißig Zielen noch einmal begutachtet werden müßten. Er sagte: „Die amerikanischen Kräfte haben gestern dreizehn Ziele angegriffen."

Er zeigte Dias, die Ziele des ersten und zweiten Tages zeigten. „Beim ersten Angriff waren wir sehr erfolgreich und haben etwa fünfundachtzig Prozent der ersten Gruppe von einunddreißig Zielen beschädigt oder zerstört." Er drückte sich vage aus. Nach militärischen Begriffen ist der Unterschied zwischen „beschädigen" und „zerstören" wie Tag und Nacht, so wie ein Automobil, das bei einem Unfall beschädigt wird, noch immer funktionieren kann.

„Sie sagten, Ihnen gingen die Ziele aus, Mr. Secretary", sagte ein Reporter. „Auf was wollen Sie denn nun weiterhin zielen?"

„Nun, zum einen haben wir den Eindruck, daß einige der Ziele, die wir getroffen haben, erneut getroffen werden müssen", entgegnete Rumsfeld. Das war erhellender als das, was Myers gesagt hatte.

„Zweitens", fuhr Rumsfeld fort, „nicht uns gehen die Ziele aus, aber Afghanistan schon."

Es gab Gelächter. Das war typisch Rumsfeld. Und doch blieb die Frage im Raum: „Wie gewinnt man einen Krieg, wenn man den Feind nicht treffen kann?"

Andere Reporter drängten auf eine Beantwortung der Frage, ob Truppenkonzentrationen bombardiert, enge Luftunterstützung gewährt und auch sonst den vormarschbereiten Kräften der Nordallianz direkte Hilfe geleistet würde. Rumsfeld und Myers antworteten zögernd und weigerten sich zu äußern, wann amerikanische Bodentruppen eingesetzt werden sollten oder wie sie die Anti-Taliban-Gruppen zu unterstützen gedächten. An einer Stelle legte Myers seine Vorstellungen von diesem neuen Krieg dar.

„Wenn sie nach den Begriffen der bisherigen konventionellen Kriege quantifizieren wollen, was wir heute tun, dann begehen Sie einen riesigen Fehler", sagte er. „Das wäre ‚alte Denke', und die hilft Ihnen in keiner Weise bei der Analyse dessen, was wir tun… Aber das versuche ich Ihnen schon seit drei Tagen zu vermitteln. Dies ist eine andere Art von Konflikt."

Rumsfeld schreckte vor einer Beantwortung der Frage zurück, welche Verantwortung die Vereinigten Staaten hätten, wenn die Taliban gestürzt würden. „Ich glaube nicht, daß wir eine Verantwortung dafür haben herauszufinden, welche Art von Regierung das Land haben sollte", sagte er und fügte hinzu, „ich kenne niemanden aus anderen Ländern, der klug genug wäre, anderen Ländern zu sagen, welche Art von Arrangement sie treffen sollten, sich selbst zu regieren."

Er wollte nicht, daß die Vereinigten Staaten sich zum Aufbau eines Staatswesens verpflichteten.

AM MITTWOCH, dem 10. Oktober, versammelte sich der Nationale Sicherheitsrat um 9.30 Uhr im Lageraum des Weißen Hauses.

Der Präsident stellte die Frage, wie viele geheime und vertrauliche Informationen er dem Kongreß mitteilen müsse. „Es ist wichtig für Don und Colin, ihre jeweiligen Komitees zu informieren", sagte er. „Wir übermitteln dem Kongreß Einsatzinformationen auf Colonel-Ebene. Wir müssen sie höher ansiedeln."

Sie wollten die Gesetzesmacher besänftigen, indem sie Rumsfeld und Powell entsandten, die beide wußten, wie man offen sprach, ohne irgend etwas Wichtiges preizugeben. „Ich möchte dem Kongreß entgegenkommen, ohne geheime Informationen preiszugeben", sagte Bush. Praktisch betrachtet, war dies unmöglich. Geheime Informationen geben Aufschluß darüber, was tatsächlich passiert, und genau das wollte der Kongreß wissen.

Die Runde kam auf Syrien zu sprechen, von dem bekannt war, daß es auf staatlicher Ebene die Hisbollah unterstützte. Syrien hatte die Angriffe des 11. September verurteilt.

„Syrien muß gegen allen Terrorismus sein", sagte Powell.

Die anderen pflichteten ihm bei, und Rumsfeld fügte hinzu: „Wir können uns von Syrien nicht bei al-Qaida helfen lassen und uns dadurch davon abhalten lassen, sie im Hinblick auf ihre Unterstützung anderer Terroristen zu verurteilen."

„Wir müssen ein paar unserer Leute ins Programm von Al-Dschasira bringen", sagte Bush. „Laßt uns tägliche Auftritte planen, Pressekonferenzen abhalten. Wir brauchen Leute, die ihnen Informationen geben."

Rumsfeld lieferte seinen recht formelhaft wirkenden täglichen Einsatzbericht über den Krieg ab.

„Wir sind 65 Einsätze geflogen", sagte er, obwohl 70 geplant gewesen waren. „Militärische Ziele mit niedrigen Kollateralschäden. Es ergeben sich ein paar weitere Ziele. Wir haben noch nicht alle Hubschrauber, Transportmaschinen und Jets erledigt." Rumsfeld und Myers hatten am Tag zuvor berichtet, daß die Vereinigten Staaten den Luftraum über Afghanistan kontrollierten, und daß die Taliban nur noch über ein paar dürftige Flugeinrichtungen verfügten.

„Laßt uns sichergehen, daß wir keine Moscheen treffen", sagte Bush.

„Wir haben noch ein paar weitere Höhlen, und wir bearbeiten Tora Bora", den schwer zugänglichen Höhlenkomplex im Osten, sagte Rumsfeld.

Franks sagte, er habe ein zwölf Mann starkes A-Team der Special Forces bereitstehen, das darauf warte, in Afghanistan abgesetzt zu werden.

„Wir werden mit dem DCI (Director of Central Intelligence) zusammenarbeiten, um sie reinzubringen", sagte Rumsfeld. Er schäumte vor Wut darüber, daß es so lange dauerte, die Spezialeinheiten abzusetzen. Nun war auch noch das Wetter als weitere Ausrede hinzugekommen. Er hatte den Präsidenten für den Plan begeistert, Bodentruppen einzusetzen, und nun konnte er nichts vorweisen.

„Angesichts des Wetters", sagte der Präsident, „ist es nun an der Zeit, im Norden etwas zu bewegen. Wir haben im Süden auch später noch Möglichkeiten, aber wir müssen im Norden endlich was bewegen."

Rumsfeld machte eine allgemeine Bemerkung über die amerikanische Politik auf dem indischen Subkontinent. „Wir müssen den Eindruck vermeiden, uns auf Pakistan zuzubewegen", sagte er. Die Antiterror-Allianz mit Pakistan beunruhigte das rivalisierende Indien.

Powell pflichtete ihm bei. „Wann immer wir über die Pakistanis reden, müssen wir auch über die Inder reden."

Rumsfeld sagte: „Das Verteidigungsministerium arbeitet gut mit dem AID zusammen" – der Agentur für humanitäre Hilfe. „Wir wollen sicherstellen, daß wir den richtigen Leuten was zu essen geben."

„Wir geben 170 Milionen Dollar im Jahr dafür aus", sagte Powell.

„Nur Flüchtlingslager?" fragte Bush.

„Sowohl an der Grenze als auch in Afghanistan", erwiderte Powell. Mehr als zwei Millionen Afghanen waren in den letzten zwei Jahrzehnten aus ihrem Land geflohen, und viele davon lebten in Flüchtlingslagern in den Grenzgebieten Pakistans und des Iran. Seit Beginn der Bombardierungen strömten tagtäglich immer mehr über die Grenze.

Rumsfeld gab einen seiner Aphorismen zum besten, für die er so bekannt war: „Tu nichts Gutes, und es wird kein Schaden sein." Gutes zu tun ist riskant. Sie mußten mit Schwierigkeiten rechnen und mit Kritik an ihrer humanitären Hilfe. Kritiker würden sagen, daß es nicht genug sei, daß man die falschen Leute ernähre, aber das sollte sie nicht abschrecken.

„Es gibt einen Punkt, an dem wir auch anderswo auf der Welt etwas Sichtbares tun müssen", sagte Rumsfeld zum fünften oder sechsten Male. Diesen Punkt hatte er nun schon seit Tagen zur Diskussion gestellt, doch die anderen gingen nicht darauf ein.

Als sie sich der Frage nach neuen Zielen widmeten, mahnte der Präsident erneut: „Stellt auf jeden Fall sicher, daß wir keine Moschee angreifen.

Warum können wir nicht mehr als eine Predator gleichzeitig fliegen lassen?" fragte er. Er war von der blanken Informationsausbeute beeindruckt gewesen, die die Predator geliefert hatte. Diese Drohne war ein nützliches Instrument, das nur wenige Risiken barg – und sie kostete nur eine Million Dollar pro Stück, ein Schnäppchen, was militärische Ausrüstung betraf.

„Wir werden versuchen, zwei gleichzeitig loszuschicken", sagte Tenet.

„Wir sollten fünfzig davon haben", sagte Bush.

Dann wandte sich Powell wieder der umfassenden Militärstrategie zu. „Wir sollten versuchen, den Norden und Osten noch vor dem Winter zu konsolidieren", sagte er. „Masar-i-Sharif erobern, die Grenzen und Täler kontrollieren."

„Ich habe Leute darum gebeten, sich das einmal anzuschauen", sagte Tenet. Die CIA deutete an, daß auch Kabul noch vor dem Winter fallen könnte, und Tenet wußte, daß dies eine viel größere politische Herausforderung darstellte als die Übernahme von Masar-i-Sharif. „Die Nordallianz wird Kabul einnehmen wollen, und das dürfte schwer zu kontrollieren sein", warnte er. „Wir brauchen Paschtunen außerhalb der Taliban, die wegen Kabul mit der Nordallianz kooperieren. Und wir sollten humanitäre Hilfe damit verknüpfen." Tenet sagte, die Nahrungsmittel könnten andere dazu bewegen zu kooperieren. Doch Nahrungsmittel als Druckmittel einzusetzen, war durchaus nicht im Geiste der umfassenden humanitären Unterstützung, die der Präsident im Sinn hatte.

Cheney schien beunruhigt und deutete an, daß er den Präsidenten aus solchen Diskussionen heraushalten, ja, ihm beinahe Aussageverweigerungsrecht zugestehen wolle. „Die allgemeinen Fragen der Strategie müssen vom Präsidenten entschieden werden", sagte Cheney. „Man wird uns danach beurteilen, ob wir in Afghanistan konkrete Ergebnisse vorweisen können. Wir brauchen das PC, um diese Frage zu erörtern, und legen sie dann dem Präsidenten vor." Das Principals' Committee, die Versammlung auf Chefebene, war der richtige Ort für diese Art von taktischen Fragen, aber nicht vor dem Präsidenten.

Später sagte der Präsident, seine Sorge sei gewesen, daß sie sich nicht auf ihr Ziel konzentrierten. „Ich glaube, wir müssen eine

Führung behalten, bei der die wichtigen Dinge zuerst kommen."
Afghanistan stand zuoberst auf der Liste.

In der Sitzung sagte Rumsfeld zu Afghanistan: „Wir müssen die Geschichte zusperren, damit Omar und Bin Laden nicht rauskommen. Wir wollen die Leute einsperren."

„Einsperren?" höhnte Powell. „Die verschwinden mit einem Land Rover."

Powell hatte diese bittere Lektion vor Jahren gelernt, als er während der amerikanischen Invasion in Panama im Dezember 1989 Vorsitzender der Vereinigten Stabschefs gewesen war. Die USA hatten Tage damit zugebracht, General Manuel Noriega, den panamaischen starken Mann, zu verfolgen. Afghanistan war achtmal so groß wie Panama und die Grenzregionen waren entlegen und gesetzlos – es war dumm zu glauben, die USA könnten irgend jemanden dort eingesperrt halten.

Der Präsident widersprach Rumsfelds Ansichten. „Teil unserer Strategie ist es doch, Bin Laden auf Trab zu halten, ihn zu beschäftigen", sagte er. Wenn Bin Laden auf der Flucht war, konnte er nichts aushecken und planen. „Wir haben nicht damit gerechnet, ihn schon am ersten Tag zu erwischen. Wir wollen ihm seinen sicheren Zufluchtsort ungemütlich machen. Deswegen ist er auf der Flucht."

NACH DEM TREFFEN des Nationalen Sicherheitsrates machte Bush einen kurzen Ausflug die Pennsylvania Avenue hinunter zum FBI-Hauptquartier. Er erschien dort zusammen mit Powell, Ashcroft und Mueller und enthüllte eine Liste der zweiundzwanzig „Meistgesuchten Terroristen", die als Ergänzung zu der beliebten und erfolgreichen FBI-Liste der „Zehn Meistgesuchten" dienen sollte. Ganz oben auf der Liste standen Osama Bin Laden und zwei seiner wichtigsten Leute, die Ägypter Dr. Aiman al-Sawahiri und Mohammed Atif.

Bush erhielt eine geheime Fassung davon für sich, zu der Fotos, kurze Biographien und Persönlichkeitsdarstellungen der zweiundzwanzig Männer zählten. Nach seiner Rückkehr an den Schreibtisch im Oval Office, legte er sich die Liste der Namen und Gesichter in eine Schublade, so daß er sie gleich zur Hand hatte, seine ganz persönliche Scorecard für den Krieg.

16 IN EINEM GESPRÄCH mit Rice brachte Steve Hadley seine Sorgen über die Situation in Afghanistan zum Ausdruck. „Ich glaube nicht, daß wir wirklich Herr der Lage sind. Zumindest bin ich nicht soweit Herr der Lage, wie ich dies gern wäre. Die Chefs und ich werden zur CIA gehen und wir werden uns mit George und seinen Leuten zusammensetzen."

Rice fuhr am Nachmittag des Donnerstags mit ihnen gemeinsam nach Langley. Tenet und einige seiner Leute brachten eine Reihe von Beobachtungen ein:

Iran und Rußland hatten die Nordallianz im Laufe der Jahre mit Millionen von Dollar unterstützt. Iran war wahrscheinlich der größte Geldgeber und sorgte für die finanzielle Unterstützung von Tausenden von Allianzkämpfern. Beide Länder waren noch immer bei der Allianz tätig. Sie schienen die Zusammenarbeit der Vereinigten Staaten und des CIA mit der Nordallianz in Ordnung zu finden, aber es gab keine konzertierte Vorgehensweise.

Der Iran hatte großen Einfluß auf Ismail Khan – den schiitischen Tadschikenführer, der die Region rings um Herat im westlichen Afghanistan, nahe der Grenze zum Iran, kontrollierte.

Die Stämme wollten alle amerikanische Luftunterstützung, Munition und Nahrungsmittel, wenn sie gegen die Taliban und al-Qaida vorgehen sollten, aber die Stämme wollten selbst aktiv werden.

Afghanistan ist nur in einer dezentralisierten Struktur stabil. Das Land war kein moderner Staat mit einer starken Zentralregierung und dürfte wohl auch in der Zukunft keine haben.

Alle, jeder Stamm und jeder Warlord, mußte in einer zukünftigen Regierung einen Sitz am Tisch in Kabul erhalten.

Da die Lage so veränderlich war und viele der Stammesführer im südlichen Afghanistan Kontakte zu den Taliban unterhielten, war Tenet noch immer nicht bereit, paramilitärische Teams in den Süden zu entsenden. Es war einfach nicht sicher. Zudem gab es dort keinen definierbaren Frontverlauf wie im Norden.

Der neue pakistanische Geheimdienstchef hatte um Informationen und Hilfe bei der Kontaktaufnahme mit einigen Paschtunen gebeten, so einer der CIA-Leute.

„Wir müssen Spezialeinsätze im Süden durchführen und die Taliban um ihre Kampfkraft bringen. Wir müssen die Paschtunen dazu bringen, mitzuspielen, und wir müssen die Pakistanis beruhigen", faßte Tenet zusammen.

Eine neue Regierung oder Verwaltung in Kabul mußte gleichmäßig quer durch alle Fraktionen und Stämme besetzt sein, betonten die Experten des CIA immer wieder. Ein symbolisches Übergewicht der ethnischen Tadschiken und Usbeken in Kabul – die den Großteil der Nordallianz ausmachten –, würde für die Pakistanis und die Paschtunen ein echtes Problem darstellen.

„Müssen wir die Taliban besiegen?" fragte Rice.

Ja, denn sonst würden sie weiterhin Anlaufstelle für terroristische Elemente bleiben.

„Wir hatten eine Strategie zur Terrorismusbekämpfung, doch nun brauchen wie eine politische Strategie", sagte Tenet. „Wir müssen den südlichen Stämmen sagen, wie das politische Szenario aussieht. Wir brauchen einen Ausblick. Wir müssen klarstellen, daß wir auf lange Sicht da sein werden."

Auf die Frage, was bis zum Winter erreicht werden konnte, hatten Tenet und seine Experten eine vierteilige Antwort: 1. Den Norden einnehmen. 2. Nachschub aus Usbekistan heranschaffen. 3. In Kabul eine Struktur einsetzen wie besprochen. 4. Einen sicheren Korridor schaffen, um über Paktia, das eine hundertfünfzig Meilen lange Grenze mit Pakistan hat, Nachschub in den Süden zu schaffen.

Die Vereinigten Staaten konnten die Pakistanis einsetzen, um den Paschtunen die politische Strategie zu erläutern. Anti-Taliban-Kräfte könnten nach Süden vordringen, den Feind festnageln, einkesseln und schlagen. Wir sollten damit fortfahren, Ziele anzugreifen, schlugen die CIA-Experten vor. Angesichts der hochtechnologischen Vorteile, über die die amerikanischen Streitkräfte verfügten, sollte es im Winter leichter sein, Ziele aufzuspüren. Vielleicht war es sogar möglich, durch Einschränkung der Mobilität und durch Lokalisierung des Feindes weitere Überläufer anzulocken.

Die CIA-Experten wiederholten, wie wichtig es sei, den Paschtunen

Vorteile zu bieten, wenn sie den Taliban ihre Unterstützung entzögen. Wie sollte die Botschaft lauten? „Zieht euch zurück und werdet ernährt. Wenn nicht, werdet ihr nicht ernährt", meinte einer. Das war ein zutiefst fragwürdiger Ansatz. Sollte sich die Lage im Süden verschlechtern, könnten sich die Vereinigten Staaten den Vorwurf einhandeln, einer Hungersnot Vorschub zu leisten – organisierten Hunger als politisches Mittel einzusetzen, was den hohen moralischen Anspruch der Amerikaner kompromittieren würde.

Wie schließlich deutlich wurde, war dies gar nicht notwendig. Der Süden hatte ausreichend zu essen. Die ernsthafte Nahrungsmittelknappheit war in und um die von der Nordallianz kontrollierten Gebiete zu finden.

GEGEN FÜNF UHR NACHMITTAGS konzentrierte sich das Komitee der Chefs auf die verschiedenen Bedrohungen, denen sich die Vereinigten Staaten ausgesetzt sahen, und was sie nun tun konnten, um ihnen zu begegnen. Eine wachsende Sorge galt der Möglichkeit radiologischer Waffen, doch je mehr sie darüber sprachen, umso deutlicher wurde es, daß man sich dagegen nicht ernstlich wappnen konnte. Die Wahrscheinlichkeit, die Auswirkungen – psychologisch und physikalisch – waren große Unbekannte, unter anderem deswegen, weil ihres Wissens eine solche Bombe noch nie eingesetzt worden war. Es handelte sich nur um eine Idee, so bedrohlich sie auch wirken mochte. Andererseits war die Entführung eines Passagierflugzeuges und dessen Einsatz als Bombe bis vor kurzem auch nur eine Idee gewesen.

„ICH WERDE HEUTE ABEND eine Pressekonferenz geben", erinnerte Bush am Morgen des 11. Oktober, eines Donnerstags, beim Treffen des Nationalen Sicherheitsrates. „Ich werde den Konflikt neu positionieren und die Erwartungen aufs rechte Maß setzen." Er strahlte vor Zuversicht. „Es wird eine lange Auseinandersetzung werden, und wir werden eine abgewogene, intensive und gut durchdachte Strategie dafür benötigen. Ich werde das amerikanische Volk um Geduld bitten. Wir werden uns um die Parasiten und deren Wirte kümmern. Das Ganze ist ein breit angelegter Krieg. Wenn wir Bin Laden nicht kriegen, heißt das noch nicht, daß wir gescheitert sind."

Powell sagte, die Organisation der Islamischen Konferenz habe eine deutliche Erklärung abgegeben, in der sie die Terroranschläge gegen die Vereinigten Staaten verurteile. Dieses Kommuniqué, das am Vortag verkündet worden sei, stelle fest, daß diese Taten in direktem Widerspruch zu den Lehren der göttlichen Religionen und allen moralischen und menschlichen Werten stünden. Der Präsident sagte, er werde bei seinen Antworten am Abend teilweise auf die Sprache zurückgreifen, die in der Erklärung verwendet worden sei.

„Die Erklärung der OIK legt nahe, daß die Koalition hält", sagte Powell.

In Fragen der humanitären Hilfe fuhr er fort: „Wir schaffen ein paar Lastwagenladungen aus Turkmenistan, Tadschikistan und dem Iran heran. Denken Sie daran, daß ein Großteil der Nahrungsmittel von Nichtregierungs-Organisationen verteilt wird. Das läuft über ein Verteilernetzwerk. Wir müssen sie koordinieren und dies dann mit dem CENTCOM absprechen." Solange Afghanistan als Kriegszone galt, war militärischer Überblick wichtig, um das Hilfsprogramm ordentlich und sicher durchzuführen.

Rumsfeld gab seinen Tagesbericht der Einsätze ab: „Wir haben gestern fünfundsiebzig Ziele in Afghanistan angegriffen. Wir suchen nach weiteren Zielen. Wir haben einunddreißig ihrer insgesamt achtundsechzig Maschinen abgeschossen; wir können ihre Hubschrauber nicht finden; wir haben neun der fünfzehn Transporter zerstört. Wir haben uns ihre Drogenlabors und Heroinlagerhäuser angeschaut und haben diese wegen zu erwartender Kollateralschäden nicht angegriffen."

Dies waren die detaillierten Schadensmeldungen, die in den meisten Fällen als STRENG GEHEIM/CODEWORT eingestuft waren – das war die höchstmögliche Sicherheitsstufe. Eine undichte Stelle wäre ein ziemlicher Rückschlag. Sie konnten sich die Schlagzeilen schon ausmalen: „USA zerstören nur 31 von 68 Taliban-Maschinen, können Hubschrauber nicht finden; verschonen Drogenlabors aus Furcht vor Kollateralschäden."

NACH DEM TREFFEN des Sicherheitsrates fuhr der Wagenkonvoi des Präsidenten die kurze Strecke über den Potomac zum Pentagon, um dort auf einer Feier der Opfer des Anschlags vor nun einem Monat zu gedenken. Bush sprach vor fünfzehntausend Zuhörern, die sich auf einem grasbewachsenen Paradeplatz in der Nähe des flußseitigen, schwarz verhängten Eingangs zu dem Gebäude versammelt hatten.

„Wir haben uns hier versammelt, um den 125 Männern und Frauen unseren Respekt zu zollen, die im Dienst für Amerika ihr Leben ließen", sagte der Präsident. „Wir gedenken auch der Passagiere in dem entführten Flugzeug – der Männer und Frauen, Jungen und Mädchen, die in die Hände von Übeltätern fielen."

Rumsfeld sprach von den Freunden, Familien und Arbeitskollegen, die sie verloren hatten. „Sie starben – in den Worten ihrer Angreifer zur Rechtfertigung ihrer Tat –, weil sie Amerikaner waren", sagte Rumsfeld.

Die Terroristen mit den untergegangenen totalitären Regimen des 20. Jahrhunderts vergleichend, sagte Rumsfeld: „Der Wille zur Macht, der Drang, Herrschaft über andere zu gewinnen ... macht den Terroristen nicht zu einem Gläubigen der Theologie Gottes, sondern der Theologie des Egos und der Einflüsterungen der Versuchung: ‚Ihr sollt wie Götter sein.'

Als sie diesen Ort angriffen, und damit alle, die hier arbeiteten, erkannten die Angreifer, die Übeltäter ganz richtig, daß hier das Gegenteil all dessen residiert, was sie waren und wofür sie standen."

Nach den Reden übertrugen überdimensionale Fernsehbildschirme die Namen der Toten, während „Amazing Grace" gespielt wurde. Rumsfeld war völlig ergriffen und hatte Tränen in den Augen.

UM 15.30 UHR TRAFEN SICH die Chefs im Lageraum des Weißen Hauses.

Das Datum, einen Monat nach den Angriffen, stand ihnen allen vor Augen. Tenet stellte die Frage: „Was sind unsere Ziele?" Und gab dann selbst eine längere Antwort.

„Wir möchten, daß die Taliban als militärische Einheit zerbrechen." Zweitens wollten sie, daß die Nordallianz die Region im Norden kontrolliere und so mit der tadschikischen und der usbekischen Grenze verband.

„Bin Laden tot, gefangen oder auf der Flucht", fuhr er fort und faßte das Ziel so weit, daß es jetzt bereits schon erreicht war. „Aber wir müssen alle Einsatzkräfte zugleich losschicken. Der Norden ist etwas weiter fortgeschritten, und es gibt keinen Grund, südlicher als Kabul vorzudringen."

Das letzte CIA-Briefing klang Rice noch in den Ohren: Selbst wenn sie im Süden hätten vorgehen wollen, gab es dort nicht viel zu tun. Ein Großteil von Tenets Zusammenfassung war nur ein Aufguß. Daran zeigte sich, wie wenig sich tatsächlich bewegte.

„Die Paschtunen sind der Nordallianz feindlich gesinnt – sie könnten auch Anti-Taliban sein. Sie sind nicht antiamerikanisch", sagte Tenet. Mit anderen Worten war ihre Loyalität verhandelbar – so wie alles in Afghanistan. „Sie wollen einzig und allein ihre Shura kontrollieren", womit das islamische Prinzip der Selbstverwaltung gemeint war. „Wir müssen ihnen mehr bieten als nur: ‚Tötet die Araber.' Wir müssen ihnen Anreize bieten.

Die Nordallianz ist nicht monolithisch. Sie könnte leicht zerfallen. Sie könnten gegeneinander vorgehen, zerfallen, sich in Kämpfe verstricken. Wir müssen bei unserer Hilfe ausgeglichen vorgehen.

Wir haben eine iranische Dimension im Westen und russischen Einfluß im Norden", sagte Tenet in Bezug auf die Nordallianz. Die CIA, die bisher nur der Juniorpartner unter den Unterstützern der Allianz gewesen war, versuchte nun die gesamte Operation aufzukaufen und sie als Seniorpartner zu kontrollieren.

Sie hätten ihr Schicksal in die Hände der afghanischen Stämme gelegt, sagte Tenet, die zu einer Zeit, an einem Ort und mit einem Tempo agieren würden, das sie selbst bestimmten. Sie hatten ihre eigenen Vorstellungen, Zielsetzungen, Ambitionen und internen Machtkämpfe. Sie waren eine Söldnertruppe – die allerdings nicht unter amerikanischem Kommando stand. Das war der Preis, den die Amerikaner zu zahlen hatten, als entschieden wurde, daß die Stämme den Großteil der Bodenkämpfe bestreiten sollten und nicht das amerikanische Militär.

In Bezug auf die Nordallianz, die sich streng an die amerikanischen Forderungen hielt, sagte Tenet: „Wenn der Oberbefehlshaber sie von der Leine läßt, wollen wir, daß sie Taloqan erobern, al-Qaida abschneiden, Masar-i-Sharif einnehmen, die Lücke in Baghlan schließen" – einer Schlüsselstadt entlang der Straße von Kabul nordwärts nach Kundus – „und al-Qaida im Norden einkesseln."

Jawbreaker war nun seit zwei Wochen in Afghanistan. Das nächste paramilitärische Team der CIA sollte von Usbekistan aus mit Special Forces ins Land gehen und sich dem Allianzführer General Abdul Raschid südlich von Mazur anschließen. Es stand ein Team der amerikanischen Spezialeinheiten in Usbekistan bereit, in den nächsten Tagen bei Ismail Khan abgesetzt zu werden, der in der Nähe von Herat, achtzig Meilen von der iranischen Grenze entfernt, die Stellung hielt.

„Oberbefehlshaber und CIA arbeiten Hand in Hand. Die Leute vor Ort erarbeiten Ziele für den Oberbefehlshaber", sagte Rumsfeld.

„Sind sie ausreichend bewaffnet?" fragte Rice in Bezug auf die Nordallianz. Jemand erwiderte, daß sie kleinere Waffen im Einsatz hätten.

„Wir sollten Kabul nicht anvisieren. Unser Hauptaugenmerk sollte auf Masar-i-Sharif liegen", sagte Powell. Wurde Masar-i-Sharif eingenommen, das nur vierzig Meilen von Usbekistan entfernt lag, wäre es möglich, eine Landbrücke zwischen Afghanistan und Usbekistan zu errichten, eine dauerhafte Überlandroute, über die militärischer und humanitärer Nachschub herangebracht werden konnte. Humanitäre Hilfe aus der Luft abzuwerfen, war teuer und wenig effizient. Die diplomatische Herausforderung, all die einzelnen Gruppen miteinander in Einklang zu bringen, verlangte weitere Überlegungen, mehr Zeit. „Erst die Landbrücke. Nicht Kabul."

Zu Kabul: „Soll die UNO beaufsichtigen oder vielleicht die OIK. Machen wir die Stadt zum Zentrum humanitärer Unterstützung und zum Sitz der Loya Jirga" – der traditionellen Versammlung der afghanischen Stammesführer aus dem ganzen Land. Powell hatte eine großartige, vielleicht kühne Vision von der Zukunft der Stadt. „Dies ist Kabul, die internationale Stadt, Symbol eines vereinigten Afghanistan", sagte er. „Zu Kabul sollte es ein UNO-Mandat geben, und die Stadt sollte von weiteren Truppen aus Drittländern kontrolliert werden." Powell wußte, daß Bush nichts davon hielt, amerikanische Truppen beim Aufbau eines Staatswesens einzusetzen.

„Was würde die Nordallianz davon halten, wenn wir Kabul den Paschtunen überlassen?" fragte Cheney.

„Wir werden sie Brahimi und der UNO überlassen", erwiderte Powell – Lakhdar Brahimi war der UN-Sonderbevollmächtigte für Afghanistan.

„Können wir genug von diesem Plan vorzeigen, den wir hier entworfen haben, bevor die Nordallianz in Kabul steht und die Paschtunen verärgert?" fragte jemand. Das war eine entscheidende Frage.

Ein CIA-Spezialist, der an der Sitzung teilnahm und noch immer verdeckt arbeitete, warf ein: „Wenn wir die Paschtunen dazu bringen, diesem Plan zuzustimmen, wird Rußland mitmachen."

Und der Iran?

„Der Iran wird ebenfalls eine Rolle beanspruchen", sagte er.

Dann war da noch die Frage nach dem König. Sollten sie ihn einsetzen, und wenn ja, wie? Der CIA-Mann meinte, ihn als nominelles Regierungsoberhaupt einzusetzen, würde nicht funktionieren, aber er könnte der Loya Jirga vorsitzen und als Galionsfigur dienen.

Es gab eine Diskussion darüber, wie sehr sie in Afghanistan auf eine Person von der Statur des ermordeten Massud angewiesen seien. Er hätte jeden Schritt der Allianz, Kabul einzunehmen, unterbinden können. Er wäre ein großer Gewinn gewesen, um eine Lösung für die Zeit nach den Taliban zu erarbeiten.

Powell war noch immer skeptisch. „Können sie denn Kabul überhaupt einnehmen?"

Ja, sagte der Mann von der CIA. „Wir sind uns ziemlich sicher, daß sie in nächster Zeit in Kabul einmarschieren werden." Er berichtete von zwei südlichen Provinzen, in denen es von der CIA bezahlte Mitarbeiter gab. „Wir arbeiten von Islamabad aus mit ihnen. Das ist ein administrativer Bruch mit den Taliban. Wir wissen noch nicht, ob sie uns erlauben, unsere Leute reinzubringen.

Wir verfügen über aktive Mitarbeiter in den Provinzen Logar und Nangahar." In Nangahar, das an der pakistanischen Grenze lag, befand sich der Khyber-Paß, ein strategisches Tor an der Straße von Dschalalabad nach Peschawar in Pakistan.

„Wir müssen den Schritt hin zur Autonomie verstärken", sagte Tenet. „Wir müssen humanitäre Hilfe anbieten. Selbst wenn sie nicht kämpfen wollen, müssen wir dennoch dafür sorgen, daß sie mit den

Taliban brechen. Wir müssen den südlichen Stämmen eine Vision anbieten.

Einige von ihnen brauchen Visionen, andere brauchen Geld", sagte er rundheraus. „Wir müssen ihnen beides geben." Eine Vision vom größeren Wohl Afghanistans war für manche Stammesführer zu abstrakt, kopflastig und zu weit hergeholt – aber Cash würden sie verstehen und liebend gern annehmen. Die CIA gab weiterhin Millionen aus. Tenet sagte, die CIA bewaffne recht viele Leute. Afghanen reagierten auf „Waffen und auf das Gefühl, auf der Siegerseite zu stehen".

Card wiederholte Powells Frage: „Können sie Kabul einnehmen?"

„Sie können zumindest bis zur Stadt vordringen", sagte Tenet.

Der CIA-Mann fügte hinzu: „Wenn die Nordallianz in die Randbezirke von Kabul vordringt, werden sich die Taliban in die Berge im Süden zurückziehen." Das war eine gute Nachricht und eine Warnung zugleich. Niemand wagte zu fragen, ob sie über einen Plan verfügten, wie mit Tausenden von Flüchtlingen umzugehen sei.

„Wir brauchen eine Vision für Kabul", wiederholte Rice. „Diese Vision ist wichtig, um zu verhindern, daß die Paschtunen verärgert sind." Wieder bedauerten sie das Fehlen von Massud, der gesagt hatte, er würde Kabul mit mehreren Stämmen, darunter auch solchen aus dem Süden, von außen regieren. Fahim, sein Nachfolger als Oberhaupt der Nordallianz, verfügte über keine der politischen Fähigkeiten seines Vorgängers.

„Also, wir brauchen Kabul nicht einzunehmen, um bis zum 1. Dezember Ergebnisse vorzuweisen. Wir müssen über Kabul, die Paschtunen, die Nordallianz nachdenken", sagte Cheney.

„Aber das Hauptaugenmerk liegt auf dem Norden", erwiderte Powell. „Wir müssen über Kabul reden, ihnen sagen, wie die Lösung aussieht, an der Grenze zur Stadt stehen bleiben, sie internationalisieren, wir dürfen den Süden nicht verärgern, müssen dem Süden eine Rolle in Kabul zubilligen. Das ist wichtiger als die Stadt einzunehmen. Das ist etwas, worüber ich mit den Pakistanis reden kann."

Bei all dem Gerede über die Einnahme oder Nichteinnahme von Kabul übersahen sie die wichtige Frage, wie verwundbar die CIA-Teams und Spezialeinheiten am Boden ohne Unterstützung waren. „Es ist gefährlich, die Teams könnten verraten werden", sagte Wayne Downing, ein Vier-Sterne-General i. R., der Kommandeur der amerikanischen Spezialeinsätze gewesen war und nun als Stellvertreter zum Stab des Nationalen Sicherheitsrates gehörte. Die ganze Situation konnte sich mit dem Tod oder der Gefangennahme von zehn oder zwölf Mann umkehren.

Das war eine ungemütliche Wahrheit, und niemand sagte dazu etwas.

„Wir brauchen ein Wiederaufbaupaket", sagte Powell.

„Wir brauchen jetzt eine politische Vision", sagte Tenet.

„Es geht hier um die Taliban", sagte Cheney und versuchte die Unterhaltung auf den Punkt zurückzubringen. „Haben wir ein ähnlich energisches Programm gegen al-Qaida?"

Es gab eine Diskussion darüber, woran sich Siege erkennen ließen, doch Rice kam schnell auf die politischen Probleme zurück. „Wir brauchen eine Strategie für Kandahar." Kandahar, in der 225 000 Menschen lebten, galt als geistige Heimat der Taliban.

Die CIA-Mann beschrieb die Taliban. „Wenn sie in Kandahar festsitzen, während die Nordallianz in Kabul Fortschritte macht, dann wird das einige Stämme zum Überlaufen bewegen. Und denken Sie daran, auf den höheren Ebenen mögen die Taliban verstummen, aber in den unteren Regionen können wir immer noch mit Aktivitäten rechnen."

Die CIA hatte an jenem Tag ein Telegramm vom Stationschef in Islamabad erhalten. Basierend auf einer Vielzahl von Quellen, darunter dem neuen Geheimdienstchef der Pakistanis, sagte das Telegramm, daß sich die Bombardierungen politisch bislang als große Enttäuschung herausgestellt hätten und die Taliban nicht spalten würden. „Die Führungsschicht der Taliban bleibt um Omar vereint und unnachgiebig, während die Stammeskommandanten fest auf dem Zaun hocken und abwarten, wer durchhält, bevor sie sich entscheiden." Mit anderen Worten: Die Taliban zu spalten, war reine Fata Morgana. Das war sehr ernüchternd. Vielleicht war der Feind doch stärker, als sie angenommen hatten.

DIE BERICHTE über mögliche Bedrohungen nahmen derart zu, daß Tenet vorschlug, das FBI solle den ungewöhnlichen Schritt unternehmen und eine bundesweite Warnung vor möglichen terroristischen

Angriffen „innerhalb der nächsten Tage" herausgeben. Er tat dies mit solchem Nachdruck, daß der FBI-Direktor Mueller kaum eine andere Wahl hatte, als zu handeln. Die Warnung ging am späten Nachmittag raus: „Gewisse Informationen, die keine genauen Ziele nennen, geben der Regierung Anlaß zu der Vermutung, daß es innerhalb der Vereinigten Staaten und gegen amerikanische Interessen im Ausland innerhalb der nächsten Tage zu weiteren terroristischen Angriffen kommen könnte."

Wenn Mueller dies nicht getan hätte, und es wäre zu einem terroristischen Angriff gekommen, dann wäre ihm dies wohl niemals verziehen worden. Allerdings ließ die Warnung jedes Detail vermissen, da aus keiner der glaubwürdigen Geheimdienstinformationen Angaben zu Zeit, Ort oder Methode des Angriffs hervorgingen. Tatsächlich war es eher die hohe Anzahl an abgefangenen Informationen und anderer Geheimdienstberichte, die Tenets Reaktion auslöste. Angesichts dessen, was am 11. September geschehen war, schien es besser, lieber übervorsichtig zu sein, als gar nichts zu tun.

Cheney sorgte sich, daß die Geheimdienste vielleicht nur versuchten, ihr Gesicht zu wahren, äußerte aber keinerlei Bedenken.

Später sagte der Präsident: „Bundesweite Warnungen sind sehr interessante Fragen, wenn man mal darüber nachdenkt. Eine solche Warnung hat es noch nie gegeben." Er machte sich Gedanken: „Wie viele solcher Warnungen brauchte es, bis die amerikanische Psyche abgestumpft war?" Die Drohungen waren ernst zu nehmen. „Tenet ist niemand, der es schnell mit der Angst bekommt", sagte er, aber er verriet auch, daß es eine Art von Gedankenspiel mit Bin Laden und seinen Terroristen war.

„Wir kamen zu diesem Zeitpunkt zu dem Schluß, daß wir den Feind wissen lassen sollten, daß wir an ihm dran waren", sagte der Präsident. Falls also mit anderen Worten etwas geplant gewesen sein sollte, und die andere Seite sah, daß das FBI eine bundesweite Warnung ausrief, dann gab es eine, wenn auch nur sehr vage, Chance, daß sie zögerten oder gar ganz davon abgebracht wurden. Bush sagte, die Warnung sei eher als alles andere der Versuch gewesen, „in ihre Gehirne vorzudringen".

Die Warnung war die große landesweite Meldung, und die Amerikaner versuchten herauszufinden, was sie zu bedeuten hatte.

An jenem Abend hielt Präsident Bush eine im Fernsehen ausgestrahlte Pressekonferenz, das erste Mal zur besten Sendezeit, seitdem er ins Amt gekommen war. Er gab eine kurze Erklärung zur Eröffnung ab, bevor er Fragen beantwortete. Er sagte wenig Neues, doch bot er den Taliban eine weitere Gelegenheit, Bin Laden auszuliefern.

„Ich sage es noch einmal: Wenn Sie ihn und seine Leute heute ausspucken, dann werden wir uns noch einmal überlegen, was wir in Ihrem Lande anstellen", sagte Bush. „Sie haben noch eine letzte Chance. Liefern Sie ihn aus, und liefern Sie seine Anführer und Offiziere und andere Gauner und Kriminelle mit ihm."

Ann Compton von ABC News stellte eine Frage, an die sich der Präsident noch zehn Monate später erinnern sollte: „Auf was sollen die Amerikaner achten und der Polizei oder dem FBI melden?"

„Nun, Ann, wissen Sie, wenn Sie eine Person, die Sie nie zuvor gesehen haben, dabei beobachten, wie diese in ein Sprühflugzeug steigt" – eine der angedachten Möglichkeiten für Terroristen, chemische oder biologische Stoffe freizusetzen – „das Ihnen nicht gehört, dann sollten Sie das melden."

Der Saal brach in Gelächter aus.

BEI DER SITZUNG des Nationalen Sicherheitsrates am Freitag, dem 12. Oktober, sagte Rumsfeld, für diesen Tag, den ersten Freitag der Bombenangriffe, seien keine Luftangriffe geplant. Freitag ist der muslimische Ruhetag. Diese Pause würde bekräftigen, daß die Vereinigten Staaten sich nicht im Krieg mit den Muslimen befänden.

Hank, der Chef der Abteilung für Spezialeinsätze beim CIA, gab einen Bericht der Lage vor Ort. „Die CIA verknüpft die Luftaktion des Oberbefehlshabers mit der Nordallianz am Boden. Die Allianz hat Befehl, still zu halten. Der Oberbefehlshaber wird die nächsten drei oder vier Tage weiter Ziele angreifen. Dann wird er der Nordallianz freie Bahn lassen. Diese wird dann dreieinhalb Wochen Zeit haben, bis es in den Bergen schneit, und auf niedrigeren Höhen können sie bis Dezember weitermachen."

„Baghlan wird überlaufen", fuhr Hank fort, „und das wird eine Verbindung schaffen." Baghlan war eine Provinz und eine gleichnamige Stadt etwa hundert Meilen nördlich von Kabul zwischen den

Truppen der Nordallianz im Nordosten und General Dostums Truppen, die im Westen standen. „Wir bringen die Truppen der Nordallianz zusammen, wir öffnen die Landbrücke von Usbekistan zu Dostum über Masar-i-Sharif. Sie werden Herat einnehmen, und dann verfügen wir über einen Luftstützpunkt, und wir werden uns einen Luftstützpunkt im Süden verschaffen.

Die Nordallianz glaubt, Kabul einnehmen zu können. Sie haben nicht die Absicht und auch nicht die Fähigkeit, südlich über Kabul hinauszugehen."

Bush fragte Tenet: „Wie bringen Sie die Nordallianz dazu, die Paschtunenstämme zu akzeptieren?"

„Über die UN-Verwaltung."

„Von mir aus", sagte Bush. „Ich habe kein Problem damit, wenn die UNO Kabul übernimmt."

„Wir müssen noch an der Shamali-Ebene nördlich von Kabul arbeiten", sagte Hank.

„Also", sagte Rice, „wir brauchen nicht nur eine Lösung für Kabul, wir müssen auch über die afghanische Regierung nachdenken."

„Sie werden die Shamali-Ebene überqueren, und wir werden einen gewissen Einfluß darauf haben, was den Moment des Einmarsches in Kabul betrifft", sagte Tenet und bezog sich dabei auf die Truppen der Nordallianz.

„Wollen wir sie straffrei in den Süden abziehen lassen?" fragte Bush

Cheney antwortete: „Es ist nicht mehr so wichtig, Kabul einzunehmen, wie es noch letzte Woche war. Die Außenbezirke sollten reichen angesichts all der anderen Dinge, die wir tun."

„Wir sind in den Provinzen Logar und Nangahar", sagte Hank über sein CIA-Team. „Wir suchen dort nach al-Qaida-Zielen."

Sie unterhielten sich über Geheimdienstberichte, die darauf hinwiesen, daß täglich etwa hundert Personen über die Grenze von Pakistan nach Afghanistan gingen, um sich den Taliban anzuschließen. Sie sprachen von der Möglichkeit, die Grenze zu sperren. Dies schien eine unmögliche, praktisch nicht durchführbare Aufgabe angesichts der Hunderte von Meilen gebirgigen und rauhen Geländes, wovon einige Abschnitte zu den unzugänglichsten der Welt zählten. Es gab nur wenige Straßen. Von einem Punkt zum anderen zu gelangen, war nur zu Fuß, mit Maultieren oder zu Pferd möglich.

Sie sprachen darüber, in den Provinzen Paktia und Paktika Überläufer zu ermutigen.

„Selbst wenn sie nicht vorhaben zu kämpfen", sagte Tenet, „möchten wir ihnen dabei behilflich sein, die Kontrolle in ihrer Provinz auszuüben. Dies wird den Taliban Territorium entziehen und sie zusammendrängen."

Das lästige Problem wurde angesprochen, wie man die Special-Forces-Team nach Afghanistan bekam. Die Russen hatten interveniert, um dem CIA-Team zu helfen, über Tadschikistan ins Land zu kommen. Vielleicht konnten sie erneut Hilfe leisten.

„Also", sagte der Präsident, „ich bin dagegen, das Militär zum *nation building* einzusetzen. Wenn der Job erstmal erledigt ist, bleiben unsere Truppen nicht zur Friedenssicherung. Statt dessen sollten wir den Schutz der UNO einsetzen und das Land verlassen, aber wenn die Kämpfe wieder aufflammen und die Taliban aus den Bergen zurückkehren, wer muß dann die Lage stabilisieren?"

„Nun, die neue staatliche Einheit wird Möglichkeiten erhalten müssen, sich selbst zu verteidigen", erwiderte Powell.

„Auch unser verdecktes Einsatznetzwerk wird dort verbleiben", fügte Tenet hinzu.

Die CIA würde wohl auch weiterhin ihre Koffer voller Bargeld zum Einsatz bringen müssen.

17 | DIE JAWBREAKER – immer noch die einzigen Amerikaner im Land und auf dem Boden – bemühten sich darum, Ziele für Bombardierungen zu finden. Im Laufe der Nacht gingen Anrufe der amerikanischen Streitkräfte ein. Können Sie dieses Ziel bestätigen? Können Sie die Lagekoordinaten durchgeben? Haben Amerikaner die Augen auf dem Ziel? Die Gruppe war nicht auf Nachteinsätze eingerichtet, und sie arbeitete mit russischen Landkarten. Die russischen Lageangaben mußten mit Bleistift und Lineal auf englische Karten übertragen werden. Das Team verfügte nicht über die Lasergeräte, um ein Ziel mit angemessener Genauigkeit für die Präzisionsbomben zu bestimmen. Es gab auch keine direkte Verbindung mit den amerikanischen Bombern. Die eigentliche Aufgabe der Jawbreaker bestand darin, geheimdienstliche Informationen zu liefern, nicht als Zielmelder zu fungieren. Ab und zu versuchten sie es dennoch, bisweilen sträubten sie sich.

Das ist nicht die richtige Art, es anzupacken, entschied Gary.

„Ich erwarte von Ihnen nur, daß die vorderen Linien getroffen werden", verlangte General Fahim von ihm. „Bombardieren Sie die Taliban und al-Qaida auf der anderen Seite der Front. Wenn Sie die Frontlinie für mich aufbrechen, dann kann ich Kabul erobern, dann kann ich Kundus einnehmen. Meine Leute sind bereit." Fahim war klein und untersetzt, er sah wie ein Halsabschneider aus, ungefähr dreimal schien er sich die Nase gebrochen zu haben. Seine Truppen trugen neue Uniformen. Allem Anschein nach warteten sie auf den Beginn der Teppichbombardements, damit sie angreifen konnten.

Eines Abends schickte General Franks' Hauptquartier eine Nachricht an Gary, in der es im wesentlichen hieß: Sie haben eine Meldung übermittelt, aus der hervorgeht, daß es eine feindliche Stellung mit den folgenden Koordinaten gibt. Ist es wirklich so, daß sich der Gegner dort befindet? Gibt es irgendwelche befreundeten Truppen in der Nähe?

Das können wir nicht verifizieren, antwortete Gary. Wir werden nicht sagen, welche Ziele gut sind. Dafür fehlt es uns an den nötigen Mitteln.

Er versuchte, sich auf seine nachrichtendienstlichen Aufgaben zu konzentrieren.

Arif, der Leiter des Nachrichtendienstes der Nordallianz, baute seine Kontakte auf der anderen Seite der Frontlinie aus – unter den Taliban, der al-Qaida und ihren Sympathisanten. Es traf die Information ein, daß sich Dr. al-Sawahiri, der zweite Mann hinter Bin Laden, in der Umgebung von Kabul befand.

Da ist viel Geld zu verdienen, wenn ihr Sawahiri aus dem Hinterhalt angreift, sagte Gary und versprach Millionen in bar. Er besuchte Fahims General, der für die Shamali-Ebene zuständig war. Der General wirkte noch vierschrötiger als sein Boß, und er versicherte, die Allianz könne Kabul innerhalb eines Tages einnehmen, wenn die Frontlinie durch amerikanische Bomben zertrümmert werde. Die Bomberei da und dort im Lande bewirke gar nichts, meinte der General. Seine Leute hätten einen Teil des Funkverkehrs der Taliban abgehört, das zeige, daß die Taliban davon nicht beeindruckt seien. Der General war enttäuscht. Er deutete auf die Linien der Taliban: Sehen Sie, dort steht der Feind. Irgendein Depot in Kandahar in die Luft zu jagen, brachte ihnen gar nichts.

Gary schloß, daß die Bombardierungen vielleicht den Oberen daheim in Washington ein gutes Gefühl verschafften, aber sie funktionierten nicht.

DER NATIONALE SICHERHEITSRAT trat am Montag, dem 15. Oktober, um 9.30 Uhr zusammen. John McLaughlin vertrat Tenet. „Wir haben das uneingeschränkte Recht, uns im Luftraum über Tadschikistan zu bewegen", verkündete er. „Das zweite CIA-Team ist im Begriff, sich Dostum anzuschließen." Dieser Trupp mit dem Namen „Alpha" sollte am Mittwoch in der Nähe von Masar zum Einsatz kommen. Es bestand die Hoffnung, daß sich sehr bald einige A-Teams des Special Forces als Zielmelder anschließen würden. „Wenn sie einmal losgelassen ist" sagte er, „dann braucht die Nordallianz Anleitung – wir werden die Nordallianz beraten müssen, ob sie Kabul einnehmen sollten."

„Verfügen sie im Norden über genug Truppen, um sich nach Westen und auch nach Süden zu bewegen?" fragte der Präsident. Süden bedeutete in Richtung Kabul, im Westen lag Kundus.

„Die Nordallianz ist davon überzeugt, über genügend Truppen zu verfügen, um beides zur gleichen Zeit tun zu können", antwortete McLaughlin. „Der Winter wird dazu führen, daß wir uns im Pandschirtal langsamer bewegen, aber wir werden immer noch in der Lage sein, auf der Shamali-Ebene zu kämpfen."

Da sich Powell auf einer Dienstreise in Pakistan und Indien befand, wurde das Außenministerium durch Armitage vertreten. „1996", sagte er, „hat die Tatsache, daß Afghanistan von Tadschikistan und Usbekistan kontrolliert wurde, die Taliban sehr gefördert. Nun könnte das zu einem Bürgerkrieg führen. Wir sollten von der Nordallianz verlangen, daß sie an der Stadtgrenze von Kabul haltmacht."

Bin Laden „könnte sich in Kabul oder in der Gegend um Dschalalabad verstecken", sagte Cheney. „Wir müssen in diese Gegend hinein und sie ausräumen."

Der Präsident wiederholte sich: „Bevor wir denen grünes Licht geben, nach Kabul hineinzumarschieren, sollen sie erst einmal an den Stadtrand gelangen, und dann sehen wir weiter."

„Das alles wird die Nordallianz zu dem Schluß führen, daß wir uns nur für unsere eigenen Ziele interessieren", sagte Cheney. Es wäre aber wichtig zu zeigen, daß *ihre* Tagesordnung auch für uns von Interesse sei.

„Warum sollen sie ihre Basis nicht vor der Stadt errichten", entgegnete Bush, „sie können dann in der Stadt die Einsätze durchführen, die sie wollen."

„Wir werden sehen, ob wir dieses Arrangement umsetzen können, indem wir sie außerhalb der Stadt ihr Lager errichten lassen, während wir die Paschtunen hineinbringen. Und wir werden die Kontrolle über Kabul organisieren und die Stadt für humanitäre Zwecke nutzen", bot McLaughlin an.

„Nun, zu den ursprünglichen Zielen zählte die Schaffung einer Landverbindung und die Vertreibung der Taliban aus dem Norden. Jetzt glauben wir soweit zu sein, daß wir auch Druck auf Kabul ausüben können", sagte Bush.

„Wir haben das meiste von dem getroffen, was sie wohl haben", sagte Rumsfeld. „Was die Ziele angeht, so haben wir uns Masar und Kundus vorgeknöpft. Um die Shamali-Ebene kümmern wir uns später. Der Grund ist, daß wir die Truppen nicht finden können, die dort stehen. Wenn wir Leute vor Ort haben, dann werden wir sie wahrscheinlich aufspüren." Er lieferte einen Überblick darüber, wann die Trupps der Special Forces ins Land kommen würden. Zwölf weitere Kämpfer sollten sich dem bereits bestehenden CIA-Team bei der Nordallianz anschließen, und im Lauf der nächsten vier Tage wurden noch mehr Leute erwartet: ein Team der Special Forces mit zwölf Mann, eine weiteres CIA-Team ein wenig südlich von Masar, und schließlich ein zweiter und dritter Trupp der Special Forces.

„Es gibt gewisse Hinweise darauf, daß wir beginnen, die Kampfmoral zu beeinflussen", berichtete General Franks. „Wir haben hundertzehn bis hundertzwanzig Feindflüge unternommen, zum Teil über der Shamali-Ebene" – damit korrigierte er Rumsfeld, der gerade behauptet hatte, die Amerikaner seien auf der Shamali-Ebene nicht aktiv. Sie hätten aber nur sehr wenige geeignete Ziele ausgemacht. „Wir nehmen an, daß wir zwei Camps getroffen haben. Zum ersten Mal haben wir die AC-130 Gunships eingesetzt."

Diese sehr langsam fliegenden Flugzeuge, die mit einem 105-mm-Geschütz und einer Maschinenkanone ausgestattet sind, konnten 1 800 Schuß in der Minute abgeben, damit legten sie einen vernichtenden Feuerteppich, der so intensiv war, daß die Afghanen sagten, sie „atmeten Feuer".

„Die AC-130 Gunship, der alte Zauberdrache Puff aus dem Vietnamkrieg, war weit effektiver als alle Kavallerie der Nordallianz", erinnerte sich der Präsident später. „Es ist eine mörderische Waffe. Meine Reaktion war, wenn du eine Gelegenheit hast, auf den Feind zu schießen, dann nutze sie auf jede erdenkliche Weise."

„Wird es in der nächsten Woche Bewegung in beide Richtungen geben, nach Norden und nach Kabul?" fragte Bush.

„Ich halte das für ziemlich wahrscheinlich", erwiderte McLaughlin.

Rice und Armitage berichteten, sie hätten die Usbeken um einen Stützpunkt gebeten, auf dem sie während des Winters etwa tausend amerikanische Soldaten unterbringen könnten.

„Ich will nicht mit Truppen *nation building* betreiben", bekräftigte Bush ein weiteres Mal.

„Wir müssen uns darauf konzentrieren, UBL zu fassen", sagte Cheney erneut.

„Wir müssen am Zeitplan arbeiten", sagte der Präsident. „Wenn sie sich nach Süden bewegen können, dann wollen wir, daß sie das vor dem Winter tun, aber wir müssen auch versuchen, uns um Quartiere zu kümmern." Sie seien im Begriff, ihr Hauptziel aus den Augen zu verlieren, sagte er. „Es hat zu viele Diskussionen über das Afghanistan nach dem Ende des Konflikts gegeben. Wir sind erst eine Woche dran. Wir haben eine Menge erreicht, wir haben Zeit. Es kann ruhig eine Weile dauern. Nach nur einer Woche ist es zu früh, zu einem Beschluß über Afghanistan zu kommen. Hier geht es um eine ganz andere Art von Geschäft. Wir kommen voran, wir isolieren den Gegner, wir haben ihn in die Flucht geschlagen."

Cheney fragte nach Berichten über Deserteure. „Wir haben einige davon bestätigen können, aber sie betrafen meist den Süden", antwortete McLaughlin. „Wir werden die Nordallianz bitten, den Versuch zu unternehmen, einige der Meldungen zu erhärten."

Hadley machte sich Notizen auf seinem Stenoblock und dachte, daß sie diese Woche einfach zu viele Sitzungen hatten. Es zeigten sich gewisse Ermüdungserscheinungen. Es war nicht gut, mehr als einen Monat lang ständig mit Vollgas zu fahren. Den Leuten ging einfach der Sprit aus. Bei der Chefbesprechung an jenem Abend in Abwesenheit des Präsidenten kamen Rice und die anderen wieder auf das Thema Kabul zu sprechen. Sie kamen nicht voran, aber sie konnten von dem Thema nicht lassen.

Am Morgen hatte NBC bekanntgegeben, daß ein Mitarbeiter ihres Starmoderators Tom Brokaw positiv auf über die Haut wirkende Milzbranderreger getestet worden sei, die er in einem Brief erhalten hatte. Aber die alarmierendste Entwicklung des Tages war die Entdeckung, daß im Büro von Tom Daschle, dem Mehrheitsführer im Senat, ein Brief geöffnet worden war, der Spuren von Milzbranderregern enthielt.

„Milzbrandpanik auf dem Kapitol", so verkündete am nächsten Morgen die Hauptschlagzeile der *Washington Post*.

TENET HIELT SICH in London auf, wo er an einer Gedenkfeier für Sir David Spedding teilnahm, den ehemaligen Chef des britischen Secret Intelligence Service MI6. Spedding hatte zu Tenets Mentoren in der Welt der Geheimdienste gehört. Tenet wollte dem Verstorbenen seinen Respekt erweisen, aber er hatte bei der Gelegenheit auch dienstliche Angelegenheiten mit zwei wichtigen Partnern zu erledigen. Der erste war der gegenwärtige britische Geheimdienstchef Sir Richard Dearlove. Die CIA und MI6 arbeiteten bei gewissen Antiterrormaßnahmen auf dem afghanischen Kriegsschauplatz und in aller Welt zusammen. Der zweite Gesprächspartner war König Abdullah von Jordanien, der ebenfalls am Gedenkgottesdienst teilnahm. Die CIA subventionierte den jordanischen Geheimdienst mit Millionen von Dollar im Jahr.

MCLAUGHLIN LIESS die Sitzung des Nationalen Sicherheitsrats, die am 16. Oktober um 9.30 Uhr anfing, mit guten Nachrichten beginnen. „Das zweite CIA-Team trifft heute abend ein. Es nimmt Verbindung zu Dostum auf."

Rumsfeld und Armitage wollten wissen, wie man schweres militärisches Gerät zur Nordallianz schaffen könne. Kann das die CIA erledigen, ist es Sache des Verteidigungsministeriums?

Sie hatten beide eine gewisse Schärfe in der Stimme. Ihre Beziehung war seit zehn Monaten gestört, seit der Zeit, da noch nicht alle Positionen in der Bush-Administration besetzt waren. Powell hatte Armitage gedrängt, Rumsfelds Stellvertreter zu werden, und Rumsfeld hatte sich damit einverstanden erklärt, ein Gespräch mit Armitage zu führen. Rumsfeld hatte die Unterredung mit der Bemerkung eingeleitet, er habe gehört, daß Armitage ein geradliniger Typ sei, daher wolle er ganz offen zu ihm sein. Und dann sagte er: „Ihre Chance, mein Stellvertreter zu werden, liegt bei nicht einmal fünfzig zu fünfzig."

Armitage erwiderte: „Herr Minister, ich habe nicht die geringste Chance, ihr Stellvertreter zu werden."

An jenem Morgen ließ Rumsfeld seiner Enttäuschung über die Verzögerung bei der Entsendung von Gruppen der Special Forces nach Afghanistan freien Lauf. „Es ist wichtig, daß wir unsere Leute vor Ort bringen", sagte Rumsfeld. „Der Oberbefehlshaber und die Nordallianz sind im Gespräch. Der Oberbefehlshaber hat versichert, daß er bereit ist, die Bombenabwürfe einzustellen, wenn die Nordallianz darum bittet. Wir verlassen uns auf das, was die Allianz der CIA über die Kampfbereitschaft mitteilt." Es war geplant, die Bombenangriffe einzustellen, wenn die Nordallianz bereit war, die Taliban anzugreifen. Auf diese Weise sollte sichergestellt werden, daß die amerikanischen Bomben nicht auf befreundete Einheiten der Allianz fielen. „Der Oberbefehlshaber hat alles unternommen, was er tun kann, bis er bessere Informationen über die Ziele erhält und die Nordallianz Schritte unternimmt, Ziele festzulegen", sagte er.

Die Meldung, die Nordallianz wünsche, daß die Vereinigten Staaten die Gefechtslinien der Taliban bombardieren, bevor sie sich in Bewegung setze, war offensichtlich nicht nach oben bis zum Verteidigungsminister durchgedrungen.

An einem Punkt kochte Rumsfelds Enttäuschung über. „Das ist die Strategie der CIA", sagte er. „Die haben die Kampfplanung entwickelt. Wir führen sie nur aus."

McLaughlin widersprach. „Unsere Leute arbeiten mit dem Oberbefehlshaber zusammen", versicherte er sanft, denn er wußte, daß Tenet stets die Auffassung vertrat, General Franks sei der Boß. „Wir unterstützen den Oberbefehlshaber. Er ist verantwortlich."

„Nein", widersprach Rumsfeld, „ihr tragt die Verantwortung. Nur ihr verfügt über die Kontakte. Wir folgen euch nur." Der Verteidigungsminister ging auf Distanz. „Wir gehen dahin, wo ihr uns hinschickt."

„Was ich hier zu hören kriege", antwortete Armitage, „ist FUBAR."

„Warum? Was soll das heißen?" wollte der Präsident wissen. Er wußte, daß FUBAR für „Fucked Up Beyond All Recognition" stand – ein altes Soldatenwort, das verwendet wird, wenn wirklich alles drunter und drüber geht.

„Ich weiß nicht, wer die Verantwortung trägt", antwortete Armitage.

Card nahm wahr, wie sich jeder im Raum zusammenriß. Die Stimmung war auf dem Nullpunkt.

„Ich trage die Verantwortung", sagte Bush.

„Nein, nein, nein, nein, Mr. President", erwiderte Armitage und versuchte, die Fassung wiederzuerlangen, „es ging nicht um Sie. Ich weiß, wer hier die Verantwortung trägt, da gibt es überhaupt keine Frage, Mr. President.

Ich will wissen, wer *da draußen* die Verantwortung trägt. Es geht darum, wer die Verantwortung drüben im Feld übernimmt."

„Das ist genau die Art von Diskussion, die mich ärgert", erinnerte sich Bush später, „denn ich liebe Klarheit. Man kann eine Organisation so entwerfen, daß niemand Verantwortung trägt." Diese Auseinandersetzung mitanzuhören, brachte ihn auf, da der Eindruck nicht von der Hand zu weisen war, daß das Verteidigungsministerium und die CIA aneinander vorbeiredeten. Seine Sorge war: „Wenn es ein Versagen gibt, das niemand aufdeckt – wer soll es dann ausbügeln?

Manchmal ist es besser, wenn man bestimmte Dinge nicht ausspricht, wenn man sie die Sachen ausdiskutieren und die Emotionen rausbringen läßt ... Es ist nicht einfach für einen Stellvertreter, bei einer Sitzung des Nationalen Sicherheitsrats sich gegen einen Chef zu stellen", sagte der Präsident.

„Ich schaute zu Condi Rice hinüber und sagte: ‚Bügeln Sie das wieder aus.'"

Card ging von einer Mußheirat zwischen den Streitkräften und der CIA aus. Er konnte sich nicht daran erinnern, daß irgend jemand gesagt hatte, toll, er freue sich auf diese Abmachung.

Als die Sitzung weiterging, sagte Bush: „Wir müssen diese Burschen von der Leine lassen. Es geht nicht, daß wir in einer Woche immer noch diese Diskussion führen."

„Wir sind nirgendwo im Süden, und wir müssen unbedingt dahin", sagte Rumsfeld.

„Auch in fünf Wochen wird der Schnee Operationen gegen Kabul nicht unmöglich machen, aber im Norden spielt er eine gewaltige Rolle", warf Bush ein. „Daher sollte der Norden den Vorrang haben."

„Welche Hindernisse gibt es für die Truppen im Süden?" fragte Rice.

McLaughlin anwortete, die CIA habe nicht besten Kontakte im Süden, und es sei schwierig, sie von Pakistan zu erreichen. Es gebe keine Südallianz.

„CIA und Verteidigungsministerium müssen in den nächsten zwei, drei Tagen unbedingt etwas über den Süden ausarbeiten", verlangte Rice mit Nachdruck.

„Im Süden ist es weit gefährlicher als im Norden. Es gibt dort keine Enklaven, wir müssen Enklaven schaffen", sagte McLaughlin.

„Die Alternative besteht darin, eine Enklave zu schaffen – einen Flugplatz zu bauen. Ich habe dafür einen Kandidaten in der Provinz Helman", sagte Rumsfeld. Das war genau westlich von Kandahar. „Ich muß Franks bitten, sich darum zu kümmern."

Nach der Sitzung lotste Rice Rumsfeld direkt in das kleine Büro, das der Leiter des Lageraums benutzte.

„Don", sagte sie, „es handelt sich jetzt um eine militärische Operation, und Sie müssen wirklich die Verantwortung übernehmen." Ihre Strategie war bislang eine Mischung aus Geheimoperation und militärischem Einsatz, aber es gab einen Punkt, wo das Geschehen von einer vorwiegend geheimen zu einer vorwiegend militärischen Kampagne überging. Und dieser Punkt war jetzt erreicht.

„Ich weiß das", erwiderte Rumsfeld, „aber ich will nicht, daß man mir unterstellt, ich wolle die Geschäfte der CIA übernehmen. Es ist auch Georges Unternehmen."

„Einer muß dafür die Verantwortung tragen, und zwar Sie."

„Okay, ich hab's kapiert!", sagte er.

Später, in einer Diskussion mit dem Präsidenten, erklärte Rice, was sie bei Rumsfeld zu erreichen versucht hatte. Vor Ort mußten CIA und Militär vollkommen integriert sein. Eine Person mußte den Laden schmeißen. Es war ein klassischer Fall für die Geltung des Prinzips der einheitlichen Führung. Hier ging es nicht einfach um ein Paßspiel – ein Weiterleiten des Balls von der CIA zu den Streitkräften –, denn die CIA würde dableiben und ihre Präsenz noch steigern. Rice und der Präsident verwandten im Gespräch oft Analogien aus der Welt des Sports.

„Mr. President," sagte sie, „für diese Aufgabe brauchen Sie einen Spielführer."

„Bin ich nicht der Spielführer?" fragte er.

„Nein, ich denke, Sie sind der Trainer."

EINIGE TAGE DANACH gab es eine zweite FUBAR-Sitzung, als immer noch nicht klar war, wer die Hauptverantwortung trug. Steve Hadley vertrat die Ansicht, Rumsfeld würde seine militärische Planung zu häufig von den Operationen der CIA und deren Vertretern vor Ort abgrenzen. Rumsfeld sah in der CIA kein Instrument, das zu seiner Verfügung stand. Es ging nicht einfach nur darum, wer die Verantwortung trug, entscheidend war, über eine unmißverständliche, klare Strategie zu verfügen, die die Aufgaben von Militär und CIA umfaßte. Obwohl Hadley nur der stellvertretende Sicherheitsberater des Präsidenten war, ermutigte ihn Rice, direkt mit Rumsfeld zu sprechen.

„Herr Minister" sagte Hadley, als die beiden gemeinsam die Sitzung verließen. „Jemand muß das aufgreifen und eine Strategie entwerfen. Das ist, ganz offen gesagt, Ihre Aufgabe."

„Dann werde ich sie übernehmen", erwiderte Rumsfeld.

Powell meldete sich später bei Rumsfeld. Dem Außenminister war nicht verborgen geblieben daß die CIA sich ihren Weg durch Afghanistan erkaufte, oder dies zumindest versuchte, dabei verteilte sie Reis, Waffen und Bargeld. Er sagte Rumsfeld, der Präsident erwarte, daß etwas geschehe, und Rumsfeld solle herausfinden, wie er die Angelegenheit in seine Hände nehmen könne. Rumsfeld habe die Verantwortung zu tragen, ob es ihm nun passe oder nicht.

Rumsfeld antwortete nicht unmittelbar, aber er war nun aufgerüttelt. Er kehrte ins Pentagon zurück und gab seinen politischen Beratern unter Führung von Staatssekretär Douglas Feith die Anweisung, ein Papier über die Gesamtstrategie in Afghanistan zu entwerfen. Das Ergebnis wollte er in sechs Stunden vorgelegt bekommen. Am 16. Oktober fand sich unter den geheimen Papieren, die in Feiths Büro umherschwirrten ein sechsseitiger „Diskussionsentwurf", er trug den Titel „US-Strategie für Afghanistan". Ein anderes Dokument, das gleichermaßen die politischen Notwendigkeiten und Rumsfelds Stimmungslage widerspiegelte, hatte die Überschrift „Wie wir mehr Leute nach Afghanistan hineinbringen."

ALS TENET WIEDER im Lande war, bestellte er Hadley zu einer Besprechung zu sich.

„Wie läuft's?" wollte Tenet wissen.

„Nicht wirklich gut", sagte Hadley. „John", fügte er hinzu und bezog sich damit auf McLaughlin, „wurde ein bißchen herumgeschubst wegen dieser Frage, wer das Sagen hat, und der Präsident ist verwirrt, und das ist schlecht."

Tenet erwiderte, er habe stets hervorgehoben, daß seine paramilitärischen Gruppen für den Oberbefehlshaber tätig seien.

Hadley sah die Sache nicht anders, aber der einzige, der all dies nicht zu verstehen schien, war Don Rumsfeld. Worin Rumsfelds Motiv bestand, war unklar. War dies seine Art, die CIA zur Zusammenarbeit mit ihm aufzufordern? Oder war es seine Art, die Verantwortung abzuschieben? Es war auch nicht klar, ob Rumsfeld die Rolle der CIA übernehmen wollte und ob er wußte, wie man die Kräfte integrieren könne. Auf jeden Fall schlug Hadley vor, daß Tenet die Dinge ins reine bringe.

Für Rumsfeld veranschaulichte diese Problematik, wie außerordentlich wichtig es war, Stiefel auf den Boden zu bekommen – amerikanische Soldatenstiefel, seine Stiefel. Er befehligte die paramilitärischen Trupps der CIA nicht, und er hatte noch immer nicht seine eigenen. Er erhöhte den Druck auf alle, die an irgendeiner Stelle der Weisungslinie damit zu tun hatten. Ohne jede Rücksicht legte er einen eigenen vernichtenden Feuerteppich aus. Führende Generäle legten voller Verzweiflung den Kopf auf ihren Schreibtisch. Zwei Versuche, ein Team der Special Forces nach Afghanistan zu bringen, scheiterten am schlechten Wetter. Schlimmer, als nicht zur Stelle zu sein, wäre ein Absturz gewesen.

AM 17. OKTOBER leitete Vizepräsident Cheney den Nationalen Sicherheitsrat, weil Bush in Asien unterwegs war. Am Tag zuvor hatte ein amerikanisches Düsenflugzeug vom Typ F/A-18 Hornet einige Versorgungslager bombardiert, die das Internationale Komitee vom Roten Kreuz in Kabul unterhielt. Rumsfeld erklärte, die Vereinigten Staaten seien der Auffassung gewesen, daß es sich hierbei um militärische Depots der Taliban handele. Er behauptete, das

IKRK habe die falschen Lagekoordinaten für seine Lagerhäuser angegeben.

Im Eiltempo gab er einen Bericht über die Special-Forces-Einheiten, die unterwegs waren nach Afghanistan. Tenet sprach über CIA-Einheiten, die sich bereits an Ort und Stelle befanden. Sein Alpha-Team war eingetroffen. „Die Burschen haben sich heute früh mit Dostum und einigen seiner Kommandeure getroffen. Wir investieren einen großen Batzen Geld.

Heute abend haben wir hundertzwanzig Tonnen Munition nach Deutschland geschafft. Sechzig Tonnen davon werden wir an den Norden liefern. Wir versuchen, innerhalb von achtundvierzig Stunden eine Landebahn einsatzbereit zu machen. Dostum hat versichert, er werde in einer Woche in Masar-i-Sharif sein.

„Wir bemühen uns, Ismail Khan und Khalili dazu zu bewegen, sich mit Dostum zu treffen." Karim Khalili, Führer der zweitstärksten Partei, die in Opposition zu den Taliban stand, kontrollierte Landstriche in Zentralafghanistan in der Nähe von Bamiyan. Der CIA war daran gelegen, Dostum mit Munition und Versorgungsgütern zu bestücken und eine Koordination unter jenen Warlords zustande zu bringen, die amerikafreundlich eingestellt waren.

„Wie können wir Leute in den Süden schaffen?" wollte Rumsfeld wissen.

Tenet erwähnte einen unbedeutenden paschtunischen Stammesführer, mit dem die Agency Kontakt hatte. Sein Name war Hamid Karzai. Der sanft dreinblickende 44jährige mit seinem graumelierten Bart sprach fließend englisch. „Karzai operiert in der Gegend um Tarin Kowt. Das ist ein Brückenkopf – da können wir ein CIA-Team hinschaffen. Wir versuchen, dort Proviant und Munition abzuwerfen. Die Briten sind in keiner besseren Position als wir."

Dann gingen sie zu dem heißen Thema Milzbranderreger über. Das Pulver in dem Brief an Senator Daschles Büro war, so hatte man herausgefunden, höchst wirksam. Das veranlaßte einige Beamte zu der Vermutung, daß es möglicherweise von einem Experten stammte, der fähig war, große Mengen an Bakterien zu produzieren. Tenet sagte: „Ich bin überzeugt, daß AQ dahintersteckt" – und damit meinte er al-Qaida. „Ich glaube, daß ein Staat als Förderer beteiligt ist. Das Ganze ist zu gut durchdacht, das Pulver ist zu perfekt gereinigt. Es kann der Irak, es kann Rußland dahinter stecken, es kann aber auch ein abtrünniger Wissenschaftler sein", vielleicht aus dem Irak oder aus Rußland.

Cheneys Stabschef Scooter Libby äußerte ebenfalls die Überzeugung, hinter den Milzbrandangriffen stecke ein Staat als Sponsor. „Mit dem, was wir sagen, müssen wir höchst vorsichtig sein." Es sei wichtig, jetzt niemanden anzuklagen. „Wenn wir bekanntgeben, daß die al-Qaida dahinter steckt, dann fühlt sich ein staatlicher Sponsor möglicherweise sicher, und dann schlagen sie gegen uns zu, weil sie denken, sie hätten ein leichtes Spiel, weil wir die Schuld al-Quaida zuschreiben."

Tenet versicherte seinen Zuhörern: „Ich werde kein Wort über einen staatlichen Sponsor sagen."

„Es ist gut, wenn wir das bleiben lassen", sagte Cheney, „denn wir sind nicht in der Lage, irgend etwas dagegen zu tun."

AM 18. OKTOBER berichtete Cheney vor dem Nationalen Sicherheitsrat, im Weißen Haus sei eine Alarmanlage ausgelöst worden, die das Vorhandensein von radioaktiven, chemischen oder biologischen Kampfstoffen anzeigt. Jeder, der sich dort aufgehalten hatte, konnte ihnen ausgesetzt gewesen sein. Er schien besorgt, aber kein anderer wußte etwas dazu zu sagen. Später stellte sich heraus, daß es blinder Alarm gewesen war.

IN AFGHANISTAN markierte Garys Jawbreaker-Team am Freitagabend, dem 19. Oktober, gegen 22.20 Uhr, eine Landefläche auf der Shamali-Ebene. Das erste A-Team der US Special Forces, Team 555, „Triple Nickel", befand sich endlich auf dem Weg ins Land, nachdem es aus Witterungsgründen zahlreiche Verzögerungen gegeben hatte. Zwei Hubschrauber vom Typ MH-53J Pave Low, die größten, die die Air Force besaß, verpaßten das Zielgebiet und landeten weit voneinander entfernt. Army Chief Warrant Officer David Diaz, Chef des zwölfköpfigen A-Teams, sprang heraus, unsicher und besorgt, daß vielleicht Schlimmes drohte.

Hallo Jungs, wie geht's? wollte Gary wissen. Willkommen in Afghanistan. Er stellte sich vor. – Ja, CIA. Ladet euer Zeugs auf den Lastwagen. Wir haben heißen Tee, Reis und Hühnchen für euch bereit. Euer Zimmer ist gemacht, alles ist da, es fehlt nur noch die Telefonnummer für die Rezeption.

Diaz und seine Leute waren überrascht. Sie hatten erwartet, in Zelten kampieren zu müssen. Sie waren die unentbehrlichen Zielmelder, auf die die amerikanischen Piloten angewiesen waren, um die Frontlinien zu bombardieren. Jeder der Männer war für ungefähr 135 Kilogramm an Gerät und Versorgungsgütern verantwortlich, darunter die Ausrüstung, die für die Zielbestimmung durch Laser notwendig war.

Zur gleichen Zeit unternahmen zwei Gruppen der Special Forces und der Army Rangers Sturmangriffe auf einen Flugplatz und ein Truppenlager in der Nähe von Kandahar, das von Mullah Omar genutzt worden war. Es waren weitgehend Demonstrationsangriffe, dazu bestimmt, Fähigkeiten unter Beweis zu stellen und Erkenntnisse zu sammeln. Amerikanische Soldaten ließen Plakate mit Fotografien zurück, auf denen zu sehen war, wie New Yorker Feuerwehrleute die amerikanische Flagge am World Trade Center hißten und wie Arbeiter eine Flagge auf dem zerstörten Teil des Pentagons aufrichteten.

PRÄSIDENT BUSH, der sich immer noch auf seinem fünftägigen Besuch des APEC-Gipfels in Shanghai befand, blieb über eine gesicherte Videokonferenz am Abend in Verbindung.

Am Samstag, dem 20. Oktober, trafen die Chefs für etwas mehr als eine Stunde zusammen. Rumsfeld berichtete von den militärischen Aktionen. Es waren etwa neunzig bis hundert Einsätze geplant, einige zielten darauf ab, die oppositionellen Kräfte zu unterstützen. „Wir haben Special Forces an der vordersten Front", konnte er endlich berichten, „und wir beginnen, gute Erfolge zu erzielen. Wir haben ein zweites Team, das dreißig Meilen von der Front entfernt ist, und ein drittes, das sich Fahim anschließen wird".

„Ich bin bereit zu bestätigen, daß eine oder mehrere Einheiten des Special Forces ins Land eingedrungen sind", sagte der Verteidigungsminister. Es war an der Zeit bekanntzugeben, daß sich die Kampagne jetzt nicht mehr auf Bombenabwürfe beschränkte und Streitkräfte der Vereinigten Staaten jetzt vor Ort im Einsatz waren. Er fügte hinzu, daß Angriffe auf Masar-i-Sharif geplant seien.

„Schlagen wir gegen die Taliban, die Kabul verteidigen, auf der Shamali-Ebene zu?" fragte Cheney. Er hielt sich weiterhin an Geheimdienstberichte, die Meldungen der Jawbreaker brachten, in denen es hieß, Fahim warte auf die Bombardierungen der vordersten Linien der Taliban.

„Das steht auf der Tagesordnung", sagte Rumsfeld, „wir werden es heute schaffen. Das Problem ist, daß das A-Team bei Fahim nicht an der Front steht, es befindet sich dreißig bis vierzig Meilen weiter hinten."

Tenet sagte: „Ismail Kahn hat Verbindungen zu den Iranischen Revolutionsgarden, aber wir wollen am Mittwoch ein Team hinschicken." Khans Verbindungen zu den Revolutionsgarden waren bekannt, aber er hatte auch sehr viele Anhänger im westlichen Teil Afghanistans und würde dabei helfen, die Taliban und al-Qaida in entlegenen Teilen des Landes zu schlagen.

Bei der Sitzung des Nationalen Sicherheitsrats, am Montag, dem 22. Oktober, verkündete Tenet in einem Ausbruch von Optimismus, nun sei der Zeitpunkt gekommen, die Stammeskämpfer von der Leine zu lassen.

„Die sind doch schon die ganze Zeit von der Leine gelassen", fauchte Rumsfeld. „Franks hat gestattet, daß sie sich in Bewegung setzen." Der Stillstand am Boden war auf die Untätigkeit der Nordallianz zurückzuführen. Franks hielt sie nicht zurück. Fahim spielte mit ihnen – er saß da und wartete auf die amerikanischen Bomber, damit sie seine Arbeit erledigten.

SELBST INMITTEN der Ungewißheit und der Spannungen darüber, was vor Ort geschah oder nicht geschah, gab es immer noch Augenblicke von Unbeschwertheit. Einmal fragte der Präsident General Franks: „Tommy wie geht's Ihnen?"

„Sir", lautete die Antwort, „mir geht es feiner als dem Haar auf dem Rücken eines Frosches." Während derselben Sitzung sagte Armitage, der für das Außenministerium Bericht erstattete, zu einem späteren Zeitpunkt: „Herr Präsident, ihre Diplomaten sind nicht feiner als Froschhaar, aber sie sind mieser als Rost und härter als die Lippen eines Spechts."

Aber im allgemeinen war die Atmosphäre von Respekt vor der Autorität geprägt, das galt besonders für Franks gegenüber Rumsfeld. Bei einer anderen Sitzung führte Rumsfeld etwas aus, und der Präsident fragte dann Franks: „Tommy, was denken Sie?"

„Sir, ich denke stets genau dasselbe, was mein Minister denkt, was immer er gedacht hat, was er je denken wird oder was immer er dachte, daß er es denken könnte."

Trotz dieser Unterwürfigkeit fanden Franks und seine Mitarbeiter Wege, Rumsfelds rigider Kontrolle auszuweichen und informelle Netzwerke von Beziehungen zu früheren und heutigen Offizierskameraden zu nutzen, um Powell und Armitage in Pläne einzubinden, die das Außenministerium betreffen konnten. Armitage nannte es „unter der Bettdecke". Er liebte es, neueste Geheimberichte oder Klatsch sogleich an Powell weiterzuleiten. Und seinen Informanten sagte er: „Füttert die Bestie."

18 AM DIENSTAG, dem 23. Oktober, trat Präsident Bush mit seinem Nationalen Sicherheitsrat im Lageraum zusammen. Es war der vierzehnte Tag der Luftangriffe.

Hank berichtete, das erste A-Team der Special Forces sei nun nur noch 500 Meter von den vordersten Linien der Taliban entfernt. Aber nichts bewegte sich. Der flatterhafte Fahim befand sich außer Landes, besuchte Tadschikistan im Norden, aber er verlangte von dem Team der Special Forces, daß es massive Luftangriffe gegen die Frontlinien der Taliban dirigiere.

„Die Tatsache, daß es keine Luftangriffe auf die Taliban gibt, ermutigt die Taliban", erklärte Hank mit seinem Südstaatenakzent, „und demoralisiert die Streitkräfte der Nordallianz. Solange Fahim nicht wieder zurück ist, wird gar nichts geschehen."

Rice fragte sich, was Hank damit sagen wollte. Was trieb Fahim außerhalb des Landes? Aber sie unterbrach ihn nicht.

Für Fahims Truppen, die mehrere tausend Kämpfer umfaßten, seien Waffen und Munition unterwegs, sagte Hank. Die CIA schaffte weiter Millionen von Dollar in bar heran. Im Gegensatz dazu, so Hank, führte Dostum, der einer mindestens dreifachen Übermacht gegenüberstand, eine Reiterattacke auf Masar-i-Sharif aus, die Stadt von über 200 000 Einwohnern im Norden des Landes.

Kavallerie im 21. Jahrhundert? Bush und die anderen waren verblüfft.

„Wie schätzen Sie unseren Fortschritt in bezug auf unsere Ziele ein?" wollte Rice wissen.

„Nun", sagte Hank recht traurig und bezog sich auf die neueste farblich markierte Karte, die die „territorialen Machtverhältnisse in Afghanistan" anzeigte und als streng geheim klassifiziert war, „Gelb ist über die ganze Karte verteilt, und oben im Norden sollte es grün sein, ist es aber nicht."

Das Gelb kreuz und quer auf der Karte bedeutete, daß es keinen Geländegewinn gab.

„Wir müssen ein Maß an Wirksamkeit erreichen", sagte Rice, „das durch Bomben und Seitenwechsel zu einer Schwächung um fünfzig Prozent führt." Militärisch betrachtet, bedeutet eine Schwächung um fünfzig Prozent oder mehr, daß eine Truppe oder eine Einheit als nicht mehr kampffähig betrachtet wird. Das Gelb bemäntelte, daß die angestrebte Schwächung des Gegners nicht erreicht wurde. Entweder kontrollierte die Allianz ein bestimmtes Territorium, oder sie tat es nicht. „Wir können nichts erkennen – wir können nicht sehen, was wir da oben erreicht haben."

Im Kriegskabinett wurde viel über die kulturellen Besonderheiten Afghanistans diskutiert, und der grausamste Scherz lautete: „Einen Afghanen kann man nicht kaufen, man kann ihn nur mieten." Es war eine Welt, in der es keine kontinuierlichen, ja nicht einmal halbwegs stabile Loyalitäten gab. Die Warlords folgten dem Geld und dem militärischen Erfolg. Die Seite der Sieger zog sie ungeheuer an, blitzschnell wechselten sie die Fronten. Im Augenblick gab es Massen an Geld, aber kein meßbares Zeichen des Sieges. Um durchschlagende Wirkungen zu erzielen, mußten sich Geld und ein Gespür für die Zwangsläufigkeit eines Sieges gegenseitig verstärken.

Powell hielt die Wochen nach dem Beginn der Luftangriffe auf afghanische Ziele für eine düstere und wirre Zeitspanne. Mehr als üblich war es unklar, was real war, insbesondere vor Ort in Afghanistan, es handelte sich hier um ein potentiell katastrophales Cash-and-carry-Unternehmen. Als der Mann, der früher an der Spitze der Streitkräfte gestanden hatte, hielt Powell es für das beste, zu versuchen, „in seiner Spur zu bleiben", wie er es formulierte, seine Rolle als Chefdiplomat sorgfältig wahrzunehmen und es zu unterlassen, im nachhinein am Militär herumzunörgeln.

Doch die Versuchung war für Powell zu groß. Er fragte sich, welche Ziele es neben dem bloßen Abwerfen von Bomben gab. Er besaß das für einen Mann des Heeres typische Mißtrauen gegenüber der Luftwaffe, und er hing der Auffassung an, es sei das beste, alle Kräfte auf ein einziges Ziel zu konzentrieren.

„Sollten wir die Kräfte an einer Stelle zusammenziehen?" fragte er und wich damit aus seiner Spur. „Sollten wir uns auf Masar konzentrieren?" Wenn man diese Stadt erobert hätte, könnte man sich anderen Aufgaben zuwenden.

„Nein, nicht Masar", antwortete Hank, „aber man sollte sich auf die Shamali-Ebene konzentrieren." In der Gegend nördlich der Hauptstadt Kabul verfügte Fahim von der Nordallianz über die größte und allem Anschein nach bestorganisierte Zusammenballung von Truppen.

„Was wollen Sie", unterbrach General Myers, „wir können doch beides machen."

„Wir müssen Osama Bin Laden und ihre Führung fassen", sagte der Präsident.

Cheney wollte sich der Kernfrage zuwenden: „Wollen wir warten, bis die Nordallianz soweit ist, oder müssen wir selbst intervenieren? Das sind zwei vollkommen verschiedene Vorgehensweisen." Er wußte, daß Rumsfeld heimlich an Plänen arbeitete, gegebenenfalls Bodentruppen im Umfang von 50 000 bis 55 000 Mann nach Afghanistan zu schaffen – sollte sich das als der einzige Weg zum Erfolg erweisen. Eine totale Amerikanisierung der Kämpfe am Boden war das sensibelste aller Themen. Die Einsätze in diesem Krieg waren so hoch, daß keine der zur Verfügung stehenden Optionen ausgeschlossen werden durfte.

Später an jenem Tag fand eine Chefbesprechung statt. Dabei brachten alle in der Diskussion ihre Enttäuschung über Fahim zum Ausdruck, der versprochen hatte, sich in Bewegung zu setzen, aber keinen Vorstoß unternahm. Hank berichtete, die Taliban-Truppen, die Fahims Frontlinien gegenüber lagen, hätten sich um erstaunliche fünfzig Prozent vermehrt. Satellitenaufnahmen und andere Aufklärungsergebnisse hatten erst vor wenigen Wochen gezeigt, daß sich ungefähr sechs- bis zehntausend Talibankämpfer an der Kampflinie befanden. Nun zählte man zehn- bis sechzehntausend.

Cheney, Powell und einige andere erinnerten sich, daß sie während des Golfkrieges von 1991 des Ziel verfolgt hatten, die irakischen Bodentruppen zu fünfzig Prozent durch Bombenabwürfe auszuschalten, ehe sie mit einer Kampagne am Boden begannen. Die Zahl der Taliban aber hatte nicht um fünfzig Prozent abgenommen, sie war um fünfzig Prozent gestiegen! Was war da los?

RICE ERKANNTE, daß sie sich um diese Angelegenheit zu kümmern hatte. Normalerweise, so sah sie ihren Job, hatte sie eine doppelte Aufgabe zu erfüllen: Erstens mußte sie koordinieren, was das Verteidigungsministerium, das Außenministerium, die CIA und andere Regierungsstellen taten, indem sie dafür sorgte, daß die Anweisungen des Präsidenten ausgeführt wurden; und zweitens hatte sie beratend tätig zu werden – sie mußte dem Präsidenten ihre privaten Einschätzungen mitteilen, gewiß dann, wenn sie von ihm gefragt wurde, gegebenenfalls auch dann, wenn er sie nicht gefragt hatte. Mit anderen Worten, sie war die Krisenfeuerwehr des Präsidenten. Und dies war eine Krise.

Zwei Tage später, am Donnerstag abend, dem 25. Oktober, setzte sich Rice telefonisch mit Ashley Estes, der persönlichen Sekretärin des Präsidenten, in Verbindung.

„Ich muß den Präsidenten sprechen", sagte sie. Sie bat Ashley, sie solle den Präsidenten fragen, ob es in Ordnung sei, wenn sie auf ein paar Minuten in seinen Amtssitz komme? Der Zugang zur Residenz war ein besonderes Privileg, das Bush nur den führenden Mitarbeitern des Weißen Hauses gewährte. Der normale Arbeitstag des Präsidenten ging gerade zu Ende, es war ungefähr 18.30 Uhr.

Der Präsident hatte sein Weißes Haus mit Absicht so organisiert, daß Rice und andere ihn auf die Schnelle aufsuchen konnten, bemerkte er in einem Interview: „Ich wollte nicht, daß eine bestimmte Person den Zugang zum Oval Office kontrolliert." Er zog damit die Konsequenz aus Beobachtungen, die er während der Präsidentschaft seines Vaters gemacht hatte, vor allem während der ersten drei Jahre der Amtszeit von Bush senior, als der Stabschef des Weißen Hauses, John Sununu, den Zugang mit eiserner Faust kontrollierte, so daß jene, die schlechte Nachrichten zu bringen hatten, oft nicht durchdrangen. „Ich bin überzeugt, der Präsident muß gewissen Leuten Zugang gewähren", fügte George W. Bush hinzu, „es trägt zur Zufriedenheit unter den Mitarbeitern im Stab des Weißen Hauses bei, wenn sie die Möglichkeit haben, von Angesicht zu Angesicht mit dem Präsidenten zu sprechen."

Lee Atwater, der politische Stratege seines Vaters, hatte ihm den Satz „Zugang ist Macht" nahegebracht. Bush sagte, er habe die Richtigkeit dieser Lehre 1988 aus erster Hand kennengelernt, als sein Vater, der damals Vizepräsident war, für das Präsidentenamt kandidierte. „Ich kann mich daran erinnern, wie ich das Haus des Vizepräsidenten aufsuchte und man dort gerade das Wahlkampfteam erwartete. Und ich war dort etwa zwanzig Minuten, bevor diese Leute eintrafen, sie sahen mich also mit Dad. Sie hatten keine Ahnung. Vielleicht unterhielten wir uns gerade über Baseball, oder über einen Bruder oder eine Schwester. Das wußten sie nicht. Sie wußten, daß ich Zugang zu ihm hatte, daß wir unter vier Augen miteinander sprachen, nur ich und er. Es war eine sehr interessante Lektion. Ich konnte sehen, wie meine Statur in dem Maße wuchs, wie ich Zugang zu ihm hatte."

Cheney, Rice, Card, Hughes, Rove und Fleischer konnten einfach bei Ashley vorsprechen und nachfragen, ob der Präsident fünf Minuten – und wenn nötig auch mehr – Zeit habe. Der Präsident sagte, das funktioniere auch umgekehrt. „Es macht meinen Job sehr viel leichter, wenn ich Zugang zu einer Menge an Leuten habe", so daß er ihr Feedback und ihre Reaktionen erfahre. „Es war überhaupt nichts besonderes, wenn Condi oder Dick Cheney hereinkamen und ich sie fragte: ‚Was denken Sie gerade?'"

Insbesondere Rice bestürmte ihn ständig. „Sie ist eine sehr gründliche Person, ständig will sie mich beglucken", sagte der Präsident.

Bushs Führungsstil grenzte ans Hastige. Er wollte Handlungen, Lösungen. Sobald er sich für einen Kurs entschieden hatte, lenkte er seine Energie aufs Vorwärtskommen. Selten einmal zurückblickend, spottete er über jeden Anflug von Zweifel – machte ihn gar lächerlich – und jeden Einsatz, der nicht hundertprozentig war. Wenn überhaupt, schien er nur wenig zu bereuen. Seine kurzen Äußerungen konnten leicht unbesonnen erscheinen.

„Ich weiß, es fällt Ihnen schwer, das zu glauben, aber ich habe nie an dem gezweifelt, was wir tun," sagte Bush in einem späteren Gespräch. „Ich habe nicht gezweifelt ... Es gibt in meinem Kopf keinen Zweifel, daß wir das Richtige tun. Nicht den geringsten Zweifel."

Rice kannte diese Eigentümlichkeit. Doch Skepsis konnte einer vernünftigen Politik dienlich sein, dachte sie. Sorgfältige Abwägung ist ein notwendiger Bestandteil des Prozesses der politischen Entscheidungsbildung. Rice verstand ihre Aufgabe so, daß sie Bush zur Vorsicht anhalten mußte und sogar, wenn notwendig, ein Stopschild aufzustellen hatte, um den Präsidenten dazu zu drängen, eine Angelegenheit nochmals zu durchdenken.

Manchmal besteht die beste Entscheidung darin, sich über eine frühere hinwegzusetzen. Nun forderten die Ereignisse selbst zur Vorsicht auf. Der Stillstand in Afghanistan konnte als ein Hinweis darauf verstanden werden, daß großer Ärger bevorstand. Hinzu kam, daß die Medien Fragen stellten, die Fortschritte, Strategie, Zeitpläne und Erwartungen betrafen. Das Magazin *Newsweek* hatte das gefürchtete Wort Sumpf gebraucht – womit es an Vietnam erinnerte. Ein paar Tage zuvor war in der *Washington Post* ein Kommentar von Robert A. Pape, einem Spezialisten für Luftkriegführung an der Universität Chicago, erschienen, der den Titel „Der falsche Schlachtplan" trug. Er begann: „Die ursprüngliche amerikanische Strategie für den Luftkrieg gegen Afghanistan hat sich als unwirksam erwiesen."

„Was ist los?" wollte Bush wissen, als Rice im Treaty Room auftauchte. Er hatte gerade sein gewohntes tägliches Fitneßprogramm beendet und trug immer noch Sportkleidung. Er war nicht schweißnaß, sondern bereits abgekühlt – vielleicht der richtige Augenblick für solch ein Gespräch, wenn es ihn je gab.

Der Süden sei trocken, und im Norden bewege sich nichts, sagte sie.

„Und wir haben unsere Bomben auf alles geschmissen, von dem wir uns vorstellen können, daß man es bombardieren kann, und immer noch passiert nichts."

Bush setzte sich.

„Wissen Sie, Mr. President", sagte Rice, „die Stimmung unter den Chefs ist nicht besonders gut, und die Leute machen sich Sorgen, wie es wohl weitergeht." Sie sagte, es gebe einiges Lamentieren.

Der Präsident zuckte nach vorn. *Lamentieren?* Er haßte, absolut haßte diese Vorstellung, besonders in schwierigen Zeiten. Hughes und Rove lieferten ihm einige Berichte über das, was in den Medien gebracht wurde, aber nicht viel mehr.

„Ich möchte wissen, ob Ihnen die Tatsache Sorgen bereitet, daß sich nichts bewegt?" fragte Rice.

„Natürlich macht mir der Stillstand Sorgen!"

„Wollen Sie damit beginnen, sich nach strategischen Alternativen umzusehen?"

„Um welche alternativen Strategien würde es sich handeln?" fragte er, als habe er über eine solche Möglichkeit nie nachgedacht.

„Immer wieder taucht der Gedanke auf, daß Sie bei all dem mehr Amerikaner einsetzen könnten. Sie könnten diese Front amerikanisieren." Das konnte den Einsatz beträchtlicher Mengen an Bodentruppen bedeuten – mehrere Divisionen des Heeres oder der Marineinfanterie. Eine Division verfügt gewöhnlich über fünfzehn- bis zwanzigtausend Soldaten.

Bush war sich dessen bewußt, daß die Präsidenten Kennedy und Johnson etwa fünfunddreißig bis vierzig Jahre zuvor genau in diesen Räumen mit ähnlichen Entscheidungen konfrontiert waren. Vietnam war der Präzedenzfall.

„Es ist doch noch gar nicht so lange her", sagte der Präsident und meinte damit den Zeitpunkt, da die Militäraktion begonnen hatte.

„Das ist richtig."

„Glauben Sie, daß es gut läuft?"

Rice gab keine richtige Antwort.

„Wir haben einen guten Plan", sagte der Präsident. „Vertrauen Sie ihm?"

Hm, ja – vielleicht, sagte Rice. Der Präsident wußte genau so gut wie sie, der Fortschritt war gelb, nicht grün.

Sie gingen auf und ab. Mit Absicht hielt sich Rice zurück, war nicht bereit, deutlich Stellung zu nehmen. Sie fürchtete, sie könne die weitere Diskussion in Schieflage bringen, Optionen blockieren. Auch war sie sich ihrer Sache nicht sicher. Sie fühlte sich am wohlsten, wenn sie genau wußte, was im Kopf des Präsidenten vorging, also horchte sie ihn aus. Aber der Präsident hielt an seinem gewählten Kurs fest, einen Strategiewechsel hatte er nicht wirklich in Erwägung gezogen.

Wirklich wichtig, so sagte sie dem Präsidenten, sei es, daß er am nächsten Tag den Chefs auf den Zahn fühle, und wenn er an seiner Strategie festzuhalten beabsichtige, dann solle er dies den Leuten klarmachen, denn er wolle wohl nicht, daß sie anfingen abzufallen.

Anfangen abzufallen? Wer war nervös? Wer machte sich Sorgen? Der Präsident wollte Namen hören.

Jeder macht sich Gedanken, vertraute sie ihm an. Niemand ist besonders zuversichtlich oder zufrieden. Sie alle haben Bedenken darüber, was sie erreicht haben und was sie erreichen könnten. Er hatte einiges zu hören bekommen, sie hatte noch mehr erfahren. Er würde bald einige schwierige Entscheidungen zu fällen haben – wenn es etwa darum ging, ob sie einfach den gewählten Kurs beibehalten oder ob sie versuchen sollten, Korrekturen vorzunehmen.

Der Nationale Sicherheitsrat würde am kommenden Vormittag zusammentreffen, sagte sie, es sei an der Zeit, den Plan zu bekräftigen oder seine Modifizierung in Betracht zu ziehen. In Afghanistan stehe der Winter bevor und die Verhältnisse würden grausam werden. Es werde immer schwerer fallen, militärische Erfolge am Boden zu erzielen.

„Ich meine, es wäre gut, wenn Sie Ihr Vertrauen in diesen Plan deutlich machen würden. Wenn Sie sich aber dazu nicht imstande sehen, dann brauchen wir eine Alternative." Benötigten sie wirklich eine andere Strategie? Wichtig, sagte sie, sei es für ihn, dies vor der morgigen Sitzung des Nationalen Sicherheitsrats zu durchdenken. Bei dieser Sitzung könne er dann seinen Standpunkt darlegen. „Sie müssen unbedingt darüber sprechen", betonte sie am Ende ihres Gesprächs, das fünfzehn bis zwanzig Minuten gedauert hatte.

„Ich werde mich darum kümmern", sagte der Präsident.

FÜR BUSH WAR DAS ein denkwürdiges Gespräch. Zu Rice' Aufgaben zählte es, ihn auf gewisse Dinge aufmerksam zu machen. Manchmal nahm er sie gern zur Kenntnis, manchmal auch nicht. Er sah einen „interessanten geschlossenen Kreis" in der Tatsache, daß die Diskussion im Treaty Room stattfand, wo er gerade einmal achtzehn Tage zuvor den Entschluß zum militärischen Eingreifen verkündet hatte. Aber er wußte, was er am nächsten Morgen tun wollte.

„Zu allererst", so erinnerte er sich später, „muß der Präsident das Kalzium in den Knochen sein. Wenn ich schwach werde, wird das ganze Team schwach. Wenn ich voller Zweifel stecke, das kann ich Ihnen versichern, wird es eine Menge Zweifel geben. Wenn das Maß meines Vertrauens in unsere Fähigkeiten sinkt, dann wird das Wellen der Erschütterung durch die ganze Organisation schicken. Es ist ganz unerläßlich, daß wir zuversichtlich, entschlossen und einig sind."

Der Präsident erwartete von allen in seiner Mannschaft dasselbe. „Ich kann keine Leute um mich herum gebrauchen, die nicht standfest sind ... Und wenn es in schwierigen Zeiten so ein Gejammer gibt, das paßt mir überhaupt nicht."

Die Ursachen der Bedenken sah er in der Echowirkung der Medien. Ihnen schenkte er kaum Aufmerksamkeit. „Ich lese die Leitartikel nicht. Ich – dieses Hyperventilieren auf den Kabelsendern, und jeder Experte und jeder ehemalige Oberst, und all das, das ist nur Hintergrundgeräusch." Er wußte jedoch, daß manche Mitglieder seines Kriegskabinett diesen Dingen Aufmerksamkeit schenkten. „Wir haben im Nationalen Sicherheitsrat diese ganz starken Leute, die sich zu Herzen nehmen, was in der Presse über sie gesagt wird.

Wenn es ein Gefühl der Verzweiflung gibt", sagte Bush, „dann will ich wissen, von wem es ausgeht, und warum das der Fall ist. Ich vertraue dem Team, und es ist ein Team. Ich vertraue ihnen, weil ich auf ihr Urteil baue. Wenn einige mit ihrem Urteil Hintergedanken verbinden, dann müßte ich diese Gedanken kennen, sie müßten auf den Tisch gelegt werden."

Kein Mitglied des Kriegskabinetts hatte den Präsidenten aufgesucht, um unter vier Augen irgendwelche Sorgen zu äußern. Vor der Sitzung des Nationalen Sicherheitsrates am folgenden Morgen sprach Bush mit Vizepräsident Cheney darüber, was Rice ihm unterbreitet hatte.

„Dick", wollte er wissen, „haben Sie irgendwelche – gibt es irgendwelche Bedenken in Ihrem Kopf über die Strategie, die wir entwickelt haben? Wir haben eine Menge Zeit darauf verwandt."

„Nein, Mr. President", sagte Cheney.

AM NÄCHSTEN MORGEN, am Freitag, dem 26. Oktober, traf Bush zur Sitzung des Nationalen Sicherheitsrates im Lageraum des Weißen Hauses ein. Keiner der Chefs, auch nicht Andy Card, wußte, was Rice am Vorabend mit dem Präsidenten erörtert hatte. Er hatte sich dafür entschieden, die Sitzung zunächst routinemäßig mit den Vorträgen anlaufen zu lassen. Er berichtete jedoch, daß er gerade telefonisch mit Kronprinz Abdullah von Saudi-Arabien gesprochen habe.

„Der Kronprinz hat gesagt, wir sollten auf keinen Fall während des Ramadan zuschlagen." Der Fastenmonat der Muslime würde in einigen Wochen beginnen. „Ich werde ihm einen Brief schreiben, in dem ich mitteile, daß wir weitermachen werden, weil al-Qaida fortfährt, die Vereinigten Staaten zu bedrohen, und diese Leute werden weiterkämpfen, ob wir nun Bomben werfen oder nicht." Und als wolle er einen Hinweis auf seine Gemütsverfassung geben, fügte er hinzu: „Und das ist letzten Endes entscheidend."

„Es gibt Befürchtungen wegen der Russen", sagte Tenet. „Die Russen liefern Waffen an die Nordallianz. Und das ist gut so. Wir wollen sicher sein, daß die Russen nicht die Tadschiken und die Usbeken gegeneinander ausspielen." In den abgefallenen ehemaligen Sowjetrepubliken wollten die Russen immer noch Einfluß nehmen, wenn sie nicht gar nach Vorherrschaft strebten. Es waren viele regionale Stellungskämpfe im Gange, und die Vereinigten Staaten konnten das nicht ignorieren. „Die Russen konzentrieren sich stärker auf das Finale, als wir es tun."

Tenet referierte, daß sich das paramilitärische Team Alpha der CIA in Afghanistan befinde, und zwar bei Dostum, dem Führer der Nordallianz, außerdem sei man im Begriff ein weiteres zu Attah Mohammed, einem anderen Warlord der Nordallianz, zu schicken. Dostum und Attah hielten sich beide südlich der Stadt Masar auf. „Es gibt ein Treffen mit Führern im Norden, ohne daß Fahim Khan dem zugestimmt hat." Fahim rühre sich nicht, und daher beabsichtige die CIA, ohne ihn weiterzumachen. Außerdem, so sagte Tenet, hoffe er eine Gruppe zu Karzai, dem Führer im Süden Afghanistans, schicken zu können. „Ich glaube, daß sich die Dinge im Süden zu entwickeln beginnen."

„In der Region gibt es mehr als reichlich Nahrungsmittel", sagte Powell. Das Problem bestehe darin, daß die Verpflegung von Afghanen verteilt werde. „Und das funktioniert nicht."

„Wir müssen ein großes Meeting veranstalten, um unsere humanitäre Hilfe ins Licht zu rücken", sagte Rice

Rumsfeld berichtete, man habe am Vortag nur sechzig Einsätze geflogen, weil das Wetter schlecht war. Heute sei es besser. „Gestern haben wir in der Shamali-Ebene und in Masar zugeschlagen" – also genau an den beiden Stellen, von denen General Myers gesagt hatte, man solle sich auf sie konzentrieren. Einige Kasernen in der im westlichen Teil des Landes gelegenen Stadt Herat waren getroffen worden. Es war eine Konzentration der Bombardierungen auf die Frontlinien geplant, um die Stämme zu unterstützen, nicht aber auf feste Ziele, etwa auf Flugzeuge der Taliban. „Die eine Hälfte richtet sich gegen die Shamali-Ebene, die andere Hälfte gegen Herat und Masar-i-Sharif.

Wir haben ein drittes Team drin plus einige Fernmelder bei Fahims Truppe.

In Usbekistan stehen fünf Trupps, die darauf warten, reinzugehen", fügte er mit einiger Unzufriedenheit hinzu. Zwei weitere Teams befanden sich in Fort Campbell in den Vereinigten Staaten.

Nun war es Zeit für den Präsidenten, Rice' Ratschlag aufzugreifen.

„Ich möchte mich ganz einfach davon überzeugen, daß wir alle hinter diesem Plan stehen, ist das klar?" sagte er. Er schaute um den Tisch herum von einem Gesicht zum nächsten.

Bush erinnert in solchen Augenblicken in seiner Eindringlichkeit auf gewisse Weise an einen Baseballtrainer, oder sogar an einen Verbindungsbruder. Er streckt seinen Kopf nach vorn und hält ihn ganz still, stellt Blickkontakt her, hält daran fest und sagt dann so etwas wie: „Sie sind mit an Bord, Sie sind auf meiner Seite, in Ordnung?"

Liegen wir richtig? wollte der Präsident wissen. Sind wir immer noch voller Zuversicht? Er wollte von jedem eine deutliche Bestätigung hören – von Cheney, Powell, Rumsfeld, Tenet und Rice – sogar von den Hinterbänklern Hadley und Scooter Libby. Er verlangte von ihnen fast einen Schwur.

Jeder bestätigte seine Treue für Plan und Strategie.

„Hat irgendeiner der Anwesenden Gedanken, die er hier auf den Tisch legen will?"

Nur Neins in der Runde.

Rice war überzeugt, der Präsident würde Debatten dulden, würde zuhören, aber jeder, der eine Diskussion wünschte, würde gute Argumente bringen müssen und am besten eine Lösung oder zumindest einen Lösungsvorschlag. Es war klar, daß niemand am Tisch eine bessere Idee hatte.

Tatsächlich hatte der Präsident nicht wirklich die Tür einen Spalt weit geöffnet, damit jeder Besorgnisse formuliere oder sich mit Hintergedanken auseinandersetze. Er hörte nicht wirklich zu. Er wollte reden. Er wußte, daß er manchmal zuviel sprach, einfach Dampf abließ. Es war eine schlechte Angewohnheit, das wußte er.

„Wissen Sie was? Wir müssen geduldig sein", sagte Bush. „Wir haben einen guten Plan.

Sehen Sie, wir treten in eine schwierige Phase ein. Die Presse wird bestrebt sein, Zwistigkeiten unter uns zu entdecken. Sie wird versuchen, uns eine Strategie aufzuzwingen, die nicht zum Sieg führt." In der Abgeschiedenheit dieses Sitzungsraums hatte der Präsident eine seiner Schlußfolgerungen formuliert: die Nachrichtenmedien, oder zumindest Teile davon, wollten den Sieg nicht, oder sie handelten zumindest so, als wollten sie ihn nicht.

„Wir sind erst seit neunzehn Tagen dabei. Bleiben Sie standfest. Lassen Sie nicht zu, daß die Presse uns in Panik versetzt." Die Presse würde behaupten, es sei eine neue Strategie vonnöten. Die gegenwärtige Strategie sei gescheitert. Er sei anderer Ansicht. „Widersteht der Besserwisserei. Seid zuversichtlich, aber geduldig. Während des Ramadan werden wir mit dieser Sache fortfahren. Wir müssen besonnen und standfest bleiben. Es wird schon klappen."

Hadley hatte das Gefühl, plötzlich ziehe die Spannung aus dem Raum ab. Der Präsident betonte, er sei voller Vertrauen, und auch sie sollten Vertrauen haben. Tief in ihrem Inneren, so glaubte Hadley, hatten manche wohl Anlaß, sich zu fragen, ob der Präsident etwa das Zutrauen in sie verliere. Das Vertrauen des Präsidenten war, wenn es einmal geschenkt war, für sie alle von höchster Wichtigkeit, damit sie ihre Aufgaben erfüllen konnten. Jeder Hinweis auf weniger als volles Vertrauen würde einer Katastrophe gleichkommen. Sie waren seine ganz persönlichen Diener. Sie konnten jederzeit auf der Stelle entlassen oder ins Abseits gedrängt werden. Bush hatte nicht nur sein Vertrauen in die beschlossene Strategie formuliert, sondern wichtiger noch, davon war Hadley überzeugt, er hatte erklärt, ihnen persönlich zu vertrauen.

Tenet wäre am liebsten aufgestanden und hätte gejubelt. Er begab sich nach Langley zurück und informierte seine führenden Mitarbeiter über das, was der Präsident gesagt hatte. Was es bedeutete, sagte Tenet, war ganz einfach: Macht weiter so.

Rice glaubte, daß es einer der wichtigsten Augenblicke war. Hätte Bush sich für andere Wege offen gezeigt, hätte sich das Kriegskabinett nicht mehr darauf konzentriert zu versuchen, die gegenwärtige Strategie durchzusetzen, und alle wären auseinandergegangen, um über Alternativen nachzudenken. Sie hoffte, die erneute Bekräftigung würde alle veranlassen, ihre Bemühungen zu verdoppeln, die beschlossene Strategie durchzuführen, der er gerade ohne Vorbehalt seinen Segen gegeben hatte.

Rumsfeld berichtete einigen seiner führenden Mitarbeiter, der Präsident habe an jenem Tag besondere Stärke gezeigt. Einzelheiten nannte er nicht.

Powell fand die Lage in Afghanistan besorgniserregend, aber er war nicht der Meinung, daß sie sich jetzt schon im Sumpf befanden.

Pakistans Präsident Musharraf, ihr Freund, wurde an jenem Abend von Peter Jennings interviewt, dem Anchorman von ABC, der ihm ganz unvermittelt die Frage stellte, ob die Vereinigten Staaten auf einen Sumpf zusteuerten.

„Ja", erklärte der pakistanische Präsident, „es könnte ein Sumpf sein."

19 | DAS JAWBREAKER-TEAM befand sich nun bald einen Monat auf der Shamali-Ebene. Das A-Team 555 der Special Forces war seit einer Woche mit seinen Laserzielbestimmungsgeräten dabei. Zwar hatte das A-Team gewisse Anfangserfolge beim Heranlotsen von Bombenflügen, doch Gary blieb nicht verborgen, daß sie die Reste bekamen – amerikanische Bomber, denen andere Ziele zugewiesen worden waren. Wenn diese Bomber ihren Bestimmungsort nicht fanden oder wenn sie aus anderen Gründen ihre Munition nicht aufbrauchten, standen sie zur Verfügung, um zu den vorderen Linien zu fliegen und dort Talibankämpfer anzugreifen. Deshalb kam es zu einer Zunahme der Luftangriffe. Aber wenn das A-Team einen Konvoi von Taliban- oder al-Qaida-Lastwagen ausmachte – einmal waren es sogar zwanzig Fahrzeuge – und alles unternahm, um einen Bomber herbeizurufen, hatte es Gary allzu häufig erlebt, daß sie keinen bekommen konnten. Die Flugzeuge konzentrierten sich immer noch auf vorherbestimmte, feste Ziele.

Das Kampfgebiet auf der Shamali-Ebene war ungewöhnlich eben. Ungefähr fünfunddreißig Meilen lagen zwischen den dreitausend Kämpfern der Nordallianz und einer siebentausend Mann starken Freiwilligentruppe aus Taliban, Arabern und Pakistanis. Sie hatten Frontlinien in Gräben, Bunkern, Befestigungen und anderen militärischen Bauten errichtet, die durch einige Minenfelder geschützt wurden. Regenwolken zogen über die Berge hinweg, die die Ebene umschlossen, sie kündigten das Kommen des Winters und des Schnees an.

Gary setzte sich an einen der zehn Computer, die seine Gruppe in ihrem staubigen Stützpunkt hatte, und schrieb eine Depesche an die Zentrale der CIA. Wenn wir unsere Vorgehensweise nicht ändern, werden wir diese Sache verlieren. Die Taliban seien niemals massiv bombardiert worden; sie sind nicht sehr beeindruckt; sie sind davon überzeugt, dies überstehen zu können. Die Nordallianz ist bereit; sie wollen marschieren und sie sind so bereit, wie sie nur sein können, aber sie verlieren langsam das Vertrauen; sie meinen, daß das, was sie zu sehen bekommen, alles ist, was wir zu leisten imstande sind. Wenn wir die Taliban mit nachhaltigen Bombardierungen über drei, vier Tage hinweg heimsuchen, dann werden die jüngeren Kräfte unter den Taliban den Kampf aufgeben. Die meisten dieser Männer seien Eingezogene, hätten sich dem Kampf angeschlossen, weil es alle machen würden, weil sie glaubten, auf die Seite der Sieger getreten zu sein. Schlagt auch die al-Qaida-Araber hier, und die jüngeren Taliban sehen das und geben auf. Dazu bräuchte man höchstens drei oder vier Tage. Die Front würde zusammenbrechen.

Die meisten der Taliban stammten aus dem Süden, und sie würden gern von hier fortgehen wollen und in den Süden zurückkehren. Aber dazu würden ihnen nur wenige Straßen zur Verfügung stehen, und die Nordallianz, mit Hilfe von Bombardements der US-Luftwaffe, würde sie kontrollieren. Die Taliban fänden sich in der Falle. Abgesehen von ein paar Nestern rund um Masar und Kundus, würde die Nordallianz sehr bald den gesamten Norden des Landes beherrschen, sogar Kabul.

Gary schickte seinen Bericht ab, der nur zwei Seiten lang war. Tenet entschied sich, ihn am nächsten Tag mit ins Weiße Haus zu nehmen.

IN DEM ABHÖRSICHEREN Telefongespräch, das Rumsfeld am frühen Samstag morgen, dem 27. Oktober, mit General Franks führte, wollte der Verteidigungsminister sich versichern, daß sie vorausschauend planten und dachten – bis zum schlimmsten Fall, falls nötig.

Was wäre, wenn die afghanische Opposition, die Nordallianz, die Söldnertruppe, die von der CIA bezahlt wurde, die gestellte Aufgabe nicht erledigen könnte? Dann würde man die Möglichkeit in Betracht ziehen müssen, den Krieg zu amerikanisieren, man müßte Bodentruppen der Vereinigten Staaten in großer Zahl ins Land schicken.

Peter Pace, General der Marineinfanterie und Stellvertretender Vorsitzender der Vereinigten Stabschefs machte sich auf einem weißen Spiralblock Notizen. Er schrieb: „Bereitschaft hineinzugehen –

ein großer Landkrieg – entweder allein oder mit Bündnispartnern ... Sich darauf einzurichten würde sehr, sehr nützlich sein ... Er würde sichtbar werden, und die Leute würden wissen, daß wir es ernst meinen, wir kommen, wenn ihr jetzt nicht die Seiten wechselt, wir werden diesen Prozeß fortsetzen."

Rumsfeld und Franks einigten sich darauf, die Zahl der Bombenabwürfe auf die vordere Linie der Taliban zu erhöhen, wie die Nordallianz es wünschte. Jetzt, da sich die ersten amerikanischen A-Teams in Afghanistan befanden, würde dies möglich sein. Aber beide, der Minister und der Oberkommandierende, hatten Zweifel an der Nordallianz und General Fahim, die sich selbst zu langsam zu bewegen schienen.

ES WAR VORGESEHEN, daß Präsident Bush und die First Lady an jenem Samstag und Sonntag ihre Freunde aus dem östlichen Texas für das verschobene Poker- und Kennedy-Center-Wochenende empfingen. Aber nach Einschätzung der Lage hatte die Bedrohung noch zugenommen, nicht abgenommen, daher rief Bush seinen besten Freund in der Gruppe an, Elton Bomer, der die texanische Aufsichtsbehörde für das Versicherungswesen geleitet hatte, als Bush Gouverneur war. „Elton, es geht einfach nicht, daß Ihr kommt", teilte der Präsident Bomer mit, „ich mache mir einfach zu viele Sorgen, die Lageeinschätzungen sind zu ungünstig, und das Risiko will ich nicht eingehen."

Statt dessen begab sich das Ehepaar Bush nach Camp David, und der Präsident schaltete sich am Samstag um 8.30 Uhr in die abhörsichere Videokonferenz ein.

Tenet berichtete, er habe jetzt zwei weitere paramilitärische Gruppen der CIA zur Abreise nach Afghanistan in der kommenden Woche eingeplant. Er setzte sehr stark auf seine paramilitärischen Gruppen. Abgesehen von zwei A-Teams der Special Forces der US-Streitkräfte gab es in Afghanistan keine weitere direkte Präsenz der Vereinigten Staaten.

Im Süden Afghanistans kamen Tenets Leute weiterhin nur mühsam voran. In diesem Landesteil bedeutete es einen großen Rückschlag, daß die Taliban gerade Abdul Haq gefangengenommen und getötet hatten, einen 43jährigen Paschtunenführer, der von 1979 bis 1989 erfolgreich gegen die sowjetischen Eindringlinge gekämpft hatte. 1987 verlor Haq, damals 29 Jahre alt, einen Fuß durch die Explosion einer Landmine. Später hatten die Taliban seine Frau und sein Kind getötet.

Er war mit einer Gruppe von neunzehn Kämpfern nach Afghanistan zurückgekehrt, um unter den Paschtunen im Süden Unterstützung für den Kampf gegen die Taliban und al-Qaida zu mobilisieren. Haq zählte nicht zu den Mitarbeitern der CIA, die direkte Befehle entgegennahmen, aber die Agency stand in Kontakt mit ihm. Sie hatte ihn gedrängt, einen Rückzugsplan zu entwickeln und ihm Kommunikationsausrüstung angeboten. Haq sagte, er glaube, daß die Funkgeräte die CIA in die Lage versetzen würden, ihn auszuspionieren. Er weigerte sich.

Haq wurde von den Taliban gefangengenommen, gefoltert und hingerichtet. Im letzten Augenblick hatte die CIA eine ihrer Predator-Drohnen geschickt, die auf einige der Talibankämpfer feuerte, die ihn umzingelten, aber es war zu spät. Der Geheimdienstchef der Taliban zeigte öffentlich hämische Freude.

Tenet, der im Süden über ein Dutzend heimlich besoldeter Mitarbeiter verfügte, kam in dieser entscheidenden Region immer noch nicht voran.

Powell berichtete, er habe mit Musharraf gesprochen, der eine Aufstockung der Wirtschaftshilfe verlangte. Demonstrationen in zwei pakistanischen Städten waren die größten, die es bislang gegeben hatte. Musharraf praktizierte weiterhin einen beispiellosen politischen Balanceakt.

Was die militärische Kampagne anging, so berichtete Rumsfeld, daß „siebzig Prozent unserer gegenwärtigen Bemühungen der Unterstützung der Opposition gelten". Der Verteidigungsminister fügte hinzu, ein Hauptanliegen sei weiterhin die Umgebung von Tora Bora, außerhalb von Dschalalabad, vermutlich eine Zufluchtsstätte für Kämpfer von al-Qaida und der Taliban.

Der Minister berichtete außerdem, daß die Abwürfe von humanitären Hilfsgütern und Informationsmaterial fortgesetzt würden.

Tenet sagte: „Wir werden uns in Bewegung setzen, ohne auf Fahim zu warten." Dies war eine dramatische Entscheidung, da Fahim das

Oberhaupt des losen Zusammenschlusses von Truppen der Warlords in der Nordallianz war.

Niemand widersprach.

„Wir werden eine Botschaft an die Nordallianz schicken", sagte Rumsfeld, „daß wir mehr von ihr erwarten". Ihren Führer zu übergehen war keine subtile Botschaft.

Cheney teilte mit, es gebe Presseberichte, wonach die Nordallianz während des Ramadan möglicherweise ihre Tätigkeit einstellen werde.

Tenet meinte, die Agency würde die Wahrscheinlichkeit abschätzen müssen.

Es gab noch schlimmere Nachrichten. Die Defense Intelligence Agency (DIA), jener üppig wuchernde Dienst, den der frühere Verteidigungsminister Robert McNamara geschaffen hatte, um die geheimdienstlichen Bemühungen des Pentagon zusammenzufassen, war aufgefordert worden, eine alternative Einschätzung über die Aussichten im Feld zu formulieren. In einer Denkschrift von höchster Geheimhaltungsstufe sprach die DIA die Annahme aus, daß vor dem Winter weder Masar noch Kabul eingenommen werden würde.

Das Memo gab vor allem General Fahim die Schuld, es nannte ihn im Kern eine Niete, die nur rede und rede, und sich dann vor dem Kampf drücke. Fahim war niemals ganz einsatzbereit und verlangte stets mehr Geld und mehr Munition.

Die Lage war beunruhigend – ein schwacher Fahim und keine Aussicht darauf, vor Einbruch des Winters eine Stadt einzunehmen. Angesichts der Tatsache, daß in den Medien bereits drei Wochen nach Aufnahme der Bombardierungen über das Thema Sumpf diskutiert wurde, mochte man sich kaum vorstellen, was nach Monaten offensichtlichen Stillstands gesagt werden würde.

Unter Bezugnahme auf das Memorandum der DIA sagte Cheney: „Es wirft zwei Fragen auf. Tun wir alles, was uns möglich ist, damit vor dem Ramadan etwas geschieht?" Der Fastenmonat begann in drei Wochen.

„Und zweitens", fuhr er fort, „welche militärischen Operationen könnte man während des Winters durchführen?" Damit mußten sie sich ganz konkret auseinandersetzen, nicht nur, um aus offenkundigen militärischen Gründen ein spezifisches Ziel festzulegen, sondern auch aus psychologischen Erwägungen. „Wir wollen einen Eindruck von Unvermeidlichkeit verbreiten, so daß die Leute sich veranlaßt fühlen, auf unsere Seite zu treten." Sonst, man stelle sich das vor, säßen die Taliban monatelang in Afghanistan und gewährten Bin Laden und seinen Terroristen weiterhin Zuflucht. Cheney brauchte kein Wort zu sagen, welche Konsequenzen das haben würde.

Außerdem beunruhigte es ihn, daß die Taliban eine Umgruppierung vornehmen könnten, wenn man nicht vor dem Winter etwas gegen sie unternahm. Würden sie sich jetzt ermutigt fühlen, da sie nicht auf die Schnelle besiegt worden waren?

„Gibt es etwas, was die Vereinigten Staaten zwischen heute und dem Winter tun können, indem sie beispielsweise eine amerikanische Operationsbasis im Norden errichten?" fragte Cheney. Das wäre wenigstens etwas Vorzeigbares. „Ich befürchte, daß wir auf keinerlei konkrete Leistungen hinweisen können." Wenn im nächsten Monat der Schnee und die Eiseskälte kämen, wäre die Nordallianz schlecht positioniert, was bedeutete, daß sie sich monatelang nicht rühren könnte.

„Welches Ziel wollen wir erreichen, bevor der erste Schnee fällt?"

Sie gingen einige heikle neue Berichte durch, die noch deprimierender waren. Die Nordallianz kam noch immer nicht in die Gänge, und dies bestätigte die Auffassung, daß es keine Chance gab, Masar oder Kabul sehr bald einzunehmen.

Rice wußte, daß die Chefs es nicht schätzten, sich vor dem Präsidenten, der sehr wenig gesagt hatte, zu streiten. „Die Chefs müssen das am Dienstag erneut durchsprechen", sagte sie und bezog sich damit auf die bevorstehende Sitzung ohne den Präsidenten, bei der sie alles ausdiskutieren könnten.

„Wir müssen uns einige begrenzte Ziele ansehen", sagte Tenet und griff damit ein Argument von Cheney auf, „etwa Masar-i-Sharif, erreichbare Ziele, auf die wir unsere Bemühungen konzentrieren sollten."

Niemand schien sich da ganz sicher.

Am nächsten Tag, dem 28. Oktober, ging Rumsfeld in die sonntäglichen Talkshows.

„Stimmt es, daß der Krieg nicht so gut läuft, wie sie es sich für diesen Zeitpunkt erhofft hätten?" fragte ihn Cokie Roberts in der ABC-Sendung *This Week*.

„Nein, ganz im Gegenteil", erwiderte Rumsfeld. „Er läuft weitgehend genau so, wie wir es am Anfang erwartet haben ... Und der Fortschritt ist meßbar. Wir merken, daß die Luft – die Luftkampagne wirkt."

DIE STRENG GEHEIME Bedrohungsliste für Montag morgen, den 29. Oktober, enthielt Dutzende von Gefahren; viele waren neu und glaubhaft und ließen auf einen Angriff in der nächsten Woche schließen. Alle Informationen, die durch SIGINT – fernmeldetechnische Nachrichtenbeschaffung – gewonnen worden waren, zeigten, daß viele bekannte al-Qaida-Statthalter oder -Aktive äußerten, bald würde etwas Gewaltiges geschehen.

Es war eine ganz schöne Liste. Einige sagten, innerhalb vielleicht einer Woche würde es gute Neuigkeiten geben, oder daß die guten Neuigkeiten den 11. September in den Schatten stellen würden. Einige der aufgefangenen Meldungen offenbarten Diskussionen über eine radiologische Vorrichtung – den Einsatz konventioneller Sprengstoffe zur Verbreitung radioaktiven Materials. In anderen aufgefangenen Gesprächen war davon die Rede, *viele Leute krank zu machen.*

Eine Nichtregierungsorganisation in Pakistan, die sich Umma Tameer-e-Nau, UTN, nannte, könnte möglicherweise eine Verbindung zwischen führenden al-Qaida-Leuten und pakistanischen Atomwissenschaftlern herstellen, die, wie man aus anderen Quellen wußte, an der Entwicklung einer Bombe in ihrem Lande beteiligt gewesen waren.

Nahm man all das zusammen, dann war deutlich, daß etwas im Gange war, was zumindest mit einer radiologischen Waffe zu tun hatte. Die abgefangenen Nachrichten deuteten auf einen weiteren Angriff hin, und da al-Qaida sich gewöhnlich solchen Zielen, an denen es Mißerfolge gegeben hatte, erneut zuwandte, schienen Washington und das Weiße Haus besonders gefährdet zu sein.

Das Ergebnis war eine ständige, wenn auch nicht zu erhärtende Sorge wegen einer radiologischen Waffe und gewisse Befürchtungen, daß diese gegen Washington oder New York eingesetzt werden könnte. Es könnte sich um einen weiteren Versuch handeln, die Regierung zu enthaupten.

All dies wurde dem Präsidenten am Montagmorgen bei dem Gespräch über die geheime Nachrichtenlage präsentiert.

„Diese Bastarde werden mich genau hier finden", sagte der Präsident. „Und wenn sie mich kriegen, dann wird das genau hier passieren."

Whoa! dachte Rice.

„Es geht nicht um Sie persönlich", machte Cheney dem Präsidenten klar. „Es geht um unsere Verfassung." Dem Vizepräsident ging es um ihre gemeinsame Verantwortung, die Kontinuität des Regierungshandelns zu gewährleisten, wenn Bush etwas passierte. „Und deshalb werde ich mich jetzt an einen sicheren, geheimgehaltenen Ort begeben." Er würde nicht um Erlaubnis bitten. Er würde gehen.

Card fand das ernüchternd. Cheney hatte recht.

„Wir begannen, ernstzunehmende Hinweise zu erhalten, daß nukleare Planungsunterlagen, Material und Know-how aus Pakistan herausgeschafft wurden", sollte sich der Präsident später erinnern. „Das Gefühl hatten alle, die sich das Beweismaterial vornahmen."

Rice fragte Bush: „Meinen Sie, daß auch Sie gehen müssen?"

Er weigerte sich. „Hätte der Präsident sich dafür entschieden, auch zu gehen", so Bush später, „dann wäre es so gewesen, daß der Vizepräsident in die eine Richtung abgehauen wäre und der Präsident in die andere, und die Leute hätten gesagt: ‚Und was wird aus mir?' Ich hatte nicht vor zu gehen, ich denke, ich hätte es tun können, aber ich ließ es sein."

Der dramatischste Vorgang wurde geheimgehalten. Um das Vorhandensein von nuklearem Material festzustellen, wurden vier getarnte Überwachungsteams ausgeschickt, die aus Fahrzeugen heraus arbeiteten. Dazu sagte einer der ranghöchsten Mitarbeiter der Administration: „Wir hatten Teams, die durch die Stadt streiften" – in Washington, D. C. „Wir hatten ein weiteres Team in New York. Es war eine Zeit großer Furcht." Ein halbes Dutzend Gruppen von Spezialisten, die in der Lage waren, biologische und chemische Kampfmittel zu entdecken, wurden zudem in sechs andere Städte geschickt.

NACH TENETS ANSICHT konnte ein Terrorist zu diesem Zeitpunkt mit jeder Art Angriff Chaos über die Vereinigten Staaten bringen. Die Konsequenzen eines zweiten großen Schlages waren kaum zu fassen – mit einer radiologischen oder nuklearen Waffe, nicht auszudenken. Da weder die CIA noch das FBI sich „im Inneren der Verschwörung" befanden, wie Tenet es gern formulierte, hielt er es für eine passende Form der Abschreckung, den Terroristen nahezubringen, daß die Vereinigten Staaten Kenntnis davon hatten, daß Taten geplant wurden. Da den Terroristen nicht bekannt war, was die Vereinigten Staaten wußten und was nicht, war es ein potentielles Abschreckungsmittel, im wesentlichen „ihnen zu sagen, daß wir Bescheid wissen". Dies würde möglicherweise den Terroristen heftiges Unbehagen bereiten, und gewiß würde es das operative Umfeld für sie schwieriger gestalten.

An jenem Morgen, Montag, dem 29. Oktober, sagte Tenet zu Mueller, die Lage sei so ernst – und die möglichen Vorteile davon, Aufregung verursachen, so groß –, daß der Öffentlichkeit ein zweiter umfassender Alarm verkündet werden solle.

Mueller und Justizminister John Ashcroft begannen mit Vorbereitungen für eine solche Ankündigung, die später an jenem Tag erfolgen sollte.

Der Nationale Sicherheitsrat trat vormittags um 9.15 Uhr zusammen. Tenet berichtete, er werde mit Verkehrsminister Norman Mineta und dem neu ernannten Berater für Heimatverteidigung, Tom Ridge, dem früheren Gouverneur von Pennsylvania, zusammentreffen. Das Thema: „Wie ändern wir unsere Sicherheitspolitik?" Das lief darauf hinaus, auf Flugplätzen und sonstwo gewisse Dinge zu ändern, so daß es potentielle Terroristen mit für sie neuen Prozeduren zu tun hätten und durcheinanderbrächten, was sie vielleicht sähen. Tenet sagte, er wolle sicher sein, daß sie sich darüber abstimmten, „wie wir das, was auch immer auf uns zukommen mag, zu stören und abzuhalten versuchen".

Tenet faßte die Berichte über die Bedrohungslage zusammen. Die Nachrichten zeigten, daß al-Qaida plane, ein entführtes Flugzeug zu benutzen, um eine Nuklearanlage anzugreifen – entweder ein Kernkraftwerk oder, schlimmer noch, ein Atomwaffenlager oder andere Nuklearwaffenanlagen.

Mit den gerade sieben Wochen alten Bildern der brennenden Türme des World Trade Center noch deutlich vor Augen, brachte die Aussicht auf ein nukleares Gegenstück die Gruppe zum Verstummen.

„Dick Cheney wird für eine Weile wegbleiben", sagte der Präsident. Der Vizepräsident war bereits zu einem sicheren Ort unterwegs, viele Meilen entfernt.

Unter Berufung auf Geheimdienstberichte sagte Tenet: „Ich habe den Eindruck, daß es sich um eine weltweite Bedrohung handelt. Wir sollten unsere Botschaften und unsere militärischen Einrichtungen in Übersee sichern, und wir sollten uns darum kümmern, daß die Regierungsaufgaben im Falle eines Falles weiterhin wahrgenommen werden." Das bedeutete, daß jeder der Chefs dafür sorgen sollte, daß er sich möglichst nicht mit seinem Stellvertreter an der gleichen Stelle befand.

„Unser Bündnis hält ziemlich gut zusammen", versicherte Powell. „Sie sind nicht so hysterisch, wie die Presse es darstellt. Aber es gibt ein gewisses Maß an Nervosität, das sich auf den arabischen Straßen niederschlägt." Am Vortag hatten Radikale in einer römisch-katholischen Kirche in Pakistan sechzehn Menschen umgebracht.

Schwerer zu verkraften waren Überschriften, in denen es um Kollateralschäden ging, die durch die Bombenangriffe verursacht wurden. Am Sonnabend hieß es auf der ersten Seite der *New York Times*: „Amerikanische Flugzeuge bombardieren eine Anlage des Roten Kreuzes", ein Fehler, der den Vereinigten Staaten nun schon zum zweiten Mal unterlaufen war. Niemand wurde getötet, aber Lagerhäuser mit dringend benötigten humanitären Hilfsgütern wurden vernichtet. Powell äußerte sich zurückhaltend: „Soweit Kollateralschäden aufgrund amerikanischer Operationen zustande kommen, verschärft das die Lage." Aber dann schoß der Außenminister direkt gegen das Pentagon: „Das ist ein Problem, und wir müssen unsere Bemühungen verdoppeln, derlei Schäden zu vermeiden."

Rumsfeld war überzeugt, bereits das Äußerste versucht zu haben, Schäden dieser Art zu verhindern: Er hatte noch nie dagewesene, ja drakonische Befehle erlassen, nicht zu schießen oder Bomben abzuwerfen, solange es keine genauen Informationen über die jeweiligen Ziele gab, wobei diese möglichst durch amerikanische Augen verifiziert sein sollten.

Bush kam ihm zur Hilfe: „Wir müssen außerdem die Tatsache hervorheben, daß die Taliban Menschen umbringen und eigene Terroreinsätze durchführen, damit die Lage ein bißchen ausgeglichener beurteilt wird." Er machte einen Sprung nach vorn und verkündete, die Amerikaner müßten sich auf das Afghanistan nach den Taliban konzentrieren und sicherstellen, daß die Stämme im Süden „ihren Platz im Nach-Taliban-Afghanistan sehen", wie er es formulierte.

„Wir benötigten außerdem eine Public-Relations-Kampagne zum Thema Taliban. Wir brauchen eine Geberkonferenz", fuhr er fort, womit er sich auf alle Länder bezog, die humanitäre Hilfe an Afghanistan leisteten, „jemanden, der das als Ausgleich zum Ramadan organisiert. Wir brauchen – wie verschaffen wir dem Bündnis irgend etwas, an dem sie sich festhalten können, solange wir fortfahren, während des Ramadan Bomben zu werfen. Wir benötigen humanitäre Hilfsaktionen während des Ramadan, so wie es Afghanistan noch nie erlebt hat. Wir brauchen außerdem eine politische Initiative in diesem Zeitraum."

„Die Telefongespräche des Präsidenten mit Kronprinz Abdullah waren eine sehr große Hilfe", sagte Rumsfeld, sich auf den De-facto-Machthaber Saudi-Arabiens beziehend. Bush rief weiter führende arabische Staatsmännern an, um sie auf seine Entscheidung vorzubereiten, die Bombenabwürfe während des Ramadan nicht einzustellen. Viele führende Araber hatten dem Präsidenten insgeheim anvertraut, daß sie diese Entscheidung zwar öffentlich kritisieren müßten, seine Position ihnen aber begreiflich sei.

„Franks muß das afghanische Volk drängen, daß es notwendig ist, eine Wahl zu treffen – Freiheit für sich selbst oder weiterleben unter dem unrechtmäßigen Talibanregime", sagte Rumsfeld. Er wollte, daß sich der General an der politischen Aufgabe beteiligte, die Afghanen zu motivieren. Rumsfeld sagte, daß siebzig Prozent der Einsätze heute zur Unterstützung der Opposition erfolgen würden. Fahim rege sich immer noch nicht, aber er sagte, er habe die Botschaft erhalten, sich darauf zu konzentrieren, die Opposition zu unterstützen. „Heute versorgen wir Dostum, morgen Khalili. Und außerdem werden wir morgen versuchen, Material zu Karzai zu bringen. Und wir bringen immer noch unsere Teams ins Land."

„Wir teilen unsere Lufteinsätze, die gegen Ende dieser Woche stattfinden werden, im Verhältnis sechzig-vierzig zwischen Masar-i-Sharif und der Shamali-Ebene auf. So will es der Plan." Die Vorschläge von Powell und anderen verwerfend, alles an einem Punkt zusammenzuziehen, sagte der Verteidigungsminister: „Wir können uns nicht auf irgendeinen Ort konzentrieren. Es gibt einfach nicht genug Ziele." Er schätze im voraus festgelegte Ziele, aber die wirklich wichtigen Ziele würden von den Trupps der CIA und seiner Special Forces erst auf dem Kriegsschauplatz bestimmt.

Der Präsident stellte eine Frage: „Wie können wir sicherstellen, daß unsere Teams stark genug sind, um nicht von den Taliban überrannt zu werden?"

Trupps der CIA und der Special Forces von jeweils einigen Dutzend Mann befanden sich an einigen sehr unwirtlichen Orten, und sie waren isoliert. Sie konnten angegriffen, überrannt, niedergemetzelt oder gekidnappt und als Geiseln gehalten werden. Das war nichts für Sanfte. Was würde passieren, wenn die Teams das Schicksal von Abdul Haq ereilte?

Rumsfeld und Tenet verfügten über Evakuierungspläne für den Fall, daß ein Team in eine extreme Notlage geriet.

„Sind sie robust genug, um sich selbst verteidigen zu können?" fragte Bush.

Ja und nein lautete die Antwort.

„Sie könnten vom Feind, aber auch durch ‚freundliches Feuer' getroffen werden", sagte Rumsfeld.

„Menschen sind bestechlich", erinnerte Tenet. „Unsere Leute sind einem Risiko ausgesetzt. Wir müssen unsere Fähigkeit, sie zurückzubringen, überprüfen. Wir müssen dafür sorgen, daß wir unsere Leute schützen können."

Der wichtigste Schutz waren die Funkgeräte der Teams, die man benutzen konnte, um Präzisionseinsätze gegen einen angreifenden Feind anzufordern.

Es sah allmählich sehr trübe aus.

RICE RIEF HADLEY in ihr Büro, und sie schlossen die große, schwere, dunkle Tür.

War es für ihn in Ordnung an einem potentiellen und wahrscheinlichen Ground Zero zu arbeiten?

Ja, versicherte er, aber er hoffe, wenn etwas passiere, würde es nichts sein, was seine Familie treffe, sondern nur ihn. Fühlte sie sich wohl?

„Ja, wissen Sie", antwortete sie. „Ich bin die Tochter eines Geistlichen. Ich habe schon vor sehr langer Zeit mit all dem Frieden geschlossen."

Sie einigten sich darauf, mit den Mitarbeitern des Nationalen Sicherheitsrates zu sprechen, und trafen Vorbereitungen, dies eines Abends zu tun. Der Mitarbeiterstab, der hauptsächlich aus Angehörigen des auswärtigen Dienstes und Offizieren der Streitkräfte bestand, die in riskanten Teilen der Welt Dienst getan hatten, wollte von einem Umzug an einen anderen Ort nichts wissen.

BEI DER CHEFBESPRECHUNG am Montagabend, an der der Präsident nicht teilnahm, gab es ziemliche Kontroversen darüber, was zu tun sei. Wenn sie den Versuch unternehmen wollten, Masar zu erobern, was sollte dann das Bombardieren der Shamali-Ebene? Rumsfeld bestand weiterhin mit Nachdruck auf seiner Auffassung, daß es einfach zu wenige Ziele gebe, wenn man nicht über die Ziele in Masar hinausgehe.

Powell hatte wieder Bedenken, daß es sich um Bombenabwürfe als Selbstzweck handele – ohne Beziehung zu einem militärischen Ziel. Er hatte als Infanterieoffizier in Vietnam gedient und kannte die Grenzen von Lufteinsätzen daher persönlich. Es bereitete ihm außerdem Sorgen, daß die Vereinigten Staaten ihre Stärke als Supermacht rücksichtslos ausspielten, indem sie den Versuch unternahmen, die Kräfte der Opposition, die Nordallianz und die verschiedenen Warlords auf dem Schachbrett hin und her zu schieben, als hätten sie an diesem Krieg keinen Anteil. An einem Punkt stellte er die Frage: „Haben *sie* irgendwelche Vorstellungen davon, was sie eigentlich wollen, im Gegensatz zu *unserer* Auffassung darüber, was sie tun sollten?"

Die Frage des politischen Ziels blieb offen. Wer sollte Afghanistan nach dem Sturz der Taliban regieren? Auf welche Weise? Wie sollte irgendeine Art von Demokratie in einem Land funktionieren, das von Stammesfraktionen dominiert wurde? Die Experten waren sich weitgehend einig, daß es ein Fehler gewesen war, daß sich die Vereinigten Staaten nach dem Hinauswurf der Sowjetunion im Jahr 1989 davongemacht hatten. In welchem Verhältnis stand das politische Ziel, welches auch immer es sein mochte, zum militärischen Ziel? Waren sie miteinander verbunden?

„Wir können es uns nicht erlauben zu verlieren", sagte Rice. „Die Taliban haben sich als zäher erwiesen, als wir es erwartet hatten."

Tenet berichtete, man habe Nachschub für Dostum und Attah abgeworfen, aber im Süden gebe es nur einen, der überhaupt etwas unternehme – allerdings nicht allzu viel – und das sei Karzai, der über vier- bis fünfhundert Kämpfer verfüge.

Rumsfeld jammerte, in Masar hätten die Taliban mindestens das Doppelte und vielleicht sogar das Dreifache der Truppen der Nordallianz.

Nun ergriff Powell das Wort und argumentierte gegen eine Amerikanisierung des Krieges. „Ich würde es ausschließen, daß die Vereinigten Staaten den Afghanen nachsetzen, die sich seit fünftausend Jahren dort befinden." Möglicherweise würde die gesamte Lufttransportkapazität der amerikanischen Streitkräfte erforderlich sein, um die notwendigen Truppen dorthin zu bringen. Solange es nicht möglich sei, die Kommunikation der Taliban abzufangen, würden sie nicht faßbar sein. „Sie werden nicht da sein, wenn du kommst", sagte er. „Wir machen einen Denkfehler. Wir haben zuviel von der Opposition erwartet. Ich glaube nicht, daß diese Opposition in der Lage ist, Masar einzunehmen, von Kabul ganz zu schweigen. Was wir hier vor uns haben ist eine Verbindung zwischen einer Luftmacht der Ersten Welt und einem Heer der Vierten Welt." Es sei besser, die Nordallianz während des Winters auf wenigstens Dritte-Welt-Fähigkeiten zu bringen, die später in Verbindung mit der US-Luftstreitmacht eingesetzt werden könne.

Rice kehrte zu den aktuellen militärischen Problemen am Boden zurück und schlug vor, noch einmal drei Optionen zu prüfen: 1. Marsch auf Masar. 2. Marsch auf Kabul. 3. Was wäre, wenn beides nicht klappt?

AM ABEND DARAUF, Dienstag, den 30. Oktober, flog der Präsident nach New York, um das dritte Spiel der World Series zwischen den Yankees und den Arizona Diamondbacks mit dem feierlichen ersten Wurf zu eröffnen. Im Stadion begab er sich auf den Übungsplatz, um sich aufzuwärmen. Es war schwierig, mit der kugelsicheren Weste, die er zu tragen eingewilligt hatte, zu werfen, und er wollte seinen Arm locker halten.

„Werden sie vom Gummi oder vom Fuß des Hügels aus werfen?" fragte Derek Jeter, der Star-Shortstop der Yankees. Das Gummi, der höchste Punkt des Wurfhügels, wurde normalerweise von den Werfern benutzt, aber es befand sich fast zwanzig Meter von der *home-base* entfernt – ein weiter Wurf.

Bush sagte, er werde wahrscheinlich vom Fuß des Hügels aus werfen, der etwa zwei bis drei Meter näher lag. Er wollte keinen *wild pitch* werfen.

„Wenn Sie vom Fuß des Hügels aus werfen", sagte Jeter, „wird das Publikum Sie ausbuhen. Sie müssen wirklich vom Gummi aus werfen."

Meinen Sie, daß die Fans mich tatsächlich ausbuhen würden? fragte Bush – der Präsident, mitten im Krieg, der nach einem Angriff auf diese Stadt angefangen hatte?

„Yeah", sagte Jeter. „Das ist New York."

„In Ordnung, ich werfe vom Gummi aus."

Er ging zum Unterstand und sollte eben angekündigt werden, als Jeter hinter ihm auftauchte: „Vergessen Sie nicht, Mr. President, wenn Sie vom Gummi aus werfen und lassen ihn aufprallen, werden Sie ebenfalls ausgebuht."

Der Präsident kam aufs Spielfeld in einer Windjacke der New Yorker Feuerwehr. Er hob den Arm und grüßte die Menge auf der Seite der *third base* mit hochgerecktem Daumen. Schätzungsweise fünfzehntausend Fans warfen die Arme hoch und machten die Geste nach.

Dann warf er einen *strike* vom Gummi aus, und das Stadion explodierte.

Karl Rove, der von der Box des Eigentümers George Steinbrenner aus zusah, dachte: Es ist wie bei einem Nazi-Aufmarsch.

20 | RICE UND DIE ANDEREN waren gereizt, als die Administration in den Medien gemeuchelt wurde. Zu Anfang der Woche hatte ein Militäranalytiker in der Sendung *NewsHour with Jim Lehrer* den unfreundlichsten Hieb von allen versetzt, als er sagte, Bush praktiziere „bei der Führung des Krieges den Ansatz von Bill Clinton ... kleinkariert denken."

Am Dienstagmorgen hatten zwei führende Konservative, die normalerweise Bushs Bundesgenossen waren, auf der Kommentarseite der *Washington Post* die Art der Kriegführung verurteilt. William Kristol schrieb: „Der Plan ist mangelhaft", da er zu viele selbstauferlegte Einschränkungen enthalte. Charles Krauthammer kritisierte, der Krieg werde mit „halben Maßnahmen" geführt.

Am Mittwoch, dem 31. Oktober, lasen einige Mitglieder des Kriegskabinetts eine Analyse von R. W. Apple von der *New York Times*.

„Könnte Afghanistan ein neues Vietnam werden? Sind die Vereinigten Staaten wieder einmal mit einer Sackgasse auf der anderen Seite des Globus konfrontiert? Drei Wochen nach Beginn der Kämpfe mögen die Fragen verfrüht sein. Unbillig sind sie nicht."

Da Rumsfeld gerade öffentlich enthüllt hatte, daß kleine Einheiten der Special Forces der amerikanischen Streitkräfte in Nordafghanistan operierten, um Verbindungen zu „einer begrenzten Zahl der verschiedenen Oppositionselemente" herzustellen, schrieb Apple, „ihre Rolle erinnert verdächtig an die jener Berater, die in den frühen sechziger Jahren nach Vietnam geschickt wurden". Er bemerkte, daß die ehemalige Sowjetunion „mit guten Panzern in großer Zahl dennoch in eine Sackgasse geriet und schließlich von afghanischen Rebellentruppen geschlagen wurde".

BEI SEINER MITTWOCHMORGEN-SITZUNG mit führenden Mitarbeitern brachte Bush seine Verärgerung über die Medien zum Ausdruck.

„Sie verstehen es einfach nicht", sagte der Präsident, „wie oft muß man ihnen denn noch sagen, daß es sich hier um eine andere Art von Krieg handelt? Und sie glauben es nicht. Sie suchen nach dem konventionellen Ansatz. Und das ist es eben nicht, was sie hier zu sehen bekommen werden. Ich habe über Geduld gesprochen. Es ist erstaunlich, wie schnell Leute vergessen, was man sagt, zumindest hier in Washington." Die Sumpf-Geschichten ergaben für ihn wenig Sinn. Sie hatten einen guten Plan. Sie hatten sich darauf geeinigt. „Warum sollten wir zu solch einem frühen Zeitpunkt mit Kritisieren beginnen?"

„WIR SIND DABEI, den PR-Krieg zu verlieren", mit diesen Worten begann der Präsident seine Ausführungen in der Sitzung des Nationalen Sicherheitsrates um 9.30 Uhr. „Was wir für das afghanische Volk tun, wird nicht angemessen gewürdigt. Wir brauchen eine Geberkonferenz, wo wir jetzt auf Ramadan zugehen. Wir sollten die Taliban auffordern, Lastwagen durchzulassen", die Konvois mit Proviant und anderen Hilfsgütern. „Und wenn sie das nicht tun, verletzen sie die Grundsätze des Islam."

Andrew Natsios, Direktor von AID, hatte eine Landkarte mitgebracht, die deutlich machte, in welchen Gegenden Afghanistans es Unterernährung, Hunger und Not gab. Sie lagen meist im Norden, wo es mehrere Jahre hintereinander eine Dürrekatastrophe gegeben hatte. In dem von Paschtunen dominierten Süden, wo die Taliban am stärksten verankert waren, gab es, wie die Karte zeigte, ausreichend zu essen.

„Es ist schwierig", sagte Natsios. „Wir sind nicht gut positioniert. Das Central Command arbeitet gut mit uns zusammen." Bush ließ die amerikanischen Streitkräfte die Hilfsgüter liefern, um damit eine politische Botschaft zu überbringen.

„Aber unsere Reichweite und unsere Fähigkeit, die Hilfe in den Norden zu schaffen, sind begrenzt. Uns steht ein Flughafen in Turkmenistan zur Verfügung, ein Flugplatz in Usbekistan, und wir verfügen nicht über die Art von Landbrücken, wie wir sie benötigen."

„Vor der Konferenz", sagte Bush, „müssen wir der Welt die Fakten über die Lage, wie wir sie vorgefunden haben, mitteilen. Und was wir dagegen tun."

Es gab eine lange Aussprache über die Rolle der Vereinten Nationen und über die Frage, wer nach den Taliban die politische Führung in Afghanistan übernehmen könnte.

Dann wandte sich Bush mit den Mitgliedern seines Kriegskabinetts mehreren schwierigen Fragen zu.

Als erstes wollte Cheney eine Analyse der CIA erörtern, die zu dem Schluß gelangte, es würden nur unzureichende Luftkampfmaßnahmen gegen die Taliban ergriffen. „Benötigen wir mehr Einsätze?" wollte er wissen.

Sie würden eine dramatische Zunahme an ausgekundschafteten Ziele sehen, sobald Gruppen der Special Forces nach Afghanistan kämen, sagte Rumsfeld. Aber gegenwärtig stecke er in wirklich ernsthaften Schwierigkeiten. Die Teams gelangten nicht ins Land. „Wir haben immer noch acht Trupps in Wartestellung. Gestern kam keins rein."

„Was hält sie zurück?" wollte Cheney wissen. Waren sie nicht bereit, Risiken auf sich nehmen? Lag es am Wetter? „Werden wir als zu zaghaft erscheinen, wenn wir wieder getroffen werden?"

Rumsfeld sagte, das Wetter sei ein Teil des Problems. Auch die Usbeken verursachten Verzögerungen. In einem Fall brachte Fahim Bedenken gegen ein weiteres Team vor.

Die meisten der übrigen Anwesenden waren perplex.

„Franks muß ein Winterszenario entwickeln", forderte der Präsident.

Rumsfeld arbeitete schon daran.

„Je länger wir brauchen, al-Qaida dingfest zu machen", sagte Cheney, „um so größer ist unser Risiko. Was müßte man machen, um fünfzig Höhlen in achtundvierzig Stunden zu treffen?" Falls jemand seine Botschaft nicht verstanden hatte, er wollte mehr Feinde töten. „Was könnten wir mit mehr Truppen erreichen?"

Rumsfeld sagte, sie hätten die Truppenstärke mehrfach erhöht, aber er werde Nachforschungen anstellen, was zusätzlich geschehen könne. Es hatte eine Menge Pech und Pannen gegeben. Als man kürzlich Fahim aus der Luft versorgen wollte, ging die Hälfte der Fallschirme nicht auf; es war eine Katastrophe.

„Es wird alles seine Zeit dauern", rief der Präsident jedem ins Gedächtnis. „Wir dürfen keine falschen Vorstellungen davon haben, wie lange es dauern wird. Wir müssen die Vereinten Nationen dazu bringen, Geduld zu üben. Der Erfolg hängt davon ab, wie stark wir nicht nur in guten, sondern auch in schlechten Zeiten sind, und ob wir Kurs halten. Eine Koalition hält man zusammen, indem man keinen Zweifel daran läßt, daß wir gewinnen werden. Die Entschlossenheit der Vereinigten Staaten wird der Schlüssel sein. Wir können nicht die Welt jammern lassen, weil wir heute attackiert werden."

Als spreche er zu einem ahnungslosen Publikum und nicht vor seinem Kriegskabinett, sagte er: „Das ist ein Zweifrontenkrieg. Amerika wird angegriffen. Wir müssen den Krieg zu Hause durch die Heimatverteidigung führen. Wir müssen ihn in Übersee führen, indem wir den Krieg dorthin bringen, wo die Bösen sind."

Bush berichtete, er habe mit einem führenden europäischen Politiker gesprochen, der die Ansicht vertrat, die Methode, das Bündnis zusammenzuhalten, bestehe darin, eine Menge Konsultationen durchzuführen. Die Vereinigten Staaten müßten Verständnis zeigen, die Ansichten anderer berücksichtigen und deren Argumentation verstehen.

„Nun", sagte er, „das ist sehr interessant. Denn meiner Ansicht nach ist die beste Methode, wie wir dieses Bündnis zusammenzuhalten, daß wir unsere Ziele eindeutig vertreten und deutlich machen, daß wir entschlossen sind, sie zu erreichen. Eine Koalition hält man durch starke Führung zusammen, und dafür wollen wir sorgen."

All dies stimmte mit Bushs Überzeugung überein, daß er ein Mann des Wandels ist – daß er eine neue strategische Ausrichtung oder Politik mit kräftigen, klaren Maßnahmen darlegen muß. Und weil es die Politik der Vereinigten Staaten wäre, der einzigen Supermacht, würde sich der Rest der Welt anschließen müssen, würde sich im Laufe der Zeit anpassen.

RICE DACHTE, Bush sei überzeugt, daß er nicht hierhergekommen war, um die Welt so zu verlassen, wie er sie vorgefunden hatte. In privaten Gesprächen mit einigen Regierungschefs, erst kürzlich mit dem japanischen Premierminister Koizumi, legte er eine umfassendere Perspektive seiner Verpflichtung zum Handeln dar. „Die Geschichte wird urteilen", sagte er zu Koizumi, „aber sie wird jenen nicht positiv beurteilen, der nicht handelt, der seine Zeit hier nur absitzt."

Bush wolle auch nichts unternehmen, was nur geringe Auswirkungen hätte, folgerte Rice. Das Land konnte auf seiner beispiellosen Macht sitzen und sie in kleinen Portionen ausgeben, oder es konnte sich auf große strategische Machtspiele einlassen, die das Gleichgewicht der Kräfte fundamental verändern würden. Bush sah sich im Lager der Visionäre. „Ich werde die Gelegenheit ergreifen, große Ziele zu erreichen", sagte er in einem Interview. „Es gibt kein größeres Ziel, als Frieden auf Erden zu erreichen."

Er war zu der Überzeugung gelangt, daß ein Präsident politisches Kapital nicht ansammeln solle, er habe mehr davon, es auszugeben.

Rice bewunderte, was Truman und seine Außenminister nach dem Zweiten Weltkrieg geleistet hatten. Die Truman-Doktrin, der Marshall-Plan und die Politik der Eindämmung standen für intelligente und wirksame Verwendung von politischem Kapital.

Als ich Bush später nach großen strategischen Manövern fragte, verwies er auf den amerikanischen Bürgerkrieg und den Vietnamkrieg. „Die Aufgabe eines Präsidenten besteht darin, die Nation zusammenzuführen, um große Ziele zu erreichen. Lincoln hat das begriffen, und er hatte die schwierigste Aufgabe von allen, die Nation zu einen." Vietnam dagegen sei entzweiend und abstoßend gewesen. All das Kapital, über das Johnson und seine Berater verfügten, wurde vergeudet. „Sie waren nicht imstande, große Ziele zu erreichen."

SEIT EINIGEN WOCHEN bereits arbeitete Rumsfeld an einem streng geheimen Papier, das eine umfassende Strategie für Afghanistan darlegen sollte. Sein Anliegen war es, den Sumpf mit größtmöglicher Sicherheit zu vermeiden. Er diktierte ein als streng geheim klassifiziertes Memorandum an Wolfowitz, Myers, den stellvertretenden Vorsitzenden der Vereinigten Stabschefs Peter Pace und seinen Staatssekretär für politische Angelegenheiten Feith. Es enthielt auf zwei Seiten zehn numerierte Paragraphen und war in der großen 13-Punkt-Schrift getippt, die er besonders schätzte, weil sie leicht zu lesen war.

Thema: „Vorstellungen, die in den verschiedenen Teilen eines Strategiepapiers zu Afghanistan zu berücksichtigen wären." Er wollte sichergehen, daß sie sich um die Beschaffung geheimer Informationen und um humanitäre Hilfe kümmerten, die Nato mit einbezogen, und versuchten, eine Landverbindung nach Usbekistan herzustellen.

„Dringend", diktierte er und benutzte eine seltene Hervorhebung, „müssen Einheiten der Special Forces ins Land geschafft werden." Es machte ihn immer noch schier wahnsinnig, daß sie so langsam Soldaten zum Einsatz brachten – die große Verheißung und Symbol des neuen Krieges, den der Präsident und er anstrebten.

Ein anderer Punkt vermerkte: „Planung für den Notfall. Was geschieht, wenn wir einen Rückschlag erleiden?"

Am selben Tag hatte Rumsfeld öffentlich erklärt, er verfolge die Kommentare in den Medien über einen vermeintlichen toten Punkt oder Sumpf in Afghanistan. „Ich muß einräumen, daß ich diese unterschiedlichen Meinungen oft hilfreich, interessant, informativ und belehrend finde", hatte er bei seiner regelmäßigen Einsatzbesprechung im Pentagon gesagt und dabei versucht, einen abwehrenden Akzent zu vermeiden.

Seinen führenden Mitarbeitern gegenüber hatte er die Autoren und Fernsehkommentatoren, von denen solche Beiträge stammten, einmal als „K-Street-Gurus" bezeichnet, frühere Mitarbeiter der Regierung und Gefolge, die die Innenstadtblocks der K-Street mit ihren scheinbar endlosen Beratungsfirmen und Denkfabriken bevölkerten. Für Rumsfeld war K Street nichts anderes als eine armselige Zuflucht für jene, die keine richtigen Jobs finden konnten oder nicht die geistige Unabhängigkeit besaßen, Washington zu verlassen, wenn ihre Dienstzeit vorüber war.

„Selbstverständlich geben sie dieses Gerede von sich", hatte er gesagt. „Diese Leute verfügen über die Konzentrationsfähigkeit von Mücken." Das Nachrichtengeschäft brachte immer wieder Zeitdruck und Erwartungshaltungen hervor. Er war davon überzeugt, daß die Öffentlichkeit realistischer und geduldiger war.

Er unternahm einige Forschungen, um den historischen Kontext von einem seiner Lieblingsthemen herauszuarbeiten – Pearl Harbor und der Zweite Weltkrieg.

AN JENEM ABEND wurde Halloween gefeiert. Vizepräsident Cheney und seine Ehefrau Lynn waren an einem geheimen Ort untergebracht, aber er hatte den ganzen Tag lang an Sitzungen teilgenommen. Nach siebenunddreißig Ehejahren bewunderte Lynn Cheney, die in englischer Literatur promoviert hatte und Vorsitzende des National Endowment for the Humanities, einer Stiftung zur Unterstützung der Geisteswissenschaften, gewesen war, immer noch das kleine Etwas im Kopf ihres Mannes, das es ihm erlaubte, sich auf das wirklich Wichtige zu konzentrieren. In diesen Tagen machte er sich um nichts geringeres Sorgen als um die Zukunft der Welt.

Anläßlich von Halloween hatten sie ihre drei kleinen Enkel im Alter von zwei, drei und sieben Jahren bei sich. Sie alle hatten Kürbisse ausgehöhlt; nicht ihr Gatte natürlich, aber sie und die Kinder. Die Kleinen hatten sich kostümiert, aber es gab keine Nachbarn, mit denen sie hätten *trick or treat* spielen können, so schickte sie ihre Enkel umher, an den Türen der Mitarbeiter im Bunker zu klopfen. Ein Mitarbeiter des Secret Service zog sich den Mantel über den Kopf und knöpfte ihn zu, so daß er wie der Kopflose Agent aussah. Er knipste wie wild Lichter aus und an. Das war das Höchste an Vergnügen, was sie ihren Enkeln an diesem Abend bereiten konnte. Für sie war es eine tieftraurige Zeit. Als ihr Mann während der Präsidentschaft von Gerald Ford im Weißen Haus arbeitete, als er dem Kongreß angehörte oder als er Verteidigungsminister war, sagte sie gewöhnlich am Abend zu ihm: „Nun, erzähl mir alles." Diese Zeiten waren vorbei. Sie wollte nicht wirklich fragen.

21 „GUTEN TAG", grüßte Rumsfeld am Nachmittag des folgenden Tages, Donnerstag, den 1. November, im Einsatzbesprechungsraum des Pentagon die Journalisten zu seiner im Fernsehen übertragenen Pressekonferenz: „Ich habe über einige Fragen nachgedacht, die mir bei der letzten Zusammenkunft über das Tempo und das Vorankommen gestellt worden sind, außerdem über Fragen nach der Geduld des amerikanischen Volkes, für den Fall, daß nicht etwas sofort geschieht."

Dann gab er eine Geschichtsstunde, in der er den Konflikt aufstellte zwischen der Presse, die den gegenwärtigen Krieg nicht verstand, und der Allgemeinheit, die ihn sehr wohl begriff. „Heute ist der 1. November. Und schauen Sie, genau in diesem Augenblick steigt immer noch der Rauch über dem World Trade Center oder vielmehr dessen Ruinen auf. Und da diese Trümmer weiterhin schwelen und der Rauch noch immer nicht verschwunden ist, scheint mir, daß die Amerikaner gut verstehen, daß wir uns trotz der Dringlichkeit der Fragen, die wir bei der letzten Pressekonferenz behandelt haben, noch in einer sehr, sehr frühen Phase des Konflikts befinden.

Ziehen Sie einmal einige historische Perspektiven in Betracht." Seine Ausführungen klangen beinahe herablassend. „Nach dem Angriff auf Pearl Harbor am 7. Dezember 1941 dauerte es vier Monate, bis die Vereinigten Staaten im April 1942 auf diesen Überfall mit dem Doolittle-Angriff auf Tokio reagierten. Es vergingen dann noch weitere acht Monate bis zum ersten Bodenangriff auf Guadalcanal", bemerkte er. Japan wurde dreieinhalb Jahre lang bombardiert bevor es kapitulierte, Deutschland fünf Jahre lang, erinnerte er sie.

Er sagte, daß er am 7. Oktober, als die US-Bombenangriffe begannen, erklärt habe, daß damit begrenzte Ziele verfolgt würden, und darauf bestanden habe, daß man weder „die Möglichkeit eines schnellen Sieges noch die eines sofortigen Erfolges" erwarte.

Er zählte sechs Ziele auf, die darauf angelegt waren, das militärische Kräfteverhältnis in Afghanistan im Laufe der Zeit zu verändern –

nicht in diesem Monat, nicht einmal unbedingt in diesem Jahr –, sehr begrenzte, sehr maßvolle Ziele: „Das also waren die Ziele, die ich am 7. Oktober formuliert habe. Das war vor vierundzwanzig Tagen – vor drei Wochen und drei Tagen; nicht vor drei Monaten; nicht vor drei Jahren, sondern vor dreieinhalb Wochen. Und wir haben, was jedes einzelne der am 7. Oktober gesetzten Ziele angeht, meßbare Fortschritte gemacht."

„Letztlich geht es in einem Krieg nicht um Statistiken, Endtermine, kurze Aufmerksamkeitsspannen oder 24-Stunden-Nachrichtenzyklen. Es geht um den Willen, die Demonstration des Willens, die klare, unzweideutige Entschlossenheit des Präsidenten der Vereinigten Staaten – daran gibt es keine Zweifel – und des amerikanischen Volkes, diesen Konflikt bis zum sicheren Sieg durchzustehen."

Die Geschichte stehe auf ihrer Seite. „In anderen Kriegen, die Amerika geführt hat, haben die feindlichen Befehlshaber am Ende daran gezweifelt, ob es klug war, es mit der Stärke und Kraft dieser Nation und der Entschlossenheit ihres Volkes aufzunehmen. Ich stelle mir vor, daß es irgendwo in einer Höhle in Afghanistan einen Terroristenführer gibt, der im Augenblick über genau diese Sache nachdenkt."

Es lag ein gewisses Maß an Feindseligkeit in der Luft. Ein Reporter fragte: „In ihren Eröffnungsbemerkungen ging es heute nicht um Kriegführung. Es scheint immer mehr darum zu gehen, den Krieg zu verkaufen, dem amerikanischen Volk beizubringen, warum er so lange dauert, und Geduld zu haben. Wie groß ist eigentlich der Anteil der Verkaufsanstrengungen an Ihrem Job? Wieviel Zeit widmen Sie dieser Aufgabe? Widmen Sie ihr zuviel Zeit? Und kaufen die Leute, mit denen Sie reden, ihr Produkt?"

Mit leicht zusammengebissenen Zähnen antwortete Rumsfeld, er verbringe weniger als zwei Stunden seines im Durchschnitt dreizehneinhalb Stunden dauernden Arbeitstags mit der Beantwortung von Medienfragen. „Das ist ein relativ bescheidener Prozentsatz meiner Arbeitszeit."

„ES IST WICHTIG, daß wir bis zum Einbruch des Winters Erfolge vorzuweisen haben", sagte Cheney am 1. November um 17.30 Uhr in einer Chefbesprechung. „Es ist wichtig, daß wir uns über die Dringlichkeit im klaren sind."

Rumsfeld entgegnete, es dauere seine Zeit, bis die Trupps der Special Forces die Ziele festgelegt hätten, und er erinnerte daran, daß es immer noch Schwierigkeiten bereite, weitere Gruppen ins Land zu schaffen. Vom Boden her gab es Feuer, das für die Teams gefährlich war.

Powell sagte, daß sie im Laufe des Winters in der Lage sein würden, die Nordallianz so weit auszubilden, daß sie einen konventionellen Krieg kämpfen könne. Es sei beispielsweise möglich, einige Kämpfer der Nordallianz als vorgeschobene Luftbeobachter auszubilden, die dann selbständig F-15-Luftangriffe herbeirufen würden.

„Ich habe ein Gefühl der Dringlichkeit", sagte Cheney, was heißen sollte, daß er das bei anderen vermißte. „Nach dem nächsten Schlag wird es kaum Nachsicht geben." Er erwartete eine politische Explosion in den Vereinigten Staaten, wenn es eine weitere Terrorattacke gäbe, und wenn die Administration nicht alles Erdenkliche getan hätte.

Rice sagte, sie müßten mit Franks und dem Präsidenten über das Thema Dringlichkeit sprechen.

Powell sagte, sie sollten sich auf Masar konzentrieren.

Es ist gefährlich sich auf einen Ort zu versteifen, sagte Rice. „Was müssen wir tun, wenn wir Masar in einem Monat nehmen müssen?"

Es sei in Ordnung, alles auf Masar zu setzen, sagte Cheney: „Aber wenn wir sie nicht erwischen, dann kriegen sie uns." Er war davon überzeugt, daß sie wirklich mehr von diesen Leuten töten mußten. Vielleicht sollten sie „Jäger und Killer"-Gruppen nach Afghanistan schicken, um sich dort an die Terroristen heranzumachen.

Rice versprach, sie würden das Thema Dringlichkeit am nächsten Tag mit dem Präsidenten besprechen.

Solange sich ihre Schläge nur gegen militärische Einheiten und Ziele richteten, versicherte Powell, sei die Unterstützung für die Kriegsanstrengungen in den meisten Teilen der islamischen Welt sicher.

„NUN, IN DER PRESSE gibt es ein Gesumme", sagte Powell zu Beginn der Sitzung des Nationalen Sicherheitsrates am nächsten Tag, Freitag, den 2. November.

„Gesumme" war eine Untertreibung, die rund um den Tisch leises Glucksen auslöste. „Die Staaten des Bündnisses gegen den Terror stehen immer noch auf unserer Seite", fügte er mit einer gewissen Zuversicht hinzu.

„Wir haben über vierhundertzehn Lastwagen in Nordafghanistan, sie haben Schneepflüge. Wir haben etwa einen weiteren Monat Zeit, Proviant dorthin zu schaffen." Wenn es in einigen Wochen schneie, würde es schwieriger sein, Nahrungsmittel in den Norden zu bringen.

„Wir brauchen vor dem Ramadan eine humanitäre Offensive", sagte der Präsident.

Ihm wurde versichert, Bemühungen in dieser Hinsicht seien im Gange, aber angesichts der neuerlichen Drohungen, der weltweiten Terrorwarnung, der Milzbrandaffäre und der Bombenkampagne sei es schwierig, die Aufmerksamkeit von Medien und Öffentlichkeit auf dieses Thema zu lenken.

Zur inneren Sicherheitslage in den Vereinigten Staaten sagte Rumsfeld: „Von Mittwoch bis Sonnabend wird es neun CAPs (Luftpatrouillen) geben. Er zählte drei Komplexe möglicher Ziele in den Vereinigten Staaten auf, die die CAPs zu schützen hatten: 1. Atomreaktoren. 2. Anlagen zur Lagerung und Herstellung von Nuklearwaffen. 3. Wahrzeichen von hohem Symbolgehalt, vom Weißen Haus und der Wall Street bis zu Wolkenkratzern in anderen Städten wie Chicago und Vergnügungsparks wie Disneyland.

„Für die Einsätze dieser CAP-Flugzeuge", sagte Bush, „muß es einige Sperrzonen geben, damit unsere Flugzeuge genügend Zeit haben, für Schutz zu sorgen." Er wollte, daß große Abschnitte des Luftraums kontrolliert würden – die sogenannten Sperrzonen –, in denen keine Flugzeuge fliegen durften.

„Mancherorts ist das möglich, anderswo nicht", antwortete Rumsfeld. Angesichts des starken Luftverkehrs – es durchquerten ständig Tausende von Flugzeugen das ganze Land – war es nicht realistisch, ausreichend große Sperrzonen zu schaffen, um den CAPs genügend Zeit zu gewähren, jedes Flugzeug abzufangen, das in den verbotenen Luftraum eindrang.

Bush fragte nach den Bemühungen um Nachschub für die Nordallianz.

„Wir haben eine Menge Nachschub für Dostum und Fahim herbeigeschafft", erwiderte Rumsfeld. „Karzai und Attah haben gestern Munition und Verpflegung bekommen, und sie erhalten heute noch mehr." Im Norden werde eine Basis für humanitäre Hilfsaktionen benötigt. Der Präsident meinte, ein einziger Stützpunkt werde nicht ausreichen. „Wir brauchen einen in Masar und wir brauchen einen in Kabul."

Franks gab eine Einschätzung seiner Begegnungen mit führenden Persönlichkeiten in sechs Ländern. Er sei über den herzlichen Empfang überrascht gewesen, den die Saudis ihm bereitet hatten, sagte er. Sie verstünden, daß es hier um eine langandauernde Anstrengung gehe. In Saudi-Arabien habe er unterhalb der höchsten Ebene einiges an bürokratischem Widerstand feststellen können, was darauf hindeute, daß es einige Schwierigkeiten geben werde, aber wir werden damit fertig, sagte er.

Zum Thema Katar sagte er: „Von dort haben wir einige Anfragen erhalten. Sie arbeiten unsere Anfragen durch."

„Musharraf ist ruhig, zuversichtlich und entschlossen. Wir müssen erkennen, daß das, was wir in Pakistan tun, für ihn Probleme auf der Straße schafft, und das müssen wir berücksichtigen." Er berichtete, der pakistanische Staatschef habe ihm mitgeteilt, er wünsche, daß die Sache in Afghanistan bald vorbei sei. Er sagte, er habe Musharraf darauf geantwortet: „Das hängt mehr von Ihnen als von mir ab."

Pakistan war der Angelpunkt des gesamten Unternehmens.

Um Usbekistan, so der Oberbefehlshaber, müsse man sich mehr kümmern. Er sprach sich dafür aus, daß Rumsfeld Präsident Karimow besuche.

Franks berichtete, eins seiner Bewertungsteams arbeite auf dem Flugstützpunkt in Tadschikistan.

Die Vereinigten Staaten müßten ihre Öffentlichkeitsarbeit verbessern und erweitern. Das muß zu Hause geschehen, sagte Franks. „Wir müssen unsere Botschaft in die Medien der Länder in Übersee bringen. Wir müssen sichtbar sein, wo wir sichtbar sein müssen, und unsichtbar, wo wir unsichtbar sein müssen." Er schien damit sagen zu wollen, daß sie so leichtfüßig wie möglich auftreten müßten.

„Im allgemeinen gibt es Verständnis dafür, daß unsere Bemühungen sich lange hinziehen werden", sagte Franks, „Es ist ungeheuer wichtig, daß wir Entschlossenheit zeigen.

Wir bringen immer noch Gerät auf den Kriegsschauplatz, das wir benötigen, um den Krieg so zu führen, wie dieser Krieg geführt werden muß." Zur Luftaufklärung schickten sie die eigenen Predator-Drohnen, aber im Unterschied zur Version der CIA waren die Drohnen der US-Streitkräfte nicht mit Hellfire-Raketen bestückt.

Sie schafften auch Global Hawks hin – hoch- und weitfliegende unbemannte Aufklärungsflugzeuge – und JSTARS (Joint Surveillance Target Attack Radar System – luftgestütztes Bodenüberwachungs- und Leitsystem), um weiträumig Bewegungen von Panzern und anderen Fahrzeugen entdecken zu können. JSTARS erledigte am Boden, was AWACS für die Luftaufklärung leistete. „Zu diesem Zeitpunkt schaffen wir das Gerät dorthin, das man wirklich braucht, wenn die Angelegenheit in Bewegung gerät."

Franks sagte, sie hätten die Zahl der Teams am Boden seit der letzten Woche nicht gesteigert. „Dostum ist der Beste, den wir haben. Er ist übermüdet, es fehlt ihm an medizinischer Versorgung, Kleidung und Munition." Aber innerhalb von sieben Tagen würde Nachschub eintreffen. Insgesamt, so sagte Franks, müsse die Versorgung für alle Oppositionskräfte verbessert werden: „Wir müssen auf Hochtouren arbeiten."

Bush sagte, er stimme zu.

Es stellte sich heraus, daß die Russen bereit waren, Waffen an die Nordallianz zu liefern. Sie verfügten über einige Verteilungsnetze, aber jemand mußte die Waffen bezahlen. Es wurde schließlich beschlossen, daß die CIA bezahlen würde. Sie würden etwa zehn Millionen Dollar an den früheren Feind überweisen. Rice würde mit dem russischen Verteidigungsminister verhandeln, um die Sache zum Abschluß zu bringen.

Franks war dabei, eine Liste von Höhlen und Tunneln zusammenzustellen, die möglicherweise Verstecke für Bin Laden, al-Qaida und die Taliban boten. Seine Aufstellung umfaßte 150 bis 160 Positionen. Er verkündete, fünfundsiebzig davon seien getroffen worden. Ferner verfügte der Oberbefehlshaber über eine Liste von Stützpunkten, auf denen Massenvernichtungswaffen vermutet wurden – und er gehe sie Punkt für Punkt durch.

„Nun, Mr. President", sagte Franks, „möchte ich Ihnen die spezifischen Probleme darlegen, mit denen ich mich im Laufe der nächsten sieben Tage beschäftigen werde." Er wollte Bush ein Gefühl für die Details des Einsatzes vermitteln. Ein Problem bestand darin, daß britische Streitkräfte Schwierigkeiten hatten, nach Pakistan hineinzugelangen, und der Oberbefehlshaber versuchte, dafür zu sorgen, daß dies geschah. „Ich versuche sicherzustellen, daß wir Flugzeuge erhalten können," – eine ganz bestimmte Art von Flugzeugen – „die in Usbekistan stationiert sind. Außerdem versuche ich, Ausrüstung für sehr große Kälte hinzuschaffen, Zelte, Kleidung". Diese Dinge hatte er zum Teil von den Russen erhalten. „Ich verfüge jetzt über zwei weitere Gruppen der Special Forces, die ich in dieser Woche ins Land schaffen muß. Ich muß JSTARS in der Umgebung installieren und zum Laufen bringen. Außerdem muß ich meine Beziehungen zu Katar in Ordnung bringen."

Wie üblich hatte Cheney meist geschwiegen, sorgfältig zugehört, seinen Kopf gelegentlich schräggelegt. „Ich denke, militärisch arbeitet in Afghanistan die Zeit für uns", sagte der Vizepräsident, „aber was den breiteren Kontext angeht, müssen wir auf mehr Tempo drängen. Je länger UBL frei herumläuft, um so größer ist das Risiko eines großen Schlags hier im Lande."

Tenet dachte, daß Bin Ladens Freiheit die Gefahr vielleicht erhöhe, vielleicht aber auch nicht. Wenn er frei war, konnte er einen weiteren Angriff anordnen. Aber wenn er gefangengenommen oder getötet wurde, konnten sich andere al-Qaida-Leute aus Rache oder Verzweiflung zum Handeln entschließen. Er sagte nichts.

„Möglicherweise verfügen sie über Atomwaffen", sagte Cheney und skizzierte das schlimmste aller denkbaren Szenarien. „Vielleicht haben sie chemische oder biologische Waffen. Die Alliierten in der Region sind ein Schwachpunkt für uns. Die strategische Konsequenz einer Machtübernahme durch Radikale in Pakistan oder Saudi-Arabien wäre gewaltig. Und drittens könnte es mit der Geduld der Vereinigten Staaten vorbei sein, wenn wir erneut einen Schlag hinnehmen müssen.

Daher", fuhr Cheney fort und wandte sich damit an Franks und Rumsfeld, „müssen wir vielleicht darüber nachdenken, Ihnen mehr Mittel zu geben, einen anderen Zeithorizont, mehr Streitkräfte und ein größeres Einsatztempo." Er fragte Franks, ob er mehr Anleitung benötige, größere Risiken auf dem Kriegsschauplatz einzugehen.

„Die Frage ist, ob wir Stellvertreter in Aktion treten lassen oder einen direkteren Einsatz der Vereinigten Staaten anstreben", sagte Franks. „Das muß ich Ihnen noch unterbreiten. Ich habe es noch nicht hinreichend ausgearbeitet, um das zu unterbreiten."

Franks und sein Stab und die Vereinigten Stabschefs zwangen sich dazu, sich mit der Möglichkeit auseinanderzusetzen, daß eine große amerikanische Bodentruppe nach Afghanistan geschickt werden mußte. In diesem Zusammenhang war von 50 000 bis 55 000 Soldaten die Rede. Das war eine beunruhigende Zahl, die an eine Art von Landkrieg denken ließ, für die die Kriegsgeschichte die Lehre parat hat: Er ist in Asien um jeden Preis zu vermeiden.

Der Präsident war sich der Bedeutung der Zahl bewußt, die in Betracht gezogen wurde. In einem späteren Interview erinnerte er sich, er habe es mit „dem Szenario" zu tun gehabt, „bei dem man möglicherweise gezwungen war, 55 000 Soldaten dorthin zu schicken."

„Und was können die Oppositionstruppen leisten?" wollte Powell wissen. „Müssen wir sie ausbilden?" Seine fünfunddreißigjährige Erfahrung als Soldat hatte ihn gelehrt, daß gute Ausbildung weit führen konnte. Weder Powell noch irgend jemand sonst war auf Franks Antwort eingestellt.

„Ich habe kein Vertrauen in die Opposition", sagte der Befehlshaber. Zu der Frage, ob man die Allianz ausbilden könne, meinte er: „Ich weiß es nicht." Er war enttäuscht von Fahim, der alle Vorteile auf seiner Seite hatte und sich nicht bewegte. Im Gegensatz dazu ging Dostum mit seiner Reiterei aggressiv wie General Patton vor. „Dostum reitet zwanzig bis dreißig Kilometer am Tag, ob es stürmt oder schneit, und das zum Teil mit einbeinigen Kämpfern. Sie jagen Vorposten der Taliban in die Luft und nehmen Verwundungen in Kauf, obwohl sie wissen, daß sie nicht mit ärztlicher Hilfe rechnen können."

Doch obwohl er das Vertrauen in die Truppen der Opposition verloren hatte, sagte Franks, daß er dafür sei, an der gegenwärtigen Strategie festzuhalten, aber „gleichzeitig bestimmte Planungen durchzuführen, um abzuschätzen, ob wir die Art von Sachen machen können, die der Vizepräsident geschildert hat".

Der Präsident hatte nicht gewußt, daß Cheney vorhatte, diese Probleme aufzuwerfen, aber er hatte den Eindruck gewonnen, daß, wenn Cheney Fragen stellte, es sich lohne, sie anzuhören. Er erwartete von Franks, daß er sie ernst nahm. „Wann können Sie mir einige Optionen im Hinblick auf das unterbreiten", fragte Bush Franks, „was der Vizepräsident gesagt hat?"

„In einer Woche", lautete Franks Antwort, „vor sehr kleinem Publikum."

Bush hatte Franks zuvor gefragt, welche Reaktion möglich sei, wenn al-Qaida die Vereinigten Staaten zu Hause erneut gewaltig träfe und er eine Eskalation anordnen wolle.

„Und ich schulde ihnen noch Optionen für den Fall, daß wir erneut einen Schlag einstecken", sagte Franks.

Nach der Sitzung rief Cheney Libby an, der auch dabeigewesen war. „Niemand hat je behauptet, daß diese Jobs einfach sind", sagte der Vizepräsident.

22 BEI DER ABHÖRSICHEREN Videokonferenz des Nationalen Sicherheitsrates am Sonnabend, dem 3. November, berichtete McLaughlin, daß die CIA nun vier paramilitärische Trupps im Inneren Afghanistans habe. Es war geplant, daß sich das Delta-Team der Agency, das sich gerade etwa hundert Meilen westlich von Kabul Khalili angeschlossen hatte, mit Jawbreaker und Fahim nördlich von Kabul vereinigen und in Richtung Süden auf die Hauptstadt zu fahren sollte.

Die beiden anderen Teams würden sich nach Norden in Richtung Masar begeben, Alpha mit Dostum und Bravo mit Attah.

„Die Schurken erwarten in den nächsten Tagen ein paar gute Nachrichten", verkündete McLaughlin. Die Berichte über Bedrohungen verschärften sich wieder.

Von beiden Fronten gingen schlechte Neuigkeiten ein – wenig Fortschritt vor Ort in Afghanistan und eine große Wahrscheinlichkeit eines weiteren Angriffs zu Hause. Und dieser Angriff hatte möglicherweise mit der Versendung von Milzbrandsporen bereits begonnen. Am Tag zuvor hatte Bush den Begriff „Zweifrontenkrieg" benutzt.

Wolfowitz vertrat Rumsfeld, der sich auf einer viertägigen Blitzreise nach Rußland, Tadschikistan, Usbekistan, Pakistan und Indien befand, und auch er hatte einige enttäuschende Nachrichten mitgebracht. „Das Wetter ist schlecht. Wir haben eine zweite Predator-Drohne wegen Vereisung verloren. Jetzt sind noch sechzehn übrig. Wir stellen weitere her."

„Und wie steht es um den bevorstehenden Angriff auf Masar?" fragte der Präsident. „Hat irgend jemand gesagt, daß es am 5. November passieren wird?" Bis dahin waren es noch zwei Tage.

Ja, das sah der Plan vor. Sie waren sich nicht sicher, ob das machbar war.

General Myers hatte etwas Positives mitzuteilen. „Wir haben jetzt ein drittes militärisches Team der Special Forces bei Khalili." Die

Gruppe arbeite mit dem Delta-Team der CIA und Khalili in der Nähe von Bamiyan zusammen.

„Also sind noch vier oder fünf übrig, die hinein sollen, richtig?" fragte der Präsident.

„Richtig."

BEI DER SITZUNG des Nationalen Sicherheitsrats am Montag, dem 5. November, wollte Wolfowitz zeigen, daß sie dabei waren, Druck zu machen. Er berichtete, daß „neunzig Prozent unserer Einsätze nun der Unterstützung der Opposition dienen" – die Ziele wurden von den A-Teams der Special Forces durchgegeben, und sie bombardierten die vorderen Linien und die Truppenkonzentrationen der Taliban und al-Qaida.

„Die Zahl unserer Einsätze hat zwanzig bis dreißig Prozent zugenommen", sagte er. „Wir fliegen von Kuwait aus mit Maschinen vom Typ F-16 und F-15. Es ist eine lange Strecke." Kuwait, das im Golfkrieg von 1991 durch die Vereinigten Staaten befreit worden war, hatte sich bereit gefunden, Angriffe von seinem Territorium aus zu gestatten, aber die Entfernung nach Afghanistan betrug tausend Meilen.

Ein führender Politiker aus dem Nahen Osten hatte zu General Franks gesagt, die Vereinigten Staaten müßten die Kämpfe während des Ramadan nicht einstellen, berichtete Wolfowitz, in siebenunddreißig der letzten vierundfünfzig Jahre habe es kriegerische Konflikte während des Ramadan gegeben – meist Araber gegen Araber.

Der Präsident hatte natürlich bereits die Entscheidung gefällt, während des muslimischen Fastenmonats Bomben werfen zu lassen.

Aber der Politiker hatte geraten, sie sollten die Angriffe während der Gebetszeiten einschränken, berichtete Wolfowitz. Diese Formel übernahmen sie.

„Wie stark ist der Feind im Norden?" fragte der Präsident. Die Geheimdienstberichte, die nach Sektoren im Land erstellt wurden, waren in dieser Hinsicht nicht sehr präzise. Wenn er es auch nicht aussprach, so wußte Tenet, daß die CIA bestenfalls ins Blaue spekulieren konnte.

„Verlangen wir von den Stammeskämpfern mehr, als sie leisten können?" fuhr Bush fort. Schließlich war Fahim im Nordosten zahlenmäßig überlegen, aber er rückte nicht vor. Dostum, der sich stark in der Minderheit befand, versuchte voranzukommen.

Wolfowitz sagte, daß die Taliban Verstärkungen erhielten, doch Franks war der Ansicht, diese Nachricht enthalte auch positive Aspekte – dadurch würden mehr Ziele entstehen.

„Ich würde gerne von Don mehr darüber hören", sagte Bush.

AN JENEM NACHMITTAG traf sich der Präsident mit dem algerischen Präsidenten Abdelaziz Bouteflika. Algerien ist das größte Land Nordafrikas, und die CIA subventionierte seinen Geheimdienst mit Millionenbeträgen, um sich seiner Mitarbeit im Kampf gegen al-Qaida zu versichern.

Im Dezember 1999 hatte die Verhaftung von Ahmed Ressam, einem kleinen algerischen Terroraktivisten, nicht nur dazu beigetragen, die terroristische Verschwörung zum Jahrtausendwechsel aufzudecken, sie hatte die CIA auch auf die Existenz eines al-Qaida-Terrornetzes in Algerien hingewiesen, das aus Schwarzafrikanern bestand. Dies führte dazu, daß sich die Zahl der weltweit bekannten al-Qaida-Mitglieder verdoppelte, eine bedeutende und erschreckende Entdeckung. Tenet begriff es als Warnung, daß die CIA sich bei ihren Maßnahmen gegen den Terror nicht nur für arabische, sondern auch für afrikanische Gesichter interessieren mußte.

Bush versprach dem algerischen Präsidenten, die Vereinigten Staaten würden ihre Mission abschließen und sich dann wieder nach Hause begeben. „Das größte Problem, mit dem wir es zu tun haben, ist ein ungeduldiges Pressecorps. Sie hätten es gern, wenn der Krieg gestern zu Ende gegangen wäre. Das geht nicht."

AUF DER PRESSEKONFERENZ im Pentagon am Dienstag, dem 6. November, sagte Rumsfeld, daß es seiner Ansicht nach Monate dauern werde, mit den Taliban und al-Qaida fertigzuwerden.

„Woraus schließen Sie das?" wollte ein Reporter wissen.

„Es handelt sich eindeutig um eine Schätzung", erwiderte Rumsfeld, „ich habe nicht ein, zwei oder drei Monate angedeutet; ich habe gesagt, es wird sich eher um Monate als um Jahre handeln. Das heißt, es kann 23 Monaten dauern."

Die Journalisten lachten.

„Ich habe eine ganze Spanne von ein oder zwei bis dreiundzwanzig. Und ich habe darüber nachgedacht, als man mir diese Frage stellte, ich habe, so gut ich konnte, spontan reagiert und gesagt, hm, ich wette, es sind Monate, nicht Jahre. Kann ich da falsch liegen? Schon möglich. Nehme ich an, daß ich falsch liege? Nein."

Noch mehr Lachen.

AUF DER SITZUNG des Nationalen Sicherheitsrats am Mittwoch morgen, dem 7. November, berichtete Tenet, die CIA versuche immer noch, das paramilitärische Team Charlie zu Ismail Khan im Westen zu bringen.

„Es scheint Fortschritte in der Gegend um Masar-i-Sharif zu geben", sagte er und spannte damit alle auf die Folter. Aber das Gesamtbild auf dem Schlachtfeld war wie immer besorgniserregend unklar.

Rumsfeld berichtete: „Es sind vier weitere Trupps der Special Forces zum Einsatz in Afghanistan vorgesehen – und sie sind auf dem Weg." Das hieß, daß sie noch nicht da waren – seit Samstag hatte sich nichts geändert. „Wir versorgen Dostum, Attah und Khan. Wir arbeiten weiterhin an den Höhlen."

„Die Höhlen-Geschichte ist wichtig", sagte der Präsident. Er verfolgte die eingehenden nachrichtendienstlichen Berichte aufmerksam, darunter von Predators aufgenommene Overhead-Videos. „Es macht die Problematik dieses Krieges deutlich", sagte er und fügte dann geschwind hinzu: „Es unterstreicht aber auch die Standfestigkeit der Vereinigten Staaten." Die Durchsuchung der Höhlenkomplexe nach Taliban und al-Qaida-Kämpfern war eine schwierige und zähe Angelegenheit, und gefährlich.

SPÄTER AN JENEM 7. NOVEMBER, kam Tony Blair mit einer Concorde auf Besuch zu Bush. Sie trafen kurz im Oval Office zusammen, veranstalteten eine gemeinsame Pressekonferenz, in der sie versuchten, sich gegenseitig zu ermutigen und den Kampf gegen den Terror anzukurbeln, hatten ein frühes Dinner mit Mitarbeitern und begaben sich anschließend nach oben, um unter vier Augen miteinander zu beratschlagen.

Bush wollte sein Herz ausschütten, wollte die Dinge mit einem Gleichrangigen durchsprechen, einem anderen Kollegen an der Spitze eines Staates. Er wollte seinem engsten Verbündeten einmal genau in die Augen blicken. Er und Blair hatten sich gemeinsam auf diese Sache eingelassen – sie hatten beide ihre politischen Ämter, ihre Karriere und ihren Ruf auf das gegenwärtige Unternehmen gesetzt.

Die Lage war nicht so glücklich, wie sie sie in der Öffentlichkeit dargestellt hatten. Afghanistan war festgefahren, und es gab Fragen über Fragen: Wann würden sie es schaffen, von den Usbeken uneingeschränkte Stationierungsrechte zu erhalten? Die Usbeken hielten sie zum Narren. Und wie stand es um Masar? Schwebte Kabul in Gefahr, von der Nordallianz eingenommen zu werden, womit „Johnnie Paschtun" draußen in der Kälte stehengelassen würde? Wie könnten sie die Paschtunen von den Taliban trennen? Was könnte der Anreiz dazu sein? Mehr Geld, mehr Sicherheit, das Gefühl, daß die Vereinigten Staaten und Großbritannien sich auf der Straße zum Sieg befanden? Sie mußten die Vorstellung, daß ihr Sieg unvermeidlich sei, aufbauschen.

Zum ersten Mal schien die Lage im Nahen Osten Auswirkungen auf die Afghanistan-Strategie der beiden Staatsmänner zu haben. Wie Blair die Sache sah, konnte der Palästinenserführer Arafat immer noch für gemeinsame Sicherheit und Vertrauen fördernde Maßnahmen mit den Israelis gewonnen werden, wie bescheiden es auch ausfallen mochte. Er schien ein notwendiges Übel zu sein. Bush sah in Arafat mehr und mehr die Verkörperung des Bösen.

Blair flog noch in der Nacht nach London zurück, nachdem er sechs Stunden in den Vereinigten Staaten verbracht hatte.

„MÖGLICHERWEISE werden wir Masar in 24 bis 48 Stunden nehmen", teilte Tenet den skeptischen Kollegen bei einer Chefbesprechung am Donnerstag, dem 8. November, mit. Dostum und Attah seien dabei, die Stadt zu umzingeln: „Der eine ist sieben, der andere fünfzehn Kilometer von der Stadt entfernt." Er sagte, er würde die Pakistanis unter Druck setzen, daß sie ihre Stammesverbindungen in Südafghanistan nutzten, damit der Süden sich erhebe. „Wir haben nichts am Laufen im Süden, und wir haben nichts vorzuzeigen."

Er hatte noch eine andere schlechte Nachricht: „Die Iraner haben möglicherweise die Seiten gewechselt und ergreifen Partei für die Taliban." Iran, das vor dem 11. September – gemeinsam mit den Vereinigten Staaten, Rußland und Indien – die Nordallianz mit am stärksten unterstützt hatte, machte sich nun Sorgen, daß sich die Vereinigten Staaten fest in Afghanistan etablieren könnten. Geheimberichte zeigten, daß die Iranische Revolutionsgarde, jenes radikale Element, das die wirkliche Macht im Lande innehatte, die Taliban mit Waffen versorgte und sich auch um al-Qaida bemühte. Einige al-Qaida-Kämpfer benutzten den Iran als Transitland, um von Afghanistan aus in Gegenden wie den Jemen zu gelangen.

Der einzige positive Aspekt bestand in dem Hinweis darauf, daß die Nordallianz einem Sieg näher war, als irgend jemand gedacht hatte.

Rumsfeld hatte eine Idee zur Frage der Anreize: „Wir müssen den Stammesgruppen im Süden sagen, daß wir es akzeptieren, daß sie eine Rolle in der Regierung erhalten, wenn sie sich voll engagieren und uns helfen. Der Test besteht darin, ob sie jetzt gegen al-Qaida und die Taliban vorgehen." Er schlug eine Art Amnestieprogramm vor – tretet jetzt auf unsere Seite und all eure Verwicklungen in der Vergangenheit werden vergessen sein. Dies war notwendig, weil alle Stämme im Süden gewisse Verbindungen zu den Taliban gehabt hatten. Würde man sie aus der neuen Regierung ausschließen, gäbe es für sie keinen Anreiz, jetzt zu helfen.

„Ich bin der gleichen Meinung", sagte Powell, der ungewöhnlicher Weise mit Rumsfeld übereinstimmte, „das ist der richtige Test." Es war die Art von praktischem Abkommen, wie Powell sie schätzte. Für Purismus war hier kein Platz. Es ging allein um praktische Politik.

HANK REISTE nach Afghanistan, um mit einigen der paramilitärischen Teams die Frontlinien zu begutachten. Die Millionen Dollar geheimer Gelder, die diese Gruppen verteilten, wirkten Wunder. Seinen Berechnungen nach waren Tausende von Taliban gekauft worden. Die Nordallianz versuchte selbst, Taliban zum Überlaufen zu bewegen, aber die CIA konnte einfach kommen und Bargeld anbieten. Die Agency blieb häufig hinter den Kulissen, wenn die Verhandlungen begannen – 10 000 Dollar für diesen Unterführer und seine paar Dutzend Leute, 50 000 für jenen bedeutenderen Führer mit seinen paar hundert Kämpfern.

In einem Fall wurden einem Kommandanten 50 000 Dollar dafür angeboten, daß er die Seiten wechsele. Ich muß darüber nachdenken, sagte der Kommandant. Also lenkte das A-Team der Special Forces eine Präzisionsbombe vom Typ J-DAM direkt neben sein Hauptquartier. Am nächsten Tag nahm man wieder Verbindung zu dem Mann auf. Wie steht's mit 40 000 Dollar? Er akzeptierte.

BEI DER SITZUNG des Nationalen Sicherheitsrats am Freitag, dem 9. November, berichtete General Franks: „Wir fliegen neunzig bis hundertzwanzig Einsätze täglich; achtzig bis neunzig Prozent davon dienen der Unterstützung der Opposition. Wir konzentrieren uns auf Masar." Er sagte, daß sie fünf der zehn wichtigen Stammesführer versorgten. „Wir liefern Winterausrüstung und Munition. Die Pakete stellen wir in Texas zusammen, in Deutschland werden sie umgeladen. Es dauert zwei Tage, sie nach Deutschland zu bringen, und zwei oder drei Tage danach verteilen wir sie." Sie waren dabei, eine zuverlässige logistische Kette aufzubauen.

„Bis Ende des Monats, werden wir die Sache um Masar geschafft haben. Und wir bearbeiten Fahim Khan, damit er sich in Bewegung setzt."

Dann gab Franks wieder die Art von detaillierter Zusammenfassung, die er dem Präsidenten und dem Kriegskabinett zu liefern begonnen hatte.

„Es gibt sieben Punkte, mit denen ich mich diese Woche beschäftige: den Briten Zugang nach Pakistan zu ermöglichen; ich versuche, mehr Kampfflugzeuge nach Usbekistan zu schaffen; ich versuche, meine Stütz- und Sammelpunkte in Tadschikistan in Ordnung zu bringen; ich versuche, die Opposition mit Winterausrüstung auszustatten; ich arbeite an meinen sieben Special-Forces-Teams – ich werde ein weiteres bei Ismail Khan haben, die CIA wird heute abend reingehen, die Streitkräfte werden in den nächsten zwei, drei Tagen da sein; ich habe zwei JSTARS bekommen" – die hochmodernen Bodenüberwachungssysteme – „ich bringe weiter Gerät ins Land."

Er wandte sich den aktuellen Aktionen zu und sagte: „Ich greife die Führung an; ich unterstütze die Opposition; ich unterstütze Angriffe unserer Soldaten gegen die Schufte; ich arbeite an den Höhlen und Tunneln. Zwischen Kandahar, Kabul und der pakistanischen Grenze gibt es etwa vierhundertfünfzig Höhlen, und ihre Zahl wird auf tausend steigen. Das sind die Winkel, von denen wir annehmen, daß sich dort Leute verstecken. Wir haben mehr als hundert davon beschädigt.

Wir dürfen allerdings keine zu hohen Erwartungen hegen", schloß er.

„Tommy, bekommen Sie, was Sie brauchen?" wollte der Präsident wissen. Das war eine Frage, die er immer wieder stellte.

„Ich bin zufrieden", sagte Franks, „ich erhalte, was ich brauche. Der Krieg läuft großartig."

„Wir benötigen eine besondere Winterstrategie, mit der wir den Präsidenten und den Verteidigungsminister munitionieren", sagte Bush.

„Wir werden im Winter den Kampf nicht einstellen", antwortete Rumsfeld. „Wir können das meiste von dem, was wir jetzt tun, während des Winters fortsetzen."

„Wir sollten nicht über eine Winterstrategie sprechen", sagte Powell. Eine jahreszeitliche Benennung könne als Wechsel der Strategie interpretiert werden. „Wir sollten einfach über eine Strategie sprechen."

„Großartig!", fand der Präsident. Aber was auch immer auf dem Etikett stand, es schaffte das Kommunikationsproblem nicht aus der Welt. „Wir benötigen einige Argumente, um die Auffassung zurückzuweisen, das Eintreffen des Winters bedeute, daß wir gescheitert sind."

„Wie sieht der Auftrag für Kabul aus?" wollte Card wissen. „Ist das eine politische Mission? Geht es um eine militärische Aufgabe?"

„Niemand wünscht die Nordallianz in Kabul", meinte Powell, „nicht einmal die Nordallianz." Der Allianz war klar, daß die Stämme des Südens ausflippen würden, sollten sie ihre Rivalen in der Hauptstadt erblicken.

Cheney, der sich in dieser Zeit noch an einem geheimen Ort aufhielt, ging an einer Stelle nach draußen und sagte zu einem Mitarbeiter: „Es ist nicht schön, aber es ist ein Fortschritt."

DIE TEAMS DER CIA und der Special Forces waren in der Umgebung von Masar-i-Sharif versammelt, einer Stadt von 200 000 Einwohnern, die auf einer staubigen Ebene rund fünfzig Kilometer von der usbekischen Grenze entfernt gelegen ist. Eine Woche zuvor war ein Oberstleutnant des Special Forces mit fünf weiteren Soldaten in die Gegend eingeschleust worden, um die Arbeit der A-Teams zu koordinieren. Die Trupps dirigierten zerstörerisches Feuer aus der Luft auf die beiden kreisförmigen Verteidigungsgräben der Taliban, die rund um die uralte Stadt liefen.

Eine Gruppe hatte sich in vier Luftunterstützungseinheiten aufgespalten, die ungefähr achtzig Kilometer weit über rauhes, gebirgiges Gelände verteilt waren. Da feste Ziele fehlten, hatten die amerikanischen Bomber Kapazitäten für von den einzelnen Einheiten gelenkte Angriffe frei. Sie waren auf diese Weise imstande, Bomben so zu verwenden, als handele es sich um Artillerie. Der große Unterschied bestand in der Präzision und in der Größe der Munition. Es ging um 500-Pfund-Bomben. Die Nachschub- und Kommunikationslinien der Taliban waren durch die Bombenteppiche zerschnitten worden. Hunderte ihrer Fahrzeuge und Bunker waren zerstört. Tausende Taliban waren tot, gefangen oder befanden sich auf der Flucht.

Ein Frontbefehlshaber der Taliban, der einige hundert Mann unter sich hatte, erklärte sich bereit, die Seiten zu wechseln und die Truppen der Nordallianz durchzulassen, womit er den Verteidigungsring unterminierte.

Zu einer bestimmten Zeit führte Dostum, auf einem dunklen Pony reitend, einen Kavallerieangriff von etwa sechshundert Reitern an. Attah schlug zur gleichen Zeit zu. Zwei Bomben vom Typ BLU-82 „Daisy Cutter", die je 15 000 Pfund wogen, wurden abgeworfen. Sie hinterließen einen 600-Meter-Radius der Zerstörung, töteten viele und zerrissen die Lungen und Trommelfelle jener, die überlebten.

Die massiven Gewaltmittel, die die Vereinigten Staaten einbringen konnten, wurden endlich aufeinander abgestimmt.

Eine Weile nach dem Lunch trat der Oberstleutnant des Heeres, Tony Crawford, ein Nachrichtenspezialist und leitender Mitarbeiter von Rice, in deren Eckbüro im Westflügel des Weißen Hauses ein.

„Masar ist gefallen", berichtete er, „wir erhalten gerade Meldungen, daß Masar gefallen ist."

„Was bedeutet das?" fragte Rice skeptisch. „Sind sie in der Stadtmitte? Was heißt ‚Masar ist gefallen'?"

Crawford sagte, er werde sich bemühen, das herauszufinden.

Wenig später war er wieder da und berichtete, daß Dostums Truppen sich in der Tat im Stadtzentrum befänden. Die Einheimischen entledigten sich ihrer Taliban-Kleidung. Sie feierten, es wurden Schafe geschlachtet. Frauen winkten, jubelten und klatschten.

Was unternimmt eine nationale Sicherheitsberaterin in solch einer Situation? Sie stellte CNN ein, das die Berichte bestätigte, und rief Rumsfeld an, um ihm die Nachricht mitzuteilen.

„Na ja", entgegnete er, „wir werden sehen."

Er war der Ansicht, die ersten Meldungen seien fast immer falsch, und diese klang so, als sei sie es. Vielleicht würde die Stadt heute fallen, womöglich würde sie auch morgen noch nicht gefallen sein.

Rice suchte den Präsidenten auf, um ihm die Nachricht mitzuteilen. Er hatte schon davon gehört. „Das ist gut", sagte er und hielt dabei seine Begeisterung unter Kontrolle.

Sie bemerkte, daß er sich keine Zigarre genommen hatte, um darauf herumzukauen, das übliche Zeichen dafür, daß er wirklich etwas feierte.

Bush rief sich acht Monate später ins Gedächtnis: „An eine Sache erinnere ich mich wirklich, es ist das Zusammentreffen dieses Burschen Soundso von der Nordallianz mit einem gewissen Wie-auchimmer, sie stürmen das Tal hinauf, wie hieß es denn gleich."

Aber damals hatte Bush Rice gefragt: „Nun, was passiert als nächstes?"

UM 16.05 UHR am selben Nachmittag begrüßte der Präsident den saudischen Außenminister Prinz Saud, einen in Princeton ausgebildeten Ökonomen und Geschäftsmann, zu einem vertraulichen Gespräch. „Wir müssen Solidarität zeigen, um die Terroristen in Afghanistan loszuwerden", sagte Saud zu ihm.

„Ich bin überzeugt, Osama Bin Laden haßt Sie mehr, als er mich haßt", sagte Bush.

„Es ist eine Ehre, von jemandem wie ihm gehaßt zu werden", erwiderte der Prinz. Fünfzehn der neunzehn Flugzeugentführer waren Saudis. Die Saudis waren überzeugt, Bin Laden habe bewußt Entführer aus ihrem Land ausgewählt, um einen Keil zwischen sie und die Vereinigten Staaten zu treiben.

„Wir werden nichts unternehmen, was der US-Wirtschaft Schaden zufügt", versicherte Saud. Die Saudis lieferten acht Prozent des Öls, das Tag für Tag in den Vereinigten Staaten verbraucht wurde. Sie konnten die Ölproduktion begrenzen und damit die Preise steil in die Höhe jagen.

Am Samstag flog Bush nach New York City und hielt am Vormittag eine Rede vor der Vollversammlung der Vereinten Nationen, in der er für die Schaffung eines Palästinenserstaats eintrat.

In der Suite im Waldorf Towers, der traditionellen Unterkunft für US-Präsidenten, traf Bush zum ersten Mal mit dem pakistanischen Präsidenten Musharraf zusammen.

„Sie befinden sich in einer außerordentlich schwierigen Lage", sagte Bush, „aber Sie haben die richtige Entscheidung getroffen."

„Wir stehen auf Ihrer Seite", sagte der pakistanische Staatschef. „Wir werden uns so viel Zeit nehmen, wie es dauert."

„Ich will, daß es schnell erledigt wird", erwiderte Bush. Damit ging er auf eine der größten Sorgen Musharrafs ein. „Es ist wichtig, den Feind aufzuspüren und dabei jedes Mittel einzusetzen." Aber er fügte eine neue Dimension hinzu. Die Fähigkeit der National Security Agency, Telefonanrufe und andere Formen des Nachrichtenaustausches weltweit aufzufangen, begeisterte ihn. Wenn die Dienste die entscheidenden Telefonanrufe auswerteten, dann könnte der Terrorismus vielleicht in Zukunft gestoppt, bestimmt aber reduziert werden. Bush faßte seine Strategie zusammen: „Jedes Telefongespräch abhören, gegen sie vorgehen und die Unschuldigen schützen."

Musharraf sagte, trotz aller Hinweise und Besorgnisse glaube er nicht, daß Bin Laden und al-Qaida über Nuklearwaffen verfügten. Ihm sei nicht wohl bei der Vorstellung, daß die Nordallianz, ein Zusammenschluß von Gangstern, die Macht in Afghanistan übernehme.

„Ich habe volles Verständnis für Ihre Bedenken wegen der Nordallianz", gestand Bush ein.

Musharraf nannte es als seine tiefe Sorge, daß die Vereinigten Staaten am Ende Pakistan aufgeben und daß andere Interessen den Krieg gegen den Terrorismus überwuchern würden.

Bush fixierte ihn: „Sagen Sie dem pakistanischen Volk, der Präsident der Vereinigten Staaten habe Ihnen in die Augen gesehen und gesagt, daß wir das nicht tun würden."

Musharraf sprach einen Artikel des investigativen Reporters Seymour Hersh in *The New Yorker* an, in dem dieser behauptet hatte, das Pentagon verfüge, in Zusammenarbeit mit einer israelischen Spezialeinheit, über Notfallpläne, sich die pakistanischen Nuklearwaffen anzueignen, sollte das Land instabil werden.

„Seymour Hersh ist ein Lügner", antwortete der Präsident.

Nach 18.00 Uhr an diesem Abend betraten Musharraf und Bush den Empire Room des Waldorf-Astoria, um Stellungnahmen abzugeben und einige Fragen von Reportern zu beantworten.

Was passiere, wenn die Nordallianz Kabul einnehme?

„Wir werden unsere Freunde ermuntern, nach Süden vorzustoßen, über die Shamali-Ebene hinweg, aber nicht in die Stadt Kabul hinein", sagte Bush.

BEI DER SITZUNG des Nationalen Sicherheitsrats am Montag, dem 12. November, schilderte Hank die Bewegungen am Boden mit Hilfe einer Karte. „Im Norden sitzen Truppen der Taliban nun in Kundus in der Falle, aber sie kämpfen weiter. Wir haben die Russen benachrichtigt. Sie sind im Begriff, Truppen an die tadschikische Grenze zu bringen, um den Taliban entgegenzutreten, wenn sie den Versuch unternehmen, nach Tadschikistan hineinzugelangen." Zehntausende russische Soldaten kamen den Amerikanern heimlich zu Hilfe. Bush war begeistert. Am nächsten Tag würde Putin zu einem Besuch in den Vereinigten Staaten eintreffen.

„In Bamiyan haben die Special Forces eine gemeinsame Kampfgruppe mit Khalili gebildet", berichtete Hank. „Khalili hat Bamiyan besetzt. Er bewegt sich auf Wardak zu, und danach wird er nach Kabul weiterziehen. Ismail Khan hat Herat erobert."

Die wirkliche Überraschung sei Kabul, berichtete Hank. Etwa 10 000 bis 12 000 Kämpfer bewegten sich in Gruppen von jeweils fünfhundert Mann auf die Hauptstadt zu. Es gab nur geringen Widerstand. „Es besteht ein gewisses Risiko, daß die Taliban die Stadt von einer Bergkette im Norden aus unter Feuer nehmen."

„Das ist ein gutes Ziel für unsere Luftangriffe", sagte der Präsident. Er erkannte, daß Luftschläge dieser Art einen Wendepunkt bilden konnten – die Dinge gerieten in Bewegung.

Ein Kommandeur der Paschtunen hatte sich mit viertausend Kämpfern dem Nordallianzführer Fahim angeschlossen, um mit ihm auf Kabul zuzumarschieren. „Er wird nach Süden vorstoßen. Er wird einige Befehlshaber der Paschtunen um sich sammeln und bis südlich Kabul vorrücken", sagte Hank. „Ismail Khan ist bereit, über die Ringstraße nach Kandahar zu gehen.

Das sind die Kräfte, die im Süden für uns arbeiten. Wir haben außerdem noch Karzai, er hat sich in der Provinz Urusgan mit einigen Stammesältesten zusammengetan." Sie arbeiteten mit einzelnen Befehlshabern zusammen, die jeweils nur über sehr wenige Kämpfer verfügten, mit einigen größeren Netzwerken, selbst einigen Stämmen in der Nähe der Taliban-Hochburg Kandahar. Was die Stämme in der Nähe der pakistanischen Grenze, in Khost und Paktia, angehe, sagte Hank: „Wir haben unsere Niederlassung in Peschawar aufgefordert, Kontakt mit ihnen aufzunehmen."

Hank sagte, sie würden versuchen, Kontakte im Süden zu beschleunigen, nun da der Norden in Bewegung geraten sei. Es sei wichtig, für ein gewisses Gleichgewicht zwischen Norden und Süden zu sorgen, so daß alle Teile einen legitimen Anspruch hätten, an einer Regierung nach dem Ende der Taliban beteiligt zu sein.

Der stellvertretende Innenminister der Nordallianz sagte, er habe fünfhundert Leute in Kabul, angeblich um einen Ausbruch von Gewalt zu unterdrücken. Aber der harte Kern der Kämpfer befand sich in den östlichen Provinzen in der Nähe von Tora Bora und der pakistanischen Grenze.

Es war eine erstaunliche Wende der Ereignisse – die Nordallianz und eine genügende Zahl von Befehlshabern aus dem Süden schlossen sich zusammen, um Kabul zu stabilisieren – wenigstens für kürzere Zeit.

„In Masar reicht die Kontrolle der Truppen der Nordallianz jetzt bis zur Freundschaftsbrücke", sagte Rumsfeld. Das öffne vielleicht die Versorgungsroute auf dem Landweg. Die Usbeken, die diese Brücke 1996 geschlossen hatten, als die Taliban in Afghanistan an die Macht kamen, hatten angekündigt, sie würden sie nicht eher wieder öffnen, bis der Südteil des Übergangs sicher sei. Jetzt befanden sich zum ersten Mal befreundete Stämme direkt am Südufer.

„Damit wird sie für humanitäre Hilfe verfügbar sein", bemerkte Rumsfeld. Potentiell konnten nun Millionen Tonnen an Nahrungsmitteln, medizinischen Versorgungsgütern, Kleidung und anderen Hilfsgütern nach Afghanistan hineinfließen.

„Die Nordallianz hat Taloqan erobert. Die Stadt hat kapituliert, es gibt kaum Widerstand. Wir haben südlich von Kandahar zwei Trupps von jeweils achtundzwanzig Leuten in vier Fahrzeugen an Ort und Stelle. Sie nehmen Verhaftungen vor, unterbrechen, stören und säen Verwirrung. Wir schicken sie für ein paar Tage rein, und ziehen sie dann wieder zurück. Das sorgt für Chaos.

Der Oberbefehlshaber will, daß die Pakistanis die Grenzübergänge zwischen Afghanistan und Pakistan schließen, damit keiner mehr rein und raus kann."

„Wir müssen Musharraf drängen, das zu tun", sagte der Präsident.

Er verbarg sein Erstaunen über diesen schnellen Umschwung nicht. „Es ist erstaunlich, wie schnell die Situation sich verändert hat. Das ist eine Wucht, nicht wahr?"

Dem widersprach niemand. Es war fast zu schön, um wahr zu sein.

Sie wandten sich der Frage zu, wie man andere Länder einbinden könne, man wollte Großbritannien, Jordanien, Frankreich und die Türkei drängen, Hilfe zu leisten.

„Wie stehen die Aussichten, daß einer von denen nach Masar reingeht?" fragte Rumsfeld. „Es wäre uns recht, wenn drei oder vier Länder sich beteiligen, nicht die Vereinten Nationen, nicht die Nato, aber ein gemeinsames Kommando. Sinn und Zweck wäre, dafür zu sorgen, daß die Leute sich anständig benehmen" – hauptsächlich Dostum und Attah und ihresgleichen –, „den Flughafen zu halten und vielleicht auch eine größere humanitäre Aktion der Nato aus der Luft zu organisieren. Es könnte sich um eine Art Koalition der Gutwilligen handeln."

„Wir brauchen eine Strategie, die ein Vorbild für andere Städte sein kann", sagte Bush.

„Franks wird all das durch die Verbindungsmissionen ausarbeiten lassen", sagte Rumsfeld; damit bezog er sich auf die Nationen, die hochrangige Offiziere in Franks' Hauptquartier in Tampa hatten.

„Drei weitere Punkte: Wollen wir Kabul erobern? Der Oberbefehlshaber sollte bei Fragen dieser Art mitreden, wenn es darum geht, ob Städte genommen werden sollen. Wir müssen erst seine Meinung und seine Empfehlungen hören." Plötzlich hatten Franks' Vorstellungen an Wichtigkeit zugenommen.

Er fügte einen zweiten Punkt hinzu: „Eins sollten wir alle wissen. Drinnen verhungern Menschen oder sie werden getötet – darin besteht das Risiko, wenn wir draußen bleiben.

Hinzu kommt: Wenn wir vor der Stadt bleiben, suggeriert das eine Macht, über die wir nicht verfügen." Die Stadt zu umzingeln und in der näheren Umgebung zu bleiben, war möglicherweise nicht genug.

„Was Kabul angeht, das ist eine militärische Operation", sagte der Präsident. Er wollte die Einnahme von Kabul. „Wir benötigen eine politische Ordnung, sobald die Stadt erobert ist. Tommy muß entscheiden, wie man sie sichert. Politisch müssen wir unbedingt ein Zeichen setzen, daß die Nordallianz das Afghanistan nach den Taliban nicht regieren wird. Sobald wir Kabul in sicheren Händen haben, und die Kommandeure werden entscheiden, wie das zu geschehen hat, das ist Sache von Tommy Franks, wird sie, wie auch der Rest des Landes, durch eine weitgehend repräsentative Gruppierung regiert.

Wir müssen auf die richtige Verteilung von Entscheidungen zwischen militärischen Akteuren und politischen Instanzen achten", sagte er.

DIE CHEFS SETZTEN SICH später am Tag zusammen, um Kabul zu besprechen.

Tenet teilte mit, Bismullah Khan, einer von Fahims Unterbefehlshabern, werde morgen am Stadtrand stehen. Und Fahim hatte um das Jawbreaker-Team zur Anleitung gebeten.

Tenet und Franks waren der Ansicht, man solle draußen vor der Stadt bleiben. „Es liegen Berichte vor, die darauf hindeuten, daß die Taliban im Begriff sind, die Stadt zu verlassen", sagte Tenet, „und versuchen werden, sich nach Süden oder Osten abzusetzen. Wir konnten nicht genau feststellen, wie viele aus der Stadt rausgegangen sind oder sich zu den Bergkämmen südlich der Stadt aufgemacht haben, wo es ein Problem mit Artilleriebeschuß gibt. Es existieren immer noch Nester von Arabern in der Stadt."

„Sie benötigen morgen Luftunterstützung", sagte Rumsfeld. „Sie könnten morgen abend am Stadtrand sein. Unser Ziel ist doch, die al-Qaida zu fassen. Das ist unser Kriegsziel, und unser Rat an die Nordallianz sollte ihm dienen."

Rumsfeld wollte versuchen, ein Korrektiv zu dem politischen Gerede über die Auswirkungen der Einnahme von Kabul auf die Kontrolle über Afghanistan zu formulieren. Die entscheidende Frage laute doch, wie sich die Einnahme von Kabul auf den Auftrag, al-Qaida und andere Schurken zu verfolgen, auswirken werde. „Franks möchte die amerikanische Luftwaffe einsetzen, und bittet sie, sich zurückzuhalten. Sowie Militär aus der Stadt flieht, hat er die Absicht, ihnen nachzusetzen."

„Der Gedanke an ein Vakuum bereitet mir Sorgen", sagte Cheney. „Können wir uns den Luxus leisten, bis an den Rand der Stadt zu gehen?"

Rumsfeld erwiderte: „Wir wollen, daß bald ein multilateraler Verband nach Kabul kommt."

„Wir wollen uns auf UBL und al-Qaida konzentrieren", sagte Powell. „Wir kennen die Lage in der Stadt nicht genau. Solange das so ist, wollen wir uns auf al-Qaida und UBL konzentrieren und die Taliban vernichten, während sie nach Süden vorstoßen. Wir sollten Kabul meiden, es würde nur all unsere verfügbaren Truppen aufsaugen."

„Wie sieht die humanitäre Lage aus?" fragte Rice.

„Wir haben keine Ahnung", antwortete Tenet.

„Die Hilfsorganisationen müssen es wissen", unterbrach ihn Powell. „Wir werden sie anfunken und es herausfinden."

„Werden die Taliban aus der Stadt fliehen, oder werden sie uns Schwierigkeiten bereiten?" fragte Rice.

Darauf gab es keine Antwort.

„Ich bin ebenfalls der Ansicht, daß sich ein multilateraler Verband zum Abmarsch bereit machen sollte", sagte Powell. Er wollte versuchen, UN-Generalsekretär Kofi Annan anzurufen, um ihn zu veranlassen, mehr Energie in die Aufstellung des multinationalen Truppenverbandes zu investieren.

„Nun, ich denke, wir sollten also weiterhin die Außenbezirke unter Kontrolle halten, abwarten, was in der Stadt geschieht, uns auf eine Militärverwaltung vorbereiten und dann über eine umfassendere politische Struktur verfügen, die sich hineinbegeben wird", äußerte Rice.

„Wir befinden uns immer noch im Krieg", rief Rumsfeld ihnen ins Gedächtnis.

„Sollen amerikanische Streitkräfte hineingehen?" fragte Cheney.

„Wir denken darüber nach", sagte Rumsfeld.

„Das sollten wir in der Tat überlegen", sagte Powell. Eine amerikanische Präsenz in der Stadt könne stabilisierend wirken.

„Es wird eine Woche dauern, eine multilaterale Truppe zusammenzustellen", sagte Rumsfeld. Er wollte nicht, daß seine Truppen die anstehende Aufgabe allein wahrnahmen. „Wenn wir es sehr eilig haben, müssen wir amerikanische und britische Special Forces hineinschicken."

„Es wird vor allem Infanterie benötigt werden", bemerkte Powell.

„Die 10th Mountain befindet sich doch in Usbekistan, richtig?" fragte Cheney. Es war eine Division der US-Armee, die allerdings nur etwa tausend Soldaten umfaßte.

„Ja", sagte Rumsfeld, „und wir haben Marineinfanteristen vor der Küste."

General Myers sagte: „Wir könnten zum Flugplatz Bagram vorrücken und dann eine Basis in Kabul aufbauen." Der Luftstützpunkt befand sich etwa dreißig Meilen nördlich der Hauptstadt.

„Nun", sagte Rumsfeld, „wir wollen, daß die US-Streitkräfte nicht allein sind." Er wollte alles vermeiden, was nach *nation building* durch amerikanische Kampftruppen aussah. „Wir müssen uns schnell bewegen", stimmte er zu. „Wir werden alles einsetzen, was Franks uns geben kann."

„Dann werden wir also unsere Luftstreitkräfte in Aktion treten lassen. Wir werden der Nordallianz erlauben, sich bis zu den Rändern der Stadt zu begeben, wir werden sie anweisen, kurz vor der Stadt halt zu machen." Alle Talibankämpfer, die den Versuch unternehmen, sich zu entfernen, sagte Rumsfeld, „werden wir beschießen."

„Gut", sagte Rice, „Franks muß uns mitteilen, welche Art von Truppen er haben will, wenn wir die Sache in Kabul in die Hand nehmen müssen."

Sowohl was er vielleicht zu Beginn brauche als auch was er später benötige, für die Dauer, sagte Rumsfeld.

„Wenn wir bis an den Rand von Kabul gehen", sagte Powell, „dann entscheiden wir später nach der Gesamtlage, was wir anschließend tun. Und dann können wir entscheiden, welche Art von Truppen wir hineinschicken, und schließlich, durch welche zivile Administration sie ersetzt werden sollen."

Die Chefs tasteten umher, versuchten von Washington aus die Lage im Kampfgebiet im Detail in den Griff zu bekommen. Es mochte eine gewisse Unsicherheit geben, aber das hieß nicht, daß sie keine Ideen hatten.

Am 11. November verlagerte Triple Nickel, das erste A-Team der Special Forces, den Beschuß auf den Flugplatz Bagram und forderte innerhalb kurzer Zeit fünfundzwanzig Luftangriffe an. Sie zählten 2200 Tote auf Seiten des Feindes, und die Zerstörung von 29 Panzern und sechs Befehlsständen. Damit war der Weg frei für die Allianz nach Kabul.

DIE MORGENNACHRICHTEN am Montag, dem 12. November, übermittelten dem Weißen Haus, daß der Flug Nummer 587 der American Airlines nach dem Start auf Long Island außerhalb von New York City abgestürzt war. Die entsetzte Reaktion lautete: „Oh, mein Gott. Jetzt passiert es wieder." Tunnel und Brücken, die in die Stadt New York hineinführten, wurden sofort gesperrt. In einem bestimmten Bereich um New York herum wurde der gesamte Flugverkehr untersagt. American Airlines ließ alle Maschinen, die aus New York kamen oder dorthin flogen, landen.

Der Präsident rief Rudy Giuliani an, den Bürgermeister von New York: „Ihnen bleibt aber auch nichts erspart", sagte Bush und versprach jede mögliche Hilfe.

Bald wurde klar, daß der Flugzeugabsturz mit Terrorismus in keinem Zusammenhang stand, sondern technische Ursachen hatte.

IN DER SITZUNG des Nationalen Sicherheitsrates am Dienstag, dem 13. November, berichtete Tenet: „Bismullah Khan steht vor Kabul. In der Stadt herrscht Chaos. Er geht rein, um Ruhe zu schaffen." Der Paschtunenführer Abdurrab Rasul Sayyaf habe ebenfalls vier- bis fünfhundert seiner Leute in die Hauptstadt geschickt. „Sie haben die Absicht, sich zurückzuziehen, sobald jemand kommt, der die Verwaltung der Stadt übernimmt."

„Wir müssen hierzu unbedingt Öffentlichkeitsarbeit leisten", sagte Bush. „Wir müssen die feigen Greueltaten hervorheben, die die Taliban beim Verlassen der Stadt begangen haben."

Powell berichtete von den Bemühungen, eine Regierung zustande zu bringen.

„Entscheidend ist es, nicht den Eindruck von Stillstand aufkommen zu lassen", sagte der Präsident, „wir müssen vermitteln, daß wir es hier mit einem Vorgang zu tun haben, der zu bewältigen ist und der zu einem Ziel führt."

„Die Vereinten Nationen müssen ziemlich bald in die Stadt kommen", sagte Powell.

„Aber sie müssen sich beeilen", wiederholte Bush.

Rumsfeld sagte: „Wir müssen zur Vorsicht raten. Dies ist ein sehr schwieriges Land – und wir versuchen, es zusammenzufügen.

Sie ziehen von Masar nach Hermes. In Kundus haben sich mehrere Tausend ergeben. In Bamiyan gibt es einige Schurken. Bamiyan ist umzingelt, aber noch nicht erobert. In Kandahar gab es Angriffe auf die Flugplätze; wir wissen nicht, von wem sie ausgingen. Herat ist gefallen. In Kabul gibt es zweitausend Kämpfer der Nordallianz, die Polizeiaufgaben wahrnehmen. Unsere Leute sind bei ihnen. Die beiden Gruppen der Nordallianz in der Stadt arbeiten zusammen... Dieser Bursche Sayyaf ist bereit, sich nach Dschalalabad aufzumachen. Wir wollen ihn auch nicht in Kabul haben. Er würde stören. Wir möchten, daß er nach Osten abzieht."

„Können wir Special Forces einsetzen, um den Rückzug der Taliban zu stören?" fragte der Präsident.

„Gute Frage", meinte Rumsfeld. „Ich werde mich mal erkundigen. Wir schicken Leute zum Flugplatz Bagram, um aufzurüsten für die Jagd auf al-Qaida im Osten."

„Die US-Streitkräfte werden nicht bleiben", sagte der Präsident. „Wir machen nicht die Arbeit der Polizei. Wir brauchen einen Kern einer Koalition der Gutwilligen" – womit er den Begriff übernahm, den Rumsfeld einige Tage zuvor verwendet hatte – „und dann geben wir diese Aufgaben an die anderen weiter. Wir müssen uns mit der al-Qaida beschäftigen. Wir müssen nach Massenvernichtungswaffen Ausschau halten.

Es gibt eine Düngemittelfabrik, die uns Sorgen bereitet. Wir müssen genauer wissen, womit wir es zu tun haben", fügte er hinzu. Es bestand der Verdacht, daß es sich vielleicht um einen Betrieb für die Herstellung von Massenvernichtungswaffen handelte.

Als nächstes konzentrierte Bush sich auf das fehlende Teil in diesem Puzzle. „Können wir unsere Special Forces einsetzen, um Konvois im Nordosten zu stören, wohin sich UBL zu bewegen scheint?" fragte er.

Einige am Tisch nickten.

„Kontrolliert jeden Geländewagen, der sich in diesem Gebiet rührt", befahl er. „Nehmt die Verfolgungsjagd auf. Patrouilliert die Straßen."

„Im Süden wird sich eher ein klassischer Freischärlerkrieg gegen die Taliban abspielen, dort geht es nicht darum, daß Boden gehalten wird", sagte Tenet. „Es wird eine Herausforderung an den Nachschub werden. Wir wollen heute versuchen, unsere Strategie im Süden zusammenzubringen. Dort gibt es Stammeskämpfer, die die Jagd auf die al-Qaida für uns übernehmen wollen. Wir brauchen einen Verbindungskanal und eine Methode die Sache zu koordinieren."

Rice fragte nach Pakistan.

„Tommy sagt, das Allerwichtigste sei es, die Grenze zu schließen", sagte Rumsfeld. „Unsere Vorstellung ist –"

„Wenn er sich anderswohin begibt", unterbrach der Präsident, „dann werden wir ihn eben dort schnappen."

Epilog

DIE PARAMILITÄRISCHEN TRUPPS der CIA und die Nordallianz fingen einen Teil des Funkverkehrs der Taliban und der al-Qaida auf, als amerikanische Bomben auf ihre Truppenmassierungen zu fallen begannen. Man konnte den Lärm von Explosionen hören und die Panik. Woran sich viele am deutlichsten erinnerten, waren die Schreie.

Auf dem Gipfel eines kleinen Hügels in Kabul stand eine Fernsehantenne, die für die Sowjets eine sehr beliebte Zielscheibe gewesen war, obwohl es ihnen nie gelang, sie zu treffen. Auch die Nordallianz hatte es versucht und war erfolglos geblieben. Ein amerikanisches Düsenflugzeug raste heran, eine Bombe reichte aus, und die Antenne existierte nicht mehr. In der ganzen Stadt verbreitete sich die Nachricht: Die Amerikaner werden siegen, es ist vorbei.

AM MONTAG, dem 12. November, berichtete General Myers dem Präsidenten, die Nordallianz habe drei Tage zuvor weniger als fünfzehn Prozent des Territoriums von Afghanistan kontrolliert, jetzt aber stünden ihre Truppen in beinahe der Hälfte des Landes. Afghanistan war in zwei Teile zerschnitten worden, der Norden wurde von der Allianz kontrolliert. Kundus, Herat und Bamiyan waren gefallen.

Von höchster Bedeutung war die Tatsache, daß Kabul aufgegeben worden war. Tausende von Taliban- und al-Qaida-Kämpfern flohen nach Süden in Richtung pakistanische Grenze und nach Osten in die Region Tora Bora. Rice erhielt aus dem Lageraum Meldungen über den Fall von Kabul, die sich zunächst auf die Berichterstattung der Medien gründeten, nicht auf die eigenen nachrichtendienstlichen Erkenntnisse. Als sie dieses Material an den Präsidenten übergab, sagte er: „Die Sache löst sich denen völlig auf, es fällt alles auseinander." Bald lagen Bilder vor, auf denen es Szenen einer wirklichen Befreiung zu sehen gab – Frauen auf den Straßen, die all die Dinge taten, die zuvor verboten gewesen waren. Rice hatte das Gefühl, die Amerikaner hätten das aufgestaute Verlangen des afghanischen Volkes unterschätzt, eine Rechnung mit den Taliban zu begleichen.

Die Diskussion im Nationalen Sicherheitsrat über die Fragen, ob und wie man Kabul einnehmen solle, ob man die Nordallianz draußen halten solle und ob man während des Ramadan Bomben werfen solle, war durch die Ereignisse überrollt worden. Die Allianz und eine Anzahl von paschtunischen Stammeskriegern hatten die Stadt erobert. Es herrschte dort jetzt ein prekäres Gleichgewicht, aber es hatte kein Blutbad gegeben.

Der Talibanführer Mullah Omar erläuterte den Rückzug seiner Truppen: „Städte an Frontlinien zu verteidigen, die von der Luft aus angegriffen werden können, wird uns furchtbare Verluste verursachen." Die Konfrontation hatte sich von einem klassischen Patt zwischen den beteiligten Streitkräften zu einer außerordentlichen Demonstration der Macht der amerikanischen Waffen verlagert. Der amerikanische Präsident erinnerte sich später: „Es hatte so ausgesehen, als sei unsere Technik zu kompliziert, bis wir schließlich in der Lage waren, sie den Bedingungen auf dem Kriegsschauplatz anzupassen." Nun machten es die paramilitärischen Trupps der CIA, die Special Forces und die Bomber den Taliban und der al-Qaida unmöglich, Gelände zu halten, oder sich gar in großer Zahl zu sammeln.

Bei seiner Pressekonferenz am 27. November vertrat Rumsfeld die Ansicht, mit diesem Ergebnis sei die ganze Zeit sicher zu rechnen gewesen. „Ich denke, daß das, was in den ersten Etappen stattfand, genau der Planung entsprach." Alle Hinweise, daß die Dinge anfangs nicht optimal gelaufen seien, beruhten auf Unkenntnis. „Es sah so aus, als passiere gar nichts. Ja, es sah wirklich so aus, als steckten wir in einem" – und nun forderte er die Journalisten mit einem „alle zusammen" zum Einstimmen auf – „Sumpf".

Einige glucksten leise.

AM 7. DEZEMBER fiel Kandahar, die Hochburg der Taliban im Süden. Damit verfügten die Nordallianz, ihre paschtunischen Verbündeten und die Vereinigten Staaten praktisch über das Land. Die Tatsache beherrschte die Schlagzeilen, aber es gab keine große Feier.

Bush hatte versprochen, es werde keine Paraden und keine feierliche Unterzeichnung einer Kapitulationsurkunde geben. Er hatte recht. Die Bedeutung der Ereignisse war nicht klar.

Alles in allem hatten die Amerikaner zum Sturz der Taliban 110 Mitarbeiter der CIA und 316 Soldaten der Special Forces eingesetzt, hinzu kamen massive Lufteinsätze.

Powell trug dazu bei, in Zusammenarbeit mit den Vereinten Nationen, eine neue Regierung in Afghanistan zu etablieren. Er ernannte James F. Dobbins, einen 59jährigen erfahrenen Diplomaten und früheren Ministerialdirektor im Außenministerium, zum Leiter der Gespräche mit den afghanischen Oppositionsgruppen, die darauf abzielten, einen politischen Führer für das Land zu bestimmen.

Dobbins wußte, daß das State Department die Angelegenheiten dieser Region seltsamerweise von drei verschiedenen Abteilungen bearbeiten ließ. Die Abteilung für Südostasien war zuständig für Afghanistan, Pakistan und Indien; die Europaabteilung hatte sich unter anderem mit Usbekistan und den anderen „-stans" zu beschäftigen; die Nahostabteilung befaßte sich mit dem Iran.

Dobbins führte Informationsgespräche bei der CIA, wo verschiedene Mitarbeiter Hamid Karzai erwähnten, einen gemäßigten Paschtunen, der als Führungspersönlichkeit viele ansprach. Karzai war ein unbedeutenderer Minister unter den Taliban gewesen, hatte sich aber bereits vor vielen Jahren von dem Regime getrennt und der Opposition angeschlossen. Auch General Franks empfahl den Mann.

Dobbins nahm an der Konferenz auf dem Petersberg bei Bonn teil, die unter den Auspizien der Vereinten Nationen stand, auf der die Gruppierungen der afghanischen Opposition auszuloten versuchten, ob sie sich auf eine Führungspersönlichkeit einigen konnten. Der neue Chef des pakistanischen Geheimdienstes meinte, Karzai sei ein denkbarer Kandidat, und der Vertreter Rußlands sagte Dobbins: „Ja, er war in Moskau, wir kennen ihn gut, wir halten ihn für einen anständigen Mann."

Die in Bonn anwesenden Vertreter des amerikanischen Außenministeriums waren dagegen, die Iraner zu konsultieren, aber Powell riet Dobbins, sich davon nicht abschrecken zu lassen und mit ihnen zu sprechen.

„Oh ja", sagte der stellvertretende iranische Außenminister Mohammad Javad Zarif, als Dobbins Karzai erwähnte. „Er hat eine Zeitlang im Iran gelebt, und wir halten viel von ihm."

In Bonn hielten die Afghanen Nachtsitzungen ab, so trafen sich Dobbins und Zarif beim Frühstück, als diese schliefen. „Wissen Sie, gestern habe ich in der Presse gelesen, daß Ihr Außenminister erklärt hat, der Iran widersetze sich einer Friedenstruppe", sagte Dobbins eines Morgens. „Warum sagt er das, wenn Sie uns hier ständig erzählen, daß Sie für eine Friedenstruppe sind?"

Darauf antwortete Zarif: „Nehmen Sie es doch einfach als Geste der Solidarität mit Don Rumsfeld."

Dobbins amüsierte sich: Sogar Zarif wußte, daß Rumsfeld gegen Friedenstruppen war.

„Wissen Sie, Jim", fügte Zarif hinzu, „wir beide haben, was diesen Punkt angeht, unsere Direktiven ein wenig weit ausgelegt, nicht wahr?"

Dobbins war dabei, *nation building* zu betreiben. Er hatte den Eindruck, Karzai verfüge über hervorragende Kommunikationstalente, über beträchtliches Einfühlungsvermögen und die Fähigkeit, schnell persönliche Beziehungen aufzubauen. Die Allianz und die Paschtunen wählten ihn zu ihrem neuen Anführer, und er legte am 22. Dezember in Kabul den Amtseid ab. Der Regimewechsel war 102 Tage nach dem terroristischen Angriff auf die Vereinigten Staaten vollendet.

IM DEZEMBER begann eine Schlacht in Tora Bora in den Weißen Bergen – deren Höhe etwa 5000 Meter beträgt –, wohin viele Angehörige von Taliban und al-Qaida – vermutlich auch Bin Laden – geflohen waren. Drei Leute der Special Operations und zwei Angehörige der CIA waren direkt ins Innere von Tora Bora eingedrungen und riefen etwa vier Tage lang mit ihren Laserzielbestimmungsgeräten Fliegerangriffe herbei. Einmal dirigierten die Fünf den Angriff einer B-52 zu einem Punkt nur etwa anderthalb Kilometer von ihnen entfernt.

Pakistanische Streitkräfte waren auf ihrer Seite der Grenze postiert, um fliehende Terroristen aufzuhalten. Sie nahmen einige Hundert fest. Die afghanischen Stammeskrieger sollten das gleiche auf ihrer

Seite tun, aber Hank mußte feststellen, daß sie schlechte Arbeit leisteten. Auch war die Koordinierung mit den Pakistanis nur unzulänglich, und es gab keinen Plan B. Aus den zur Verfügung stehenden Geheimberichten schloß Hank, daß Bin Laden, etwa um den 16. Dezember herum, entweder zu Fuß oder auf einem Maultier und begleitet von einer Kerngruppe von etwa einem Dutzend Vorreitern, hinüber nach Pakistan gelangt war, vermutlich bei Parachinar, einem dreißig Kilometer breiten Streifen pakistanischen Territoriums, der nach Afghanistan hineinragt.

Die persönliche Scorecard des Präsidenten, auf dem gefangengenommene oder getötete Führer von al-Qaida vermerkt waren, zeigte nur bescheidene Ergebnisse. Bush hatte ein großes Kreuz durch das Foto von Mohammed Atif gemalt, der als Bin Ladens Militärchef und oberster Planer bei den Angriffen vom 11. September tätig gewesen war. Es hatte sich bestätigt, daß Atif bei den schweren Bombardements im Vormonat getötet worden war.

Erste Berichte, daß der wichtigste Mitarbeiter Bin Ladens, Dr. al-Sawahiri, getötet worden sei, veranlaßten Bush, seine Liste aus dem Schreibtisch im Oval Office zu nehmen und auch das Foto dieses Mannes durchzukreuzen. Aber sehr bald schon gelangte die CIA zu der Erkenntnis, daß der Tod in diesem Fall nicht bestätigt werden konnte, und so entfernte Bush das Kreuz gewissenhaft wieder. Insgesamt befanden sich immer noch sechzehn von zweiundzwanzig Anführern in Freiheit, darunter Bin Laden.

TENET WAR außerordentlich stolz auf das, was die Agency erreicht hatte. Das Geld, das sie ohne Beachtung der üblichen Haushaltskontrollen hatte verteilen können, hatte die Stammeskämpfer mobilisiert. In einigen Fällen waren Leistungsprämien festgelegt worden: Rücke von Punkt A nach Punkt B vor, und du erhältst einige hunderttausend Dollar. Ein Haufen Geld auf dem Tisch, das war immer noch die Sprache, die jeder verstand. Seine Paramilitärs und die Gruppenleiter in und um Afghanistan hatten das möglich gemacht – hier machten sich jahrelange Investitionen in persönliche Nachrichtenbeschaffung in großartiger Weise bezahlt.

Die CIA-Teams oder von der CIA unterstützte Teams drangen heimlich überall auf der Erde irgendwo ein, um detaillierte Nachrichten über die Aufenthaltsorte von Leuten zu gewinnen, die unter Terrorismusverdacht standen. Hunderte und schließlich Tausende von Verdächtigen wurden von kollaborierenden ausländischen Geheimdiensten und Polizeibehörden eingekreist, verhaftet und verhört.

Cofer Black, der Direktor des Counterterrorism Center, hatte recht mit der Erwartung, es werde auf jeden Fall Tote unter den eigenen Leuten geben. Am 25. November wurde Johnny „Mike" Spann, ein paramilitärisches Mitglied des Alpha-Teams der CIA, das Masar einnahm, getötet, als sechshundert Angehörige der Taliban und al-Qaida-Mitglieder in einem Festungsgefängnis außerhalb der Stadt revoltierten. Spann war der erste Amerikaner, der in diesem Krieg im Kampf fiel. Im Gegensatz zur Tradition der CIA gab Tenet eine Mitteilung über Spanns Schicksal an die Öffentlichkeit. Fast jede Zeitung meldete das Ereignis auf Seite eins.

Spann hatte zehn Jahre bei den Marines gedient, bevor er Mitarbeiter der CIA geworden war. Die Bitte, ihn auf dem Heldenfriedhof von Arlington zu bestatten, wurde abgelehnt. Man habe keinen Platz mehr. John McLaughlin rief Andy Card an und sagte zu ihm: „Wir sollten ihm den Intelligence Star verleihen, der entspricht dem Silver Star, und das ist genau die Voraussetzung, um nach Arlington zu kommen." Card trug den Vorschlag dem Präsidenten vor, und der war einverstanden.

Später wurde der Stern Nummer 79 an der Marmorwand am Eingang zur Zentrale der CIA angebracht, wo jene Mitarbeiter der Agency geehrt werden, die ihr Leben in Erfüllung ihrer Pflicht verloren haben.

Die CIA rechnete aus, daß sie in Afghanistan nur siebzig Millionen Dollar direkt in bar vor Ort ausgegeben hatte, und ein Teil davon hatte der Finanzierung von Lazaretten gedient. Der Präsident hielt dies für eines der günstigsten „Schnäppchen" aller Zeiten. In der Zentrale der Agency hatten sie eine sogenannte Zauberkarte geschaffen, die elektronisch die Dutzenden von bezahlten Mitarbeitern und Quellen innerhalb Afghanistans anzeigte, damit man sie im voraus warnen konnte, wenn Bombardierungen vorgesehen waren. Mehr als hundertmal wurden die Mitarbeiter in der ersten Kriegsphase evakuiert, und keiner von ihnen wurde getötet.

Tenet war überzeugt, es würde sich schließlich herausstellen, daß es staatliche Förderung für die Angriffe des 11. September gab. Dies alles war Teil der Körnigkeit des Terrorismus. Keine bestimmte Befehlsstruktur, Führungsweise oder Kontrolle, sondern einzelne Elemente – ein wenig Geld, Ausbildung, Ausrüstung, Kommunikationsmittel, Verstecke. Zu Beginn konzentrierte Tenet sich auf den Iran. Er war überzeugt, schließlich Spuren zu finden, die zu einer iranischen Beteiligung am 11. September führten. Die Revolutionsgarden verfügten über ein komplexes Netzwerk, und es mangelte ihnen nicht an Motivation und Talent. Sie sind Opportunisten. Den langfristigen politischen Zielen des Iran im Mittleren Osten ist durch genau die Art von Instabilität gedient, die Bin Laden schaffen wollte.

Al-Qaida kaufte Dienstleistungen ein, wo immer sie zu haben waren. Das klassische Modell der direkten Unterstützung und Kontrolle des Terrorismus galt daher nicht länger. Tenet hatte alles außer Beweisen, daß es staatliche Sponsoren gab.

Jahrelang war die CIA überzeugt, daß Syrien für den Bombenanschlag auf den PanAm-Flug 103 über Lockerbie in Schottland im Jahre 1988 verantwortlich war. Es hatte beinahe ein Jahrzehnt gedauert, bis man herausfand, daß es Libyen war. Jeder, der an solchen komplizierten Untersuchungen über den Terror nicht selbst teilgenommen hatte, sollte besser ruhig sein, davon war Tenet überzeugt. Die CIA beschäftigte sich mit Anhaltspunkten und suchte Orte auf, die zunächst abwegig schienen.

Im Laufe seiner Gespräche mit dem Präsidenten über die Nachrichtenlage, die jeweils um acht Uhr früh stattfanden, brachte Tenet all dies Bush nahe. Ja, es würde dabei iranische Stimmungsmusik geben – und wahrscheinlich am Ende auch auf die gleiche, gewundene, indirekte Art irakische Stimmungsmusik. „Man sollte nichts für unmöglich halten", sagte er dem Präsidenten.

„Wir wollen allen Hinweisen folgen, wohin sie uns auch führen", sagte Bush.

Tenet glaubte, eine persönliche Lektion gelernt zu haben, was den Preis von Zweifel und Nichthandeln anging. Bush war von ihnen allen derjenige, der am wenigsten auf die terroristischen Angriffe vorbereitet gewesen war. Da er mit dem Präsidenten fast jeden Morgen eine viertel bis eine halbe Stunde zusammensaß, erkannte

Tenet, was ihn antrieb. Er würde handeln. Es gibt immer hundert Gründe, nichts zu tun, sich nicht zu bewegen. Wer ängstlich war, würde nicht handeln. Diejenigen, die nicht ängstlich waren, würden sich durch alle auftauchenden Probleme hindurcharbeiten. Manche Leute ließen sich von Problemen überwältigen, und sie würden fünfzig Gründe nennen, warum sie unlösbar seien. Bush war da anders. Plötzlich war die CIA von einem neuen Ethos beseelt – es stand nicht mehr unter Strafe, etwas zu riskieren oder einen Fehler zu begehen. Das hatten sie Bush zu verdanken.

Tenet persönlich war vor dem 11. September zu ängstlich und zögerlich gewesen, hatte sich gefürchtet, über Grenzen zu gehen. Seit Jahren schon hatte er heftig und vernehmlich vor der Bedrohung durch Bin Laden gewarnt. Bereits 1998 hatte er in einer Denkschrift „Krieg" gegen Bin Laden erklärt, aber er hatte sich nicht offen an Clinton oder Bush gewandt und verlangt: „Wir sollten den Kerl töten!" Clinton hatte mit der Bereitstellung zusätzlicher Mittel reagiert, was die CIA in die Lage versetzt hatte, aufs neue eine geheime Präsenz in Afghanistan zu etablieren, aber das war nicht mit einem Freibrief zum Töten verbunden. Bush reagierte zwar nach dem 11. September schnell, aber in seinen ersten acht Monaten im Amt hatte er sich nicht offensiv genug mit der Bedrohung durch Bin Laden beschäftigt.

AM 9. JANUAR 2002 suchten Dan Balz, ein Reporter der *Washington Post*, und ich Rumsfeld in seinem Büro auf, um ihn für eine Artikelserie zu interviewen, die wir über die ersten zehn Tage nach dem Angriff vom 11. September schreiben wollten. Wie es für ihn typisch war, wollte sich Rumsfeld mit breitangelegten strategischen Konzepten befassen und sich nicht mit Details abgeben. Er hatte zwölf von ihnen auf einem Stück Papier niedergeschrieben – das reichte von der Notwendigkeit, Terroristen zuvorzukommen, bis zu der günstigen Gelegenheit, die Welt neu zu ordnen.

Uns interessierten ganz bestimmte Momente, und Balz befragte ihn über den Tag nach den Angriffen, als Rumsfeld die Frage aufgeworfen hatte, ob man sich dem Irak genauso wie Bin Laden widmen müsse.

„Was zur Hölle haben die denn gemacht!" Rumsfeld explodierte. „Geben Ihnen jedes verdammte gehei... – ... nehmen Sie es raus..."

Ich bat ihn dringend, sich keine Sorgen zu machen.

„Das habe ich nicht gesagt", erklärte Rumsfeld und versuchte dann vorzugeben, jemand anderes sei aus der Haut gefahren. Er wies auf Larry DiRita, seinen zivilen Sonderberater. „Larry, hör' auf, über meine Schulter zu brüllen!"

Ich sagte, daß wir etwa zwanzig Sekunden auf unserem Tonband löschen könnten.

„Das läßt sich hören", sagte Rumsfeld.

Die neunzehn Seiten umfassende Mitschrift des Interviews, die das Verteidigungsministerium später freigab, hatte seine Explosion, die „Hölle" und „verdammt" getilgt.

ALS ICH MICH ein paar Monate später, am 19. März 2002, im Pentagon befand, wo ich Interviews durchführte, stieß ich gleich hinter dem Haupteingang plötzlich auf Rumsfeld. Er ging sehr schnell, hatte ein Jackett an, die Krawatte saß ein wenig locker. Im Nacken trug er einen starken Verband an der Stelle, wo ein Tumor entfernt worden war. (Seine Sprecherin, Torie Clarke, hatte eine kurze Presseerklärung verbreitet, in der es hieß, er habe eine „Fettgeschwulst" entfernen lassen. Das „Fett" strich Rumsfeld.)

Ich hielt ihn an, um eine Frage zu stellen. In seiner Anfangszeit als Verteidigungsminister hatte Rumsfeld mit Bestimmtheit erwartet, daß die Vereinigten Staaten von einem Angriff überrascht werden würden, vielleicht in der Art der Ereignisse des 11. September – des gänzlich Unerwarteten. Ich wollte wissen, wie er darauf gekommen war.

Er entgegnete, daß er, als er Vorsitzender der Ballistic Missile Commission war, überprüft habe, was den amerikanischen Nachrichtendiensten über jeweils drei bedeutende „Ereignisse" oder Waffenentwicklungen in Schlüsselländern vorlag. Dabei sei er auf die Tatsache gestoßen, daß die Geheimdienste der Vereinigten Staaten von den Ereignissen erst fünf bis dreizehn Jahre, nachdem sie geschehen waren, Kenntnis erhalten hatten. „Wir waren überrascht", sagte er, „aber jahrelang wußten wir nichts von der Überraschung!" Er wurde hierüber sehr heftig und hob zu einem kühnen verbalen Sprung bezüglich seiner Vorstellung an, daß die „unbekannten Unbekannten" die wahren Killer seien, die Zeiten, da die amerikanischen Geheimdienste überhaupt nicht einmal wußten, was sie nicht wußten.

Ich konnte die Linsen der Trifokalgläser in seiner Brille erkennen, so nahe waren wir einander. Wir standen gleich hinter dem Eingang, als eine Parade von Männern und Frauen, teils in Militäruniform, teils in Zivil vorbeidefilierte.

„Gefahren, die man kennt, sind nicht das Problem", sagte er. Bei einer Gelegenheit hatte er sich nach der Zahl der Warnungen erkundigt, die eingingen, bevor die USS *Cole* im Jahr 2000 im Jemen angegriffen worden war. Es waren Tausende.

„Ist das nicht unglaublich!", sagte Rumsfeld. Ein Ozean von Warnungen wird bedeutungslos. Niemand nahm das wirklich ernst. Und wenn man sich von jeder dieser Drohungen zum Handeln bewegen ließe, so sagte er, würden die Vereinigten Staaten aus Gegenden wie dem Jemen hinausgetrieben.

Wie es um den Krieg stehe, fragte ich.

„Es gibt den Krieg, den man sehen kann, und den Krieg, den man nicht sieht", sagte er. Das war von passenden Handbewegung begleitet – der Krieg hier, obenauf und sichtbar, und der Krieg da unten, verdeckt und unsichtbar.

„Sie werden uns erneut treffen", sagte Rumsfeld in sachlichem Ton. „Wir haben sie aus der Fassung gebracht." Dann stieß er drei seiner Finger mitten in meine Brust, veranlaßte mich zum Zurückweichen und brachte mich ein wenig aus dem Gleichgewicht.

Eine ansehnliche Ringerbewegung, dachte ich, aber dann schob ich mich nach vorn, auf seine Vorstellung eingehend. Ich sagte, das sei nicht genug, denn ich hätte recht rasch mein Gleichgewicht wiedergewonnen.

Rumsfeld ließ wieder sein gewaltiges, herzhaftes, glückliches, pausbäckiges Grinsen über sein Gesicht strömen. Er hatte sein Argument angebracht. Wir unterhielten uns noch ein paar Minuten. Er wollte meine Adresse und meine Faxnummer wissen, um mir einiges Material über seine Arbeit in den Verteidigungsausschüssen zu schicken, und ging dann frisch und flott davon. Ein Kämpfer auf dem Kriegspfad? Den Eindruck machte er nicht. Er fühlte sich sehr wohl, strahlte Selbstvertrauen aus. Ich wußte nicht, ob er zu selbstbewußt war.

IM FRÜHJAHR, nachdem sie fast fünf Monate in Afghanistan im Einsatz waren, entdeckten die amerikanischen Truppen große Mengen an Munition, die die Taliban und al-Qaida in Höhlen versteckt hatten. In einer davon fanden sie zwei Millionen Schuß Munition; in anderen Mörser, Raketen, sogar einige Panzer. Es war ein komplettes unterirdisches Versorgungssystem. Es zu diesem späten Termin zu entdecken, war ziemlich peinlich.

„Werden Sie all das Material vernichten?" fragte Bush Rumsfeld.

„Nein", erwiderte Rumsfeld, „Wir heben es auf, um die neue afghanische Armee damit auszurüsten."

Rice scherzte, die würde dann „Rumsfelds Kavallerie" heißen.

Der Verteidigungsminister fragte sich, ob man es nicht einfach den afghanischen Warlords überlassen könne, eine Armee zu schaffen. Powell und das Außenministerium argumentierten, Karzai sei ihr Mann, und sie bräuchten eine starke Zentralregierung, damit Afghanistan nicht wieder ein großer Spielplatz der Mächte werde, auf dem alle Interessierten versuchen würden, sich ihr Territorium oder ihre Einflußsphären herauszuschneiden.

Rumsfeld war zu einer Art Medienstar geworden, weil er täglich im Fernsehen zur Lage Stellung nahm. Am Mittwoch, dem 1. Mai 2002, beantworteten er und General Pace, der stellvertretende Vorsitzende der Vereinigten Stabschefs, eine halbe Stunde lang Fragen, als ein Reporter wissen wollte, was der Verteidigungsminister denn erreicht habe. Er zeigte sich kratzbürstig.

„Wir haben eine neue Verteidigungsstrategie geschaffen", sagte er, „es ist eine Strategie, die, so glauben wir, besser ins einundzwanzigste Jahrhundert paßt, als jene, die wir zuvor hatten. Wir sind davon überzeugt, wir sind davon einmütig überzeugt – die hochrangige zivile wie militärische Führung."

Er zählte neue Konstruktionen, Planungsanleitungen, Pläne, die Ernennung von etwa einem Dutzend Viersterne-Offizieren auf. „Wir sind in den weltumfassenden Krieg gegen den Terror verwickelt", sagte er. Er müsse sich mit Abläufen innerhalb des Ministeriums auseinandersetzen, was zwei Jahre in Anspruch nehmen kann. „Der Güterzug kommt die Strecke entlang und ist voll beladen, und was er geladen hat, kannst du erst sehen, wenn er das Ende der Fahrt erreicht hat. Und jedesmal, wenn du versuchst hineinzugreifen, ist es, als stecke man seine Hand ins Getriebe, denn dieses hängt von jenem ab, und jenes hing von diesem ab, und jedes Stück hänge von etwas anderem ab. Und du denkst, du fällst eine weise Entscheidung, wenn du mitten hineinfaßt, aber wenn man sich nicht tatsächlich all den Schichten, die zu diesen Dingen führten, noch einmal bis nach oben widmet, endet man in einer Art Ad-hoc-Lage. Es ist – es ist eine ganz und gar verantwortungsbewußte, isolierte Entscheidung, aber wenn man eine Reihe von ihnen trifft, werden sie am Ende zufällig; ihnen fehlt am Ende der Zusammenhang. Und deshalb ist all das Verlangen, dies zu eliminieren und das zu tun, oder damit anzufangen, meine Haltung dazu ist, schau, wir machen es, so gut wir können. Und wenn ich zurückschaue, sage ich mir, ‚Nicht schlecht‘."

Ein Journalist versuchte noch eine Frage zu stellen.

„Nein, nein, nein. Dieses Ende gefällt mir. Ich – (Lachen). Wenn Sie meinen, ich würde das versauen, dann liegen Sie falsch! No, Sir! Ich gehe!"

EINE DER GRÖSSTEN SCHWIERIGKEITEN Powells bestand darin, daß man von ihm mehr oder weniger erwartete, in der Öffentlichkeit zu behaupten, die scharfen Meinungsverschiedenheiten im Kriegskabinett würden nicht existieren. Der Präsident duldete keinen öffentlichen Streit. Powell wurde auch durch seinen eigenen Kodex gebremst – ein Soldat hat zu gehorchen.

Bush mochte Befehle erteilen: Holt die Waffen! Holt mir die Pferde! – all dieses Texas- und Alamo-Gehabe, das Powell unbehaglich war. Aber er glaubte und hoffte, daß der Präsident es besser wisse, daß er erkenne, daß die Politik des Alleingangs einer tieferreichenden Analyse nicht standhielt. Der Afghanistankrieg hatte diese Lehre hoffentlich vermittelt.

Die Störfaktoren waren in Powells Augen Rumsfeld und Cheney. Sie riefen zu häufig nach den Waffen und nach den Pferden.

IM FRÜHJAHR 2002 hatte der israelisch-palästinensische Konflikt derart gewalttätige Formen angenommen, daß er den Krieg gegen den Terror zu überwältigen drohte. Es kam zu einer Eskalation der Selbstmordattentate von Palästinensern. Am 27. März tötete ein Selbstmordattentäter bei einer Feier am Abend des jüdischen Pessachfestes neunundzwanzig Menschen und verletzte hundertvierzig. Der israelische Ministerpräsident Scharon begann einen Kleinkrieg, genannt Operation Schutzwall, in den palästinensisch kontrollierten Gebieten und Städten der Westbank.

Im Ausland schwoll der Chor derer an, die verlangten, die Vereinigten Staaten sollten sich engagieren. Bei einer Sitzung des Nationalen Sicherheitsrates gab Bush bekannt, er wolle Powell ins Krisengebiet schicken, um zu sondieren, ob er die Lage beruhigen und wieder irgendeine Art von Friedensprozeß in Gang setzen könne. Powell zögerte. Er meinte, er habe nicht viel anzubieten, habe zu wenig Einfluß auf beide Seiten. Die Vereinigten Staaten könnten nicht stärker nach Frieden verlangen als die beiden Konfliktparteien, Israel und die Palästinensische Autonomiebehörde.

Sogar Rumsfeld vertrat die Ansicht, Powell solle nicht einfach nur benutzt werden, um zu versuchen, das Blutvergießen zu beenden. Der Außenminister solle nicht in einem diplomatischen Feuergefecht ohne konkrete Tagesordnung oder Drehbuch verbraucht werden. Wenn das schiefginge, wäre es ein ernsthafter Schlag gegen sein Prestige und die Vereinigten Staaten.

Wir stecken in Schwierigkeiten, sagte der Präsident zu Powell: „Sie werden einiges an politischem Kapital ausgeben müssen. Sie haben reichlich davon. Ich muß das von Ihnen verlangen."

„Jawohl, Sir!"

Als sie den Lageraum verließen, wandte Bush sich Powell zu: „Ich weiß, wie schwer das für Sie sein wird, aber Sie verfügen über genügend Ansehen in der Region und bei den Konfliktparteien und auf ihrem Posten, daß Sie es sich leisten können."

Powell verstand das so: Sie können ruhig drei Schichten Haut verlieren, Sie haben weitere Schichten darunter.

Der Präsident hatte vor, eine Rede zu halten, in der er seine politische Linie für die Wiederaufnahme der Verhandlungen skizzieren wollte. Arafat würde dem Terror eine bedingungslose Absage erteilen müssen und Scharon würde mit dem Rückzug beginnen müssen.

Begreifen Sie, was Sie von den Israelis verlangen?, wollte Powell von ihm wissen. Sie werden Scharon in die Augen blicken und ihn auffordern müssen, sich zurückzuziehen.

Er sagte, er habe das verstanden.

Am 4. April hielt Bush eine Rede im Rosengarten und verlangte von den Palästinensern, den Terror zu beenden. „Von den Israelis erwarte ich, daß sie die Vorstöße in palästinensisch kontrollierte Gebiete einstellen und mit dem Rückzug aus jenen Städten beginnen, die sie kürzlich besetzt haben." Powell werde in der nächsten Woche in die Region reisen und um Unterstützung für diese Politik werben.

Als er zwei Tage später in Crawford mit Tony Blair zusammen war, sagte Bush: „Die Worte, die ich an Israel richte, sind heute die gleichen wie vor ein paar Tagen: Zieht euch unverzüglich zurück." Später machte er einen Rückzieher. Sein Herz schien für die Israelis zu schlagen.

Im Nahen Osten erhielt Powell Steuerbefehle aus dem Weißen Haus – nach links halten, nach rechts halten, korrigieren Sie den Kurs um soundsoviel Grad.

Zuerst ließen Cheney und Rumsfeld durch Rice übermitteln, Powell solle nicht mit Arafat zusammentreffen. „Ach, Arafat, er ist erledigt, laßt ihn in Ruhe", sagte Rumsfeld.

Powell wußte, daß es unsinnig war, verhandeln zu wollen, ohne sich mit beiden Seiten zu treffen. Aber in Washington sorgten sich alle um Israel, und es gab sowohl von seiten der Republikaner als auch der Demokraten wachsenden Druck, Scharon zu unterstützen.

Powell mußte sich wegen etwa dreihundert Millionen zorniger Araber Sorgen machen, die anfingen, Autos auf den Parkplätzen von Botschaften anzuzünden. Es gab Demonstrationen an Orten, wo es vorher nie welche gegeben hatte, etwa in Bahrain, einer Bastion der Freundschaft zu Amerika. Arafat und Scharon seien schon zwei üble Burschen, dachte Powell, aber er könne keinen von beiden ignorieren. Er machte weiter. Seine erste Begegnung mit Arafat war einigermaßen erträglich, aber eine zweite war viel unangenehmer.

Nachdem er im Laufe von zehn Tagen kaum Fortschritte erzielt hatte, bereitete der amerikanische Außenminister eine Abschlußerklärung vor, in der er eine internationale Konferenz und Verhandlungen um Sicherheitsfragen vorschlug.

Rice rief Armitage im State Department an, um ihn zu bitten,

Powell aufzufordern, seine Formulierungen abzuschwächen, sich weniger nachdrücklich auf zukünftige Verhandlungen festzulegen. Es gab ernsthafte Bedenken, daß Powell zu weit ging.

In Washington war Armitage so gut wie an seinen Schreibtisch gekettet, damit er mit Powell zwischen dessen Sitzungen telefonieren konnte. Es war Mitternacht, in Jerusalem sieben Uhr früh, als Armitage die Sorgen von Rice unterbreitete.

Powell drehte durch. Jeder wolle Arbeiten zensieren! sagte er. Niemand wolle aufstehen und sich der Realität stellen! Sie wollten sich als Freunde Israels zeigen, und er solle die Sache mit den Palästinensern allein ausbaden. Sie hatten ihn auf eine fast unmögliche Mission geschickt.

„Ich halte hier die Scheißstellung", berichtete Armitage. „Die essen Käse auf Ihnen" – ein altes Soldatenwort dafür, daß man an jemandem herumkaute und seinen Spaß dabei hatte. Manche Leute im Verteidigungsministerium und im Büro des Vizepräsidenten versuchten, den Außenminister zu erledigen, meinte Armitage. Er hatte von zuverlässigen Journalisten erfahren, daß Sperrfeuer auf Powell gerichtet werde. Er lehne sich zu stark in Richtung Arafat, das Weiße Haus werde ihm die Flügel stutzen, er werde scheitern. Armitage sagte, er könne nicht nachweisen, wer das durchsickern ließ, aber er hatte in diesem Zusammenhang Namen von hochrangigen Leuten im Verteidigungsministerium und in Cheneys Umgebung gehört.

„Es ist unglaublich", sagte Powell. „Ich habe das auch gerade gehört." Er hatte mit einigen Journalisten, die ihn auf der Reise begleiteten, Cocktails getrunken, und sie berichteten, daß ihre Gewährsleute in Cheneys Dienststelle erklären würden, er sei zu weit gegangen, sei aus dem Gehege ausgebrochen und werde bald an die Zügel genommen.

„Die Kerle reden in aller Öffentlichkeit Scheiße über Sie", sagte Armitage.

Rice erreichte Powell und teilte ihm mit, die anderen hielten es für das beste, wenn er von nun an dem Mund halte. Er solle sagen, er fahre zurück nach Washington, um sich mit dem Präsidenten zu beraten.

Powell, von den Strapazen der Pendeldiplomatie gezeichnet, explodierte. Erwartete man wirklich von ihm, daß er zum Abschied nichts anderes sage als vielen Dank für ihre Gastfreundschaft, auf Wiedersehen!

Rice sagte, sie mache sich Sorgen, daß er den Präsidenten und die Administration stärker festlege, als sie alle es wünschten.

Nun raten Sie mal, entgegnete Powell. Sie steckten schon mittendrin. Sie konnten doch nicht mit einer öffentlichen Rede des Präsidenten wie dieser eine Initiative starten und nicht darauf gefaßt sein, einen Plan oder eine Nachfolgekonferenz folgen zu lassen. Doch er erklärte sich einverstanden, seine Verlautbarung zu entschärfen.

Rice rief Armitage erneut an. Ihre Stimme klang nervös. Sie sollte in einer Fernsehsendung zu dieser Angelegenheit Stellung nehmen. Was hatte Powell vor? Was wird er sagen?

Es werde schon in Ordnung sein, versprach Armitage. Wir kennen die Grundzüge des Entwurfs. Ich habe nur die genauen Worte nicht vorliegen, weil er den Text selbst geschrieben hat.

Bis 3 Uhr früh war Powell auf und schrieb seine Bemerkungen, in dem Bewußtsein, daß er auf einem schmalen Grad wanderte.

Am 17. April gab er in Jerusalem seine Erklärung zur Abreise ab. Sie umfaßte zwanzig Absätze, die Powell auf der Höhe seiner diplomatischen Fähigkeiten zeigten – der Text war geschliffen, optimistisch, sogar eloquent. Der US-Außenminister brachte es fertig, alles ein wenig herauszuputzen und auf Verhandlungen in der Zukunft zu verweisen, während er es vermied zu erwähnen, daß er keinen Waffenstillstand zustande gebracht hatte.

Er erregte kaum Aufsehen damit. Das Nahostproblem hatte er nicht gelöst, es gab keinen Durchbruch. Aber für den Augenblick hatte er ein paar Sachen zur Ruhe kommen lassen. Der Präsident dankte ihm später dafür.

DER PRÄSIDENT wollte unbedingt einen unterzeichneten Vertrag mit den Russen über die Reduzierung der strategischen Atomwaffen haben. Er wollte ihn simpel und umfassend. Das Abkommen sollte ein Zeichen für die neuen Beziehung zu den Russen sein und demonstrieren, daß sie nicht länger mehr der Hauptfeind waren. Bush wollte außerdem zeigen, daß er Putin gewonnen hatte.

Rumsfeld überschwemmte die Chefs mit fast einem Dutzend geheimer Denkschriften – sie wurden oft abfällig „Rummygrams" oder „Schneeflocken" genannt –, in denen er Einwände gegen eine schriftliche Vereinbarung über nukleare Begrenzungen mit den Russen formulierte. Powell schaute mit einiger Verwunderung zu, als Rumsfeld eine Reihe von Bitten vortrug: der Vertrag solle juristisch nicht bindend sein, er solle die Anzahl von Nuklearwaffen nicht festlegen, er solle eine Klausel enthalten, die es den Vereinigten Staaten erlaube, sich jederzeit zurückzuziehen, er solle Flexibilität gewährleisten, er solle Überprüfungen verlangen, und es sollten kleinere taktische Nuklearwaffen berücksichtigt werden.

Wenn die Russen inzwischen unsere Freunde waren, ein neuer Verbündeter, argumentierte Rumsfeld, warum brauchten wir dann einen Vertrag? Welchen Unterschied würde da ein Stück Papier machen?

Die Antwort war, daß der Präsident ein Stück Papier haben wollte. Rumsfeld verlor auf der ganzen Linie. Am 24. Mai 2002 unterschrieben Bush und Putin in Moskau den „Russisch-amerikanischen Vertrag über die Verringerung strategischer Offensivwaffen". Der Text umfaßte zwei Seiten. Beide Staaten vereinbarten, ihre strategischen nuklearen Sprengkörper bis zum Jahr 2012 auf 1700 bis 2200 zu reduzieren. Der Vertrag versprach Freundschaft, Partnerschaft, Vertrauen, Offenheit und Verläßlichkeit.

WENN ES UM DEN KAMPF gegen den Terrorismus ging, erwartete der Präsident von den führenden Staatsmännern der Welt auch eine Gleichsetzung ihrer nationalen Interessen mit denen Amerikas. Einige wollten mit ihm gehen, solange ihre Interessen und Ziele im großen ganzen mit den seinen übereinstimmten, aber ihrer eigenen Wege gehen, wenn diese Übereinstimmung nicht bestand. Bush paßte es nicht, wenn das passierte, und hin und wieder nahm er es auch persönlich.

Zu einem früheren Zeitpunkt jenes Jahres hatte Bush eine Begegnung mit dem jemenitischen Präsidenten Ali Abdullah Salih, als ihm deutlich wurde, daß der Jemen nicht in dem Maße auf seiner Seite stand, wie er es für notwendig hielt. Salih wich aus. Was das Treiben der al-Qaida anging, so bildete der Jemen eine erhebliche Schwachstelle. Über die tausend Kilometer lange gemeinsame Grenze des

Landes mit Saudi-Arabien schlüpften Terroristen nach Belieben hin und her. Einige der Analysen der CIA sprachen die Vermutung aus, daß der Jemen die Gegend sein könnte, wo al-Qaida sich neu formieren würde.

Der Jemen hatte der CIA die Genehmigung erteilt, ihre Predator-Aufklärungsdrohnen in einer höchst geheimen Operation einzusetzen, um al-Qaida aufzuspüren. Doch Salih behinderte die Aktion, da er auf Einschränkungen bestand. Das war die Art von Nichtübereinstimmung von Interessen, die Bush in Rage brachte. Er gewann den Eindruck, daß der Jemen tatsächlich gegen ihn war.

Und es war nicht nur der Jemen. Bush gelang es nicht, alle Welt dazu zu bringen, seine Vision des Kampfes gegen den Terror zu hundert Prozent zu übernehmen. Niemand erwies sich als so engagiert wie er. Nach seiner Reise, die ihn Ende Mai 2002 nach Europa und nach Rußland geführt hatte, rief der Präsident den Nationalen Sicherheitsrat zusammen.

„Wir haben unsere Schärfe verloren", sagte er. „Ich will, daß wir uns daran erinnern, daß wir die Speerspitze sein müssen." In seinem eigenem Umfeld sei ein gewisses Abflauen zu beobachten, und das wolle er nicht zulassen. Er forderte eine geistige Haltung, die von totaler Konzentration und Leidenschaftlichkeit bestimmt sei.

Doch die Umstände hatten sich verändert. Die scharfe Dualität des Lebens in den Wochen und Monaten nach den Angriffen hatte nachgelassen. Bush konnte drängen und reden, aber der Alltag in den Vereinigten Staaten hatte sich immer mehr wieder normalisiert.

DIE IRAK-PROBLEMATIK hatte sich beträchtlich aufgeheizt. Sie war dabei, die nächste reale – und vielleicht die größte – Prüfung für Bushs Führungsstärke und für die Rolle der Vereinigten Staaten in der Welt zu werden.

Das Thema Irak war stark vorbelastet. Als Rice sich vor der Präsidentschaftswahlkampagne 2000 zunächst als Bushs außenpolitische Beraterin verpflichtete, hatte sie ihn auf die Problematik angesprochen. Bush hatte ihr geantwortet, er stimme nicht mit jenen überein, die meinten, sein Vater habe den Krieg gegen Saddam 1991 zu schnell beendet. Zu jener Zeit seien sich der ältere Bush, Verteidigungsminister Cheney und Powell als Vorsitzender der Vereinigten Stabschefs einig gewesen, den Krieg zu beenden, nachdem das in der UN-Resolution genannte Ziel erreicht war: Saddams Armeen waren aus Kuwait vertrieben. Die Vereinigten Staaten würden nicht nach Bagdad weiterstürmen, um Saddam den Garaus zu bereiten. Die flüchtende irakische Armee zu jagen, konnte wie ein Massaker aussehen. Saddams Heer war zur Hälfte vernichtet. Er hatte eine der erniedrigendsten militärischen Niederlagen in der modernen Geschichte erlitten. Ganz sicher war er am Ende. Die CIA und verschiedene führende arabischen Politiker sagten voraus, er werde bald entmachtet werden, ein irakischer Oberst oder General würde ihm eine Kugel in den Leib jagen oder einen Putsch anführen.

Saddam überlebte, und 1992 gelang Bushs Vater gegen Clinton die Wiederwahl nicht. Als Saddam 1998 die Inspektoren der Vereinten Nationen von Anlagen aussperrte, bei denen der Verdacht bestand, es würden dort Massenvernichtungswaffen hergestellt, ordnete Clinton die Operation Wüstenfuchs an. Im Laufe von dreißig Tagen gab es sechshundert Einsätze von Bombern und Raketen gegen den Irak, aber Saddam ließ die Rüstungsinspektoren trotzdem nicht wieder hinein.

Dennoch verteidigte Bush seinen Vater und dessen Berater. „Sie haben damals das Richtige getan", sagte er zu Rice. Seinem Vater seien Grenzen gesetzt gewesen durch die UN-Resolution, die den Einsatz von Gewalt nur gestattete, um Saddam aus Kuwait herauszukriegen. Sie stimmte zu und bemerkte, daß oftmals in der Geschichte Führer grobe Fehler gemacht hätten, indem sie sich durch kurzfristige taktische Erfolge dazu verleiten ließen, ihre strategischen Ziele zu ändern. Nach Bagdad zu stürmen, um Saddam zu stürzen, hätte eine völlig andere Sache sein können. Daß etwas militärisch leicht erreichbar zu sein scheine, sei noch lange kein Grund, es zu tun, sagte sie.

Nachdem Bush zunächst entschieden hatte, den Irak nach den terroristischen Angriffen des 11. September nicht unverzüglich zu attackieren, war die Frage im Kriegskabinett doch weiterhin präsent gewesen – aktiv bei Cheney und Rumsfeld, passiv bei Powell, der nicht auf einen weiteren Krieg aus war.

Als der Präsident am 29. Januar 2002 seine erste Rede über die Lage der Nation hielt, war die große Schlagzeile seine Erklärung, es gebe eine „Achse des Bösen", bestehend aus dem Irak, dem Iran und Nordkorea. Aber er hatte gesagt, die wirkliche Gefahr und die potentielle Katastrophe bestehe in der wachsenden Verfügbarkeit von Massenvernichtungswaffen für Terroristen oder diese Regime.

Bush hatte seinerzeit in Erwägung gezogen, bei seiner Rede vor dem Kongreß neun Tage nach dem terroristischen Angriff auf diese Gefahr zu sprechen zu kommen, schob es aber auf, da er der Meinung war, ein solche Freimütigkeit sei der Öffentlichkeit zu diesem Zeitpunkt nicht zumutbar.

„Ich werde nicht abwarten, bis etwas geschieht", sagte er in seiner Rede zur Lage der Nation und gab damit einen Hinweis darauf, daß er bereit war, präventiv zu handeln – eine Strategie, die er später direkter formulierte.

ALS ERSTEN SCHRITT gegen Saddam unterzeichnete der Präsident bald eine neue Geheimdienstverordnung, die eine starke Expansion der Geheimoperationen der CIA zum Sturz Saddams bedeutete. Er stellte für dieses Unterfangen zwischen einhundert und zweihundert Millionen Dollar Geheimgelder zur Verfügung – weit mehr als die siebzig Millionen Dollar, die die CIA in Afghanistan ausgab. Er erhöhte die Zuwendungen für die irakische Opposition, trieb die Beschaffung von geheimen Nachrichten im Irak weiter voran und traf Anstalten für einen möglichen Einsatz von paramilitärischen Trupps der CIA und von Special Forces der US-Streitkräfte vergleichbar den in Afghanistan eingesetzten Kräften.

Der Irak ist nicht Afghanistan, warnte Tenet den Präsidenten. Die irakische Opposition war viel schwächer, und Saddam regierte einen Polizeistaat. Er war nicht leicht ausfindig zu machen, und er setzte Doppelgänger als Lockvögel ein. Ohne begleitende Militäraktionen und anderen Druck, teilte Tenet dem Präsidenten mit, liege die Erfolgschance der CIA nur bei zehn bis zwanzig Prozent.

Bush gelangte dennoch zu dem Schluß, daß eine größere, verdeckte Operation dabei helfen würde, einen militärischen Schlag vorzubereiten, da sie den Fluß von geheimen Nachrichten und Kontakten, die möglicherweise später benötigt würden, stark vergrößere.

Im April proklamierte der Präsident schließlich in aller Öffentlichkeit eine Politik des Regimewechsels im Irak. Im Juli erklärte er offiziell, er werde vorbeugende Angriffe gegen Länder beginnen, die man für eine ernsthafte Bedrohung der Vereinigten Staaten halte.

POWELL HATTE seine Beziehung zum Präsidenten noch nicht wieder in Ordnung gebracht. Während des ersten Halbjahres 2002 hatte Armitage zuverlässige Berichte erhalten, daß Rumsfeld immer wieder um persönliche Gespräche mit Bush bat und diese auch regelmäßig führte. Powell machte sich nicht besonders viel daraus, weil er gewöhnlich zu hören bekam, was über Rice durchgesickert war, wenn diese auch zunächst einige Schwierigkeiten hatte, es selbst herauszukriegen.

„Es scheint mir, sie sollten darum bitten, mit dem Präsidenten ein ausführliches Gespräch führen zu dürfen", legte Armitage Powell nahe. Persönliche Begegnungen waren von entscheidender Wichtigkeit, doch war dies die Art von Beziehung, die Powell nicht beherrschte.

Powell sagte, er habe sich an seine Zeit als Sicherheitsberater bei Reagan erinnert, als jeder stets versucht hatte, zum Präsidenten vorgelassen zu werden. Er wollte sich nicht aufdrängen. Wenn Bush ihn sprechen wollte, wann auch immer und wo auch immer, dann stand er selbstverständlich zur Verfügung. Er traf Bush immer wieder bei Sitzungen, und er war in der Lage, seine Ansichten kundzutun.

„Sie müssen damit anfangen", sagte Armitage. Er war schließlich verdammt noch mal der Außenminister. Es würde nicht als Sichaufdrängen aufgefaßt werden. Bessere Beziehungen zwischen ihm und dem Präsidenten würden bei allen Auseinandersetzungen von Vorteil sein, sie würden die Stellung des Außenministeriums insgesamt stärken.

Im späten Frühjahr 2002 – Busch war jetzt sechzehn Monate im Amt – begann Powell damit, sich Zeit für vertrauliche Unterredungen mit Bush auszubedingen. Er brachte sein Anliegen über Rice vor, die bei den Gesprächen, die etwa einmal in der Woche stattfanden und zwanzig bis dreißig Minuten dauerten, dabei war. Es schien nützlich zu sein, aber es ähnelte seinen Erfahrungen mit dem Nahen Osten, kein großer Durchbruch.

Im Sommer befand sich Powell eines Tages im Weißen Haus, und er hatte vor einer Zusammenkunft mit Rice noch ein wenig Zeit totzuschlagen. Der Präsident sah ihn und bat ihn ins Oval Office. Etwa eine halbe Stunde lang sprachen sie unter vier Augen. Sie plauderten und entkrampften sich. Das Gespräch drehte sich um Gott und die Welt.

„Ich denke, wir sind in der Beziehung wirklich ein Stück vorangekommen", berichtete Powell hinterher Armitage. Die Kluft schien sich zu schließen. „Ich weiß, daß wir uns verstehen."

ANFANG AUGUST machte Powell diplomatische Besuche in Indonesien und auf den Philippinen, und wie stets hielt er Tuchfühlung mit dem, was zu Hause geschah. Der Irak brodelte weiter. Brent Scowcroft, der sanftmütige Sicherheitsberater von Bushs Vater während des Golfkriegs, hatte in einer Talkshow am Sonntag morgen, dem 4. August, erklärt, ein Angriff gegen den Irak könne den Nahen Osten in einen „Hexenkessel" verwandeln „und so den Krieg gegen den Terrorismus kaputtmachen".

Grobes Gerede, aber Powell stimmte im Grunde zu. Er hatte dem Präsidenten seine eigene Analyse und die Schlußfolgerungen daraus noch nicht deutlich gemacht, und er erkannte, daß er das tun mußte. Auf dem langen Rückflug um nahezu die halbe Welt, machte er sich einige Notizen. Bei praktisch allen Diskussionen im Nationalen Sicherheitsrat zum Thema Irak war es um Kriegspläne gegangen – wie man angreifen sollte und wann, mit wie vielen Truppen, hier ein Angriffsszenario und da ein Angriffsszenario. Es war ihm jetzt klar, daß der Bezugsrahmen verlorenging, nämlich die Haltungen und Ansichten der übrigen Welt, die er kannte und mit der er umging. Seine Notizen füllten drei oder vier Seiten.

Als er während des Golfkrieges Vorsitzender der Vereinigten Stabschefs gewesen war, hatte Powell die Rolle des vorsichtigen Soldaten gespielt und dabei gegenüber dem ersten Präsidenten Bush, möglicherweise etwas zu gedämpft, argumentiert, daß die Eindämmung des Irak funktionieren könne, daß der Krieg möglicherweise nicht notwendig sei. Doch hatte er als der wichtigste militärische Berater seine Argumente nicht mit äußerster Kraft durchgedrückt, weil sie weniger militärisch als politisch waren. Nun, als Außenminister war Politik –

Weltpolitik – sein Verantwortungsbereich. Er beschloß, daß er deutlich werden mußte, seine Überzeugungen und Schlußfolgerungen aussprechen mußte, so daß es keinen Zweifel darüber gab, wo er stand. Der Präsident hatte eine ganze Menge von Cheney und Rumsfeld zu hören bekommen, die innerhalb des Kriegskabinetts eine Art A-Mannschaft bildeten. Powell wollte das B-Team präsentieren, die alternative Sichtweise, von der er glaubte, sie sei bisher nicht geäußert worden. Er schuldete dem Präsidenten mehr als PowerPoint-Präsentationen.

Wieder in Washington teilte er Rice mit, er wolle den Präsidenten sprechen. Bush lud die beiden am Montag abend, dem 5. August, in seine Residenz ein. Die Begegnung ging in ein Dinner über und wurde dann in das Büro des Präsidenten in der Residenz verlegt.

Powell teilte Bush mit, er beschäftige sich jetzt intensiv mit der Irak-Frage, er müsse über die weiteren Zusammenhänge nachdenken, über alle Konsequenzen eines möglichen Krieges.

Mit seinen Notizen neben sich, einem locker geschriebenen Text auf einzelnen Blättern, sagte Powell, der Präsident müsse berücksichtigen, was ein militärisches Unternehmen gegen den Irak in der arabischen Welt auslösen würde. Hexenkessel war das passende Wort. Als Außenminister hatte er es mit den Regierungschefs und Außenministern dieser Länder zu tun. Es sei zu befürchten, daß die gesamte Region destabilisiert würde – befreundete Regime in Saudi-Arabien, Ägypten und Jordanien könnten in Gefahr geraten oder stürzen. Zorn und Enttäuschung über Amerika waren reichlich vorhanden. Ein Krieg konnte im Nahen und Mittleren Osten alles ändern.

Er würde fast allem anderen, was die Vereinigten Staaten taten, den Sauerstoff entziehen, nicht nur im Krieg gegen den Terror, sondern auch allen anderen diplomatischen, militärischen und geheimdienstlichen Beziehungen, sagte Powell. Die ökonomischen Implikationen konnten katastrophal sein und möglicherweise die Ölversorgung und den Ölpreis in Regionen treiben, die man sich bislang überhaupt nicht vorstellen konnte. Und dies in Zeiten einer weltweiten Wirtschaftsrezession. Die Kosten einer Besetzung des Irak nach einem Sieg würden unvorstellbar hoch sein. Die wirtschaftlichen Auswirkungen auf die Region, auf die Welt und auf die Vereinigten Staaten im Inneren mußten berücksichtigt werden.

Nach einem Sieg, und sie würden gewiß Erfolg haben, da war sich Powell sicher, wären die Folgen gigantisch. Wie sähe das aus, wenn ein amerikanischer General für längere Zeit ein arabisches Land leitete? Ein General MacArthur in Bagdad? Das wäre eine Ungeheuerlichkeit für den Irak, für die Region und für die Welt. Wie lange sollte sich das hinziehen? Niemand konnte das wissen. Wie würde Erfolg definiert?

„Es ist prima zu sagen, daß wir das allein erledigen können", sagte Powell dem Präsidenten ganz offen ins Gesicht, „nur können wir das nicht schaffen". Ein erfolgreicher Kriegsplan setze Stützpunkte und Einrichtungen in der Region sowie Überflugrechte voraus. Man würde Verbündete benötigen. Es wäre nicht der Golfkrieg, der nicht viel mehr war als ein netter zweistündiger Ausflug von einem voll auf Zusammenarbeit eingestellten Saudi-Arabien nach Kuwait-Stadt – das Ziel der Befreiung lag damals nur vierzig Meilen entfernt. Die Geographie wäre schwierig. Bagdad liege ein paar hundert Meilen weit weg, ganz Mesopotamien wäre zu durchqueren.

Die Nahostkrise war immer noch allgegenwärtig. Sie war das Problem, das die arabische und islamische Welt angegangen sehen wollte. Ein Krieg gegen den Irak würde Israel einem Angriff durch Saddam aussetzen, der während des Golfkriegs Scud-Raketen eingesetzt hatte.

Saddam war ein Verrückter, eine Bedrohung, eine wirkliche Gefahr, er war unberechenbar, aber während des Golfkriegs war es weitgehend gelungen, ihn einzudämmen und abzuschrecken. Ein neuer Krieg könne genau das auslösen, was man verhindern wolle – Saddam würde toben, in einem letzten Verzweiflungskampf würde er möglicherweise seine Massenvernichtungswaffen einsetzen.

Was die nachrichtendienstliche Seite der Angelegenheit angehe, sei, wie der Präsident ja wisse, das Problem ebenfalls gewaltig, sagte Powell. Sie hatten es nicht geschafft, Bin Laden, Mullah Omar und die anderen Führer von al-Qaida und Taliban in Afghanistan zu finden. Sie wußten nicht, wo Saddam steckte. Saddam kannte alle Arten von Kniffen und Tricks. Ihm stand ein ganzer Staat zur Verfügung, um sich zu verstecken. Sie sollten sich besser nicht auf eine weitere, möglicherweise erfolglose Menschenjagd einlassen.

Powells Darstellung war ein aus Analyse wie Emotion gespeister Ausbruch, der seine gesamte Erfahrung umfaßte – 35 Jahre im

Militär, als früherer nationaler Sicherheitsberater und nun als Außenminister. Der Präsident schien interessiert, während er zuhörte, und stellte Fragen, gab aber kaum Kontra.

Und Powell erkannte, daß seine Argumentation zur Frage aufforderte, Nun, und was tun wir? Er wußte, Bush schätzte, ja er verlangte Lösungen, und der Minister wollte seine Ansichten bis zur letzten Konsequenz entwickeln. „Sie können sich immer noch um ein Bündnis oder ein Eingreifen der Vereinten Nationen bemühen, damit geschieht, was getan werden muß", sagte er. Man müsse sich um internationale Unterstützung bemühen. Die Vereinten Nationen waren nur ein Weg. Aber irgendein Weg, Verbündete zu gewinnen, mußte gefunden werden. Ein Krieg gegen den Irak konnte sehr viel komplizierter und blutiger sein als der Krieg in Afghanistan, der Beweisstück A war für die Notwendigkeit eines Bündnisses.

Der Präsident sagte, er ziehe ein internationales Bündnis vor, und es habe ihm sehr gefallen, ein solches für den Krieg in Afghanistan aufzubauen.

Powell erwiderte, er glaube, daß man sich immer noch der Unterstützung der internationalen Gemeinschaft versichern könne.

Was denke er, welche Anreize und Motive bei einigen der entscheidenden Mitspieler wie etwa den Russen und Franzosen eine Rolle spielten? Was würden sie tun?

Was die Diplomatie angehe, sagte Powell, so glaube er, der Präsident und die Administration könnten die meisten Länder auf die Seite Amerikas ziehen.

Der Außenminister spürte, daß das Gespräch mehrmals an Spannung zunahm, wenn er Druck ausübte, am Ende jedoch war er davon überzeugt, nichts ungesagt gelassen zu haben.

Der Präsident dankte ihm. Es hatte zwei Stunden gedauert – das waren nicht die clintonschen, Diskussionen-bis-spät-in-die-Nacht-Ausmaße, aber für den Präsidenten und Powell war es außergewöhnlich. Powell hatte das Gefühl, er hatte seine Argumente auf den Punkt gebracht. Das vertrauliche Gespräch allein mit Bush und Rice bedeutete, daß nicht haufenweise atmosphärische Störungen aus anderen Ecken – Cheney und Rumsfeld – kamen.

Rice formulierte in Gedanken eine Überschrift: „Powell plädiert für ein Bündnis als einzigen Weg zum Erfolg."

„Das war phantastisch", sagte Rice am nächsten Tag bei einem Telefongespräch mit Powell, „und wir sollten es öfters wiederholen."

Ein Hinweis auf die potentielle Bedeutung des Abends bestand darin, daß Card am nächsten Tag Powell anrief und ihn bat, hinüber zu kommen und ihm denselben Vortrag zu halten, mit den Notizen und allem.

Das Dinner war ein voller Erfolg, merkte Powell.

BUSH REISTE am Nachmittag des folgenden Tages ab, um sich in Crawford zu erholen, während das Thema Irak in den Medien immer noch die erste Geige spielte. Es gab kaum andere Themen, und Spekulationen über den Irak füllten sämtliche Leerstellen. Jeder noch lebende ehemalige nationale Sicherheitsberater oder ehemalige Außenminister, der noch einen Stift heben konnte, war draußen und gab seine oder ihre Ansichten zum besten.

Am Mittwoch, dem 14. August, trafen die Chefs ohne den Präsidenten in Washington zusammen.

Powell sagte, sie müßten darüber nachdenken, eine Koalition für das Vorgehen gegen den Irak zu gewinnen, oder zumindest irgendeine Art von internationalem Rückhalt. Die Briten seien auf unserer Seite, bemerkte er, aber ihr Beistand war angesichts des Fehlens irgendeiner Art von internationalem Bündnis oder Rückhalt brüchig. Sie brauchten etwas. Nicht anders sah es bei den meisten anderen Europäern aus, berichtete er, und in ganz Arabien, besonders bei den Freunden Amerikas am Golf, die für den Krieg von größter Wichtigkeit sein würden. Und in der Türkei, die eine gemeinsame Grenze von mehr als hundert Meilen Länge mit dem Irak hatte.

Die erste Gelegenheit für den Präsidenten, nach seinem Urlaub förmlich das Thema Irak zur Sprache zu bringen, sei die geplante Ansprache vor der Vollversammlung der Vereinten Nationen am 12. September, legte Powell dar. Es hatte Gespräche darüber gegeben, ob die Rede von amerikanischen Werten handeln solle oder vom Nahen Osten. Aber Irak sei das wichtigste Thema. „Ich kann mir nicht vorstellen, daß er an diesen Ort geht und nicht darüber spricht", sagte Powell.

Rice stimmte dem zu. In der Atmosphäre ständiger Diskussionen in den Medien nicht über den Irak zu sprechen, konnte darauf hindeuten, daß die Regierung die Bedrohung durch Saddam nicht ernst nahm oder daß sie völlig im geheimen operierte. Und Bush erklärte der Öffentlichkeit gerne wenigstens die generelle Richtung, die seine Politik nehmen würde.

Sie sprachen darüber, daß ihnen ein endloser Prozeß von Debatten, Kompromissen und Verschleppungen in Haus stand, sobald sie die Angelegenheit über die Vereinten Nationen laufen ließen – Wörter, nicht Taten.

„Ja, ich denke, bei der Rede vor den Vereinten Nationen sollte es um den Irak gehen", stimmte Cheney zu. Doch die Vereinten Nationen selbst sollten zum Thema gemacht werden. Sie hatten Herausforderung und Kritik verdient. „Gehen Sie hin und sagen Sie ihnen, es geht nicht um uns. Es geht um euch. Ihr seid bedeutungslos." Die Vereinten Nationen unterließen es, mehr als eine Dekade von Resolutionen durchzusetzen, in denen Saddam aufgefordert wurde, seine Massenvernichtungswaffen zu zerstören und Waffeninspektoren in den Irak zu lassen. Die Vereinten Nationen gingen das Risiko ein, in Bedeutungslosigkeit zu versinken, sie würden zum Verlierer, wenn sie das Notwendige nicht taten.

Rice stimmte dem zu. Die Vereinten Nationen waren inzwischen dem Völkerbund nach dem Ersten Weltkrieg zu ähnlich geworden – einem Debattierclub ohne Biß.

Alle waren der Meinung, daß der Präsident nicht vor die Vereinten Nationen treten und eine Kriegserklärung verlangen sollte. Das war schnell vom Tisch. Sie waren sich alle einig, daß eine Rede über den Irak sinnvoll sei. Angesichts der Bedeutung des Problems, mußte die Thematik angesprochen werden. Aber es gab keine Übereinstimmung darüber, was der Präsident sagen sollte.

Zwei Tage später, am Freitag, dem 16. August, trat der Nationale Sicherheitsrat zusammen, und der Präsident nahm über eine gesicherte Videoschaltung von Crawford aus teil. Für Powell bestand der einzige Sinn dieser Sitzung darin, seine Empfehlung zu unterbreiten, vor die Vereinten Nationen zu treten und um Unterstützung oder irgendeine Form von Bündnis nachzusuchen. Den Krieg unilateral zu führen, wäre schwierig, beinahe ausgeschlossen, sagte Powell. Zumindest sollten die Vereinigten Staaten den Versuch unternehmen, andere Länder zum Mitmachen zu bewegen.

Der Präsident fragte einen nach dem anderen nach seiner Meinung, und es gab allgemeine Unterstützung dafür, den Vereinten Nationen eine Chance zu geben – sogar Cheney und Rumsfeld waren dafür.

Gut, sagte Bush schließlich. Er befürwortete den Weg – eine Rede vor den Vereinten Nationen über den Irak. Sie dürfe nicht zu scharf sein, warnte er sie, oder die Meßlatte zu hoch legen, so daß allen klar wäre, daß der Versuch nicht ernst gemeint war. Er wollte den Vereinten Nationen eine Chance geben.

Powell verließ die Sitzung mit dem Gefühl, sie seien sich einig geworden, und er fuhr zur Erholung in die Hamptons auf Long Island, New York.

VIER TAGE SPÄTER reiste ich nach Crawford, Texas, um am 20. August 2002 mein letztes Gespräch mit Präsident Bush zu führen. Einige seiner engsten Mitarbeiter hatten mir geraten, in Crawford mit ihm zu sprechen, dort fühle er sich am wohlsten. Es waren elf Monate seit den Terroranschlägen vergangen. Das Ehepaar Bush hatte sich ein schönes, kleines einstöckiges Haus in einem abgelegenen Winkel ihrer 1600 Acres großen Ranch bauen lassen. Vom Wohnhaus überblickt man einen künstlichen See. Als Urlauber trug der Präsident Jeans, ein kurzärmeliges Hemd und schwere Cowboystiefel. Er machte einen entspannten und konzentrierten Eindruck.

Die meisten meiner Fragen drehten sich um den Krieg in Afghanistan und um den umfassenderen Krieg gegen den Terrorismus. Seine Antworten werden in diesem Buch voll und ganz wiedergegeben. Aber der Präsident machte noch eine Reihe von Bemerkungen, die es wert sind, an dieser Stelle auf sie einzugehen.

Ich fragte Bush, ob er und das Land genug für den Krieg gegen den Terror getan hätten. Die Möglichkeit eines gewaltigen Großangriffs stand immer noch drohend über uns. Aber das Ausbleiben eines Angriffs verstärkte das Gefühl der Normalität. Washington und New York 2002 konnten nicht weiter von London 1940 oder Amerika nach dem 7. Dezember 1941 entfernt sein. Er hatte das Land nicht auf den Kriegspfad geführt, hatte keine Opfer von einer großen Zahl seiner Bürger gefordert, hatte nicht den in seinen Augen undenkbaren und drakonischen Schritt unternommen, die Steuern zu erhöhen oder seine Steuersenkung von 2001 zu widerrufen. War es nicht möglich, daß er, bedachte man die Bedrohung und die Zerstörungen des 11. September, zu wenig Kräfte aufgeboten hatte?

„Wenn wir bald wieder einen Schlag einstecken müssen, einen großen, spektakulären", fragte ich ihn, „werden die Menschen zurückschauen und sagen, wir haben eine Menge getan, aber war es genug?"

„Die Antwort auf ihre Frage lautet: Wo soll man mobilisieren? Wir mobilisieren in dem Sinn, daß wir Geld ausgeben", sagte Bush. Er erwähnte die großen Budgeterhöhungen für das FBI, die CIA, die Feuerwehr und andere Institutionen, die in erster Linie auf Terrorangriffe zu reagieren haben.

Ich sagte, daß jemand mir gegenüber erwähnt habe, es gebe nur 11 000 FBI-Agenten, aber fast 180 000 US-Marineinfanteristen. Könnten nicht einige dieser Marines, unter denen sich hervorragende Geheimdienstler und Sicherheitsexperten befinden, Flughäfen und anderen gefährdeten potentiellen Zielen zugeteilt werden? Er widme den größten Teil seiner Zeit Problemen des Krieges und der inneren Sicherheit. Bei Rice lag der Anteil wahrscheinlich bei achtzig Prozent. Wo war der Rest der Regierung?

„Das ist eine interessante Frage", erwiderte er. „Die Antwort lautet, wenn sie uns schwer treffen, dann heißt die Antwort nein – daß er nicht genug unternahm. „Wenn sie uns keinen weiteren schweren Schlag zufügen, dann lautet die Antwort, wir haben das Richtige getan."

Ich sagte, daß ich mit Karl Rove darüber gesprochen hätte, der sagte, letztlich werde der Krieg daran gemessen, was dabei herauskomme. „Alles wird nach dem Ergebnis bewertet", hatte Rove gesagt. „Der Sieger hat immer recht. Die Geschichte schreibt dem Sieger Eigenschaften zu, über die er in Wahrheit verfügt haben mag oder nicht. Und nicht anders sieht es mit dem Verlierer aus."

Bush stimmte dem zu, sagte aber, das Problem bestehe darin, daß der Krieg sich in eine Art internationale Menschenjagd verwandelt habe. Die Terroristen müßten einer nach dem anderen zur Strecke gebracht werden. Dabei gehe es keineswegs nur darum, das zu befriedigen, was er als „öffentliche Blutgier" bezeichnete. Gleichzeitig war es ihm klar, wie wichtig es war, Bin Laden zu fassen – der Führung von al-Qaida „den Kopf abzuschlagen".

Er war der Meinung, es gebe keinen überzeugenden Beweis, daß Bin Laden entweder noch lebe oder aber tot sei. Er war verwundert, daß es kein Lebenszeichen von ihm gab, nicht eine einzige Botschaft auf Tonband. „Ich weiß nur eines, er ist ein Größenwahnsinniger", sagte Bush. „Ist er so diszipliniert, daß er neun Monate lang schweigen kann?"

„Warum haben diese Leute nicht wieder zugeschlagen?" fragte ich.

„Nun, vielleicht machen wir einfach unsere Sache ganz gut", erwiderte Bush. Vielleicht aber auch nicht. Die Fahnder hatten herausgefunden, daß die Angriffe vom 11. September mindestens zwei Jahre lang geplant worden waren. Vielleicht, gab er zu verstehen, habe er die andere Seite unterschätzt. Vielleicht verwandten sie viel mehr Zeit auf ihre langfristigen Bemühungen, so daß das, was möglicherweise gerade in diesem Augenblick passiere, schon seit langem vorbereitet worden sei.

Der Präsident beschwor eine noch entsetzlichere Aussicht. Die größte Sorge des FBI sei es, daß Mitglieder von al-Qaida, „kalte, berechnende Killer", so nannte er diese Leute, in der amerikanischen Gesellschaft untergetaucht seien, daß sie in irgendwelchen Apartments im Grünen oder sonstwo säßen und darauf warteten, zu einem vorher bestimmten Zeitpunkt zuzuschlagen. „Vielleicht gibt es einen Planungszyklus von vier Jahren", sagte er.

ICH WOLLTE VERSUCHEN, den umfassenderen Ansatz oder die Philosophie des Präsidenten im Hinblick auf die Außenpolitik und die Kriegführung zu verstehen. Die Taliban waren entmachtet, aber vielleicht war Bin Laden entkommen, und ganz gewiß war dies vielen Mitgliedern seines al-Qaida-Netzwerks gelungen. Weitere terroristische Attacken wurden erwartet. Die Vereinigten Staaten hatten jetzt etwa 7000 Mann am Boden im Einsatz in Afghanistan, das immer noch ein gefährliches, instabiles Land war. Karzai schwebte ununterbrochen in Lebensgefahr, obwohl Angehörige der amerikanischen Special Forces als seine Leibgarde fungierten.

Die theoretischen Äußerungen, die Bush gemachte hatte, er werde nicht am *nation building* teilhaben, waren angesichts der Notwendigkeit, Afghanistan zusammenzuhalten, fast vollständig fallengelassen worden. Zeitweise betätigte er sich gleichsam als der oberste Finanzbeamte und Geldeintreiber Afghanistans.

„Wenn ich einmal gefragt habe, habe ich zwanzigmal hinterhergefragt, ich möchte die Finanzplanung der afghanischen Regierung sehen", sagte Bush. „Wer schuldet Geld? Gestern habe ich einen Brief geschrieben, in dem ich diese Leute drüben in Europa zu Geldüberweisungen auffordere." Er hatte herausbekommen, daß es im Jahr nur 500 Dollar kostet, einen ausgebildeten afghanischen Soldaten zu besolden. „Ich habe die Ansicht vertreten, daß es sinnlos ist, Leute militärisch auszubilden und sie dann nicht zu bezahlen."

Bis zu jenem Tag in Crawford hatte ich nicht von den weitreichenden Ambitionen gewußt, die Bush für seine Präsidentschaft und für die Vereinigten Staaten hegt. Die meisten Präsidenten haben große Hoffnungen. Einige haben großartige Visionen dessen, was sie erreichen wollen, und er stand fest in diesem Lager.

„Ich werde die Chance ergreifen, Großes zu verwirklichen", teilte mir Bush mit, als wir in einem großen Raum seines Wohnhauses saßen, während eine angenehme Brise durch die Vorhänge wehte. „Es gibt nichts Größeres, als den Weltfrieden zu erreichen."

Handeln diene nicht nur strategischen Zwecken oder der Verteidigung, sagte er. „Sehen Sie mal, es ist wie mit dem Irak", sagte er. „Condi wollte nicht, daß ich darüber rede." Er und Rice, die bei diesem Gespräch dabei war, lachten. „Aber Augenblick mal", fuhr er fort, „nur als Nebenbemerkung, und wir werden sehen, ob es sich bestätigt. Ganz sicher wird ein Regimewechsel im Irak strategische Implikationen haben, wenn wir vorwärts gehen. Aber es gibt noch etwas darunter, soweit es mich betrifft, und das ist, daß es dort enormes Leid gibt."

Bush blickte zu Rice hinüber. „Oder Nordkorea" fügte er schnell hinzu. „Lassen Sie mich über Nordkorea sprechen." Doch er schien auch den Irak zu meinen. Irak, Nordkorea und der Iran waren die „Achse des Bösen", von der er in seiner Rede zur Lage der Nation gesprochen hatte.

Der Präsident saß nach vorn gebeugt in seinem Stuhl. Ich hatte fast den Eindruck, er würde hochspringen, so stark erregte er sich, als er sich über den Führer Nordkoreas äußerte.

„Ich verabscheue Kim Jong Il!", schrie Bush und fuchtelte dabei mit seinem Finger in der Luft. „Ich reagiere instinktiv auf diesen Kerl, denn er läßt sein Volk verhungern. Ich habe Geheimberichte über diese Konzentrationslager gesehen – sie sind riesig –, und er benutzt sie dazu, Familien auseinanderzureißen, Leute zu foltern. Ich bin entsetzt, wenn ich…"

Ich fragte ihn, ob er eine der Satellitenaufnahmen der Lager gesehen habe, die amerikanische Geheimdienste angefertigt hatten.

„Ja, sie entsetzen mich." Er frage sich, wie die zivilisierte Welt einfach danebenstehen und den nordkoreanischen Präsidenten hätscheln könne, während er sein Volk verhungern ließ. „Es kommt aus dem Bauch heraus. Vielleicht ist es meine Religion, vielleicht ist es mein – ich reagiere mit Zorn darauf." Er fügte hinzu, er sei sich auch dessen bewußt, daß die Nordkoreaner über eine gewaltige Militärmacht verfügten, die darauf aus sei, Amerikas Verbündeten Südkorea niederzuwalzen.

„Ich bin nicht verrückt", fuhr der Präsident fort. „Man rät mir, nicht zu schnell vorzugehen, denn die finanziellen Belastungen für die Menschen werden gewaltig sein, wenn wir versuchen – wenn dieser Kerl doch zu kippen wäre. Wer sollte sich darum kümmern – ich akzeptiere das einfach nicht. Entweder man glaubt an die Freiheit und will – und macht sich Gedanken über die Lage der Menschen, oder man tut es nicht."

Für den Fall, daß ich die Botschaft nicht verstanden hätte, fügte er noch hinzu: „Was die Menschen im Irak angeht, habe ich, nebenbei gesagt, die gleichen Gefühle." Er sagte, daß Saddam Hussein seine Bevölkerung in den abseits gelegenen schiitischen Gebieten verhungern lasse. „Es gibt dort menschliche Lebensbedingungen, über die wir uns Gedanken machen müssen."

„Da wir uns mit der Irak-Frage befassen – vielleicht greifen wir an, vielleicht nicht. Ich weiß es noch nicht. Aber wenn wir kämpfen, dann wird es darum gehen, die Welt friedlicher zu machen."

„In Afghanistan", sagte er, „wollte ich, daß wir als Befreier angesehen werden."

Ich fragte ihn besonders nach der Phase Ende Oktober 2001, als er seinem Kriegskabinett mitgeteilt hatte, eine Koalition werde weniger durch Konsultation zusammengehalten als durch eine starke amerikanische Führung, die den Rest der Welt dazu bringe sich anzupassen.

„Nun", sagte der Präsident, „man kann die Lösung eines Problems nicht einfach herbeireden. Und die Vereinigten Staaten befinden sich heutzutage in einer einzigartigen Position. Wir sind die Führungsmacht. Wer führt, muß zweierlei miteinander verbinden: die Fähigkeit, anderen zuzuhören und gleichzeitig zu handeln.

Ich glaube an Ergebnisse. Ich habe einmal gesagt, die Welt sieht genau zu, sie läßt sich durch Resultate beeindrucken und wird sich davon beeindrucken lassen. Es ist in vielfacher Hinsicht wie bei der Kapitalbildung. Es ist für uns ein Weg, Kapital in einer Koalition anzusammeln, die möglicherweise brüchig ist. Und der Grund, warum sie brüchig sein wird, besteht darin, daß es ein Ressentiment gegen uns gibt.

Ich meine, wenn sie Ressentiments kennenlernen wollen, dann achten Sie einmal auf das Wort Unilateralismus. Nun, das ist Ressentiment. Wenn irgend jemand etwas Gemeines über uns sagen will, dann heißt es: ‚Bush ist ein Unilateralist, Amerika ist unilateralistisch.' Was ich eigentlich ganz amüsant finde. Aber ich bin auch – ich habe an Sitzungen teilgenommen, wo es immer hieß: ‚Wir dürfen nichts unternehmen, ehe wir nicht unter uns allen Übereinstimmung hergestellt haben.'"

Bush sagte, seiner Ansicht nach sei Einmütigkeit gar nicht das Thema, und ich war überrascht über den Reichweite seiner nächsten Bemerkung:

„Wir werden in der Frage der Gewalt und des Gebrauchs von Gewalt niemals Übereinstimmung mit allen herstellen können", erklärte er, und deutete damit an, daß ein internationales Bündnis oder die Vereinten Nationen möglicherweise nicht die richtigen Mittel seien, mit gefährlichen Schurkenstaaten fertig zu werden. „Aber Handeln – selbstbewußtes Handeln, das positive Resultate erzielt, führt zu einer Art Windschatten, in den zögernde Nationen und Staatsmänner hineingehen können und sich selber zeigen können, daß – in Richtung Frieden etwas Positives geschehen ist."

Bush sagte, ein Präsident habe sich tagtäglich mit sehr vielen taktischen Auseinandersetzungen um Haushaltsbeschlüsse und Kongreßresolutionen abzugeben, aber er sehe seine Aufgabe und seine Verantwortlichkeiten in einem sehr viel größeren Rahmen. Sein Vater hatte mit gewisser Regelmäßigkeit den Begriff der Vision oder dieses

„Visionsdingsda" als wenig hilfreich verspottet. Daher war ich sehr überrascht, als der jüngere Bush erklärte: „Die Aufgabe besteht – na ja, Visionen sind eine wichtige Sache. Das ist eine weitere Lektion, die ich gelernt habe."

Seine Vision umfaßt ganz gewiß eine ehrgeizige Neuordnung der Welt durch vorbeugendes und wenn es sein muß unilaterales Handeln, um Leiden zu mildern und Frieden zu schaffen.

Während des Interviews sprach der Präsident ein Dutzend Mal von seinen „Instinkten" oder seinen „instinktiven Reaktionen", so beispielsweise, als er den Satz formulierte: „Ich handele nicht nach Lehrbüchern, ich handele aus dem Bauch heraus." Es ist vollkommen klar, daß Bushs Handlungsweise als Politiker, Präsident und Oberkommandierender von einem diesseitigen Glauben an seine Instinkte geprägt ist – seine natürlichen und spontanen Schlüsse und Urteile. Seine Instinkte sind ihm fast seine zweite Religion.

Als ich direkt nach Powells Beiträgen fragte, gab der Präsident eine laue Antwort. „Powell ist ein Diplomat", erwiderte Bush. „Es ist gut, einen Diplomaten zu haben. Eigentlich halte ich mich persönlich für einen recht ordentlichen Diplomaten, aber niemand teilt diese Ansicht. Wissen Sie, ich würde mich nicht ausdrücklich als einen Diplomaten bezeichnen. Jedenfalls ist er ein diplomatischer Mann, der Kriegserfahrung besitzt."

Ich wollte wissen, ob Powell um persönliche Gespräche gebeten habe.

„Nun, er greift nicht einfach zum Telefon und sagt, ich muß mit Ihnen sprechen", berichtete Bush. Er bestätigte, daß er persönliche Gespräche mit Powell führe, bei denen auch Rice anwesend sei. „Lassen Sie mich einmal über Powell nachdenken. Mir fällt da etwas ein. Er konnte sehr gut mit Musharraf umgehen. Er ganz allein hat ihn an Bord geholt. Darin war er sehr gut. Er begriff die Notwendigkeit, eine Koalition zusammenzubringen."

„ICH MÖCHTE IHNEN etwas zeigen", schlug der Präsident nach knapp zweieinhalb Stunden vor. Wir gingen nach draußen, und er kletterte hinter das Steuer seines *Pickup truck* und schob mich zum Beifahrersitz, Rice und eine weibliche Mitarbeiterin des Secret Service quetschen sich in die engen Rücksitze. Barney, der Scotchterrier des Präsidenten, nahm vorne zwischen uns Platz und befand sich bald auf dem Schoß seines Herrn.

Wir kurvten langsam von der Ebene in ein enges Tal hinab, wo erstaunliche Felsformationen von etwa zwanzig bis dreißig Meter Höhe in der Ferne zu sehen waren. Der Präsident nahm jede Kurve auf der Schotterstraße langsam, den weiten Raum genießend. Er gab Kommentare über die Bäume und das Land, die tiefen Wälder und die weiten Ebenen ab. Er nahm Notiz von umgestürzten Bäumen, die man würde zerhacken müssen, oder von Baumgruppen, die prächtig zu gedeihen schienen. Er wies auf Stellen, wo er persönlich Zedern geschlagen hatte, einen in dieser Region fremden Baum, der Eichen und anderen Harthölzern in seiner Nähe wertvolles Wasser und Licht entzog.

Der Präsident schien ein bestimmtes Ziel im Sinn zu haben, als er das Fahrzeug an einer versteckten Stelle unter Bäumen fuhr und anhielt. Wir stiegen aus, nachdem wir vielleicht drei Kilometer weit über seinen Besitz gefahren waren. Rice verkündete, sie werde im Wagen bleiben, sie habe nicht die richtigen Schuhe an. Die Mitarbeiterin des Secret Service folgte uns ebenfalls nicht, und so gingen der Präsident und ich allein auf eine Brücke aus Holz zu, die knapp zwanzig Meter entfernt war.

Als wir über die Brücke gingen, sahen wir eine gewaltige Felsformation aus Kalkstein vielleicht vierzig Meter breit über uns aufragen, sie war fast weiß, halbmondförmig, und hing steil über. Man hatte den Eindruck, eine riesige Muschelschale sei aus einem texanischen Cañon gewachsen. Ein winziger natürlicher Wasserfall ergoß sich aus der Mitte des überhängenden Felsens. Alt sah der Fels aus, so alt wie die römischen Katakomben. In der Luft lag ein süßlicher, stechender Geruch, den ich nicht erklären konnte. Bush begann, Steine gegen den Felsvorsprung zu werfen, und ich machte kurze Zeit mit.

Als wir zurückgingen, kam der Präsident erneut auf das Thema Irak zu sprechen. Seine Blaupause oder Modell der Entscheidungsfindung in einem wie immer gearteten Krieg gegen Irak, sagte er mir, sei in der Geschichte zu finden, die ich jetzt zu erzählen versuchte – die ersten Monate des Krieges in Afghanistan und der weitgehend unsichtbare Geheimkrieg der CIA gegen den Terrorismus in aller Welt.

„Sie haben die Geschichte beisammen", sagte er. Sehen Sie sich genau an, was sie haben, schien er sagen zu wollen. Wenn man es zusammenfügte, war alles darin enthalten – was er gelernt hatte, wie er sich in die Präsidentschaft gefunden hatte, sein Konzentrieren auf große Ziele, wie er Entscheidungen fällte, warum er sein Kriegskabinett provozierte und Menschen zum Handeln drängte.

Ich bemühte mich, die Bedeutung all dessen zu verstehen. Zunächst schienen mir diese Bemerkung und das, was er davor gesagt hatte, darauf hinzudeuten, daß er zu einem Angriff gegen den Irak neige. An einer früheren Stelle unseres Gesprächs hatte er jedoch gesagt: „Ich gehöre zu der Art von Leuten, die sichergehen wollen, daß alle Risiken ins Kalkül gezogen werden. Aber ein Präsident analysiert ständig und fällt ständig Entscheidungen, die mit Risiken zu tun haben, besonders im Krieg – Risiken, die man eingeht im Verhältnis zu dem, was erreicht werden kann." Was er erreichen wollte schien klar: Er wollte Saddam weg haben.

Bevor er wieder in den Wagen stieg, fügte Bush noch ein weiteres Stückchen zum Irak-Puzzle hinzu. Ihm sei bislang noch kein erfolgversprechender Plan für den Irak unter die Augen gekommen, sagte er. Er müsse vorsichtig und geduldig sein.

„Ein Präsident", so fügte er hinzu, „möchte gern ein militärisches Konzept haben, das erfolgreich sein wird."

„CHENEY SAGT, die Gefahr eines nuklearen Iraks rechtfertigt Angriff", las Powell in seinem Urlaub am Morgen des 27. August in der *New York Times*. Das war der Leitartikel. Der Vizepräsident hatte am Tag zuvor eine Hardliner-Rede gehalten und dabei erklärt, die Waffeninspektionen seien weitgehend nutzlos. „Eine Rückkehr der Inspektoren würde in keiner Weise garantieren, daß der Irak sich an die Resolutionen der Vereinten Nationen hält", hatte Cheney gesagt. „Im Gegenteil, es besteht eine große Gefahr, daß dadurch ein falsches Gefühl der Sicherheit ausgelöst würde, daß Saddam irgendwie ‚wieder in seiner Schachtel' verschwunden sei." Er formulierte seine tiefen Sorgen wegen der Massenvernichtungswaffen, die er im

Kriegskabinett schon oft ausgesprochen hatte. In den Händen eines „mörderischen Diktators" seien diese Waffen „die schwerste Bedrohung, die man sich vorstellen kann. Das Risiko, das mit Untätigkeit verbunden ist, ist viel größer als das Risiko des Handelns." Cheneys Rede wurde weithin als Ausdruck der Regierungspolitik interpretiert. Der Ton war scharf und unversöhnlich. Sie erwähnte Konsultationen mit Verbündeten, lud aber andere Länder nicht dazu ein, sich einem Bündnis anzuschließen.

Powell staunte. Es sah aus wie eine Präventivangriff auf das, von dem er annahm, man habe sich vor zehn Tagen darauf geeinigt – den Vereinten Nationen eine Chance zu geben. Darüber hinaus stand der Hieb gegen die Waffeninspektionen im Gegensatz zu Bushs wiederholten Versicherungen, der nächste Schritt solle darin bestehen, die Waffeninspektoren wieder in den Irak zu lassen. Das war das, um was jeder – die Vereinten Nationen und die Vereinigten Staaten – in der Auseinandersetzung mit Saddam seit 1998 gekämpft hatte, als der Diktator in Bagdad die Inspektoren hinausgeworfen hatte.

Am Tag nach Cheneys Rede traf Rumsfeld mit 3000 Marineinfanteristen in Camp Pendleton in Kalifornien zusammen. „Ich weiß nicht, wie viele Länder sich beteiligen werden, wenn der Präsident entscheidet, daß die Risiken des Nichtstuns größer sind als die Risiken des Handelns", sagte Rumsfeld. Powell entschlüsselte das so: Cheney hatte erklärt, es sei riskant, nicht zu handeln, und Rumsfeld hatte gesagt, er wisse nicht, wie viele Länder sich anschließen würden, wenn der Präsident mit Cheney übereinstimmte. Rumsfeld hatte auch gesagt, daß, wenn man das Richtige unternehme, „man zu Beginn einsam dastehen könne" – ein neuer Begriff für das Handeln auf eigene Faust, mit anderen Worten: den Unilateralismus.

Um die Dinge noch schlimmer zu machen, begann die BBC damit, Zitate aus einem Interview zu verbreiten, das Powell früher gegeben und in dem er gesagt hatte, es wäre „nützlich", mit den Waffeninspektionen wieder zu beginnen. „Der Präsident hat deutlich seine Überzeugung zum Ausdruck gebracht, daß die Waffeninspektoren zurückkehren sollten", hatte Powell gesagt. „Der Irak hat während der meisten Zeit der letzten elf Jahre viele Resolutionen der Vereinten Nationen verletzt. Daher, als erster Schritt, laßt uns mal sehen, was die Inspektoren herausfinden. Schickt sie wieder ins Land."

Es tauchten neue Berichte auf, in denen es hieß, Powell habe Cheney widersprochen oder scheine es zumindest zu tun. Plötzlich erkannte Powell, daß der öffentliche Eindruck von der Politik der Administration in der Frage der Inspektoren im Irak im Gegensatz zu der Realität stand, die er kannte. Einige Leitartikler beschuldigten Powell der Illoyalität. Er zählte sieben Leitartikel, in denen direkt oder indirekt sein Rücktritt gefordert wurde. Aus seiner Sicht war die Hölle los. Wie kann ich illoyal sein, fragte er sich, wenn ich die vom Präsidenten formulierte Position wiedergebe?

Als Powell aus seinem Urlaub zurückkehrte, bat er um ein weiteres vertrauliches Gespräch mit dem Präsidenten. Rice schloß sich ihnen zum Lunch am 2. September, dem Labor Day, an, als Powell die Konfusion des August zusammenfaßte. War es nicht die Position des Präsidenten, daß die Waffeninspektoren wieder in den Irak gehen sollten?

Bush sagte, so sei es, allerdings sei er skeptisch, ob das funktionieren werde. Er bestätigte, daß er entschlossen sei, vor die Vereinten Nationen zu treten und Unterstützung in der Auseinandersetzung mit dem Irak zu fordern. Das bedeutete praktisch, eine neue Resolution zu verlangen. Powell war zufrieden, als er nach Südafrika reiste, um an einer Konferenz teilzunehmen.

Am Freitag abend, dem 6. September, war Powell zurück und nahm an der Chefbesprechung ohne den Präsidenten in Camp David teil.

Cheney argumentierte, daß man sich wieder in den Verfahrensdschungel der Vereinten Nationen hineinbegebe, wenn man sich um eine neue Resolution bemühe – das sei aussichtslos, dauere ewig und führe zu keinem Ergebnis. Der Präsident solle nur eines verkünden: Saddam ist ein Schurke, er hat die Resolutionen der Vereinten Nationen in der Vergangenheit bewußt verletzt, ignoriert und auf ihnen herumgetrampelt, und die Vereinigten Staaten behalten sich das Recht vor, unilateral gegen ihn vorzugehen.

Aber auf diese Weise bittet man die Vereinten Nationen nicht um Unterstützung, erwiderte Powell. Die Vereinten Nationen würden doch nicht einfach alles über den Haufen werfen, Saddam zum Bösewicht erklären und die Vereinigten Staaten beauftragen, militärisch einzugreifen. Das würden die Vereinten Nationen auf keinen

Fall schlucken. Die Vorstellung sei überhaupt nicht zu verkaufen, meinte Powell. Der Präsident habe bereits entschieden, den Vereinten Nationen eine Chance zu geben, und die einzige Methode dies zu tun, bestehe darin, eine Resolution zu verlangen.

Cheney war völlig fixiert auf ein Vorgehen gegen Saddam. Es war, als ob alles andere nicht existiere.

Powell unternahm den Versuch, die Konsequenzen eines unilateralen Vorgehens zusammenzufassen. Bei einem Alleingang würde er die amerikanischen Botschaften überall in der Welt schließen müssen.

Das sei überhaupt nicht das Thema, sagte Cheney. Saddam und die unübersehbare Bedrohung sei das Thema.

Vielleicht würde das Ergebnis anders aussehen, als der Vizepräsident annehme, sagte Powell. Ein Krieg könne vielerlei unerwartete und unbeabsichtigte Folgen auslösen.

Das ist nicht das Thema, sagte Cheney.

Das Gespräch geriet explosionsartig zu einer heftigen Auseinandersetzung, die sich gerade noch in den Grenzen der Höflichkeit hielt, sich aber nicht von den förmlichen Umgangsformen entfernte, die Cheney und Powell im Verhältnis zueinander üblicherweise an den Tag legten.

Am nächsten Morgen nahmen die Chefs an einer Sitzung des Nationalen Sicherheitsrats mit dem Präsidenten teil. Sie spulten noch einmal alle Argumente ab, und Bush schien bereit, sich um eine UN-Resolution zu bemühen.

Während an der Präsidentenrede gefeilt wurde, übten Cheney und Rumsfeld weiterhin Druck aus. Das Verlangen nach einer Resolution würde die Vereinigten Staaten in den Sumpf der Diskussion und des Zögerns bei den Vereinten Nationen hineinsteuern, und Saddam die Möglichkeit eröffnen, mit den Vereinten Nationen zu verhandeln. Er werde anbieten, sich zu fügen, dann aber wie stets alle übers Ohr hauen.

Schließlich wurde das Ersuchen nach einer Resolution aus der Rede gestrichen. Die Sitzungen, in denen es um den Entwurf ging, gingen tagelang weiter. Die Rede griff die Vereinten Nationen an, weil sie die Waffeninspektionen im Irak nicht durchgesetzt hatten, besonders in den vier Jahren, seitdem Saddam die Inspektoren rausgeschmissen hatte.

„Sie können das nicht alles sagen", argumentierte Powell, „ohne von den Vereinten Nationen zu verlangen, etwas zu unternehmen. Diese Rede ist nicht auf Taten ausgerichtet.

Es heißt in der Rede, hier ist, was er falsch gemacht hat, hier ist, was er machen muß, um die Sache in Ordnung zu bringen, und dann soll Ende der Durchsage sein?" wollte Powell einigermaßen verwundert wissen. „Sie müssen unbedingt etwas verlangen."

Also hatten die Chefs nun einen Streit darüber, was zu fordern sei. Wie sollte das „Fordern" aussehen?

Sie einigten sich schließlich darauf, daß Bush die Vereinten Nationen zum Handeln auffordern solle.

Powell akzeptierte das, denn das einzige Instrument, durch das die Vereinten Nationen wirklich handelten, waren Resolutionen. Das also war das implizierte Handeln. Ein neue Resolution zu fordern, hätte die Sache wirklich festgenagelt, doch Powell gab sich mit dem Verlangen nach „Handeln" zufrieden.

Tony Blair sagte Bush unter vier Augen, der Präsident müsse den Weg über eine Resolution der Vereinten Nationen gehen. David Manning, der nationale Sicherheitsberater der Briten, erzählte Rice dasselbe.

ZWEI TAGE bevor der Präsident vor den Vereinten Nationen auftreten sollte, sah Powell den einundzwanzigsten Entwurf des Textes der Rede durch, den das Weiße Haus ihm zugeschickt hatte, über und über mit „vertraulich" und „dringend" bestempelt. Auf Seite acht gab Bush das Versprechen ab, mit den Vereinten Nationen zusammenzuarbeiten, um sich „unserer gemeinsamen Herausforderung zu stellen". Es gab keine Aufforderung zum Handeln an die Vereinten Nationen.

Bei einer Chefbesprechung ohne den Präsidenten unmittelbar vor Bushs Abreise nach New York formulierte Cheney seinen Widerspruch dagegen, daß der Präsident ausdrücklich nach neuen Resolutionen verlange. Es sei eine Frage der Taktik und der Glaubwürdigkeit des Präsidenten, argumentierte der Vizepräsident. Man nehme einmal an, der Präsident bitte darum, und der Sicherheitsrat lehne ab. Saddam war ein Meister der Irreführung. Er würde betrügen und sich zurückziehen, würde einen Weg finden, das Verlangte rauszuzögern. Notwendig war, Saddam zu entmachten. Wenn er die Vereinigten Staaten oder sonst jemanden mit den Massenvernichtungswaffen angriffe, die ihm zur Verfügung stehen – und das im großen Stil –, dann würde die Welt den Amerikanern das Nichtstun und den plötzlichen Einfall, sich in semantische Debatten über UN-Resolutionen einzulassen, nie verzeihen.

Rumsfeld sagte, sie müßten aus Prinzip fest bleiben, stellte dann aber eine Reihe rhetorischer Fragen, wobei er nicht besonders auf die Sprache achtete.

Cheney und Powell gingen in einer heftigen Auseinandersetzung aufeinander los. Powells Internationalismus stand gegen Cheneys Unilateralismus.

„Ich bin mir nicht sicher, ob wir uns durchgesetzt haben", sagte Powell später zu Armitage.

Am Abend vor der Rede sprach Bush mit Powell und Rice. Er hatte sich dafür entschieden, sich um neue Resolutionen zu bemühen. Zunächst hatte er vor, Powell und Rice den Auftrag zu erteilen, nach seiner Rede zu verbreiten, daß die Vereinigten Staaten gemeinsam mit den Vereinten Nationen daran arbeiten würden. Aber dann fand Bush doch, er könne das genausogut in der Rede selbst aussprechen. Er hatte es gern, persönlich die Schlagzeilen zu beherrschen. Er ordnete an, oben auf Seite acht des Textes einen Satz einzufügen, in dem es hieß, er werde mit dem Sicherheitsrat der Vereinten Nationen im Hinblick auf die notwendigen „Resolutionen" zusammenarbeiten. Diese Textstelle wurde in den letzten und endgültigen Entwurf, es war Nummer vierundzwanzig, eingefügt.

„Er wird es drin haben", meldete Powell an Armitage.

Auf der Rednertribüne im berühmten Saal der Vollversammlung gelangte Bush an die Stelle der Rede, wo er zu sagen hatte, er werde Resolutionen anstreben. Aber die Änderung war nicht in die Kopie für den Teleprompter gelangt. Daher las Busch die alte Zeile vor: „Mein Land wird mit dem Sicherheitsrat der Vereinten Nationen zusammenarbeiten, *um uns der gemeinsamen Herausforderung zu stellen.*"

Powell las parallel Entwurf Nr. 24 mit, dabei alle Änderungen einfügend, die der Präsident spontan vornahm. Sein Herz blieb beinahe stehen. Der Satz über die Resolutionen fehlte! Er hatte ihn nicht gesagt! Das war doch die Pointe!

Doch während Bush den alten Satz vorlas, merkte er, daß der Teil fehlte, in dem es um die Resolutionen ging. Mit einer nur leichten Unbeholfenheit improvisierte er und fügte zwei Sätze später ein: „Wir werden mit dem Sicherheitsrat der Vereinten Nationen wegen der notwendigen Resolutionen zusammenarbeiten."

Powell konnte wieder durchatmen.

Die Rede des Präsidenten war insgesamt ein großer Erfolg. Sie wurde weithin gelobt für ihre Härte, für die Bereitschaft, internationale Unterstützung für seine Irak-Politik anzustreben und für ihre deutliche Aufforderung an die Vereinten Nationen, ihre eigenen Resolutionen durchzusetzen. Das war eine große Hilfe für Powell, der in New York im Hintergrund tätig war, um Beistand für die amerikanische Politik zu mobilisieren, besonders bei Rußland und Frankreich, die als ständige Mitglieder des Sicherheitsrats gegen jede Resolution ein Veto einlegen konnten.

Am nächsten Tag gab der Irak bekannt, er würde wieder Waffeninspektoren ins Land lassen. Nur wenige hielten das für glaubwürdig. Seht ihr, behauptete der Vizepräsident, die Vereinigten Staaten und die Vereinten Nationen werden übers Ohr gehauen, werden zum Narren gehalten.

BUSH GLAUBTE, eine Präventivstrategie sei die einzige Alternative, wenn es ihm ernst damit war, nicht einfach abzuwarten, was passierte. Es gab zwei Tatsachen zu Beginn des 21. Jahrhunderts: erstens, die Möglichkeit eines weiteren massiven, überraschenden, terroristischen Angriffs, ähnlich dem vom 11. September, und zweitens, die Verbreitung von Massenvernichtungswaffen – biologischer, chemischer und nuklearer Art. Sollte beides in den Händen von Terroristen oder eines Schurkenstaates zusammenkommen, dann konnten die Vereinigten Staaten angegriffen werden und Tausende, ja Hunderttausende von Menschen konnten getötet werden.

Darüber hinaus waren der Präsident und seine Mannschaft der Ansicht, daß es praktisch unmöglich war, die Vereinigten Staaten zu schützen und hermetisch abzuriegeln. Selbst mit erhöhten Sicherheitsvorkehrungen und landesweiten Terrorwarnungen war das Land nur unwesentlich sicherer. Die Vereinigten Staaten hatten Pearl Harbor verkraftet und hatten danach den Zweiten Weltkrieg gewonnen. Für den Augenblick hatte die Nation den 11. September überstanden und hatte daraufhin die erste Phase des Krieges in Afghanistan gewonnen. Was würde passieren, wenn es einen Nuklearangriff gab, bei dem Zehntausende oder Hunderttausende umkamen? Ein freies Land könnte sich in einen Polizeistaat verwandeln. Was würden die Bürger, was würde die Geschichte von einem Präsidenten denken, der nicht auf die aggressivste Weise handelte? Wann verlangte die Verteidigung ein aktives Vorgehen?

Condi Rice, Bushs Krisenfeuerwehr, hatte den Eindruck, was Saddam angehe, habe die US-Regierung kaum eine Alternative: „Die niederschmetternde Katastrophe, der totale Alptraum ist es, in ein paar Jahren diesen aggressiven Tyrannen mit Atomwaffen ausgestattet zu sehen, bei seiner Vorgeschichte, seinem Willen und der Bereitschaft, Massenvernichtungswaffen einzusetzen", sagte sie in einem Gespräch. „Soll man diesen Alptraum hinnehmen?" Einige Aufklärungsexperten meinten, in vier bis sechs Jahren würde er über eine Atomwaffe verfügen. „Ich bin schon lange in diesem Geschäft tätig, und die Menschen unterschätzen immer die Zeitdauer, sie überschätzen sie so gut wie nie. Wenn wir falsch liegen, und es vergehen fünf oder sechs Jahre, bevor er uns mit Nuklearwaffen bedroht, dann haben wir einfach zu früh etwas unternommen. Wenn jeder, der zu warten bereit ist, danebenliegt, dann wachen wir in zwei oder drei Jahren auf, und Saddam besitzt eine Atomwaffe und fuchtelt in der unruhigsten Weltgegend damit herum. Welche Entscheidung würden Sie da treffen?

Die Lehre des 11. September lautet: Um Bedrohungen muß man sich frühzeitig kümmern."

Aber der Präsident machte weiter, als sei er bereit, den Vereinten Nationen eine Chance zu geben, und seine Sprache in der Öffentlichkeit wurde sanfter. Anstatt ausschließlich über einen Regimewechsel zu sprechen, erklärte er, daß seine Politik darauf hinauslaufe, den Irak zu veranlassen, seine Massenvernichtungswaffen aufzugeben. „Eine militärische Option ist nicht die erste Wahl", sagte Bush am 1. Oktober zu Journalisten, „aber diesen Mann zu entwaffnen, das hat Priorität."

In einer Rede an die Nation, die er am Montag, dem 7. Oktober, dem ersten Jahrestag des Beginns des Militäreinsatzes in Afghanistan hielt, sagte der Präsident, daß Saddam eine unmittelbare Bedrohung für die Vereinigten Staaten darstelle. Während im Kongreß darüber diskutiert wurde, eine eigene Resolution zu verabschieden, die den Einsatz von Gewalt gegen Saddam autorisierte, erklärte Bush, ein Krieg sei vermeidbar und stehe nicht unmittelbar bevor. „Ich hoffe, militärisches Eingreifen wird nicht erforderlich sein" sagte er.

Dies alles war ein Sieg für Powell, aber vielleicht nur für den Augenblick. Die mildere Rhetorik zeigte, daß der Präsident nein zu Cheney und Rumsfeld sagen konnte, aber sie bedeutete keine Minderung von Bushs heftiger Entschlossenheit. Wie immer gab es einen Kampf um das Herz und den Verstand des Präsidenten, während er versuchte seine unilateralistischen Neigungen mit einigen internationalen Realitäten zu versöhnen.

EINIGE DEMOKRATEN und prominente Republikaner wünschten eine öffentliche Debatte darüber, was mit Saddam und dem Irak geschehen solle. Einige wenige kritisierten in der Öffentlichkeit das augenscheinliche Drängen auf einen Krieg, am auffallendsten der frühere Vizepräsident Al Gore und Senator Ted Kennedy. Die Sorgen wegen Saddam seien berechtigt, so argumentierten sie, aber er habe weder die Vereinigten Staaten noch irgendeine andere Nation direkt angegriffen. Das Beweismaterial dafür, daß Saddam eine unmittelbare Gefahr darstelle, sei nicht überzeugend, sagten sie. Sie erklärten außerdem, daß ein Militärschlag im Rahmen der neuen, unerprobten Doktrin der Prävention möglicherweise andere Länder im Nahen und Mittleren Osten destabilisiere, noch mehr Terror von seiten Saddams oder anderer auslöse, Israel noch verletzlicher gegenüber Angriffen mache, und daß er der amerikanischen Tradition zuwiderlaufe, keinen Erstschlag zu führen.

Anfang Oktober hatten sich die Vereinten Nationen immer noch nicht auf neue Resolutionen geeinigt. Aber am 10. und 11. Oktober stimmten das Repräsentantenhaus und der Senat in Washington mit überwältigender Mehrheit dafür, dem Präsidenten uneingeschränkte Vollmacht zu geben, den Irak unilateral anzugreifen. Das Abstimmungsverhältnis im Repräsentantenhaus betrug 296 zu 133, und im Senat lag es bei 77 zu 23. Damit hatte der Kongreß Präsident Bush grünes Licht gegeben, die Streitkräfte so einzusetzen, „wie er es für notwendig und angemessen erachtet", um sich gegen die Bedrohung aus dem Irak zu verteidigen.

Aber es war keineswegs klar, was am Ende mit dem Irak geschehen würde, ob Bush auf einen Triumph oder eine Katastrophe zusteuerte, oder auf irgend etwas dazwischen.

Wie immer sein Weg aussehen wird, ihm stehen eine CIA und Streitkräfte zur Verfügung, deren Tauglichkeit und deren Begierde zu handeln größer ist, als allgemein angenommen wird.

AM 5. FEBRUAR 2002 versammelten sich etwa fünfundzwanzig Männer, die drei verschiedene Einheiten der Special Forces und drei paramilitärische Gruppen der CIA repräsentierten, außerhalb von Gardes im Osten Afghanistans, ungefähr siebzig Kilometer von der pakistanischen Grenze entfernt. Es war sehr kalt, und sie trugen Trekkingkleidung. Keiner hatte eine Uniform an. Viele trugen Bärte. Die Männer standen oder knieten an diesem verlassenen Ort vor einem Hubschrauber. Im Hintergrund war eine amerikanische Flagge aufgerichtet. Ein Haufen Felsgestein war zu einem Grabmal über einem hier bestatteten Trümmerrest des World Trade Center arrangiert. Irgend jemand machte ein Foto.

Einer der Anwesenden sprach ein Gebet. Dann sagte er: „Wir weihen diesen Fleck als ewiges Denkmal den tapferen Amerikanern, die am 11. September gestorben sind, damit alle, die Amerika Schaden zufügen wollen, wissen, diese Nation wird nicht einfach dastehen und zusehen, wie der Terror siegt.

Wir werden Tod und Gewalt in alle vier Himmelsrichtungen tragen, um unser großes Land zu verteidigen."

Dank

SIMON & SCHUSTER und *The Washington Post* haben dieses Projekt mit dem gleichen Maß an Begeisterung, Vertrauen und Flexibilität unterstützt, die sie mir während der letzten drei Jahrzehnte stets entgegengebracht haben. Sie sind eine Familie für mich.

Alice Mayhew, Vizepräsidentin und Programmdirektorin von Simon & Schuster, bahnte diesem Projekt mit all ihrer Bestimmtheit, Konzentration und Kreativität den Weg. Niemand kann ein Buch besser oder schneller lektorieren und publizieren. Ursprünglich war das Buch als eine Geschichte des ersten Jahres der Amtszeit von Präsident George W. Bush gedacht, wobei der Schwerpunkt auf der Innenpolitik und den Steuersenkungen liegen sollte. Nach dem Terroranschlag vom 11. September nahm es eine völlig andere Richtung – wie so vieles andere in diesem Land auch.

Leonard Downie Jr., Chefredakteur der *Washington Post* und Steve Coll, der leitende Redakteur des Blattes, gewährten mir wieder einmal die Freiheit, mich einer unabhängigen Darstellung wie dieser zu widmen, solange die Fakten und Materialien noch zugänglich und frisch waren. Sie sind beide hervorragende Journalisten, die in der Tradition des große Benjamin C. Bradlee arbeiten.

Don Graham, der Chief Executive Officer der *Post*, und Katharine Graham, die kurz vor dem 11. September 2001 starb, stellen eine besondere Gattung dar; bessere Zeitungsverleger findet man nicht.

Dan Balz, der innenpolitische Berichterstatter der *Post* arbeitete mit mir zusammen an der achtteiligen Serie „Zehn Tage im September", die vom 27. Januar bis 3. Februar 2002 in der *Post* erschien. Dan gehört zu den wenigen wirklich wunderbaren Journalisten, die es in Amerika gibt – er ist scharfsinnig, flink, sorgfältig und fair zugleich. Ich habe eine Menge von ihm gelernt, die Zusammenarbeit mit ihm war eine meiner angenehmsten Erfahrungen in all den Jahren bei der *Post*. Mit Erlaubnis der *Post* habe ich einiges von dem Material benutzt, das in der genannten Serie präsentiert worden ist. Ein besonderer Dank gilt Bill Hamilton, einem der besten und fähigsten

Redakteure in der ganzen Zeitungswelt. Er trug die redaktionelle Verantwortung für die Serie.

Zu den anderen angenehmen Erfahrungen, die ich in jüngster Zeit bei der *Post* machen konnte, zählt die Zusammenarbeit mit einer Gruppe von hervorragenden Reportern für innenpolitische Berichterstattung, die sich mit dem 11. September beschäftigt haben – Thomas E. Ricks, Dan Eggen, Walter Pincus, Susan Schmidt, Amy Goldstein, Barton Gellman und Karen DeYoung. Für unsere gemeinsame Arbeit erhielten wir 2002 den Pulitzer-Preis für innenpolitische Berichterstattung.

Mehr als nur Dank schulde ich einer Gruppe von Redakteuren der *Post*, die mich anleiteten, mich anspornten, mir halfen, das Informationsmaterial gedanklich zu durchdringen, und die meine Texte bearbeiteten. Das sind die Männer und Frauen an der vordersten Front des Journalismus, von denen der Leser nur selten erfährt. Ohne diese Leute würde es kein Reporter weit bringen. Ich denke hier vor allem an Jeff Leen, Lenny Bernstein und Matt Vita. Sie sind unbesungene Helden des Journalismus. Ein besonderer Dank geht an Liz Spayd und Michael Abramowitz, die die innenpolitische Redaktion leiten, für all den Beistand, die Hilfe und die Großzügigkeit.

Dana Priest, die normalerweise in der innenpolitischen Berichterstattung der *Post* tätig ist, hat die besten Reportagen über die Operationen der U.S. Special Forces in Afghanistan geschrieben. Ich habe mich darauf gestützt, habe ihre ursprüngliche Arbeit unabhängig nachrecherchiert und ich danke ihr ganz besonders.

Mike Allen, Korrespondent der *Post* im Weißen Haus, zählt zu den begabtesten und sorgfältigsten Reportern. Er ist selbständig, ein Gentleman und weiser, als es sein Alter erwarten läßt. Mike hat mir immer wieder und auf vielerlei Weise geholfen, zuletzt bei meinem Besuch in Crawford, Texas. Er ist ein echter Freund. Ich danke seiner Kollegin Dana Milbank, der zweiten hochbegabten ständigen Korrespondentin der *Post* im Weißen Haus. Außerdem möchte ich Vernon Loeb, Bradley Graham, Alan Sipress und Glenn Kessler für ihre Hilfe danken.

In meinen Augen leistete die außenpolitische Redaktion der *Washington Post* die vorzüglichste Arbeit bei der Berichterstattung vom Schauplatz Afghanistan. Ich habe mich auf die Nachrichten und Analysen von einem Dutzend unserer Auslandskorrespondenten verlassen, vor allem sind hier Susan Glasser, Peter Baker, Molly Moore und John Ward Anderson zu nennen.

Olwen Price hat viele meiner Interviews mit großem Fachwissen in Schriftform gebracht, und dies häufig unter großem Zeitdruck. Ich weiß ihre Leistungen außerordentlich zu schätzen. Der große Joe Elbert und seine noch größere Photoredaktion bei der *Post* lieferten viele der Bilder zu diesem Buch. Vielen Dank an Michael Keegan und Richard Furno.

Bei Simon & Schuster sorgten Carolyn K. Reidy, die Präsidentin, und David Rosenthal, der Verleger, dafür, daß dieses Buch von der Manuskriptform beinahe im Rekordtempo in die Regale der Buchhändler gelangte. Wie, ist mir immer noch ein Rätsel. Ich danke auch Roger Labrie, Elisa Rivlin, Victoria Meyer, Aileen Boyle, Jackie Seow, Jennifer Love, Paul Dippolito, John Wahler, und Mara Lurie. Besonderer Dank geht an Jonathan Jao, Assistent von Alice Mayhew, für viele Hilfestellungen.

Ganz besonders danke ich auch Fred Chase, der von Texas nach Washington kam, um das Manuskript zu korrigieren. Er setzte sein scharfes Auge, sein aufmerksames Ohr und seinen klugen Kopf für uns ein.

Ein Hilfe waren für mich auch Berichterstattung und Analysen zum Krieg gegen den Terror in der *New York Times*, deren Arbeit Maßstäbe für Vollständigkeit und Klarheit gesetzt hat. Alle Journalisten haben viel von diesem Blatt gelernt. *Newsweek, Time* und *U.S. News & World Report* lieferten frische Informationen und einige außerordentliche Beiträge, ebenso die *Los Angeles Times*, das *Wall Street Journal*, der *New Yorker* und Associated Press.

Mein Agent Robert B. Barnett, Anwalt und Freund, gab mir wie stets kluge Ratschläge und Hinweise. Da er auch den früheren Präsidenten Clinton in rechtlichen Angelegenheiten vertritt, bekam Bob das Buch erst zu sehen, als es gedruckt vorlag.

Jeff Himmelman, ein ehemaliger Forschungsassistent, verbrachte mehrere Tage damit, das Manuskript zu lesen, wobei er es durch vielerlei Vorschläge verbesserte. Er assistierte auch Dan Balz und mir bei der Arbeit an der Serie „Zehn Tage im September". Josh Kobrin war eine sehr große Hilfe für Mark Malseed und mich.

Wieder einmal geht mein Dank an Rosa Criollo, Norma Gianelloni und Jackie Crowe.

Meine Töchter Tali und Diana machen für mich das Leben wirklich interessant.

Elsa Walsh, meine Frau und beste Freundin, hat ein weiteres Mal mehr getan, als man billigerweise erwarten darf. Sie ist geduldig und klug, eine Partnerin, die für das meiste sorgt, was gut in unseren Leben ist.

Register

11. September 15–54, 107, 350, 385
- als kriegerischer Akt 30, 32, 44
- unvereinbar mit Islam 253
- Planung 55 f. 96, 202

Abdullah, Abdullah 176
Abdullah, König von Jordanien 190, 269
Abdullah, Kronprinz von Saudi-Arabien 288
Afghanistan
- al-Qaida in s. al-Qaida
- Flüchtlinge 247
- Geberkonferenz 180, 303, 309
- humanitäre Hilfe für 214, 233, 257, 303, 309, 336
- Kabul 248, 251, 256–258, 262, 328, 331, 335, 338 f., 342, 344
- Krieg in s. Krieg
- Nach-Taliban-Zeit 180, 215 f., 219, 250 f., 257 f., 262 f., 268, 303, 305 f., 329, 336, 338, 346 f., 373
- Nordallianz in s. Nordallianz
- Regimewechsel 215, 347
- Stammesstruktur in 94, 132 f. 250 f.
- Talibanherrschaft in s. Taliban
- Tora Bora 236 ff., 246, 296, 344, 347
Ägypten 94, 166, 366
Ahmad, Mahmud 63, 75, 237
AID (Agency for International Development) 184, 197, 247, 309
Al-Dschasira 181, 235, 246
Algerien 94, 326
al-Qaida
- Anschläge 22, 42, 48, 55, 153, 199, 299, 323 f.
- Geheimdienstkenntnisse über 51, 55, 142, 152, 182
- in Afghanistan 17, 19, 47 f., 79, 133, 215
- in Algerien 326
- und Taliban 47 f., 215, 344
- US-Kriegsziel 47 f., 50, 51, 59, 64 f.,68 f., 92 f., 97–99, 104, 108, 111, 141, 143, 147, 156, 166, 188, 224, 259, 339, 343
al-Sawahiri, Aiman, „Doktor" 55, 249, 265, 348, 372
Annan, Kofi 340
Arafat, Jassir 328, 357 f.
Arif Sawari, Mohammed 163, 214, 264
Armitage, Richard 51, 63, 74, 120, 171, 269 f., 278 f., 358 f
- und Powell 25 f., 28, 213, 364
Ashcroft, John D. 58, 96, 116, 190, 301
Atif, Mohammed 249, 348
Atta, Mohammed 202
Attah, Mohammed 289, 306, 319, 324, 327 f., 332
Bahrain 134, 210, 357
Bartlett, Dan 46, 113, 139
Bin Laden, Osama (UBL)
- CIA-Sorgen über 17 f., 50 f., 153, 351
- in Afghanistan 19, 40, 47 f., 79, 132, 142, 215, 237, 261, 266, 321, 367
- und 11. Sept. 42, 49, 55 f., 122, 156, 199, 220, 334
- US-Kriegsziel 59, 64, 92, 94, 99, 104, 120, 156, 234, 249, 282, 339, 343, 348, 372
- verdeckte Operationen gegen 19–22, 24, 50 f., 79, 161, 170
Black, Cofer 22 f., 66–69, 92, 121, 160 f., 163, 225, 349
Blair, Tony 60, 125 f., 208, 220, 227, 327 f., 357, 383
Bob (CIA) 139–141, 210
Bouteflika, Abdelaziz 326
Brokaw, Tom 268
Bush, George H. W. 30 f., 35–37, 84, 102, 361 f., 376

393

Bush, George W.
- am 11. Sept. 30–34, 42–44, 51
- Besuch in New York 70, 80, 85–88, 217, 307
- Bin Laden unterschätzt 54
- Entscheidung für Krieg 30
- fordert humanitäre Hilfe 150 f., 169
- Führungsstil 131 f., 164 f., 271, 283 f., 290–292
- Gefühle in Öffentlichkeit 71, 81
- Geheimdienstverordnung 115, 119, 188, 363
- Informationspolitik 56, 91, 107, 113 ff., 139, 164, 188 f., 212, 245 f., 303
- instinktives Handeln 31, 157, 165 f., 189, 375, 377
- moralischer Auftrag 83, 151, 375
- öffentliche Wahrnehmung von 60, 71, 113 ff., 198, 230
- Scorecard 230, 249, 348
- Selbstverständnis 52 f., 62, 113 f., 120, 157, 165 f., 287, 311, 375
- sucht Rat bei Team 52, 91, 288
- über Einsatz von Gewalt 376
- über Kampf gegen Terror 56, 91, 139, 218, 360 f.
- über Medien 288
- über Risiken 379
- über Vereinigte Staaten 376
- über Weltfrieden 312, 374 f.
- Umgang mit Bedrohung 192, 300
- und Irak 117, 125, 157, 189, 374 f., 379
- und Verbündete 61, 98, 131, 165, 311, 368, 375 ff.
- und Visionen 374, 377
- und Zweifel 284
- wünscht Taten 60, 69, 79, 117, 225, 284
Bush, George, öffentliche Äußerungen
- 11. Sept. 30 f., 33 f., 44 ff.
- am Pentagon 254
- an Ground Zero 86 f.
- Bin Laden tot oder lebendig 115, 118
- in Camp David 91
- in National Cathedral 83 f.
- Kriegserklärung 126
- Pressekonferenz 145, 261
- über Achse des Bösen 363
- über Irak 369 f., 381–385, 387
- über Kreuzzug 112
- über Krieg gegen Terrorismus 45, 60, 112, 126, 145, 233
- über Nahostkonflikt 357
- über Präventivstrategie 363 f., 385 f.
- Verordnung über das Einfrieren von Terroristengeldern 145
- vor Kongreß 120, 122 ff., 126, 363
- vor UN-Vollversammlung 334, 369, 381–385
- zur Lage der Nation 362
Bush, Laura 31 ff., 51, 119, 192 f.
Bush-Doktrin 45 f., 63, 76, 90, 123, 170
Byrd, Robert C. 62
Card, Andrew H. 30, 33 f., 51, 72 f., 80, 108, 122, 197, 270 f., 300, 369
Carter, Jimmy 19, 28, 83, 173
Chefbesprechung (Principal's Meeting)
- September 15 103; September 21 134 September 23 139; September 24 152 September 27 179; September 30 198
- Oktober 3 214; Oktober 8 237 Oktober 11 254; Oktober 15 268 Oktober 20 277; Oktober 23 282 Oktober 29 305
- November 1 317; November 8 328 November 12 338
- August 2002 369
- September 2002 381, 383
Cheney, Dick 48, 59, 92, 98 f., 107 f.
- am 11. Sept. 32–34
- an geheimem Ort 73, 300, 302, 314
- Karriere 36, 52 f.
- über Kriegsziel 64
- und Golfkrieg 362
- und Heimatverteidigung 109, 187, 317
- und Irak 109, 379–384.
- und Rußland 149
China 50, 61
CIA (Central Intelligence Agency)
- Bedrohungsliste 129, 144, 152 f., 182, 220 f., 299, 301

- Befugnisse/Verordnung 21, 50, 85, 93, 95, 115, 119, 161, 188, 363
- Directorate of Operations 21, 66, 159f., 207
- DOSB 44, 66
- Geldzahlungen 50, 56, 93ff., 141, 154, 159f., 163f., 166, 176, 190, 214, 217, 239, 257, 263, 265, 275, 280, 320, 329f., 348f.
- Global Response Center 23f.
- Jawbreaker Team 161f., 176f., 197, 208, 225, 238, 256, 264, 276ff., 293, 324, 338
- Lageeinschätzung 207
- Methoden 16f., 19, 42, 66, 92f.
- Militärstrategie 225f.
- Neuorientierung 23, 66, 111, 155
- paramilitärische Teams 56, 66f., 69, 92, 119f., 124, 147, 160, 167, 204, 216, 250, 256, 265, 289, 304, 324, 329, 348, 388
- Präsidentenbriefing 49f., 181, 300, 350
- Rote Zelle 152f.
- Terrorismusbekämpfung 19, 22f., 42, 44, 48, 50, 93, 95, 111, 129, 160, 216, 348f., 351, 372
- und 11. Sept. 19, 42, 51
- und GE/Seniors 20f., 161
- verbündete Dienste 93f., 166, 190, 269, 326
- verdeckte Aktionen 17, 19–21, 24, 44, 50, 56, 66–69, 93f., 113, 166, 177, 351, 363
- Vorschläge für Vorgehen 56, 66f., 92–95, 132f., 140f., 147, 171, 207, 250f.
- Weltweiter Operationsplan 95
- Zusammenarbeit mit US-Militär 67, 69, 154f., 187, 217, 226f., 239, 256, 269ff., 274

Clinton, Bill/Administration 19–21, 35, 50, 54, 56, 83, 93, 100, 142, 196, 211, 308
CNN 100, 105, 213, 333
CSAR s. US-Militär
Daschle, Thomas A. 61f., 224, 268, 275

Defense Intelligence Agency (DIA) 297
Deutschland
- Terroristen in 202
- Verbündete 202
Dobbins, James 346f.
Dostum, Abdul Raschid 69, 256, 262, 265, 269, 275, 280, 289, 303, 306, 318, 320, 322, 324, 326ff., 332f.
Fahim Khan, Mohammed 176, 210, 244, 258, 264, 277f., 280, 282, 289, 295ff., 303, 310, 318, 322, 324, 326f., 330, 336
FBI (Federal Bureau of Investigation)
- Änderung der Prioritäten 58, 115, 136
- Terrorismusbekämpfung 92, 115f., 236, 249, 372
- und 11. Sept. 19, 42
- Warnungen 135, 259f., 301, 318
Feith, Douglas 273, 312
Fleischer, Ari 85, 113, 222
Ford, Gerald 21, 36
Franks, Tommy 59, 117, 148, 155, 164, 180f., 185, 197, 200, 216, 246, 278f., 294, 303, 319ff., 330f.
Gary (CIA) 160–164, 176, 207, 214, 225, 264, 276, 293f.
Gerson, Michael 44f., 121, 123, 126
Giuliani, Rudolph W. 70, 341
Golfkrieg 65, 89, 97–102, 214, 243, 361f.
Großbritannien 80, 125, 167f., 208, 228, 275, 328, 330
Hadley, Stephen J. 51, 80, 150, 184, 195, 268, 291, 304
Hamas 224
Hank (CIA) 216, 225f., 261, 280, 282, 329, 335f., 348
Haq, Abdul 295, 304
Heimatverteidigung/-schutz 107, 109, 130, 174, 188, 190, 301, 311, 318, 385
Hersh, Seymour 335
Hisbollah 167, 224, 246
Hughes, Karen P. 28, 45f., 56f., 70, 85, 87, 113, 120, 122f., 139
Hussein, Saddam 65, 76, 99ff., 109, 117, 189, 362f., 367, 370, 375, 379–387

Indien 227, 247
Indonesien 108, 169, 184, 195, 242
Irak 65, 76f., 97, 100–102, 105f., 108f., 117, 125, 151f., 157, 167, 189, 276, 361–364, 368–371, 374f., 379–388
Iran 50, 105, 116, 122, 152, 167, 189, 240, 247, 250, 257, 329, 346, 363, 374
Iranische Revolutionsgarden 329, 350
Israelisch-palästinensischer Konflikt 195, 355
Jawbreaker s. CIA
Jemen 108, 242, 360f.
Johnson, Lyndon B. 312
Jordanien 94, 166, 366
Jussef, Ramsi 22
Karimow, Islam 128, 136, 149, 194f., 223
Karzai, Hamid 275, 289, 303, 306, 319, 336, 346f., 354, 373
Katar 179, 210, 220, 319, 321
Kennedy, Edward 387
Khalili, Karim 275, 303, 324, 335
Khan, Ismail 250, 256, 275, 278, 330, 335
Kim Jong Il 374f.
Koizumi, Junichiro 158, 311
Kongreß
– erteilt Kriegsvollmacht 387
– Treffen mit Bush 61f.
– und Informationspolitik der Regierung 222f., 245
Krieg in Afghanistan
– als Sumpf 285, 292, 297, 309, 312f. 345
– alternative Strategien 285f., 291f.
– Amerikanisierung des 282, 286, 294, 306
– Ausweitung des 98, 103, 157f., 173, 242
– Bodentruppen 97, 116, 143, 172, 179, 245, 247, 274, 282, 286, 294, 322
– Bombentrefferberichte 235ff., 253
– Dauer 89, 316, 326
– Definition des Erfolgs 108, 197
– Definition der Kriegsziele 59, 64, 98, 106, 108, 116, 174, 150, 234, 254, 298, 315, 339

– Einsatzregeln 187, 224, 232, 302
– Entscheidung für 30
– fehlende Bomberziele 157, 196, 201, 206, 211f. 234, 244, 304
– humanitäre Hilfe 142, 150f., 180, 184, 186, 214, 217, 228, 237, 241, 248, 252f., 256, 289, 296, 313, 337
– Informationspolitik über 48, 91, 106f., 113f. 171f. 188, 211, 319, 342
– Kollateralschäden 188, 232, 236, 241, 246, 253, 274, 302
– neue Art des 60, 66f. 69, 79, 90, 106, 114, 139, 155, 245, 309
– öffentliche Wahrnehmung 188, 198, 331
– Optionen 97
– Prävention 198
– und Weißbuch 156, 198f.
– Verantwortlichkeiten 270–274
– Verbündete 48, 61, 64f., 82, 98, 102, 106, 109, 116, 122, 156, 180, 199, 202, 216, 228, 237, 302, 311, 318, 321, 337
– während des Ramadan 289, 291, 297, 303, 318, 325
Kuwait 98, 325, 362
Libby, I. Lewis „Scooter" 101, 276
Libyen 94, 152, 350
Malaysia 42, 108, 169
Massenvernichtungswaffen 125, 158, 187, 237, 242f. 276, 321, 343, 362f., 370, 379, 384ff.
– Abkommen zur Reduzierung 359
– Nuklearwaffen 144, 252, 299, 386
– US-Kriegsziel 150, 158, 186, 213, 343
Massud, Ahmed Schah 67f., 160f., 163, 244, 257f.
McLaughlin, John E. 91, 144f., 152, 181ff., 265ff., 269ff.
Medien
– Bush über 288
– Diskussion über Krieg 285, 291, 297, 308, 317
– Erklärungen Bin Ladens 181
Memoranda of Notification 50, 93, 119
Milzbrand 219f., 236, 268, 275f., 318, 324

Moussaoui, Zacaria 19
Mordverbot 21, 50, 161
Mueller, Robert S. III 42, 58, 96, 260, 301
Musharraf, Pervez 64, 74 f. 78, 99, 100, 133, 141, 195, 215, 237 f., 292, 296, 319, 334 ff.
Myers, Richard B. 34, 40, 200–203, 208–211, 234 f., 244, 344
Nachrichtendienste
- HUMINT/SIGINT 16, 17, 182, 299
- Problem des Unbekannten 352
- Versagen 42, 51
Nation building 215, 256, 263, 266, 347, 373
National Security Agency (NSA) 19, 334
National Security Presidential Directive 51
Nato 194, 198, 313, 337
Nationaler Sicherheitsrat (NSR)
- frühere Antiterrorbemühungen 50
- September 11 42, 46; Sept. 12 58, 64; September 13 66, 77
  September 15 (Camp David) 91–110
  September 17 115; September 18 120
  September 19 122; September 20 124
  September 21 128; September 22 135
  September 24 147; September 25 153
  September 26 166; Sept. 28 183, 190
  September 29 194
- Oktober 1 208; Oktober 2 210
  Oktober 4 219; Oktober 5 224
  Oktober 6 227; Oktober 8 235
  Oktober 9 238; Oktober 10 245
  Oktober 11 252; Oktober 12 261
  Oktober 15 265; Oktober 16 269
  Oktober 17 274; Oktober 18 276
  Oktober 22 278; Oktober 23 280
  Oktober 26 288; Oktober 27 295
  Oktober 29 301; Oktober 31 309
- November 2 316; November 3 324
  November 5 325; November 7 327
  November 9 330; November 12 33
  November 13 342
- Mai 2002 361
- August 2002 370
- September 2002 382

New York
- Flugzeugabsturz 341
- Besuch des Präsidenten 70, 80, 85–88, 217, 307
Nordallianz 95, 141, 153, 266
- Geld für 50, 56, 77, 154, 160, 163, 214, 217, 250, 280
- Untätigkeit 278, 295 ff.
- Waffen und Unterstützung für 50 f., 67, 77, 109, 240, 269 f., 306, 317, 320
- Zusammenarbeit mit CIA 67, 69, 92, 120, 161–164, 176 f. 216, 250, 255, 261
Nordkorea 151, 363, 374 f.
NSR s. Nationaler Sicherheitsrat
Oman 134, 168, 185, 208–211, 219
Omar, Mullah Mohammed 63, 99, 132, 140, 147 f., 183, 207, 259, 277, 345, 367
O'Neill, Paul H. 78, 92, 129
Organisation der Islamischen Konferenz (OIK) 253 f., 256
Pace, Peter 294, 312
Pakistan
- Hilfe für 100, 117, 133, 150, 296
- Druck auf 47, 58, 63, 74 f.
- Flüchtlingslager 133, 247
- Geheimdienst (ISI) 47, 63, 75, 183, 190, 237 f., 251, 259, 346
- Gefahr der Instabilität 99, 117, 141, 195, 213, 296, 319, 321
- Nuklearmacht 99, 299 f., 335
- und Afghanistankrieg 74, 94, 100, 116, 133, 251, 319
- und Indien 227, 247
- und Nordallianz 334
- und Taliban 47, 74 f., 170, 214, 237
Pavitt, James L. 44, 49 f., 63, 66
Pearl Harbor 38, 52, 108, 112, 313, 315, 386
Pentagon s. a. Rumsfeld; Wolfowitz
- Alarmzustand 82
- National Military Command Center 40, 81
- 11. Sept. 40 f.
Philippinen 108, 184, 242
Powell, Colin L.
- am 11. Sept. 24 f., 47

397

- Beziehung zu Bush 27, 81, 364 f., 377
- Bush über 377
- Differenzen mit Cheney, Rumsfeld 355, 357 f., 368, 381 ff.
- Karriere 26–29
- diplomatische Offensive 82
- und Golfkrieg 362
- und Irak 65, 77, 101 f., 105 f., 365–368, 379–385
- und Kabul 256–258
- und Medien 28 f., 213
- und Nahostkonflikt 356–359
- und Pakistan 74 f., 77 f., 100, 116, 195, 296
- und Strategie 281, 305 f.
- und Verbündete 61, 82, 98, 131, 204 f., 355, 367 f. 370
- unter Beschuß 358, 380 f.
- wünscht Weißbuch 106, 122, 156, 213

Predator-Drohnen 94, 119, 128, 167, 188, 235, 238, 248, 296, 320, 324, 327
Presidential Emergency Operations Center (PEOC) 32, 46, 72
Psyop 186, 241, 296
Putin, Wladimir 61, 136–139, 149, 359 f.
Ressam, Ahmed 326
Rice, Condoleezza
- am 11. Sept. 45 f., 49
- in Chefsitzungen 139, 143
- Karriere 49
- Rollen von 53, 164, 179, 283 ff., 287
- und Afghanistan 98, 100, 118, 176 f., 219, 255, 281
- und Antiterrormaßnahmen 135
- und Bush 45, 104, 115, 164, 177 f., 189, 205, 283 ff.
- und Bush-Doktrin 45 f.
- und Heimatschutz 130
- und Irak 386
- und Informationspolitik 113
- und Nahostpolitik 357–359
- und Powell-Bush-Treffen 366, 368 f., 381
- und Rumsfeld 271 f.

Ridge, Tom 301
Roosevelt, Franklin D. 83
Rove, Karl 27 ff., 86, 229 ff., 307

Rumsfeld, Donald H.
- am 11. Sept. 34, 40 f., 43
- für globalen Krieg gegen Terror 102, 157 f., 173, 212, 242, 247
- Interview mit 351
- Karriere 35 f.
- persönliche Qualitäten 38 f., 48
- Pressekonferenzen 234, 244, 315, 326, 344, 354
- Rede im Pentagon 254
- stellt Fragen 47
- Strategiepapier 273, 312
- strategische Anweisung 212
- über Gefahr des Unbekannten 243, 352 f.
- über Hilfeleistungen 142, 247
- über Umstrukturierung 354
- und Abkommen mit Rußland 360
- und Befehlsstruktur 84
- und Irak 65, 76 f., 101, 106, 380
- und CIA 270–274
- und Militär 37 ff., 50, 60, 78, 148, 155, 354
- und Prävention 198

Rußland 47, 50, 121, 134–137, 141, 149, 185, 240, 250, 257, 263, 289, 346, 359
Saud, Prinz 333 f.,
Saudi-Arabien 105, 109, 210, 213, 227, 319, 321, 334, 366
Scharon, Ariel 221 f., 227, 356 f.
Seniors s. CIA
Shelton, Henry B. „Hugh" 39, 77 f., 96 f., 101, 117, 173
Somalia 20, 108
State Department s. Armitage; Powell
Stellvertreterausschuß 50 f.
Subaida, Abu 55
Sudan 152, 167, 169
Syrien 94, 105, 116, 152, 189, 246
Tadschikistan 94, 135, 155, 168, 185, 200, 250, 263, 319, 335
Taliban
- Herrschaft in Afghanistan 105, 132
- und Bin Laden/al-Qaida 47 f., 68, 99, 140, 143, 147, 154, 215, 298
- Arabische Brigade 142, 147

- frühere Pläne gegen 50
- US-Forderungen an 58 f., 79, 99, 104, 107, 116, 121 f., 170, 232, 261
Tenet, George J.
  - am 11. Sept. 15, 18 f., 22–24, 42.
  - Karriere 15 f.
  - Lagevorträge 49 f., 55 f., 140, 181, 250 f., 254, 275, 295, 301, 327, 342
  - Memo zu Bin Laden 351
  - über Ethos des CIA 351
  - und Afghanistan-Experten 132
  - und Militärstrategie 225
  - und Terrorismusbekämpfung 19, 92–96, 152, 259 f., 350 f.
  - und verdeckte Aktionen 17, 67
Terrorismus
  - als Kriegsakt 30–32, 44–46, 52, 56, 61, 82, 232
  - Bedrohung durch 18, 33, 58, 61, 72 f., 107, 124, 129 f., 144, 152 f., 169, 175, 182 f., 192, 252, 259, 295, 299, 301 f., 324
  - Bekämpfung 19–24, 37, 50, 56, 58, 78, 93, 95 f., 99, 124, 199, 372
  - Einfrieren der Finanzmittel 78, 92, 114, 129 f., 136, 139, 169, 180, 194, 224, 240
  - Erkenntnisse der Nachrichtendienste 55, 152
  - in Vereinigten Staaten 135 f.
  - Planungsphase 55, 96, 373
  - 11. Sept. s. 11. September
  - staatliche Unterstützung von 59, 64, 76, 98, 105, 123, 152, 189, 213, 275 f., 350
  - und Massenvernichtungswaffen 243, 334, 363, 385
  - US-Krieg gegen 47 f., 59, 64 f., 68, 76, 82, 92–96, 99, 101, 108, 120, 126, 157, 159, 174, 212, 225, 354, 366
  - weltweiter 48
Truman, Harry S./Doktrin 312
Türkei 109
Turkmenistan 94
UBL s. Bin Laden, Osama
Umbau 37 f., 60, 78, 106, 155, 354
  - Vorsichtigkeit 117, 265
  - Zusammenarbeit mit CIA s. CIA

Unilateralismus 60, 376 f., 380 ff.
Usbekistan 94, 124, 128, 136 f., 143, 149, 154, 161, 168, 180, 184 f., 194 f., 200, 203, 208, 210, 214, 223, 225, 319
US-Militär s. a. CIA; Krieg
- CENTCOM 59, 105, 224, 253, 309
- fehlende Pläne 40, 47, 59, 78, 81, 98, 105 f., 148
- als Friedenstruppen/bei nation building 215, 256, 263, 267, 347
- Special Forces 19 f., 67, 92, 106, 174, 187, 201 ff., 246, 265, 276 f., 293, 295, 304, 313, 324, 335, 341, 388
- Such- und Rettungstrupps (CSAR) 172 f., 181, 184 f., 195, 200 f., 204 f., 208 ff., 214, 219, 225
Vereinigte Arabische Emirate 134, 210
Vereinte Nationen
- beschließen Einfrieren von Finanzmitteln 194
- Bush-Rede vor 131, 334, 369, 381–385
- und Irak 362, 368–371, 379–385
- und Afghanistan 24, 263, 310 f., 346
- und Kabul 243 f., 256 f., 262, 342
- Resolutionen 64, 180, 194, 370, 379–385
- Skepsis gegenüber 370, 376, 382
- Verbündete suchen über 339 f., 368
- Waffeninspektoren 101, 362, 370, 379–385
Verteidigungsministerium s. Pentagon; Rumsfeld; Wolfowitz
Vietnamkrieg 66, 106, 113, 165, 189 f., 197 f., 210, 233, 285 f., 305, 308
Wahid, Abdurrahman 169
Weißbuch 122, 156, 198 f., 213, 220
Weißes Haus
- Alarm 276
- Bunker 32, 46, 72
- Drohungen gegen 72 f., 153, 299
Wolfowitz, Paul D. 76, 92, 102 f., 199, 219, 312
- und Golfkrieg 100
- und Irak 65, 76 f., 100 f.
Zahir Schah, König Mohammed 132, 140 f., 214, 257
Zarif, Mohammed 346 f.

399

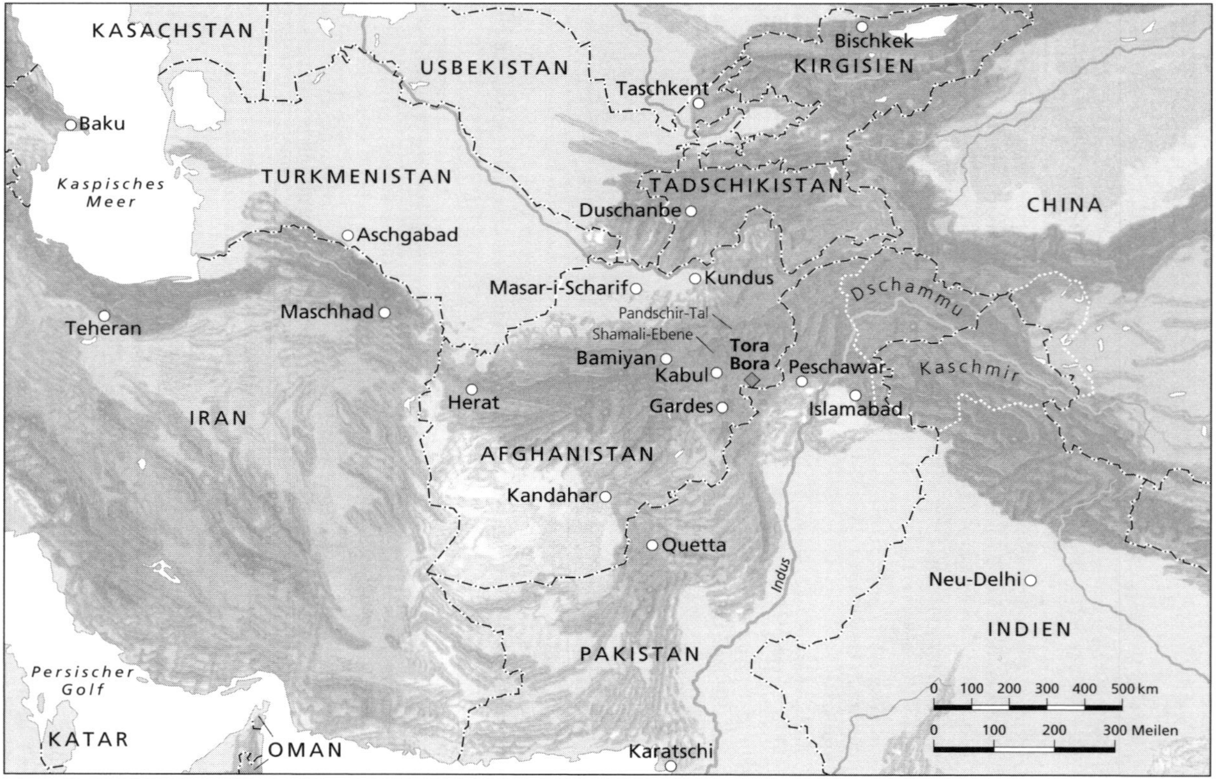
KASACHSTAN
USBEKISTAN
KIRGISIEN
Bischkek
Taschkent
Baku
Kaspisches Meer
TURKMENISTAN
TADSCHIKISTAN
CHINA
Duschanbe
Aschgabad
Kundus
Masar-i-Scharif
Dschammu
Maschhad
Pandschir-Tal
Shamali-Ebene
Teheran
Tora Bora
Bamiyan
Kabul
Peschawar
Kaschmir
Herat
Gardes
Islamabad
IRAN
AFGHANISTAN
Kandahar
Quetta
Indus
Neu-Delhi
INDIEN
PAKISTAN
Persischer Golf
KATAR
OMAN
Karatschi
0 100 200 300 400 500 km
0 100 200 300 Meilen